辛弃疾小像　刘刚　绘

　　这幅辛弃疾小像根据江西《铅山鹅南辛氏宗谱》中辛弃疾人像面貌绘制。辛弃疾（1140—1207），字幼安，号稼轩，山东东路济南府历城县（今济南市历城区）人，南宋著名词人。辛弃疾一生的政治、军事、文学活动多与抗击金兵、收复失地有关，其文学成就以词为主，更是豪放词派的代表，与苏轼并称"苏辛"，在思想和艺术成就上都达到了宋词的新高峰。

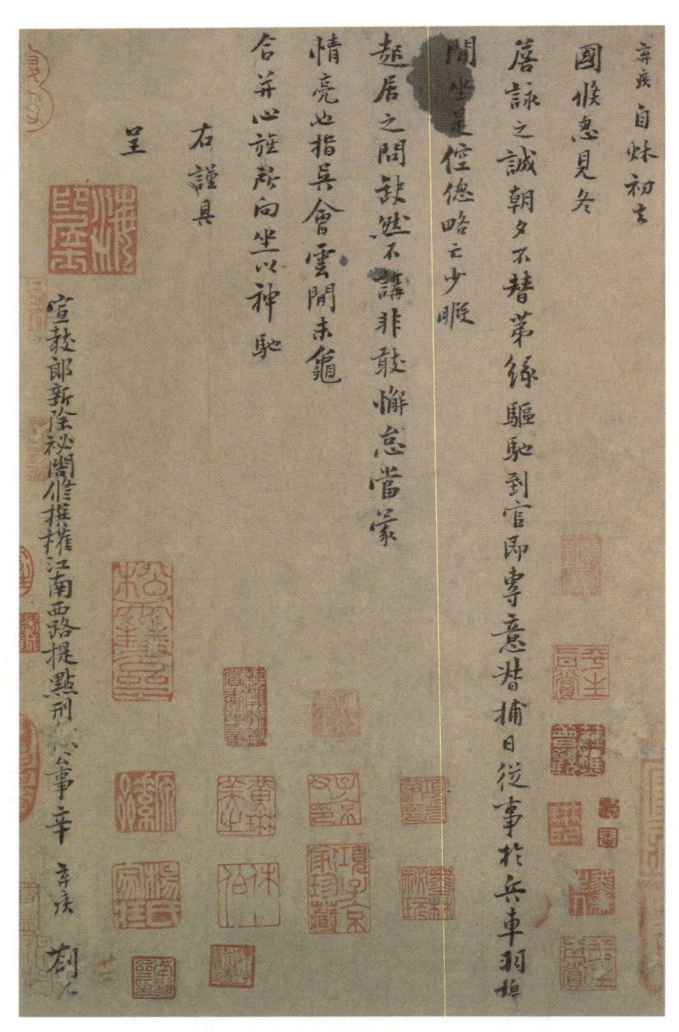

宋　辛弃疾　去国帖　宋人手简册　故宫博物院藏

这幅辛弃疾手书的《去国贴》是《宋人手简册》中的一页，也是辛弃疾仅见的存世墨迹珍品。《去国贴》为酬应类信札，行楷书，10行，共110字。此帖作于淳熙二年（1175）十月间，其时辛弃疾奉朝廷之命在江西平定赖文政茶商军成功，时年三十六岁。此帖中锋用笔，运笔流畅自如，气势浑厚沉婉，点画尽合法度，结字方正挺拔。明人李日华在《六研斋三笔》中评价此帖："有苏栾城（苏辙）风气，绝元拔剑骂从之态。"

宋　佚名　宋高宗像　历代帝后像　台北故宫博物院藏

绍兴三十二年（1162），辛弃疾二十三岁，奉耿京之命南下。宋高宗赵构召见于建康（今南京），授承务郎。闰二月，辛弃疾率五十骑于济州擒张安国南归。南宋朝廷改差江阴军签判，辛弃疾往建康拜见张浚，首提取山东之策。

宋　佚名　宋孝宗像　历代帝后像　台北故宫博物院藏

宋孝宗隆兴元年（1163），辛弃疾二十四岁，江阴军签判任上，"隆兴北伐"失败。乾道元年（1165），辛弃疾进献《美芹十论》，再提取山东之策。乾道六年（1170），辛弃疾召对延和殿，迁司农寺簿，作《九议》上宰相虞允文。淳熙二年（1175），任江西提点刑狱，平茶商军，进秘阁修撰，迁京西转运判官。从淳熙四年（1177）至淳熙八年（1181）十一月，辛弃疾在江西安抚使、湖北转运副使、湖南转运副使、湖南安抚使等职位上兜兜转转，直至当年十二月落职举家迁上饶。至此，辛弃疾开始了长达十年的乡居生活。

宋　佚名　宋光宗像　历代帝后像　台北故宫博物院藏

宋光宗绍熙三年（1192），辛弃疾五十三岁，任福建提点刑狱，代福建安抚使，召赴临安。绍熙四年（1193）至绍熙五年（1194），任知福州，兼福建安抚使。七月，辛弃疾遭弹劾，罢福建安抚使，于八月回归铅山。

宋　佚名　宋光宗后李凤娘像　历代帝后像　台北故宫博物院藏

　　宋光宗皇后李氏，宋宁宗赵扩生母，本名李凤娘，谥号慈懿皇后。李皇后生性强悍泼辣，一生历经三朝——宋孝宗、宋光宗、宋宁宗，自宋光宗绍熙三年（1192）开始，"政事多决于后"，并于宋光宗绍熙五年（1194）内禅（又称"绍熙内禅"）后权势方被削弱。"绍熙内禅"的直接原因在于李皇后阻止宋光宗主持宋孝宗丧礼致使朝中骚动，朝廷有空转的危险。知枢密院事赵汝愚、知阁门事韩侂胄等递奏请寿圣太皇太后（宋高宗赵构第二任皇后吴皇后）垂帘听政并主理宋孝宗丧事，立嘉王赵扩为太子前往参加宋孝宗丧礼。后在太皇太后支持下于丧礼当日迎赵扩为帝，宋光宗被迫退位为太上皇，赵扩即位为宋宁宗。

宋　佚名　宋宁宗像　历代帝后像　台北故宫博物院藏

　　宋宁宗庆元元年（1195），辛弃疾五十六岁，再遭弹劾，罢秘阁修撰。次年，罢宫观，至此辛弃疾成为无官无职的绝对布衣。庆元四年（1198），复集英殿修撰，复主管武夷山冲佑观。嘉泰三年（1203），起知绍兴府，兼浙东安抚使，并于次年迁知镇江府，抵京口，招募土丁。开禧元年（1205），辛弃疾改知隆兴府，未赴即遭弹劾，后第二次回归铅山。开禧三年（1207），试兵部侍郎，叙复朝议大夫，后因病重请归铅山。九月，辛于铅山家中，终年六十八岁。

南宋　夏珪　山居图轴（局部）　台北故宫博物院藏

夏珪，又作夏圭，字禹玉，钱塘（今浙江杭州）人，"南宋四大家"（李唐、刘松年、夏珪、马远）之一。宋宁宗朝画院待诏，受赐金带。早年工人物画，后来以山水画著称，与马远同时并号称"马夏"，人称"夏半边"。代表作有《溪山清远图》《长江万里图》等。

此幅《山居图》轴描绘了敞轩中双人对坐畅谈，屋外马僮席地而眠，山径中复有客携卷前来的山居图景，当是南宋山水人物画的代表作。据画作技法见，有推测此画为明人临仿夏珪风格的作品。

南宋　佚名　朱熹小像　行草书尺牍并大学或问手稿　辽宁省博物馆藏

这幅朱熹（1130—1200）小像在《行草书尺牍并大学或问手稿》卷前，其中左为朱熹、右为其表弟程洵。朱熹与辛弃疾有深厚友谊，辛弃疾、朱熹二人首次会见于南岩，后又几次相聚同游，并有书信、诗词往来。

南宋　朱熹　大学或问诚意章（局部）　行草书尺牍并大学或问手稿　辽宁省博物馆藏

这是南宋理学家、儒学集大成者朱熹晚年所作《大学或问诚意章》文稿局部，以自问自答的方式讲述大学的核心理念——"诚意"。《行草书尺牍并大学或问手稿》由《复允夫纠掾书》手札和《大学或问诚意章》文稿组成，卷前有宋人佚名绘朱熹、程洵二人小像。此尺牍运笔迅疾，前后呼应，转折自如，行笔中稍敛笔锋，掺以隶意。

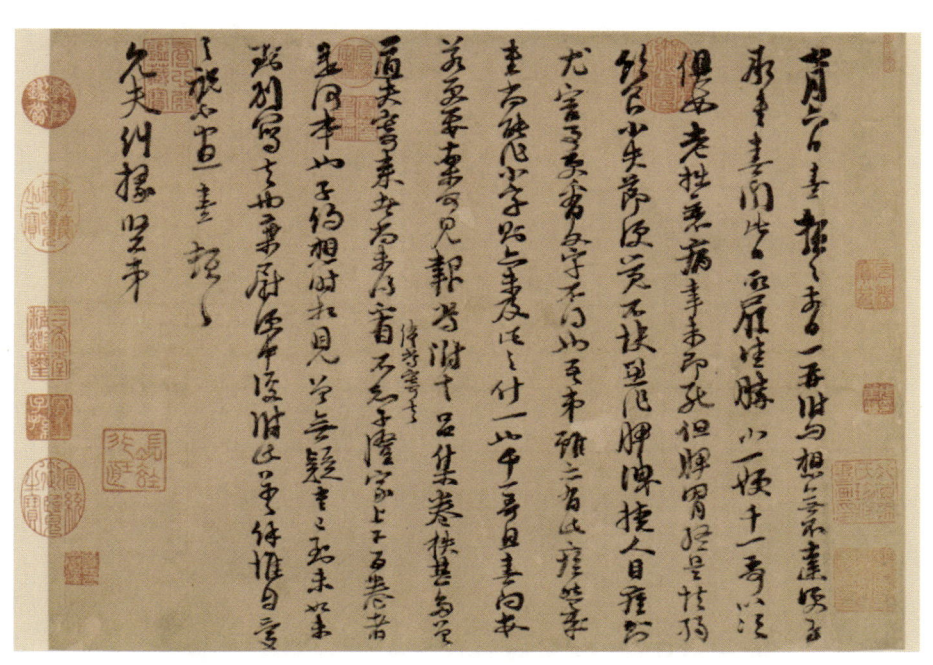

南宋　朱熹　复允夫纠掾书　行草书尺牍并大学或问手稿　辽宁省博物馆藏

《复允夫纠掾书》是朱熹写给表弟程洵的信，在《行草书尺牍并大学或问手稿》尺牍开头。程洵，字允夫，江西婺源人，程朱学派重要学者。在朱熹《晦庵集》卷八十九中有《祭程允夫文》，说程氏死于庆元二年（1196年）八月，并说"此月之初得吾弟九月六日书"，称他为"内弟吉州录事"，还有"熹祖母，君之姑"字样。

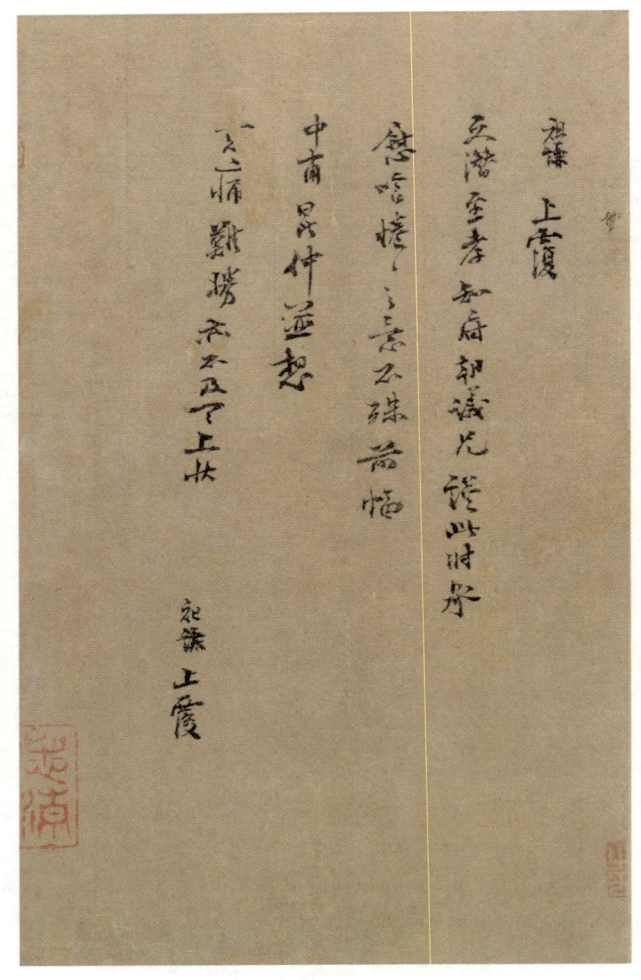

南宋　吕祖谦　文潜帖　宋代法书册页　故宫博物院藏

吕祖谦（1137—1181），字伯恭，婺州（今浙江金华）人，人称"东莱先生"，南宋理学家、文学家、浙东学派代表人物。曾任著作郎兼国史院编修官，与朱熹、张栻齐名，被尊为"东南三贤"，并与辛弃疾颇多交往。

《文潜帖》是吕祖谦致刘焞的书札，内容为慰唁，行书，5行，47字，又称《慰言帖》。刘焞，字文潜，成都人，曾任集英殿修撰，淳熙七年（1180）正月移知江陵。此帖上款称刘焞"知府朝议"，当作于淳熙七年刘焞知潭州任时。《文潜帖》笔法奇异，婉转跌宕，简牍精丽，为吕祖谦少见的存世作品："祖谦上覆。文潜至孝知府朝议兄，谨此附承慰唁。惓惓之意，不殊前幅。中甫昆仲，并想□痛难胜，亦不及一一上状。祖谦上覆。"

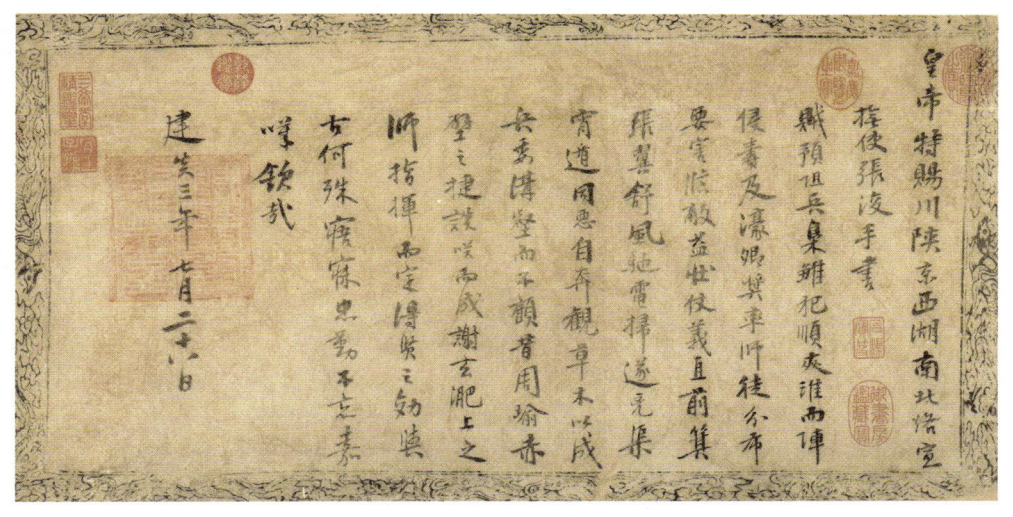

南宋 赵构 勒张浚书手卷（局部） 台北故宫博物院藏

建炎三年（1129）七月二十六日，宋高宗赵构勒川陕京西湖南北路宣抚使张浚手书，赞其指挥才能与周瑜、谢玄相媲美。勒书内容全文为："皇帝特赐川陕京西湖南北路宣抚使张浚手书。贼预阻兵。枭雏犯顺。夹淮而阵。侵毒及濠。卿奖率师徒。分布要害。临敌益壮。仗义直前。箕张翼舒。风驰电扫。遂凶渠宵遁。同恶自奔。观草木以成兵。委沟壑而不顾。昔周瑜赤壁之捷。谈笑而成。谢玄淝上之师。指挥而定。得贤之效。与古何殊。寤寐忠勤。不忘嘉叹。钦哉。建炎三年七月二十六日。"

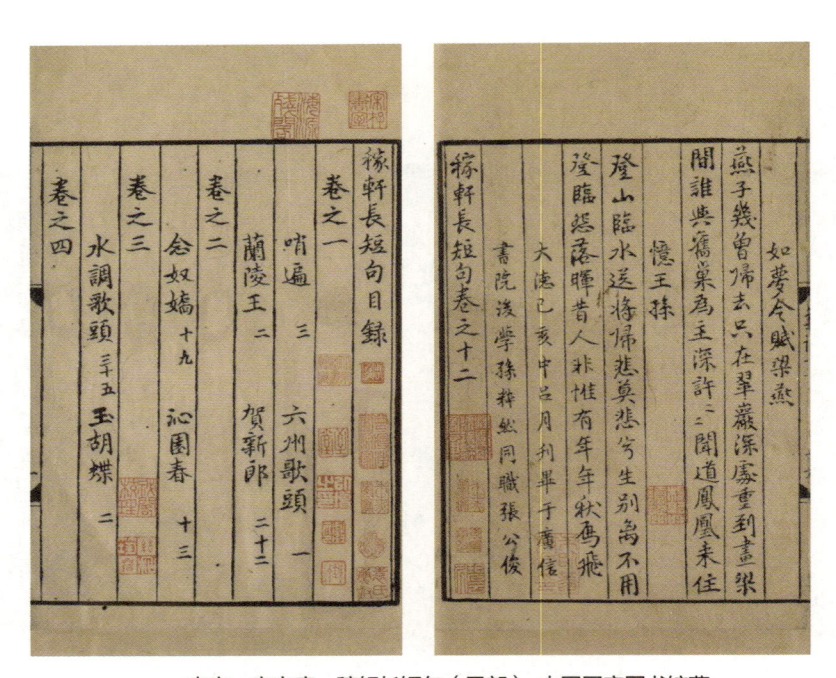

南宋　辛弃疾　稼轩长短句（局部）　中国国家图书馆藏

　　《稼轩长短句》是辛弃疾的词集，全书共十二卷，共辑录辛弃疾词573首。此为元大德三年铅山广信书院刊本（清顾广圻抄补并跋，黄丕烈跋），有后记"大德己亥中吕月刊毕于广信书院，后学孙粹然、同职张公俊"字样。全书均采用行书写刻上板，笔墨飞舞，字画圆润秀丽，疏朗悦目，字体流丽娟秀，颇有赵孟𫖯笔意。此书刊刻时距辛弃疾殁世不久，所收辛词较为完备。

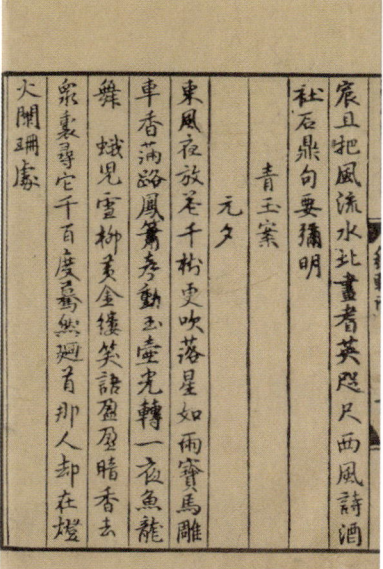

南宋　辛弃疾　稼轩长短句（局部）　中国国家图书馆藏

　　辛弃疾是南宋著名的词人，其词作风格多样，既有豪放激昂的词，也有婉约含蓄的词。其中，《水龙吟·登建康赏心亭》是其豪放词的代表，《青玉案·元夕》则是其婉约词的代表。

　　《水龙吟·登建康赏心亭》是辛弃疾南归仕途期的作品，作于宋孝宗乾道四年（1168）秋，其时辛弃疾在建康知府史正志手下任添差通判。《青玉案·元夕》是辛弃疾首赴临安时的作品，作于乾道七年（1171）元夕日。其时辛弃疾为司农寺簿，因给宰相虞允文上《九议》未复，一腔热血化为失望之情，但其内心壮志难酬的悲愤时常在怀，在与知己陈亮会面后便写下了那首著名的《破阵子·为陈同甫赋壮词以寄之》共抒抗金志向。

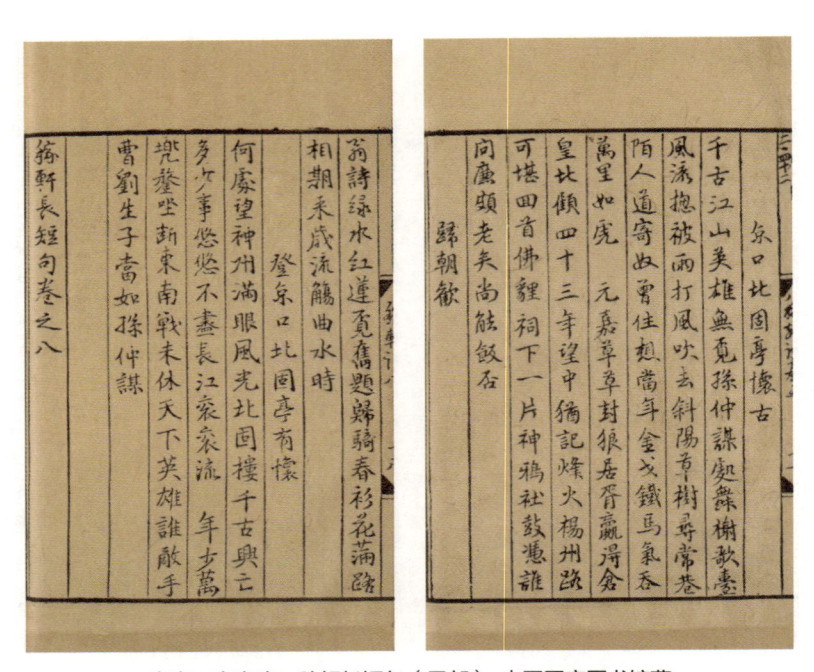

南宋　辛弃疾　稼轩长短句（局部）　中国国家图书馆藏

《南乡子·登京口北固亭有怀》《永遇乐·京口北固亭怀古》是辛弃疾晚期的作品，分别作于宋宁宗嘉泰四年（1204）和开禧元年（1205），表达了辛弃疾对朝廷的讽刺和不满，也代表了辛弃疾晚期起复后的思想变化和人生态度。其时，南宋朝堂由主战派韩侂胄主政而积极筹划北伐，辛弃疾被起用知绍兴府兼浙东安抚使，不久改为知镇江。但因在战略上与韩侂胄多有不合，不久辛弃疾被弃用，重新回归铅山。《永遇乐·京口北固亭怀古》中有名句"凭谁问，廉颇老矣，尚能饭否"，表达了辛弃疾虽已老但仍有杀敌报国的决心。

挑灯看剑

辛弃疾的悲旅人生

远人 著

中国出版集团有限公司
现代出版社

图书在版编目（CIP）数据

挑灯看剑：辛弃疾的悲旅人生 / 远人著. -- 北京：现代出版社，2025.8. -- ISBN 978-7-5231-1153-6

Ⅰ．K825.6

中国国家版本馆CIP数据核字第2025VV7610号

挑灯看剑：辛弃疾的悲旅人生
TIAODENG KANJIAN: XINQIJI DE BEILV RENSHENG

著　　者	远　人
责任编辑	谢　惠
责任印制	贾子珍
出版发行	现代出版社
地　　址	北京市安定门外安华里504号
邮政编码	100011
电　　话	(010) 64267325
传　　真	(010) 64245264
网　　址	www.1980xd.com
印　　刷	三河市中晟雅豪印务有限公司
开　　本	710mm×1000mm　1/16
印　　张	30.75
字　　数	341千字
版　　次	2025年8月第1版　2025年8月第1次印刷
书　　号	ISBN 978-7-5231-1153-6
定　　价	78.00元

版权所有，翻印必究；未经许可，不得转载

目　录

引　言 　　　　　　　　　　　　　　　　　/ 001

序章　南渡烽烟　　　　　　　　　　　　　/ 003
　　　　——舞榭歌台，风流总被，雨打风吹去

第一章　北方生涯　　　　　　　　　　　　/ 045
　　　　——八百里分麾下炙，五十弦翻塞外声

第二章　初言韬略　　　　　　　　　　　　/ 067
　　　　——不念英雄江左老，用之可以尊中国

第三章　美芹十论　　　　　　　　　　　　/ 095
　　　　——却将万字平戎策，换得东家种树书

第四章　六朝古都　　　　　　　　　　　　/ 121
　　　　——虎踞龙蟠何处是，只有兴亡满目

第五章　临安境遇　　　　　　　　　　　　/ 139
　　　　——蓦然回首，那人却在，灯火阑珊处

第六章　首知滁州　　　　　　　　　　　/ 163
　　　　——征埃成阵，行客相逢，都道幻出层楼

第七章　百日平寇　　　　　　　　　　　/ 175
　　　　——郁孤台下清江水，中间多少行人泪

第八章　履痕辗转　　　　　　　　　　　/ 193
　　　　——浮天水送无穷树，带雨云埋一半山

第九章　荆楚潇湘　　　　　　　　　　　/ 209
　　　　——更能消、几番风雨，匆匆春又归去

第十章　三度江西　　　　　　　　　　　/ 233
　　　　——望断碧云空日暮，流水桃源何处

第十一章　上饶湖畔　　　　　　　　　　/ 261
　　　　——日月相催飞似箭，阴阳为寇惨于兵

第十二章　肝胆相照　　　　　　　　　　/ 283
　　　　——我最怜君中宵舞，道男儿到死心如铁

第十三章　两任福建　　　　　　　　　　/ 311
　　　　——濩落我材无所用，易除殆类无根潦

第十四章　深宫激变　　　　　　　　　　/ 337
　　　　——只愁画角楼头起，急管哀弦次第催

第十五章　重归林泉　　　　　　　　　　/ 355
　　　　——我见青山多妩媚，料青山见我应如是

第十六章　白头帅浙　　　　　　　　　　/ 383
　　　　——吹不断斜阳依旧，茫茫禹迹都无

第十七章　北固山头　　　　　　　　　　/ 407
　　　　——凭谁问，廉颇老矣，尚能饭否

第十八章　秋风落幕　　　　　　　　　　／427
　　　——明月入江依旧好，青山埋骨至今香

尾　声　　　　　　　　　　　　　　　／454

附　录　辛弃疾年表　　　　　　　　　／458
参考文献　　　　　　　　　　　　　　／463
后　记　　　　　　　　　　　　　　　／466

引　言

壮岁旌旗拥万夫，锦襜突骑渡江初。
燕兵夜娖银胡䩮，汉箭朝飞金仆姑。

追往事，叹今吾，春风不染白髭须。
却将万字平戎策，换得东家种树书。

上面这首《鹧鸪天》是辛弃疾于宋宁宗嘉泰二年（1202）二月所作，彼时辛弃疾已到六十三岁的生命暮年，第二次退居铅山也达八年之久。从该词题记"有客慨然谈功名，因追念少年时事，戏作"[1]可知，填词是因有客人来访。主客二人谈起往事，俱悲愤盈怀。辛弃疾回首自己驰骋沙场的抗金岁月，已是四十年前的旧事了。辛弃疾想起自己从北方南归时一腔热血，却不料屡遭弹劾，前后两次贬居生活相加竟达十八年之久，一股壮志未酬之情难抑，遂挥毫写下该词。此时距天崩地裂的"靖康之变"（1127）已过去了整整七十五年，只剩半壁江山的南宋朝廷也已苟延四帝，彼时陆游写下

---

[1]《辛弃疾集编年笺注》，辛更儒笺注，中华书局，2015年，第1722页。

的"遗民泪尽胡尘里，南望王师又一年"[1]诗句，堪称这七十多年最真实的写照。

出生于宋高宗绍兴十年（1140）五月十一日的辛弃疾，是不折不扣的北宋遗民之后。"绍兴"是宋高宗赵构的第二个年号，其第一个年号为"建炎"，系其靖康二年（1127）五月登基时所改，前后四年。辛弃疾与客人所谈往事，无非七十余年来的天下事件。对以收疆复土为毕生之志的辛弃疾来说，没有哪件国事、天下事不与自己的人生跌宕息息相关。所以，能够想象，当辛弃疾填罢该词，眼前出现的既是自己起落沉浮的一生，还有南宋至此七十余年的沧桑变迁。

包括辛弃疾在内，至少三代宋人的命运，都得从那场"耻莫大焉"的"靖康之变"说起……

---

[1]《剑南诗稿校注》，钱仲联校注，上海古籍出版社，2005年，第1774页。

序章 南渡烽烟

——舞榭歌台,风流总被,雨打风吹去

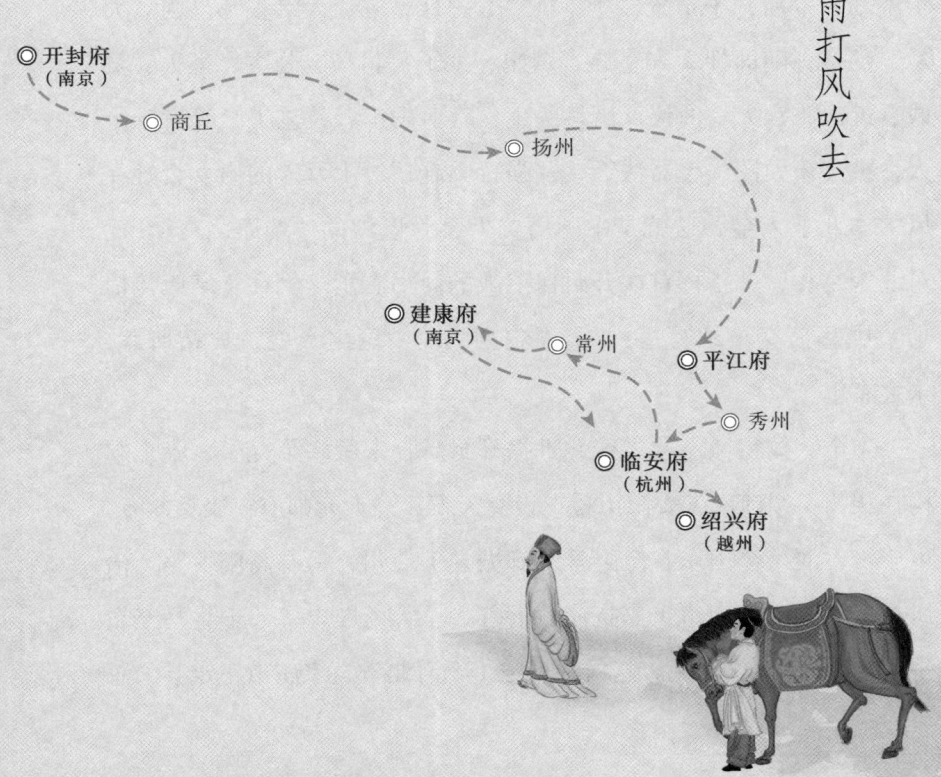

◎ 开封府
（南京）

◎ 商丘

◎ 扬州

◎ 建康府
（南京）

◎ 常州

◎ 平江府

◎ 秀州

◎ 临安府
（杭州）

◎ 绍兴府
（越州）

（宋高宗赵构建炎南渡路线图）

一

公元1126年，即宋钦宗靖康元年，当年二月从开封退兵的金军于闰十一月再度兵临城下。当方圆四十余里的外城被破，内居皇城的宋钦宗赵桓已无路可走，被迫两次亲往金营求和。当金军接过赵桓四易而定的降表后，又令退位为太上皇的宋徽宗赵佶也到金营接受金太宗完颜晟的诏书。徽、钦二帝被掳并史无前例地被异族废为庶人，宣告了北宋的灭亡。进入开封的金军将大宋百余年的府库蓄积洗劫一空后，于靖康二年（1127）三月立宋廷太宰张邦昌为"大楚"伪帝，随即押大宋皇族、嫔妃、太子、驸马、公主、皇孙、贵戚、近臣、宫人、内侍、诸科医生、教坊乐工、技艺工匠等三千余人，携文籍舆图、宝器法物，并强行驱赶超过十万人的男女百姓在风雪中北上入金。这就是中国历史上至为惨烈的"靖康之变"。面对北宋之亡，曾指挥首次开封保卫战的尚书右丞李纲在《靖康传信录》中悲愤交集地写道："金人犯阙，实中国之大变，典籍所载，未之有也。"①

当金军掳得徽、钦二帝并进据开封后，宋徽宗第九子、康王赵构在相州（今河南省安阳市境）设立天下兵马大元帅府，聚兵八万，屯于济、濮（今山东省巨野县和鄄城县）二州，另有高阳关路（治所在今河北省河间市）安抚使黄潜善、总管杨惟忠率数千兵马至东平（今山东省东平县）。赵构派真定（今河北省石家庄市正定县）总

---

① 《靖康传信录》，上海中华书局，民国影印本，第1页。

管王渊领军三千，入卫宗庙。

见赵构摆出一副勤王架势，金军曾打算以五千铁骑袭取相州。时在开封的御史中丞昌好问得知消息后，立即密遣心腹给赵构送去一信，认为"大王之兵，度能击之；不然，即宜远避"，同时劝道："大王若不自立，恐有不当立而立者。"①后面的话说得很清楚，你若不登位称帝，恐怕会有心怀叵测之人趁乱进入权力真空。若称帝者为赵氏皇裔，康王赵构自有夺位之难，一旦双方纷争，则金人未退之际赵氏诸王间又起兵乱，大宋天下势必陷入结局难料的内讧，坐收渔翁之利的自非金人莫属。

当金军北归后，自称"本为生灵，非敢窃位"的张邦昌听从吕好问"为今计者，当迎元祐皇后，请康王早正大位，庶获保全"②的劝谏，先迎元祐皇后入延福宫，尊为宋太后，又命外甥吴何及赵构舅舅、拱卫大夫韦渊赍书于康王赵构，称"臣封府库以待，臣所以不死者，以君王之在外也"③，再命翰林学士知制诰谢克家将玉玺送至赵构的大元帅府。随后，元祐皇后也手书至济州，命赵构"嗣宋朝之大统"，百官均上表劝其登基。赵构遂从济州动身，一路经单州（今山东省菏泽市单县）、过虞城（今河南省商丘市虞城县），最后抵南京应天府（今河南省商丘市）。当了三十三天"大楚"伪帝的张邦昌也赶到南京，"伏地恸哭请死"④，赵构将其抚慰一番。

是年五月初一，赵构于应天府即皇帝位，是为宋高宗。

---

① 《续资治通鉴》第二册，岳麓书社，1992年，第279页。
② 同上书，第281—282页。
③ 同上书，第282页。
④ 同上书，第283页。

当皇室得以赓续，天下军民自盼朝廷能收复北方，迎回徽、钦二帝。当时，宝文阁直学士赵子崧上奏说道："开边之患，验在目前。今熙河五路进筑州军堡寨，不系紧要控扼去处，并宜罢功。明谕夏人，示以德意。诸郡守戍之兵，分屯陕西见在兵马与河东、北之兵合六万人，分为三屯，一屯澶渊之间，一屯河中、陕、华之间，一屯青、郓之间。平时训练以备非常，万一敌骑南渡，则并进深入，以捣燕山之虚，焚舟渡河，人自为战，功未必不成也。"①

朝清郎胡舜陟也上表说道："今日措画中原，宜法艺祖，命郭进、李汉超、董遵诲等守边之术，以三京、关陕析为四镇，拱、滑、颍昌隶东京，郑、汝、河阳隶西京，恩、濮、开德隶北京，同、华、陕府隶京兆。择人为节帅，使各以地产之赋，养兵自卫，且援邻镇。又，京帑积钱千余万缗，宜给四镇为籴本。若四帅得人，庶几中原不失，江左可居。"②

从这些奏折来看，在赵构新建的朝廷中，尚未有立刻提兵北上、收复失地之议。倒不是朝廷不想北上，而是军力远非金军对手，因而应以重整军备、扼险守要为先。另外，赵构顺民心提出"迎还二帝"的口号，也不是没人进行过尝试。当知磁州（今河北省邯郸市磁县）宗泽听闻金军北还，即率军趋滑州（今河南省滑县）、走黎阳（今河南省浚县）、至大名（今河北省大名县东北），欲阻截金人归路，不料下达的勤王之令竟无一人一马响应。宗泽知自己这点微薄军力，不但夺不回徽、钦二帝，还有全军覆没之虞，只得眼睁睁看

---

① 《续资治通鉴》第二册，岳麓书社，1992年，第285页。
② 同上书，第285—286页。

着金人北归。

此时，大宋仍控制河南与陕西中部的关中地区。初登帝位的赵构面对国破家亡，自然也不甘对金人俯首，登基不过数日，即诏命力主抗战的资政殿大学士李纲为尚书右仆射兼中书侍郎，入朝见帝。当时在太平州（今安徽省马鞍山市当涂县）的李纲随即上书，先分析"和不可信，守未易图，而战不可必胜"后，又说"恭俭者，人主之常德；英哲者，人主之全才。继体守文之君，恭俭足以优于天下；至于兴衰拨乱，则非英哲不足以当之。惟英，故用心刚，足以断大事而不为小故所摇；惟哲，故见善明，足以任君子而不为小人所间。在昔人君，惟汉之高、光，唐之太宗，本朝之艺祖、太宗，克体此道，愿陛下以为法"。①

对李纲来说，亲历的靖康之痛日夜刻骨，他对赵构提出"恭俭"和"英哲"之谏，便是劝赵构应以太祖、太宗为榜样，振兴朝纲，拢聚人心。李纲之言，也未有武力之议。但是，不忘如何应付金国并为之深思的大有人在，譬如当时的签书枢密院事曹辅一到南都，即以五事相陈："一曰分屯要害，以整兵伍；二曰疆理新都，以便公私；三曰甄拔人才，以待驾驭；四曰经制盗贼，恩威并行，叛则讨之，服则舍之；五曰裂近边之地，为数节镇，以谨秋防。"②

此五事同样未提北伐。这也是不得已而为之，就当时在应天府的可用军力而言，只有杨惟忠、王渊、韩世忠统领的河北兵，刘光世统率的陕西兵，张俊、苗傅统率的降盗兵。因三处兵马不相统一，

---

① 《续资治通鉴》第二册，岳麓书社，1992年，第286—287页。
② 同上书，第287页。

赵构下旨设御营司，统一管理军政，命王渊为都统制，韩世忠、张俊、苗傅并为统制官，又命刘光世为提举，为御营司行举荐人才之事。此外，对李纲怀有私怨的黄潜善和汪伯彦手下也各有亲兵数千。

兵马捉襟见肘，赵构自对曹辅之言如数采纳，一方面招兵买马，另一方面严防金兵再次南下。在天下百姓以为朝廷将励精图治、一洗靖康国耻时，新建朝廷已激流暗涌，因议和派核心黄潜善、汪伯彦立有拥戴赵构登基之功，备受宠信，他们与李纲的主战冲突也就一步步从暗处到了明处。

从最开始看，力主抗战的李纲占据上风。当李纲于六月一日抵京见帝后，赵构即拜李纲为相，立新班奏事。李纲也将赵构视为血性之君，六月二日即上呈"议国是、议巡幸、议赦幸、议僭逆、议伪命、议战、议守、议本政、议责成、议修德"合成的"十议"，首先提出"为今之计，专务自守，建藩镇于要害之地，置帅府于大河及江、淮之南，修城壁，治器械，教水军，习车战，使其进无抄掠之得，退有邀击之患，则虽有出没，必不敢以深入。故今日法勾践尝胆之志则可，法其卑词厚赂则不可"。[①]

就"十议"整体来看，反对一切议和，君臣须卧薪尝胆，方能"报不共戴天之仇，而雪振古所无之耻"[②]。这些自与当时天下人心一致，其中"议僭逆"则直指张邦昌。李纲写得很清楚："张邦昌久与机政，擢冠宰司，国破而资之以为利，君辱而攘之以为荣，易姓建邦四十余日，逮金人之既退，方降赦以收恩。考其四日之手书，犹

---

① 《续资治通鉴》第二册，岳麓书社，1992年，第292页。
② 同上书，第292页。

用周朝之故事。愿肆诸市朝，以为乱臣贼子戒。"①这是建议朝廷将张邦昌处以死刑。对"大楚"伪臣，李纲也认为赵构应效法唐肃宗李亨收复长安后将身入安禄山伪廷为官的以"六等定罪，以励士风"②，这也是重建朝廷"信赏必罚"的威严手段。

但赵构并不想处死张邦昌。其中原因既有未必真心称帝的张邦昌将玉玺送交赵构，还包括宣赞舍人曹勋从北地回归时带来宋徽宗"艺祖有誓约，藏之太庙，誓不杀大臣及言事者，违者不祥"③的口谕，以及黄潜善和汪伯彦也劝赵构留张邦昌一命，倒不是他们与张邦昌有什么交情，而是害怕金国有再次兴兵的借口。当时，吕好问也以"王业艰难，正纳污含垢之时，遽绳以峻法，惧者众矣"④之言，劝李纲放张邦昌一马。李纲对吕好问的话虽感震怒，却还是眼睁睁看着赵构将张邦昌只降职为昭化军节度副使，潭州（今湖南省长沙市）安置。另外，令李纲无可奈何的还有，"靖康之变"时以武力逼迫宋钦宗皇后及太子赵谌入金营的京城四壁都巡检使范琼也未受惩治，因其握兵，朝廷不得不降下特诏，称"武臣卒伍，理当阔略……此外一切不问，以责后效"⑤。

就"靖康之变"所失疆土来看，尚只河东路太原等七郡、河北路真定等四郡。在李纲眼里，朝廷政事一新，便应先行收复两路所失之郡。赵构自知河东、河北系朝廷屏障，父兄为帝时为保全宗社

---

① 《续资治通鉴》第二册，岳麓书社，1992年，第292页。
② 同上。
③ 同上书，第291页。
④ 同上书，第293页。
⑤ 同上书，第294页。

序章 南渡烽烟 009

被迫割让求和，如今自己负不共戴天的君父之仇，自有"两河之地，何割之有"的义愤，遂诏发河北，旨令能保住一方并击败金军的将领"当即授以节钺，应移用赋税，辟置将吏，并从便宜"①。

但即便如此，朝中议和之声仍自不绝。尤以黄潜善为首，力主朝廷应遵从宋钦宗所签盟约，与金国划黄河为界。李纲等主战派官员自上书反对。在李纲看来，朝廷应将河北设为藩镇，沿河、淮、江置帅府、要郡、次要郡，以备控扼，并请朝廷出度牒、盐钞，募民出财，使帅府有三年可用军饷，要郡二年、次要郡一年，并在江、淮二地造舟，同时下令淮、浙、荆湖六路造衲衣二十万尺，连同所制的刀枪箭矢等武器运往应天府。

朝事渐新之际，追究"靖康之变"的呼声又起。张邦昌虽在李纲奏议中逃过一死，终还是被朝臣继续上奏追究"僭号"之罪。江淮发运使向子谭率先上言，痛陈金军两路围京师时，淮、浙、荆湖六路对勤王之令视之漠然，如今"京城已失，二帝播迁，夫复何言！然傥置赏罚而不行，臣恐诸路玩习故常，恬不知畏。愿诏大臣案劾诸路监司不勤王者，与夫号为勤王而灭裂者，悉加显黜，以为将来误国忘身之戒"②。

右正言邓肃和右司谏潘良贵也紧跟上奏，认为应将在张邦昌伪廷中任过职的官员进行"三等定罪"。赵构诏令邓肃出具伪廷名单后，第一个签名赞同张邦昌为帝的谏议大夫宋齐愈被腰斩于市。就赵匡胤"不得杀士大夫"的遗命来看，宋齐愈算是赵宋立朝以来第

---

① 《续资治通鉴》第二册，岳麓书社，1992年，第295页。
② 同上书，第302页。

一个被朝廷下旨斩杀的文官。

有了开头，后面的事就自然而然了。观文殿学士耿南仲与龙图阁学士耿延禧父子因在金军入侵时主张割地求和，被夺职奉祠；尚书右丞吕好问本与李纲论事时不睦，此刻也以曾奉张邦昌为帝获罪，好在他于开封沦陷时送出密函，首劝赵构称帝有功，只被贬为知宣州（今安徽省宣城市）。但是，清理罪臣，不等于朝廷就此中兴。因赵构拜李纲为相，已引起黄潜善和汪伯彦等自负立有拥戴之功的人嫉恨，后者与李纲的冲突还爆发在朝廷是否迁都一事上。

从事后看，冲突双方倒不如说是赵构与李纲更为准确，这就决定了李纲的命运，也最终决定了南宋的命运。

二

黄潜善和汪伯彦等议和派视河南为危险之地，便上奏称朝廷应迁至金陵（今江苏省南京市）方为上策，并指使卫尉少卿卫肤敏和中书舍人刘钰先后上书。卫肤敏称"建康实古帝都，外连江、淮，内控湖、海，为东南要会。伏唯观察时变，从权虑远，趣下严诏，凤期东幸，别命忠勇大臣总领六师，留守京邑；又行清野于河北、山东诸道，俟军声国势少振，然后驾还中都，则天下定矣"[①]。

刘钰的说法与卫肤敏大同小异，认为"南阳密迩中原，虽易以号召四方，但今日陈、唐诸郡，新刬于乱，千乘万骑，何所取给！夫骑兵，金之长技，而不习水战。金陵天险，前据大江。可以固守；

---

① 《续资治通鉴》第二册，岳麓书社，1992年，第305页。

东南财力富盛，足以待敌"①。

卫肤敏和刘钰表面上的理直气壮引来李纲的针锋相对，"自古中兴之主，起于西北，则足以据中原而有东南；起东南，则不足以复中原而有西北。盖天下精兵健马，皆在西北，委而去之，岂唯金人乘间以扰关辅，盗贼且将蜂起，跨州连邑。陛下虽欲还阙，且不可得，况治兵制敌以迎还二圣哉！"②

在李纲看来，朝廷可暂迁襄、邓。就地理位置看，襄阳连四川、邓州连陕西，可在此招兵，且二地北近京畿，可为进援；南通巴蜀，可得财源；东连江淮，可运谷粟。李纲坚持以为，"今冬计且驻跸，俟两河就绪，即还汴都，策无出于此者"。从此处可见，使赵构还都开封，是李纲的执政核心之一。赵构也依李纲做出了"秋末迁南阳"③的决定，但黄潜善和汪伯彦还是暗呈密奏，力主迁金陵。黄潜善和汪伯彦二人自是看出赵构颇惧金人，眼下"迎还二帝"的口号喊得响亮，信以为真的恐怕只有李纲这样的耿介之臣。

眼见赵构并未有迁往南阳的准备，李纲心知有人作祟，便在面见赵构时说道："臣近者屡蒙宸翰，改正已行事件，又所进机务，多未降出，此必有间臣者。"④意思是，我蒙陛下亲书任命，但所提建议，始终不见实行，其中必定有小人在挑拨离间。赵构的回答只是勉慰了李纲几句。不料数日后，朝廷下旨，将李纲改任为尚书左仆射兼门下侍郎，黄潜善则擢为尚书右仆射兼中书侍郎。谁都能一眼

---

① 《续资治通鉴》第二册，岳麓书社，1992年，第305页。
② 同上书，第304页。
③ 同上书，第207页。
④ 同上书，第307页。

看出，李纲虽位在黄潜善之上，但其身后只是民心，而黄潜善身后则是赵构，且用黄潜善来制约李纲。此举已表明了赵构内心已有放弃中原，南迁金陵之意。

对李纲来说，接下来就不得不尝到满腔忠义落空的悲愤滋味。

李纲建议沿河、淮、江置帅府后，先荐年近七旬的宗泽知开封府，又令张所、傅亮赴两河，招募忠勇之士，与开封互为掎角之势，抗击金人南下。张所在靖康年间为御史，宋钦宗下旨割让两河时其义愤填膺，建议宋钦宗以蜡书形式，招募河朔民兵入援。河朔素为豪杰雄风之地，消息传出，士民振奋，张所也名重河朔。李纲举荐其为河北西路招抚使后，张所计划先复怀、卫、浚洲及真定，再解中山之围。黄潜善眼见李纲谋略有功成气象，担心其声望更高，随即命河北经制使马忠节制军马，与忠州防御使李成率兵渡河，同捣金军虚弱之处。事情看似马忠在驱兵御敌，但李纲指挥不动马忠，就不得不奏请河北制置使张浃为副将。自此，李纲手中军权分散。

张所渡河后，设招抚司于北京。当时河北转运副使、权北京留守张益谦素以黄潜善马首是瞻，立刻上奏，称张所置司北京不当，因招抚司置于北京后，河北盗贼愈加猖獗。李纲愤慨不已，认为朝廷令张所出征，是北上的方略体现，再说金兵退后河北民无所归，乃至聚集成盗，与张所在北京是否置司毫无关系，何况置司招抚的目的是招谕山寨民兵，"因其力而用之"，张益谦作为京外小臣，竟敢说出这些"非理沮抑"[①]之言，必定受朝中人指使。所谓"朝中人"，自然指黄潜善。由此，双方怨恨更深。

---

① 《续资治通鉴》第二册，岳麓书社，1992年，第308页。

张所之事未平，傅亮那边也出了问题。傅亮能受李纲器重，是因其颇识兵法。傅亮知手下不过区区万人，且均由盗贼和败兵组成，毫无质量可言，如不经训练，想取胜金军，无异于痴人说梦。傅亮计划出师后置司陕西，那里因前朝权宦童贯赏罚不明，导致不少堪称精锐的正兵及弓箭手散落民间。在傅亮看来，朝廷若能以重金招募的话，不出十天即可招得二万精锐。

但傅亮出兵才十余日，汪伯彦就以途中逗留、贻误军机为由，命傅亮当日渡河。傅亮愤而上书，争辩说道："今河外皆属金人，而遽使亮以乌合之众渡河，不知何地可为家计，何处可以得粮？恐误大事。"[1]李纲如何不知，黄潜善和汪伯彦表面上是斥责张所和傅亮，实则是对自己行敲山震虎之事。当赵构面询李纲"如亮人才，今岂难得"时，李纲以"亮谋略知勇，可为大将"[2]作答。赵构没再说话，第二天却下达了将傅亮罢官的旨令。

失望之下，李纲提出辞职之请。赵构轻描淡写地说了句："卿所争，细事耳，何为出此？"

李纲按捺不住，顶撞说道："人主之职在论相，宰相之职在荐贤。方今人才以将帅为急，恐不可为细事。"[3]

如此顶撞天子，自然后果不妙。黄潜善和汪伯彦绝不会放过打击李纲的任何良机，立即指使殿中侍御史张浚上疏，列出李纲"杜绝言路，独擅朝政"等十余条罪状，认为他"不可居相位"[4]。赵构即

---

[1]《续资治通鉴》第二册，岳麓书社，1992年，第308页。
[2] 同上书，第308页。
[3] 同上书，第308—309页。
[4] 同上书，第309页。

命中书舍人朱胜非草制诏令，称李纲"狂诞刚愎，谋谟弗效，既请括郡县之私马，又将竭东南之民财。以喜怒自分贤愚，致赏罚弗当于功罪"等，并就傅亮不肯渡河之事大做文章，"每敦促其速进，辄沮抑而不行，设心谓何，专制若此！"①

诏令颁下翌日，即八月十八日，拜相不过七十五日的李纲被贬为观文殿大学士、提举杭州洞霄宫。

黄潜善、汪伯彦随即将李纲所施方略尽皆取缔。傅亮恰因母病去了同州（今陕西省渭南市大荔县），张所则遭罪贬，二人所设的招抚、经制司均被废止。

以李纲被贬为标志，赵构朝中议和派开始稳占上风。随后还发生一事，当李纲被罢相的消息传出，太学生陈东和抚州进士欧阳澈于八月二十五日伏阙上书，请朝廷留任李纲，罢免黄潜善和汪伯彦，同时请赵构还都开封，御驾北征，以迎还徽、钦二帝。赵构勃然大怒，听从黄潜善密奏，第二天将陈东与欧阳澈斩于都市。就此来看，黄潜善、汪伯彦等人摸准了赵构的内心所想，那就是宁可放弃中原，也要在半壁江山中将权力和帝位牢牢握在手中。

三

罢免李纲和斩杀陈东、欧阳澈，对朝中主战派打击极大，尤其陈东、欧阳澈被杀直接违反了赵匡胤"不得杀士大夫和上书言事人"的祖训。七月腰斩宋齐愈，毕竟其犯下逆天大罪；陈东和欧阳澈纯

---

①《续资治通鉴》第二册，岳麓书社，1992年，第309页。

属上书言事，何罪之有？朝中主战派见陈东、欧阳澈二人人头落地，自是人人自危。尚书右丞许翰对家人说道："吾与东皆争李相者，今东戮东市，吾在庙堂，可乎？"①于是上奏请辞，赵构当即将其贬为资政殿大学士、提举洞霄宫。

对赵构来说，杀人既是树威，也是对主战派敲响警钟。赵构亲身领教过金人的凶悍，时日愈久，内心愈怕。乱世帝王接到的消息，多为内外动荡的噩讯。入九月以来，从建州（今福建省建瓯市）调往滑州的宋军被金军击败，建州军校张员竟发动叛乱，将福建转运副使毛奎及判官曾仔斩杀，朝请郎王淮前往讨伐，却无力平叛。另外，河东出现以"建炎"为号的红巾军，他们在泽、潞间试图袭取金军右统帅粘罕的营寨，却被粘罕反杀无数平民。当时受命为河东经制使的马忠素来畏敌如虎，哪敢与粘罕交锋？在朝中的黄潜善和汪伯彦乘机再次建议赵构南下，不要做经营两河之想。

赵构既决意南下，也就对张邦昌起了杀心，以其为伪帝时"内衣赭黄，履黄袜，宿福宁殿，使宫人侍寝，心迹如此，甚负国家"②为由，命张邦昌自裁。后者于平楚楼自缢，一并伏诛的还有伪楚朝中唯一将张邦昌称为"陛下"的头号媚臣王时雍。

紧接着，赵构又连下两道圣旨，第一道是严令应天府及开封百官不得擅离任所，一旦发现，即罢官下狱；第二道是命成都、京兆、襄阳、荆南、江宁府、邓州、潭州等地都做好迎接"巡幸"的准备。

得知赵构有南下之意后，人在开封的留守宗泽即刻上疏，认为

---

①《续资治通鉴》第二册，岳麓书社，1992年，第310页。
②同上书，第315页。

开封为大宋京师,也是宗庙所在,赵构岂能不还都以振民心?宗泽以当年辽军南下时,王钦若劝宋真宗避金陵,陈尧佐劝宋真宗往西蜀,唯寇准力排众议,终于使宋真宗御驾亲征,最后签下使大宋获百年太平的"澶渊之盟"为例,力谏赵构还都开封,主持北伐。宗泽还表示,自己迎驾后将"身率诸道之兵,直趋两河之外,亲迎二圣,雪靖康一再之耻,然后奉觞玉殿,以为亿万斯年之贺,臣之志愿始毕"①。

上疏后,宗泽随即营缮宗庙、宫室、台省,又增修东门,作为赵构还都时的奉迎之地。

但是,宗泽注定迎不到已决意放弃中原的赵构。

自靖康大变后,北方的惨状在亲历者庄绰撰写的《鸡肋编》中有触目惊心的描写:"自靖康丙午岁,金狄乱华,六七年间,山东、京西、淮南等路,荆榛千里,斗米至数十千,且不可得。盗贼、官兵以至居民,人互相食。人肉之价,贱于犬豕。"②庄绰说到的盗贼多数是当时各路的残兵败将,因没有生路,便被迫为盗,百姓自是惊惧。

宗泽到开封上任后,下的第一道命令就是"为盗者,赃无轻重,皆从军法"③。由此,盗贼逐渐消失,百姓稍安。当金国使臣牛大监等八人以出使"大楚"为名进入开封后,宗泽知是金人欲窥开封军事,即令留守范讷将牛大监等人扣押。此事轰动一时。

当时还发生一事,数月前,河北西路招抚使张所帐下,有个叫

---

① 《续资治通鉴》第二册,岳麓书社,1992年,第315页。
② 《鸡肋编 贵耳集》,李保民校点,上海古籍出版社,2012年,第31页。
③ 《宋史》,中华书局,1977年,第11279页。

岳飞的前来投靠。原因是赵构登基后，时为秉义郎的岳飞愤然上书，直言黄潜善、汪伯彦无收疆复土之心，后者自是大怒，以岳飞"小臣越职，非所宜言"①为由将其罢官。岳飞遂投张所，当时在张所麾下任都统制的是忠翊郎王彦。当张所遭罪贬后，王彦占据新乡，传檄诸郡，声势颇壮，乃至金人以为王彦为宋军主力，遂以数万大军相攻。王彦败退太行山后，岳飞单枪匹马，冲阵刺杀金军统帅，使金人惊惶退兵。宗泽知岳飞是不可多得的将才，遂将其留在身边，再经数战凯旋后，宗泽将岳飞提拔为统制，后者自此扬名。此后，岳飞终生都感激宗泽的知遇之恩。

但即便有宗泽、王彦、岳飞等人的奋勇抗金，还是挡不住赵构惧金而有的南下之举。当年十月初一，赵构离开应天府，于淮河登舟南下。

宗泽听闻后，又即刻上疏，告知开封官吏正同心协力，并已造决胜战车一千二百辆，又细说王彦、曹中正在河西展开收州复县的军事行动，眼下已将西京、河阳、郑、滑等州连为一体，金人不敢轻动。对此时的开封状况，宗泽同样写得详细，"臣自到京，奉扬陛下仁风德意，街市人情物态，忻悦粹宁，同太平时景象"，随后痛感自己"六十有九"，如能与开封官民迎回赵构，即使"身填沟壑，则虽死之日，犹生之年"。②

不论宗泽言辞如何恳切，都未能使赵构掉转风帆。此时金军虽退出了京师，但仍留驻河上，距开封不过二百里，昼夜能听到从对

---

①《鄂国金佗稡编续编校注》，王曾瑜校注，中华书局，2018年，第89页。
②《续资治通鉴》第二册，岳麓书社，1992年，第316页。

岸传来的金鼓之声。此举足以令赵构心惊胆战。但令赵构没想到的是，南下也不等于高枕无忧。当赵构到扬州宝应县后，一个叫孙琦的将领竟率御营后军作乱。叛乱虽很快被平息，却是赵构登基后遇到的第一次肘腋之乱。为保明日无虞，赵构命刘光世为滁、和、濠、太平州、无为军、江宁府界招捉盗贼制置使，御营统制官苗傅为刘光世麾下制置司都统制。到十一月时，得知金军围攻磁州，赵构即派朝奉郎王伦为大金通问使，迈出了与金议和的第一步。

但金军无议和之想，其反应是立刻破河间，取汜水（今河南省荥阳市西），分道南侵。金军右副元帅完颜宗辅和其弟完颜宗弼——后者有个读者更熟悉的名字，即兀术——二人自沧州渡河，猛攻山东；陕西诸路都统洛索与副都统萨里罕自同州渡河，攻打陕西。粘罕攻下河阳后，驱师向东，命尼楚赫分兵攻京西。在宗泽援军未到之时，知郑州董庠弃城而走，尼楚赫连城也不入，直接杀往京西，中原震动。

到建炎二年（1128）正月时，中原形势日益恶化。兀术已攻下洛阳，与宗泽相持。宗泽虽在开封外的白沙镇暂时击退金兵，但还是难以抵挡金军兵势。权邓州李操得尼楚赫折箭为誓不屠城后，卸甲投降。尼楚赫随即兵锋南下，进入湖北，先破均州（今湖北省丹江口市），再取房州（今湖北省十堰市房县），大有进逼长江之势。在宗泽手上吃过一次败仗的完颜宗辅挥师进入山东境内，先后攻取潍州（今山东省潍坊市）和青州。此时陕西形势也危在旦夕，金陕西诸路都统洛索围取长安后，分兵攻延安府。尼楚赫也回师再入河南，袭取唐州（今河南省唐河县）。几路大军形成呼应，以攻取开封为战略目标。

宗泽听闻金兵进攻开封屏障的滑州军讯后，即命防御使张捴率锐卒五千增援，数日后又命统领官王宣再率五千骑兵驰援。当王宣赶到滑州时，张捴已阵亡两日。王宣在滑州北门与金军展开大战，斩首数百，终于击退金军。经此一败，金军对宗泽又敬又惧，不再做攻打开封之想。

见形势有所好转，宗泽再次上疏，恳请赵构还京。但是，赵构一来怕重蹈靖康覆辙，二来在黄潜善和汪伯彦的密奏下，南奔都来不及，哪有北上之想？宗泽见赵构登基不过一年，朝中便奸臣当道，不知何日能迎回徽、钦二帝，不觉忧愤成疾。七月十二日时，疽疮发作的宗泽吟完唐人杜甫的"出师未捷身先死，长使英雄泪满襟"的诗句后，连喊三声"过河"，抱憾而终。当日风雨大作，宗泽遗表中最后写道："属臣之子，记臣之言，力请銮殿，亟还京阙，大震雷霆之怒，出民水火之中。夙荷君恩，敢忘尸谏！"[1]

四

宗泽去世后，河南即刻有了连锁反应。在生前多达二十多次请赵构还京的上疏中，宗泽称麾下"拥兵百万"非虚，但认真说来，官兵只占少数，大半为感佩宗泽忠义而会聚的四方豪杰。后世王夫之对此评价道："光武跳身河北，仅有渔阳一旅，而平定天下者，收群盗之用也，故有铜马帝之号焉。宗汝霖之守东京以抗女真，用此

---

[1]《续资治通鉴》第二册，岳麓书社，1992年，第341页。

术也。"①意思是当年汉光武帝刘秀手下只渔阳一支部队,最后能平定天下,依靠的就是四方豪杰,而宗泽使用的也是此法。可惜赵构秉承"兵权不可假人"的家法,乃至宗泽去世不过数日,百万大军竟散去大半。眼见势危,有人给朝廷上书,建议让宗泽之子宗颖继任父位,以复民心。

但在黄潜善等人眼中,宗泽原为难以驾驭的眼中之钉,如何肯让宗颖继任父职?当即命北京留守、河北东路制置使杜充至开封上任。杜充原为"酷而无谋,士心不附"②之辈。到开封后,杜充将宗泽的方略全部废除,结果就是"泽所结两河豪杰,皆不为用"③,就连宗泽手下的统制官杨进也率众反叛,更多军士则干脆重新为盗,致使西南州县又盗贼成风。后世诗人郝经站在蒙古人的旁观角度写下的"少康一旅便南奔,畀付英雄国可存。宗泽云亡李纲罢,衣冠不复到中原"诗句,便是当时最无情的现实。

当金人听到宗泽已亡,立议用兵。金帝完颜晟下达诏令:"康王当穷其所往而追之。俟宋平,当立藩辅如张邦昌者。陕右之地,亦未可置而不取也。"④这是明确的战略之言,对赵构必须穷追猛打,等灭宋之后再找类似张邦昌的降臣为傀儡用以统治中原,全部陕西之地须并入金国版图。完颜晟随即命洛索平陕西,尼楚赫守太原,耶律伊都留云中,粘罕统大军南征。

此时,在扬州的赵构愈惧金兵,便愈宠信一心议和的黄潜善和

---

① 王夫之:《宋论》,刘韶军译注,中华书局,2013年,第613—614页。
② 《续资治通鉴》第二册,岳麓书社,1992年,第347页。
③ 同上书,第342页。
④ 同上。

汪伯彦，将黄潜善擢升为左仆射兼门下侍郎，汪伯彦则升为尚书右仆射兼中书侍郎，并兼御营使。黄潜善和汪伯彦二人入谢时，赵构说道："潜善作左相，伯彦作右相，朕何患国事不济！"①

立议和派黄潜善和汪伯彦二人为相后，赵构便觉国事无忧，说明其已无抗金之心。殿中侍御史马伸愤然上奏，称"黄潜善、汪伯彦为相以来，措置天下事，未能惬当物情，遂使敌国日强，盗贼日炽，国步日蹙，威权日削……涂炭苍生，人心绝望，则二圣还期，在何时邪？臣每念及此，不如无生。岁月如流，机会易失，不早改图，大事去矣"②。

但与此类似的上疏均被扣押，到不了赵构之手。以赵构的惧金之心来看，即使他读到此奏，也不可能从善如流。正因如此，马伸随即被贬。

不论赵构的鸵鸟之心如何浓重，金人都不会勒回南下铁蹄。当年十一月，金军先破延安府，随即自绥德渡河攻晋宁。东京留守杜充听到金军迫近之讯张皇失措，下令决黄河阻敌，竟使黄河从此改道。到建炎三年（1129）正月时，形势之危，用起居郎兼全直学士院张守上奏的话说，就是"金人自去冬已破澶、濮、德、魏，而游骑及于济、郓"③。张守禀奏的话音未落，粘罕又攻破徐州，自滕县驱五千铁骑急袭扬州。

赵构得知金军已近泗州（今安徽省宿州市泗县）的消息后，才急命内侍邝询往天长探听军情。邝询人还未到，金军已破天长。赵

---

① 《续资治通鉴》第二册，岳麓书社，1992年，第352页。
② 同上书，第342—343页。
③ 同上书，第356页。

构惊慌失措之下，只带了御营都统制王渊、内侍省押班康履等五六骑逃离扬州，就连黄潜善、汪伯彦也是到都堂后才知赵构已逃，二人急忙上马出城。此时扬州已然大乱，因门窄人多，以致争门而死者不计其数。

当晚，金军先锋玛图率五百骑驰至扬州，一些州民被迫迎拜。玛图得知赵构已渡江往瓜州，当即率军追赶。此时已有十余万百姓纷拥于江口，见金兵过来，已无生路的百姓索性与金人相抱一并沉江，堕江而死的多达数万人。一些舟人也乘机在江中朝金军射箭。玛图无以渡河，只得抢掠金帛珠玉，在岸上堆积如山。

此时赵构已魂不附体，渡江后哪敢停留？在瓜洲得一小舟后，次日便到京口，再舟至镇江，数日后又至无锡，最后到平江府后才脱下甲胄换上黄袍，并命承信郎甄援速往江北召集卫兵。

终于喘口气的赵构想起集英殿修撰、提举杭州洞霄宫卫肤敏在扬州时屡称朝廷应早迁建康（今江苏省南京市）之议，遂召其询问。

卫肤敏见驾后，对赵构欲立杭州为都的想法表示反对。在卫肤敏看来，杭州地狭人稠，绝非立都之地，自古也未见过哪个朝代的哪个帝王会立杭州为都；因杭州深远狭隘，要在这里号令四方，恢复中原，几乎是不可能的事。理由摆出后，卫肤敏坚持赵构应设都建康，就地理位置看，长江是建康的天然屏障，其陆口直面濡须（今安徽省无为县城北），夏口（今湖北省武汉市汉阳区）直面赤壁，姑孰（今安徽省当涂县）对历阳（今江苏省宿迁市），牛渚（今安徽省马鞍山市采石镇）对横江（今安徽省和县东南），至于西陵、柴桑、石头、北固，无不为三国和南朝时的必争之地。最后，卫肤敏建议赵构："许行鬻爵之法，使豪民得输粟以赡军；许下募兵之令，使土人得出力以自效；又重爵赏以诱之，则人人效命，守备无失而敌骑必退矣。敌骑既退，则可以广设屯戍，如前所陈，迟以岁月，国体少安，可以渐致中兴之盛矣。"[1]赵构颇纳其言。

但卫肤敏建议立都建康的想法注定落空。随着泰州守臣曾班的投降，金军已深入江苏腹地。赵构急令张浚扼守平江府，自己继续往浙江南逃，先至秀州（今浙江省嘉兴市），又至崇德（今浙江省桐乡崇福镇），再经临平镇后，终于到达杭州。一路上，为防金军渡江，赵构命江淮制置使吕颐浩会师江口，御营中军统制张俊率八千人扼守吴江，又命杨惟忠守金陵，刘光世守京口，留在身边护驾的只有御营统制官苗傅所辖一军，这也为后来的"苗刘兵变"埋下了隐患。

到杭州后，赵构一边降罪己诏，一边令群臣直言。御史中丞张澂当即上疏，以二十条大罪弹劾黄潜善和汪伯彦。赵构虽宠信黄、汪二人，但自己这次几乎丢掉性命，再要他们何用？于是下旨将黄、汪二人罢为观文殿大学士，黄潜善贬为知江宁府，汪伯彦贬为知洪州（今河南省辉县）。但即便如此，黄、汪二人仍留在杭州未走。

相位空出，赵构擢朱胜非为尚书右仆射兼中书侍郎兼御营使，王渊同签书枢密院事。在"靖康之变"之时，王渊为真定总管，短短两三年官升数级，自惹来朝中诸将的嫉恨。王渊非但不收敛，还口无遮拦地说道："朝廷官人以爵，使禄足代耕。若切切事锥刀，爱爵禄，我何不为富商大贾耶！"[2]

---

[1]《续资治通鉴》第二册，岳麓书社，1992年，第362页。
[2] 同上书，第369页。

这些话传到苗傅耳中后，他顿时怒不可遏。在苗傅看来，他一路护驾功高，结果却是王渊得宠，心中大感不忿。此外，内侍省康履系服侍赵构的宦官，平日作威作福，本就令诸将心怀不满。到达吴江后，康履居然带一众宦官射鸭为乐，到杭州后又至江边设帐观潮，连道路也被堵塞得水泄不通。

苗傅见状，咬牙切齿地说道："汝辈使天下颠沛至此，犹敢尔耶！"①

当时中大夫王世修也痛恨康履等宦官的恣意妄为，希望尚书右丞张澂上奏禀报，后者却只将抱怨之词告知威州（今河北省邢台市威县）刺史刘正彦。偏生这时王渊又得宦官推荐入右府，苗傅和刘正彦愈感不平。苗、刘二人遂与王世修及其手下王钧甫、马柔吉、张逵等人密议，决定先除王渊，再杀康履等宦官。于是，众人趁宋神宗赵顼忌日百官入朝听宣时，由王世修伏兵于城北桥下。当王渊退朝后过桥时伏兵尽出，刘正彦手起刀落将王渊斩首，苗傅随即派人兵围康履府邸。康履耳灵，早听信息，立刻奔逃入宫。苗傅分兵追捕，见宦官便杀，连没胡须的人也误杀不少。

赵构听得兵变，大惊失色，被迫与百官登阙门。凭栏问苗傅、刘正彦何故造反？苗傅厉声答道："陛下信任中官，赏罚不公，军士有功者不赏，内侍所主者乃得美官。黄潜善、汪伯彦误国至此，犹未远窜。王渊遇敌不战，因交康履，乃除枢密。臣自陛下即位以来，立功不少，顾止作遥郡团练使。臣已将王渊斩首，中官在外者皆诛

---

① 《续资治通鉴》第二册，岳麓书社，1992年，第369页。

讫，更乞康履、蓝珪、曾择斩之，以谢三军。"[1]

赵构不得已，为保自己性命就只得交出康履。当即，康履被苗傅腰斩于楼下。但苗傅并未收军，而是继续说道："上不当即大位，将来渊圣皇帝来归，不知何以处？"[2]意思是要赵构退位。面对苗傅和刘正彦的刀剑威逼，赵构被迫只带十五名内侍到显忠寺居住，称"睿圣仁孝皇帝"，就是当太上皇了。朝内隆祐太后垂帘听政，赵构三岁的皇子赵旉被拥立为帝，改建炎三年（1129）为明受元年。

眼见事变成功，但随即发生一事，保义郎甄援携赵构诏书和征讨苗傅、刘正彦的檄书偷逃离城，到平江见到张浚后谎称自己带来赵构"今日张浚、吕颐浩必起兵，刘光世、韩世忠、张俊必竭力相辅，语令早来"[3]的口谕。张浚顿觉自己为赵构倚重，感泣自奋，决心率兵勤王。这时，御营前军统制张俊也统军至平江，与张浚会合，随后两浙路提点刑狱公事赵哲和韩世忠也至平江，决意向苗傅和刘正彦兴兵问罪，同时联络吕颐浩和刘光世，后者兵发杭州。

为笼络韩世忠，苗傅曾遣使送来明受皇帝赵旉手书。韩世忠大怒道："吾但知有建炎，岂知有明受？"[4]随即焚诏斩使。诸将商议后，决定以韩世忠为前军，张俊为辅助，刘光世亲选健卒为游击，吕颐浩和张浚总领中军，刘光世分兵殿后，以勤王之名，传檄中外。

苗傅、刘正彦在建康的兵力终究有限。尤其苗翊、马柔吉兵败临平后，苗傅和刘正彦紧急从赵构那里得到毫无用处的免死铁券，

---

[1]《续资治通鉴》第二册，岳麓书社，1992年，第370页。
[2] 同上书，第371页。
[3] 同上书，第379页。
[4] 同上书，第381页。

然后慌忙逃出杭州。

赵构虽重新登基,但此次兵变勒下的痕迹之深,再也不可能忘记。如果有什么经验需要总结的话,那就是朝廷将兵权收束得不紧。赵构想起称帝之初,宋室江山摇摇欲坠,不得已起用抗战派领袖李纲,以安天下民心,后来李纲虽去,又不得不倚重开封留守宗泽。宗泽虽拥兵百万,赵构仍对宗泽的二十多次上疏视而不见,深究其因:其一是惧怕金军南下,重蹈父兄覆辙;其二是宗泽手下多半非朝廷之军,如陆游在《老学庵笔记》中就明确写有"宗汝霖留守东京,群盗降附者百万,皆谓汝霖曰宗爷爷"[1],可知他们奉行的是宗泽号令,而非朝廷之令。

赵构当时能忍,不外乎需要宗泽抵挡金军,但在赵宋朝廷中武将专权,是隐患至深的恐怖之事。是以"苗刘兵变"后果,就是赵构立意恢复祖宗家法,将兵权抓在自己手上,至于北上抗金、收复失地,哪里比得上自己的帝位要紧?从这里看,就不难理解王夫之为什么会在《宋论》中说出"高宗盱衡四顾,一二议论之臣,相与周旋之外,奚恃而可谋一夕之安?琐琐一苗、刘之怀忿,遽夺其位而幽之萧寺,刘光世、韩世忠翱翔江上,亦落拓而不效头目之悍。自非命世之英,则孑然孤处,虽怀悲愤,抑且谁为续命之丝?假使晋元处此,其能临江踞坐,弗忧系组之在目前哉?故高宗飘摇而无壮志,诸臣高论而无特操,所必然矣"[2]的苦痛之言了。

---

[1] 陆游:《老学庵笔记》,李剑雄、刘德权点校,中华书局,1979年,第12页。
[2] 王夫之:《宋论》,刘韶军译注,中华书局,2013年,第623页。

五

但不论赵构是否"飘摇而无壮志",他面对的事实是,"苗刘兵变"时金军右副元帅完颜宗辅已掠取山东之地,因大水阻拦,只济州、单州、兴仁(今山东省菏泽市曹县)、广济(今山东北部滨海地区)四地尚存。

当苗傅、刘正彦逃出杭州后,赵构于五月起驾常州,再经镇江至江宁,改江宁府为建康府。此时赵构深知金军势大,宋军无力抵挡,腋下之变也历历在目,且眼下苗傅与刘正彦叛军外逃未除,若与金军交战,只怕半壁江山也难保,遂命朝散郎洪皓携降书给金军左副元帅兀术,称"宋康王构谨致书元帅阁下:愿用正朔,比于藩臣"[1],竟愿对金俯首称臣。但金军的战略就是以渡长江、擒赵构为目的,不仅不肯接受降书,还将洪皓流放至冷山(今黑龙江省五常市冲河镇)。

八月,金军逼近建康,赵构急命已升为尚书右仆射的杜充兼任江、淮宣抚使,领十万军士守建康;命御前左军都统制韩世忠为浙西制置使,守镇江府;太尉、御营副使刘光世为江东宣抚使,守太平及池州;御营使司都统制辛企宗守吴江县;御营后军统制陈思恭守福山口;统制官王琼守常州,而他自己则匆匆离开建康。

当时形势的确逼人,赵构刚至平江,就传来金军破袭应天府的噩讯。赵构又急命迪功郎张邵为大金军前通问使,与武义大夫杨宪

---

[1]《续资治通鉴》第二册,岳麓书社,1992年,第390页。

一起携降书至昌邑（今山东省潍坊市境），拜见金军左监军完颜昌。此时，在完颜昌身边的还有大宋前御史中丞、日后大名鼎鼎的奸臣秦桧，后者虽与张邵熟稔，但还是改变不了完颜昌将张邵、杨宪囚入土牢的结果。完颜昌随即挥师进攻沂州（今山东省临沂市），宋守将献城投降后，金陕西都统洛索兵渡渭河，进攻长安。

日日受惊的赵构于十月前往平江，到临安府后连船也不敢下，在御舟中处理政务。随即又听到叛将李成攻陷滁州的消息，赵构惶恐不已，再逃至越州（今浙江省绍兴市）。赵构到越州之日，也正是金军破寿春（今安徽省寿县）之时。于是，金军从山东、河南、安徽兵分三路，大起燕、云、河朔民兵南下，由尼楚赫、布尔噶苏、王伯彦分别率女真军、渤海军、汉军三路齐下，统帅为兀术。

赵构闻此消息，心胆俱裂，又赶紧命修武郎宋汝为和京东转运判官杜时亮使金请和。宋汝为、杜时亮二人到寿春遇到兀术大军，后者拒绝相见。宋汝为愤慨之下独闯金营，兀术大怒，欲斩宋汝为。宋汝为神色不变，说道："一死固不辞，然衔命出疆，愿达书吐一词，死未晚。"[①] 兀术见宋汝为忠义慷慨，心中颇生敬意，将其留在军中。

但朝廷中如宋汝为这样铮铮铁骨的大臣终究是少数。当金军入湖北，逼近黄州（今湖北省黄冈市）时，荆湖沿江措置副使王羲叔的反应是慌忙乘舟逃跑。当时守护江州（今江西省九江市）的江东宣抚使刘光世以为金军距江西尚远，每日与朝奉大夫韩栝饮酒作乐，

[①]《续资治通鉴》第二册，岳麓书社，1992年，第407页。

等听到金军已近在咫尺后，也惊得急忙逃走。金军遂从大冶县（今湖北省大冶市）直趋洪州（今江西省南昌市），拟对整个浙江形成三面包围之势。

从安徽杀向浙江的兀术统三路大军于十一月猛攻庐州（今安徽省合肥市）；庐州投降后，再攻和州（今安徽省马鞍山市）；和州投降后，又破无为军（今安徽省无为市无城镇），攻采石矶，计划在此渡江。但金军连胜势头终在采石矶被阻，兀术两次败于知太平州郭伟之手。金军转头攻芜湖失利后，又挥师直趋马家渡（今江苏省江宁县西南），换从此处渡江。此时，从大冶县出发的金军也借破六合县（今江苏省南京市北）之威，直扑洪州。洪州守将李积中献城投降。兀术大军也终于从马家渡渡江，与叛将李成同攻乌江县。

奉旨守建康的杜充听到金军已至长江对岸的军情，慌乱中将六万军士列戍长江南岸，自己却闭门不出。杜充手下统制官岳飞泣谏杜充应亲督军旅，但杜充畏敌不从。当金军过江后，杜充才急命都统制陈淬率领岳飞、刘纲等十七名将领带三万人迎敌。陈淬与兀术大军于马家渡激战，胜负未决之际，杜充派御营前军统制王燮率一万三千人前来增援，但后者竟不敢加入战团，先行逃跑。陈淬孤军奋战，被迫撤往蒋山。

在越州的赵构动身至钱清堰（今浙江省绍兴市西五十里处）当晚，就接到了杜充的败报。此时金军距钱清堰只百余里，赵构慌乱中想要迎战，侍御史赵鼎劝其退避，吕颐浩倒是冷静分析道："金人既渡浙江，必分遣轻骑追袭。今若车驾乘海舟以避敌，既登海舟之后，敌骑必不能袭我；浙江地热，敌亦不能久留。俟其退去，复还二浙，彼入我出，彼出我入，此正兵家之奇也。"①赵构遂决定乘舟入海，前往四明（今浙江省宁波市西南）。

此时兀术大军已势不可当，先破建康，再破杭州。赵构一路东逃，到明州（今浙江省宁波市）后，提领海船张公裕禀报，已准备千条海船。赵构稍稍放心，命三千亲军相随。行至定海县（今浙江省舟山市）后，参知政事范宗尹于舟松了口气，对赵构说道："敌骑虽百万，必不能追袭，可以免祸矣。"②

范宗尹话说得不错，却还是挡不住金军追击。建炎四年（1130）正月，志在生擒赵构的兀术开始猛攻明州。御前右军都统制、浙东制置使张俊与守臣徽猷阁待制刘洪道挡住了金军的第一波攻势后，金军拔寨屯于余姚。心知赢得侥幸的张俊也急令收军赴台州，而刘洪道见张俊离开，也逃往天童山。与之形成对比的是，御前左军都统制、浙西制置使韩世忠奉诏面见赵构后，请命前往镇江。在韩世忠看来，与其步步退让，不如放手一搏。

实在想喘口气的赵构终于同意韩世忠之议。不料，韩世忠前脚刚走，赵构后脚就接到明州被破的败报，被迫引舟向南，从台州南逃温州。兀术翌日即到定海，乘舟追击赵构，幸好当日风雨大作，同时张公裕也率大船攻击金人船只。金军终不识水战，兀术不得不收兵退去。当赵构终于到温州江心寺驻跸时，已是二月了。

兀术从明州引兵还临安后，接到韩世忠自江阴趋往镇江的军情。投降金军的成州团练使陆渐建议兀术不如先搜刮金银，火烧临安，

---

① 《续资治通鉴》第二册，岳麓书社，1992年，第412页。
② 同上书，第414页。

再引兵北归。料到金军已是强弩之末的江东宣抚使刘光世上奏赵构，"杜充败事，未知存亡，王燮所统前军亦溃，韩世忠径上海船而去。臣今以孤军驻南康，移檄诸路，会兵勤王，望陛下远避贼锋，俟春暄，破之不难"。赵构当即下旨，"光世所部军不少，今又会兵，深虑骚动。可止统本部乘间击之，毋失机会"。①

自挥师南下以来，一直未尝败绩的兀术没料北归时挨了韩世忠的一记闷棍。当兀术到镇江府时，韩世忠已屯兵焦山，约其会战。兀术知水战为己方短板，决定亲率四名亲兵登龙王庙，欲窥韩世忠虚实。韩世忠早料对方会有此举，预先在庙内埋伏好二百军士。兀术突遇伏兵后，跳水才得逃脱。惊出一身冷汗的兀术称愿归还所掠金银珠宝，买条北归之路。但韩世忠如何肯放过生擒金军主帅的千载良机？双方相持四十多日，兀术被迫移师向南，韩世忠立驱水师进泊金山下，摆开决战之势。此时兀术麾下十余万兵力，韩世忠仅只八千军士，但金军不习水战，被困黄天荡无法脱身。走投无路的兀术被迫低头，向韩世忠借道。

韩世忠答道："但迎还二宫，复旧疆土，归报明主，足相全也。"②

眼看兀术将被困死黄天荡时，有人献策可从城西南处的老鹳河故道开凿一条三十里长的大渠直通秦淮。果然，只经一夜，金军大渠凿成，兀术脱身回到建康。韩世忠见"煮熟的鸭子都能飞走"又惊又怒，立刻驱水师追至建康。兀术得一福建人献火攻之策，韩世

---

① 《续资治通鉴》第二册，岳麓书社，1992年，第421页。
② 同上书，第426页。

忠战船尽遭焚毁，损失惨重。韩世忠率残部到瓜步（今江苏南京市六合区东南瓜埠山）后，弃舟登陆，败归镇江。

但黄天荡一战，还是极大地提升了宋军士气。兀术回建康后，又在牛头山败于岳飞之手，竟至金兵横尸十五里。兀术知守不住建康，遂纵火烧城，拟从静安（今上海市静安区）渡往宣化（今河北省张家口市）。岳飞再次率部下于静安伏击兀术；通直郎、权通判建康府钱需也纠集乡兵，攻兀术后队。岳飞、钱需两路夹攻，兀术大败。岳飞取胜之后，还师溧阳。兀术败至楚州（今江苏省淮安市）后，又被知楚州赵立击败。兀术连吃败仗，终于知道南方不可平，北归后数年不复南征。

终于能够安枕的赵构君臣对武将们的心思又起变化。尚在黄天荡之战时，参知政事、权枢密院事范宗尹对赵构分析形势时认为，当年宋太祖赵匡胤登基后，尽收藩镇兵权，乃至天下无事，足见此为良法，但如今天下大乱，不仅金兵南下，还盗贼四起，地方将领受制于无调兵之权，只能眼睁睁看着金军和盗贼攻城拔寨，已见此法有弊。范宗尹说道："今日救弊之道，当稍复藩镇之法，亦不尽行之天下，且裂河南、河北数十州为之，少与之地而专付以权，择人久任，以屏王室。"[1]被金军追赶得无日能停的赵构听后，深觉地方将领应有调兵之权，不仅纳其言，还擢年纪只三十三岁的范宗尹为相。

当兀术北归连败的消息传来，御史中丞赵鼎又对赵构说道："陛下初即位，议复祖宗之政，至今未行一二。而祖宗于兵政最为留意……今诸将各总重兵，不隶三衙，则民政已坏，独卫兵仿佛旧制，

---

[1]《续资治通鉴》第二册，岳麓书社，1992年，第428页。

亦扫荡不存。是祖宗之法废于陛下之手，臣甚惜之。仁宗时，亲事官谋不轨，直入禁廷，几成大祸，既获而诛，不复穷治，未闻尽弃之也。"①

赵鼎的话比范宗尹所言更能触动赵构内心，如今喘过气来后，"苗刘兵变"的阴影又再次泛起。当时，赵构就有彻底恢复祖宗家法之意，只是金军来得太快，不能不倚重各地将领。此刻听赵鼎之言，赵构立时醒悟，应尽快恢复祖宗家法为重。所谓"祖宗家法"，按北宋名相吕大防的归纳，即事亲之法、事长之法、治内之法、待外戚之法、尚俭之法、勤身之法、尚礼之法、宽仁之法。其治内之法的核心是当年赵匡胤为防兵变，将兵权分散，使武将手上无兵，也就不可能行造反之事。后世范祖禹在《上哲宗论曹诵不可权马军司有二不可》中对此说得一清二楚："天下之兵，本于枢密，有发兵之权，而无握兵之重；京师之兵，总于三帅，有握兵之重，而无发兵之权。上下相维，不得专制。此所以百三十年无兵变也。"②

但赵构的想法在和平年代可行，如今战乱之时，自不能立即做到。

六

当年七月入秋后，中书舍人季陵上疏称金军之患无日无休，四处焚劫杀戮，乃至十室九空，每每夏天北去，秋日南下，若朝廷等

---

①《续资治通鉴》第二册，岳麓书社，1992年，第430页。
②范祖禹：《范太史集》卷二十六，民国影印本。

到"九月弓劲马肥,敌人向南,兵不素练,粮不素积,又不设险,何以御之?臣愿陛下急与大臣谋,先遣军马储运,更择贤副经画,以待其来"①,并建议统制官张俊、李贵、王进、王涣所部四千人隶本州诸军听候命令,由建康府路安抚大使司参谋官刘洪道统一指挥。赵构知季陵所言俱实,不得不同意。

果然未过数日,被金左监军完颜昌围城百余日的楚州传来势危急报。赵构诏令岳飞率军驰援。岳飞尚未到时,刘光世已命部将王德率军渡江,于邵伯埭(今江苏省扬州市江都区)生擒金军四百余人。赵构当即下旨,命刘光世、岳飞、赵立、王林互为掎角之势,希望能逼得金军北过淮河。但金军在邵伯埭虽败,实力仍远超宋军。未过数日,完颜昌攻破楚州,赵立兵败身亡。到十月时,各路宋军皆败。但楚州之战引出一人,他就是自楚州孙村投奔涟水军水寨的秦桧。

秦桧被涟水军护送至朝廷后,称自己能归来,是因杀了监视他的金兵,夺舟船南返。当时朝臣多为不信,毕竟从燕京至楚州路程二千八百里,一路渡黄河和淮河,哪有那么容易?何况还有监视的金兵被杀,难道金军不会派军追杀?就算金国放其南归,也必然以其妻为人质,如何会让秦桧妻子王氏也一并放归?

但朝中纷议虽多,宰相范宗尹和参知政事李回与秦桧在靖康前就颇有交情,二人向赵构力荐秦桧,称其为宋室忠臣。赵构第二日即召秦桧问策。秦桧轻描淡写地说道:"如欲天下无事,须南自南,北自北。"其策竟是称双方不如按目前界线,北方归金,南方归宋,

---

① 《续资治通鉴》第二册,岳麓书社,1992年,第435页。

如此可休兵不战，意思是让赵构割北地求和。赵构不怒反喜，说道："桧朴忠过人，朕得之，喜而不寐。"[①]当即封秦桧为试礼部尚书兼侍读。

对南宋历史来说，秦桧回朝，是一条明显的分界线。自赵构登基四年以来，虽数次遣使求和，终还是边和边战，到秦桧"南自南，北自北"的建议提出，赵构则走上了与金人解仇议和之路。

但赵构之心不等于金人之心。秦桧之议提出不久，金人不仅连破泰州和通州，还扶植投降的宋知济南刘豫为"大齐"伪帝，建都大名。金人此举，一是扶持宋人傀儡统治河北，比金人自己好得多，当初立张邦昌为帝也是此意；二是担心两河陷落后，当地士庶和非本土之人逃往河南。刘豫为稳定民心，将被赵构斩杀的陈东封为安义侯，欧阳澈封为全节侯，并在归德府给陈东、欧阳澈二人立庙祭祀。此为建炎四年（1130）十二月的事。

第二年，人在越州的赵构尝够"建炎"之苦，改元为"绍兴"，理由是"绍奕世之宏休，兴百年之丕绪。爰因正岁，肇易嘉名，发涣号于治朝，需鸿恩于寰宇，其建炎五年，可改为绍兴元年"。这段话解释下来，就是不再终日逃命的赵构宣布自己仍有"继承帝业，中兴社稷"之意，同时诏命改越州为绍兴府。

金人北归，本就意味着他们擒赵构、夺江南的战略失败，甚至金军中还传出"自开拓以来，大事既定，申画封疆，亦有年矣，何故罢于奔走，违越分疆，远屯戍，守他土；何若并一措画，惟军与

---

①《续资治通鉴》第二册，岳麓书社，1992年，第446页。

民，皆得活息"①的厌战之辞。粘罕此时也有议和之想，遂于绍兴二年（1132）八月将先后奉旨入金的部分宋使如魏行可、崔纵等人释放南归。

该年十一月，宰相吕颐浩见宋军渐强，遂上疏赵构，提出北复中原之议。吕颐浩仔细统计了一下朝廷兵力，张俊统兵三万、韩世忠四万、岳飞二万三千、王𡋑一万三千，皆为精锐；刘光世麾下老弱虽多，也有四万之众；神武中军统制杨沂中和后军统制巨师古各有兵力上万，御前忠锐崔增、姚端、张守忠麾下也有二万。吕颐浩列出兵力后，又补充了一句鼓动之言："臣上考太祖之取天下，正兵不过十万，况今有兵十六七万，何惮不为！"②

赵构的回答是："朕将参酌以决万全。"③

到十二月即发生两次战役，一是襄阳镇抚使李横于杨石店击败伪齐军队，收复汝州（今属河南省平顶山市）；二是金国陕西经略使完颜杲随即统兵五路，与伪齐招抚使刘夔一并南侵，夺取商州（今陕西省商洛市）。由此，宋与伪齐、金国交战不断，但不论胜利天平如何逐渐倒向宋一方，也不意味着朝廷能收复北方。令赵构颇为不安的是，自己欲行祖宗家法的收权之想非但未能实现，还逐渐造成了张俊、韩世忠、刘光世、岳飞等"中兴四将"的出现。对身经"苗刘兵变"的赵构来说，既需四将屏护残存的半壁江山，又深惧他们拥兵自重，唯一能解决的办法，想来想去还是只有与金国尽快议和一途。

---

① 李心传：《建炎以来系年要录》，中华书局，1988年，第2166页。
② 《续资治通鉴》第二册，岳麓书社，1992年，第496页。
③ 同上书，第497页。

关于"中兴四将",不能不谈岳飞。到绍兴二年（1132）时,岳飞已威名卓著。史书未载岳飞与赵构于内殿相见时提议立"建国公皇子之位"的动机何在。在原本不放心武将的赵构那里,此为对朝政的绝对干涉,尤其议立太子在历朝历代的帝王那里均为逆龙鳞的忌讳之事。当时,赵构就说道:"卿言虽忠,然握重兵于外,此事非卿所当预也。"①这句话听起来风平浪静,内在却是毫不客气地敲打。意思是,你手握重兵,又来干涉如此敏感的朝廷政事,是何居心？

关于岳飞性格,左司谏陈公辅倒是说得准确,"飞本粗人,凡事终少委曲"②。该言可见岳飞并无私心,但越无私心之人,越难体会帝王所想。此外,岳飞最授人以柄的就是军旅开支浩大,当时总领岳飞钱粮的户部员外郎霍蠡做过统计:"飞军中每岁统制、统领、将官、使臣三百五十余员,多请过钱十四万余缗,军兵八千余人,多请过一千三百余缗,总计一十五万缗。"③史书中未载赵构对此事的反应。但《续资治通鉴》写得清楚,当赵构于绍兴七年（1137）三月回到建康府时,所住"行宫",无非将旧宫稍作修缮,不仅"寝殿之后,庖厩皆无",还"地无砖面,室无丹雘"④;至于宴所和官人的就寝之地,也只加修几间小屋。从中可见,赵构并非穷奢极欲的挥霍之君。是以岳飞军费开支之巨,不可能不在赵构那里引起不满。

不论赵构心中对岳飞有何感觉,还得依靠岳飞平定当年八月统

---

① 《续资治通鉴》第二册,岳麓书社,1992年,第593页。
② 同上书,第598页。
③ 同上书,第604页。
④ 同上书,第595页。

制官王师晟、郦琼、王世忠、张全等人杀兵部尚书吕祉并驱淮西十余万百姓投降刘豫而震动中原的"淮西军变"。但当时，在岳飞看来，"豫不足平，要当以十万众横截金境，使敌不能援，势孤自败，则中原可复"①。其方案是从商州和虢州（今河南省灵宝市）出兵取关陕，并提出由自己掌淮右兵权。当赵构问"何时可毕"时，岳飞的回答是"期以三年"。赵构随即说道："朕驻跸于此，以淮甸为屏蔽。若辍淮甸之兵，便能平定中原，朕亦何惜？第恐中原未复而淮甸失守，则行朝未得奠枕而卧也。"②这句话的意思是，我现在依靠的就是淮甸之兵，如果你果真能统军恢复中原，给你兵权也自无妨，但一旦失败，不仅中原不能收复，连淮甸也得失去，到时朝廷连安枕睡觉的地方都无处可寻了。

赵构不予岳飞淮右兵权，不代表岳飞等宋将对"淮西军变"会听之任之。刘豫非宋军对手，就连投降过来的宋军也大量复归，他只得求助于金。已为鲁王的金左副元帅完颜昌对刘豫极为不满，认为金军与宋交战以来无往不捷，偏偏就是立刘豫为"大齐"皇帝后，"动辄不利"，并认为刘豫"治国无状"③，遂在当年十一月将刘豫废为蜀王。此事终于为宋、金铺平了和议之路。当时金国还内定了议和三策，"上策，还宋梓宫，归亲族，以全宋之地，责其岁贡而封之；中策，守两河，还梓宫；下策，以议和款兵，邀岁币，出其不意，举兵攻之，侥幸一旦之胜"④。

---

① 《续资治通鉴》第二册，岳麓书社，1992年，第596页。
② 同上。
③ 同上书，第612页。
④ 同上书，第616页。

序章 南渡烽烟

得知金国愿意议和，赵构大喜，拒绝了宰相赵鼎以为的"中原有可复之势"，认为"今日梓宫、太后、渊圣皇帝皆未还，不和则无可还之理"①。绍兴八年（1138）二月，赵构迁朝廷于杭州，将议和派领袖秦桧擢为尚书右仆射、同中书门下平章事，兼枢密使，专门主持议和一事。到七月时，秦桧又升杭州为临安府，此举便是欲以临安为都了。

当媾和消息传开，反对的朝臣不少，结果却是赵鼎辞相，权尚书礼部侍郎兼侍讲张九成罢官。韩世忠数次上疏反对，但赵构手书称"十余年间，民兵不得休息，早夜念之，何以为心！所以屈己和戎，以图所欲"等。枢密院编修官胡铨愤然上疏说道："夫天下者，祖宗之天下也；陛下所居之位，祖宗之位也。奈何以祖宗之天下为金人之天下，以祖宗之位为金人藩臣之位乎？"并表示自己"义不与桧等共戴天日"②。

胡铨的上疏令临安府数日喧腾不止。秦桧一不做二不休，干脆将胡铨贬为监广州都盐仓。当时，人在鄂州的岳飞也上言说道："金人不可信，和议不可恃，相臣谋国不臧，恐贻后人讥。"③秦桧由此深恨岳飞，也为两年后的岳飞之死埋下了伏笔。

到当年十二月时，金国遣诏谕使、尚书右司侍郎张通古和明威将军、签书宣徽院事萧哲入宋，双方达成和议：以改道后的黄河为界，金归还河南、陕西，并许诺送还宋徽宗灵柩及尚在人世的宋钦宗赵桓与赵构生母韦氏及其他皇族，宋向金称臣纳贡。

---

① 《续资治通鉴》第二册，岳麓书社，1992年，第617页。
② 同上书，第632—633页。
③ 同上书，第635页。

从条约可见，赵构并非不少后人所说的那样不欲宋钦宗归国。但宋钦宗终究未能南归，原因是第二年即绍兴九年（1139）七月金国发生了一场激烈政变。

七

宋廷的议和核心是秦桧，金国的议和核心则是鲁王完颜昌和金帝完颜晟长子完颜宗磐。宋廷有人反对议和，金国同样如此。金国反对议和的是右副元帅沈王兀术。在兀术眼里，完颜昌和完颜宗磐将河南割还宋廷，必有阴谋。尤其完颜宗磐在完颜晟驾崩之后，曾与金熙宗完颜亶争位，早被完颜亶视为眼中钉。抵祁州（今河北省保定市安国市）的兀术与完颜亶密议后，后者依兀术所请，将议和派首领完颜宗磐、衮王完颜宗隽、滕王完颜宗英、虞王完颜宗伟尽皆下狱斩杀。兀术回燕京后，又与陈王完颜希尹勾结，将完颜宗磐弟弟、燕京留守彬王完颜宗孟及其子完颜禀先囚后杀，以致完颜昌的羽翼被剪除得干干净净。到八月时，完颜亶下诏诛完颜昌，后者逃至祁州后，被兀术派人追杀。

至此，金国大权尽落兀术之手。

第二年，即绍兴十年（1140）五月，完颜亶诏至祁州元帅府，命镊呼贝勒出山东，右副元帅完颜杲入陕右，知冀州李成入河南，兀术亲率精兵十余万入开封。金国四路大军齐发，拟复取河南和陕西两地。

一开始，金军又恢复到建炎三年（1129）时的所向无敌之势，一路破拱州、取南京、袭长安、陷西京，关中震动。从猝不及防中反应过来的宋军随即展开对抗,当兀术大军六月攻到顺昌(今安徽省阜阳市)时,知顺昌府陈规和新东京副留守刘锜背城一战,大败金军,取得著名的"顺昌大捷"。经此一捷,宋军士气大振。从各战场看,湖北、京西宣抚司统制官牛皋于京西击败金军;三京招抚处置使刘光世进军和州;权主管鄜延经略司公事王彦阻拒金军于青溪岭后,宣抚副使胡世将又命其和统制官杨从仪、程俊、向起、郑师正、曹成等分道而出,屡败金军于蒿谷、吴头、麻务屯之间,金军被迫撤还凤翔。

七月,岳飞留大军于颖昌(今河南省许昌市),诸将分道出击,自己率轻骑驻郾城(今属河南省漯河市)。兀术统金将会于郾城,欲与岳飞决一死战。当兀术以最为凶悍的一万五千拐子马上阵时,岳飞以麻扎刀为应,击破拐子马。兀术败后,大恸道:"自海上起兵,皆以此马胜,今已矣!"①

兀术不甘兵败,掉头转攻颖昌。岳飞早料对方有此一着,在兀术兵马未动之时,已命其子岳云增援。颖昌守将王贵与岳云于城西大败金军。岳飞乘胜进军朱仙镇,此处距开封只有四十五里。岳飞以五百背嵬骑再次击溃兀术,取得青史流芳的"朱仙镇大捷"。兀术逃回开封后,岳飞即派部将梁兴渡河前往绛州(今属山西省运城市),结两河豪杰,所到之处父老无不相迎。当时河南、河北、山西等地义军纷起,连成一片抗金之势。

岳飞对部下慷慨说道:"直抵黄龙府,与诸君痛饮耳!"②

---

①《续资治通鉴》第二册,岳麓书社,1992年,第671页。
②同上书,第672页。

不料就在此时，岳飞一日连接十二道金字牌，令其班师。岳飞愤惋泣下，说道："十年之功，废于一旦！"①当岳飞七月十九日从郾城退兵南归时，百姓拦住岳飞等人的马匹哭道："我等顶香盆，运粮草，以迎官兵，金人皆知之，今去，我等无噍类矣！"悲愤不已的岳飞只得展示诏书，称自己"不得擅留"②，百姓哭声震野。

岳飞兵还武昌后，颍昌、淮宁、蔡州（今河南省驻马店市汝南县）、郑州又随即被金人夺占。当时中原豪杰，无不绝望。

在今天看来，绍兴十年（1140）是南宋最有可能收复失地的一年，是岳飞称为"豪杰向风，士卒用命，时不再来"③的一年，也是一旦放弃就再也不可能得到同样机会的一年。明代王世贞在《弇州山人四部稿》中认为，若岳飞乘胜进军，又有"韩世忠、张俊之军为之左右掎角，刘琦、王德以殿岩之卒后劲，吴璘以秦、蜀重兵出劫其西援"的话，则"中原可全复"。可惜，当时诸帅都"奉诏归"，岳飞孤掌难鸣，即使"两河之兵虽响应，势亦不能独举"。④当北方重新陷入金国后，也就决定了两河将不断涌现孜孜以收复河山为念的义军义士。王夫之在《宋论》中分析得深入："义军之兴也，痛故国之沦亡，悲衣冠之灭裂，念生民之涂炭，恻怛发中而不惜九族之肝脑者，数人而已。"⑤

---

① 《续资治通鉴》第二册，岳麓书社，1992年，第672页。
② 同上。
③ 同上书，第671页。
④ 《弇州山人四部稿》，载许建平、郑利华主编《王世贞全集·弇州山人四部稿》，姚大勇、许建平、牛晓岑等校点，上海古籍出版社，2021年，第2776页。
⑤ 王夫之：《宋论》，刘韶军译注，中华书局，2013年，第708页。

王夫之说的"数人",就包括出生于绍兴十年（1140）五月十一日的辛弃疾。辛弃疾的人生轨迹和留给后人的激越篇章,似乎始终在回应他出生之年的那片慷慨与悲愤交织的金戈铁马之声。

第一章 北方生涯

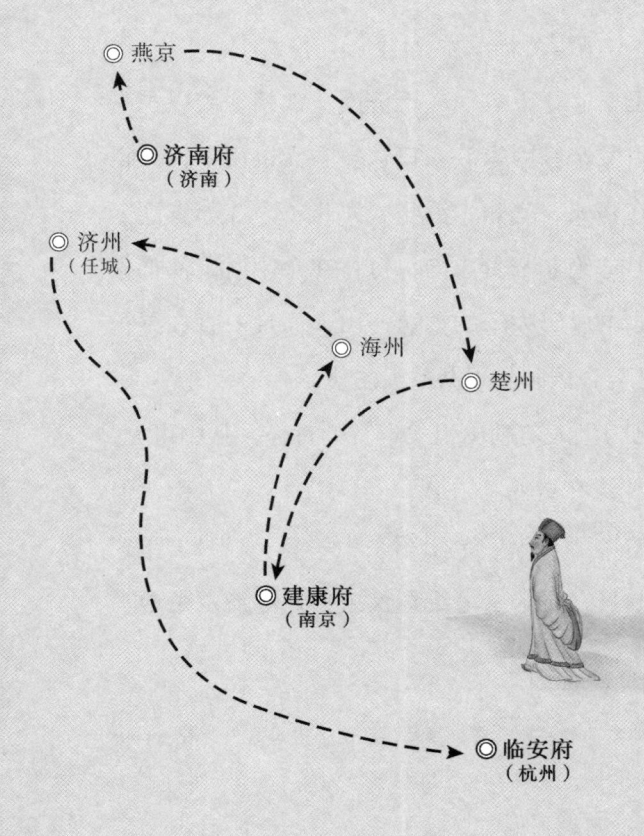

——八百里分麾下炙，五十弦翻塞外声

◎ 燕京

◎ 济南府
（济南）

◎ 济州
（任城）

◎ 海州

◎ 楚州

◎ 建康府
（南京）

◎ 临安府
（杭州）

一

辛弃疾于山东历城县（今山东省济南市历城区）四风闸出生时，山东陷落于金国已整整十一年了。也就是说，辛弃疾的童年和少年时期是在金国统治下度过的。当二十三岁的辛弃疾于绍兴三十二年（1162）春南归时，他在宋孝宗乾道元年（1165）进献闻名后世的《美芹十论》中开篇就写道："臣之家世，受廛济南，代膺阃寄，荷国厚恩。大父臣赞，以族众拙于脱身，被污虏官，留京师，历宿、亳，涉沂、海，非其志也。每退食，辄引臣辈登高望远，指画山河，思投衅而起，以纾君父所不共戴天之愤。"①

这段自述说得异常坦率，辛氏数代居于济南，被朝廷委以军事重任。当金人南侵时，祖父辛赞因家族人口众多，无以南下，只得被迫在金廷任职，先后在宿州、亳州、沂州、海州（今江苏省连云港市）等地任过县令。但这绝非辛赞志向，每每在余闲时，便携家中晚辈登高眺远，指点原本属于大宋的锦绣河山，而且一直在寻找时机举义兴兵，以报朝廷与金国间的不共戴天之仇。

寥寥数言，辛弃疾已为世人勾勒出祖父辛赞的肖像。从中可见，辛赞虽在金国任职，却"身在曹营心在汉"，不甘为金国之臣。但不甘归不甘，辛赞面临的形势是宋、金于绍兴十一年（1141）正式签订和议。在签约前的七月，兀术亲笔给秦桧去信，清清楚楚地写

---

① 《辛稼轩诗文笺注》，邓广铭辑校审订、辛更儒笺注，上海古籍出版社，1995年，第1页。

道:"汝朝夕以和请,而岳飞方为河北图,必杀飞,始可和。"①这句话的直接后果是,当年十二月二十九日,岳飞父子及麾下大将张宪以"莫须有"罪名被赐死于临安大理寺,扫清了宋、金两国的议和障碍。

翌年二月,经过三个月行程,受命将赵构"誓表"呈交金国的端明殿学士何铸抵达金国上京会宁府(今黑龙江省哈尔滨市阿城区),双方正式签署和议。"誓表"的内容是赵构以臣子口吻所说的"今来画疆,合以淮水中流为界,西有唐、邓州割属上国。自邓州西四十里并南四十里为界,属邓州。其四十里外并西南尽属光化军,为弊邑沿边州城……岁贡银、绢二十五万两、匹"②,等等。翻译成白话文就是,宋、金疆界东以淮水中流,西以大散关(今陕西省宝鸡市大散岭上)为界,宋割让唐州、邓州全境,商州和秦州(今甘肃省天水市)的一半也划归金国,另每年交贡银二十五万两、绢二十万匹。

不论赵构如何以"朕兼爱南北之民,岂忍以多杀为意乎"③作借口,"绍兴和议"终究无法摆脱后人眼里丧权辱国的性质,但在当时朝廷那里,很少人这么以为。南宋史学家吕中说得明确,"向者之和,贤士大夫并起而争之,今则无一人言之矣"。意思是,以往谈到议和,朝中士大夫阶层多执反对意见,当"绍兴和议"达成之时,竟无一人反对。当时,倒不是宋朝士大夫屈服于赵构和秦桧的政治高压,而是在连年战争中体会到自身武力不足以抗金,不得不将议

---

①《续资治通鉴》第二册,岳麓书社,1992年,第686页。
②同上书,第697页。
③同上书,第682页。

第一章 北方生涯 047

和视为国家获取休养生息的途径。

与之相反的是，陷入金国的北方宋人，总期盼朝廷能收回故土，使自己再次成为名副其实的大宋子民，尤其对于辛赞这样的士人来说，被迫出仕敌国，内心自然痛苦难当。当辛赞携家中晚辈"登高望远，指画山河"时，对少年辛弃疾内心所起的气节塑造，堪称无与伦比。

继续看《美芹十论》后文，辛弃疾还写有"尝令臣两随计吏抵燕山，谛观形势，谋未及遂，大父臣赞下世"[①]之言。这是对前面辛赞"思投衅而起，以纾君父所不共戴天之愤"的直接行动回顾。辛赞虽在金国为官却时时不忘国耻，乃至两次趁年仅十余岁的辛弃疾跟随考察官吏前往燕山时，嘱其细察山川地形，以便日后兴兵时对地理能了然于胸。可惜的是，辛赞的谋划尚未实现，就怀着未竟之志去世了。但辛赞对辛弃疾直接的行为指引，坚定了辛弃疾少年时就立下收疆复土的非凡志向。

尽管《宋史》和《金史》都无"辛赞传"，后人也很难知道除辛弃疾三言两语外更多的辛赞事迹，但作为第一个对辛弃疾产生毕生影响的长辈，辛赞无疑在辛弃疾内心刻下了永不磨灭的印记。后来，辛弃疾于宋孝宗乾道八年（1172）写下《声声慢·嘲红木犀。余儿时尝入京师禁中凝碧池，因书当时所见》一词，就更能体会他对祖父辛赞的刻骨铭心。

全词如下：

[①]《辛稼轩诗文笺注》，邓广铭辑校审订、辛更儒笺注，上海古籍出版社，1995年，第1页。

> 开元盛日，天上栽花，月殿桂影重重。
> 十里芬芳，一枝金粟玲珑。
> 管弦凝碧池上，记当时、风月愁侬。
> 翠华远，但江南草木，烟锁深宫。
>
> 只为天姿冷淡，被西风酝酿，彻骨香浓。
> 枉学丹蕉，叶底偷染妖红。
> 道人取次装束，是自家、香底家风。
> 又怕是，为凄凉、长在醉中。

此词记述了辛弃疾回忆自己少年时进入开封旧宫，观赏宫中木犀花盛开时的景象。全词以"又怕是，为凄凉、长在醉中"结束，描述了辛弃疾当时既震惊于宫中美景，又深知眼前所见已非徽、钦二帝身在的北宋皇宫，内心不觉有物是人非的凄凉之感。

不论此词流露了辛弃疾怎样的思想，今人看到的是少年辛弃疾能入深宫唯一的解释，就是他在《美芹十论》中称祖父辛赞"留京师"三字，实指辛赞在开封为官。因此，辛弃疾的这段记忆与祖父辛赞息息相关，即使辛赞未在词中出场，后人却能体会辛赞对辛弃疾的培养方式，不仅带他"登高望远，指画山河"，还带他深入当时活生生的历史现场，使之不忘国耻。

正是在祖父辛赞的悉心培养下，辛弃疾无日不在感受山河破碎的悲愤滋味。但辛弃疾彼时毕竟年幼，连祖父辛赞也无法离开北方，随侍祖父的他自然只能在金国的统治之地一日日地磨砺自己的未来志向。

二

辛氏世代为武官，辛赞大约也会让辛弃疾从小习武。尽管没任何资料显示辛弃疾于何人有过习武经历，但从后面发生的事情来看，辛弃疾既然能够从千军万马中擒敌而归，也自可判断他武力非凡。《宋史·辛弃疾传》未载辛弃疾如何习武，却载有其修文之句，书中白纸黑字称辛弃疾"少师蔡伯坚，与党怀英同学，号辛、党"①。不过，从《金史·蔡松年传》来看，在海陵王完颜亮弑杀完颜亶称帝的天德元年（1149），蔡松年（蔡伯坚）官为吏部侍郎，到正隆四年（1159）去世时已为金国宰相，可见其长期居于高位。按邓广铭先生的说法，蔡伯坚"位益高，事益繁，绝无暇兼为童子师"，因此辛弃疾断无"少师蔡伯坚"②的可能。

元好问所编的《中州集·承旨党公》中有党怀英"师亳州刘嵒老，济南辛幼安其同舍生也"③句。刘嵒老，即后来官至史馆编修的刘瞻，他于天德三年（1151）中进士后才离开亳州。在此之前，辛赞也在亳州为官，从中可推断辛弃疾十二岁之前曾求学于刘瞻门下。《宋史》之误，或是将"蔡伯坚"的名字与一个叫"蔡光"的混为一谈了，后者正史无传，其名仅出现在南宋陈模撰写的《怀古录》中，书中明确写有"蔡光工于词，靖康间陷于虏中，辛幼安尝以诗词参

---

①《宋史》，中华书局，1977年，第12161页。
②邓广铭：《辛稼轩年谱》，载《辛弃疾传 辛稼轩年谱》，生活·读书·新知三联书店，2007年，第127页。
③元好问：《中州集校注》，张静校注，中华书局，2018年，第660页。

请之。蔡曰：'子之诗则未也，他日当以词名家。'"①之句。后世虽无从考证蔡光生平，但从他对辛弃疾"他日当以词名家"的判断来看，眼光锐利。也因蔡光这一劝诫，辛弃疾从此将自己的文学才华尽情倾泻于词，使南宋文坛有了一位风格沉雄、题材广博的一代词家。

继续从元好问《中州集·刘内翰瞻小传》来看，当时问学于刘瞻门下的，除辛弃疾和党怀英，还有郦权、魏抟霄等人。郦权之父便是绍兴七年（1137）发动"淮西军变"降伪齐的统制官郦琼。入金后，郦琼官至知亳州。当时辛赞也在亳州，是以辛弃疾能与郦权同学。魏抟霄生平不详，从其留下的诗歌如《送河南府尹张寿甫赴阙》来看，才情不俗。刘瞻门下有"辛、党"并称，自是以辛弃疾和党怀英为门中翘楚。

少年情谊虽厚，但与这些同学不同的是，辛弃疾年长后渡江南归，身为宋太宗朝忠武军节度使党进第十一代孙的党怀英则终身出仕金朝。"绍兴和议"的签订，已决定了秦桧当初提出的"南自南，北自北"②成为现实，双方息兵戈达二十年之久。如果和平延续，辛弃疾即便心向南朝，也未必有南归契机；作为官吏之后，辛弃疾也如天下读书人一般，学成之后选择了走向科场，以便步入仕途。

彼时金国皇帝为海陵王完颜亮，他于皇统九年（1149）弑杀完颜亶夺位称帝时，辛弃疾尚只九岁。完颜亮虽夺位不正，人也残暴，却心仪南朝文化，其诗词写得颇具苏轼和黄庭坚神韵，气势不凡。登位后，完颜亮不仅推广汉文，起用汉人，还学南朝品茶弈棋；到

---

① 陈模：《怀古录校注》，郑必俊校注，中华书局，1993年，第60页。
② 《续资治通鉴》第二册，岳麓书社，1992年，第446页。

第一章　北方生涯　051

第二年，干脆模仿南朝科举制，增加殿试；再过一年，又以词赋科取士，使金国文风日盛。刘瞻恰恰在完颜亮颁布以词赋取士的天德三年（1151）中得进士，可知其文采过人。这也决定了辛弃疾的修文之途与南朝的儒家经典须臾不离，更增加了他对南朝的心驰神往。另外，从后来朱熹笔下"辛弃疾颇谙晓兵事"[1]句可断定，除了儒家思想，辛弃疾对兵家思想也必下功夫钻研过，否则无法做到"壮岁旌旗拥万夫"，其《美芹十论》也不可能在清人编修的《四库全书》中收入子部兵家类。这从辛弃疾笔下"虏人凭陵中夏，臣子思酬国耻，普天率土，此心未尝一日忘"[2]句也可得到印证，其中既有"两随计吏抵燕山"[3]的北方之旅，也有浸淫南朝文采的教育熏陶。

辛弃疾虽称"两随计吏抵燕山"的目的是受祖父辛赞"谛观形势"之命，但他跟随的所谓"计吏"，是指州郡掌簿籍并负责上计的官员，这就说明辛弃疾"谛观形势"是暗，明则是赴京应考。"两随计吏"即两次赴考，时间可从辛弃疾"十四岁领乡荐"句来推断。辛弃疾领乡荐之年是贞元元年（1153），完颜亮在该年颁布《贡举程试条理格法》，规定了三年一试的科举制度。辛弃疾中乡试后，便可在翌年即贞元二年（1154）赴燕京省试。因此，辛弃疾首赴燕山时当为贞元二年（1154），年仅十五岁。但此次应考未中，辛弃疾才有了三年后的二赴燕山之行。第二次赴考结果未见史书，但从辛弃疾日后入义军营时被称"进士"来看，此次赴考或已中得进士，后来义军首领耿京也才毫不犹豫地授辛弃疾以"掌书记"之职。恰在第

---

[1]《朱子语类》，岳麓书社，1997年，第2436页。
[2] 辛弃疾：《美芹十论》，胡亚魁、杨静译注，中山大学出版社，2012年，第2页。
[3] 同上书，第4页。

二次赴考前后，祖父辛赞去世。此后，十八岁的辛弃疾开始了自己独立于世的沧浪生涯。

很快，一场剧变彻底改变了辛弃疾的人生。

三

事情源于金主完颜亮。

自弑君夺位以来，完颜亮便大开杀戒，以此树威。《金史》称"天下后世称无道主以海陵为首"①，绝非虚言。完颜亮登基后即杀太傅、领三省事宗本及尚书左丞相唐古辨和领行台尚书省事完颜秉德，后又杀东京留守完颜宗懿、北京留守完颜卞，就连金太宗一脉的七十多个子孙也被完颜亮杀得干干净净。

除杀人外，完颜亮还公开宣称"吾志有三：国家大事，皆自我出，一也；帅师伐国，执其君长，问罪于前，二也；得天下美色而妻之，三也"②。当皇位稳固后，完颜亮即将目光转向南朝。据南宋晚期学者罗大经在《鹤林玉露》中的说法，某日完颜亮读到北宋柳永写下的《望海潮》词后，"欣然有慕于'三秋桂子，十里荷花'，遂兴投鞭渡江之志"③，乃至后来一个叫谢驿（字处厚）的诗人感慨挥毫，写下"谁把杭州曲子讴？荷花十里桂三秋。那知草木无情物，牵动长江万里愁"的七言绝句（《鹤林玉露·丙编卷一》）。

当然，野史不足为凭。夺取南方是完颜亮实现自己勃勃野心的

---

① 《金史》，中华书局，1975年，第118页。
② 《续资治通鉴》第二册，岳麓书社，1992年，第741页。
③ 罗大经：《鹤林玉露》，孙雪霄校点，上海古籍出版社，2012年，第150页。

第二志向，绝非读了柳词后才有兴兵之念。经数年准备，完颜亮于正隆六年（1161）六月迁都汴京，八月即下旨兴大军六十万，分为神策、神威、神捷、神锐、神翼、神勇、神果、神略、神锋、武胜、武定、武威、武安、武捷、武平、武成、武毅、武锐、武扬、武翼、武震、威定、威信、威胜、威捷、威烈、威毅、威震、威略、威果、威勇等三十二路，以太保、枢密使完颜昂为左领军大都督，尚书右丞李通为副；右领军大都督由尚书左丞赫舍哩良弼担任，判大宗正事富里珲为副；御史大夫图克坦贞为左监军，同判大宗正事图克坦永为右监军。同时，以武胜、武平、武捷三军为先锋，分别以工部尚书苏保衡为浙东道水道都统制，益都尹程嘉为副，由海道趋临安；太原尹刘萼和济南尹布萨乌哲进攻蔡州；河南尹图克坦哈喜和平阳尹张宗彦取散关，图克坦贞以二万兵力入淮阴。

志在一战灭宋的完颜亮在尚书省大宴诸将时有番桀骜之言："太师梁王（兀术），连年南伐，淹延岁月。今举兵必不如彼，远则百日，近止旬月。惟尔将士，无以征行为劳，勠力一心，以成大功，当厚加旌赏。其或弛慢，刑兹无赦。"[1]

完颜亮自负政敌诛尽，朝权稳如泰山，却不想自己登基十年横征暴敛，早使国家"民皆被困，衣食不给"。自正隆五年（1160）开始，东海（今江苏省连云港市）和太行山一带的汉民和契丹人数次揭竿，均被完颜亮派兵镇压。

完颜亮未将民变放在眼里，继续自己的南侵之略。但动兵必兴兵，兴兵必征壮丁，还须囤积巨大的军需物资，完颜亮为求粮草和

---

[1]《续资治通鉴》第二册，岳麓书社，1992年，第838页。

马匹，下旨搜刮民间，国家动荡间已"民不堪命，盗贼蜂起"[1]。按辛弃疾在《美芹十论》中的说法，"签军之令下，则贫富不问，而丁壮必行"，结果"有常产者困惫，无置锥者冻馁"。[2]当完颜亮亲统大军渡过淮河后，"颠危愁困"的中原百姓再次举义反金。章颖在《宋朝南渡十将传》中有言，当时"潼关以东，淮水以北，奋起者不可殚纪"。

势力发展最快的是耿京率领的义军。

耿京原为济南农民，为避征兵与李铁枪等六人躲入东山，在那里得数十人效命后，趁完颜亮大军出征之际以雷霆之势夺取莱芜县（今山东省莱芜市）。该县位于泰山东麓，春秋时齐、鲁间著名的"长勺之战"即发生于此。耿京破县后又得数百军力，此外有个叫贾瑞的莱州人也率数十人前来投奔，两处合兵，声势顿壮。当耿京再夺东平府后，山东、河北的起义领袖王友直、开赵等人均表示接受耿京号令。受此拥戴，耿京遂自称天平节度使，奉其号令的两省军力在短时间内竟达到不可思议的二十五万之众。

星火燎原之际，已至二十二岁青春之龄的辛弃疾也聚集起二千余人的义军武装，祖父辛赞生前的兴兵夙愿终于在辛弃疾手上成为现实。但辛弃疾十分清楚，以二千人马不足以荡平山东，于是他选择率部投奔耿京。对任何一支义军力量来说，武将都不缺，缺的是运筹帷幄的谋臣。耿京今得文武兼修的辛弃疾进入阵营极感振奋，命辛弃疾为掌书记，执掌军中印信，处理核心军务。当年为宋太祖

---

[1]《金史》，中华书局，1975年，第2785页。
[2] 辛弃疾：《美芹十论》，胡亚魁、杨静译注，中山大学出版社，2012年，第62页。

赵匡胤一统江山定下"先南后北"和"先易后难"战略的宰相赵普，在赵匡胤为节度使时便任掌书记之职。可见掌书记之位在军中举足轻重，也足见在耿京眼里辛弃疾实为全军最具战略眼光的不二之人。从辛弃疾日后所写的"金戈铁马，气吞万里如虎"和"八百里分麾下炙，五十弦翻塞外声。沙场秋点兵"等豪迈词句中，也能见出其当时激情如沸的英武雄姿。

辛弃疾没有辜负耿京的信任。在其谋划下，耿京义军除已占的东平府外，又连续攻克济南、淄州（今山东省淄博市淄川区）、兖州、泰安州等五地，开赵也占据密州（今山东省潍坊市诸城市）和莒州（今山东省日照市莒县）部分，义军声势日壮。

也就在此时，耿京军中突发一事。当时有个叫义端的僧人与辛弃疾很早就相识，因其喜好谈兵，辛弃疾与之颇多往来。当各地义军蜂起时，义端招集了千余人的武装力量，并在辛弃疾劝说下也率部投入耿京麾下。不料，义端大约觉得义军终究难成大事，不如投降金军以确保富贵，遂盗得义军印信出逃。耿京迁怒之下，当场欲杀辛弃疾。辛弃疾说了句"丐我三日期，不获，就死未晚"[①]，意思是希望耿京给自己三日期限捉拿义端，夺回印信，若三日完不成任务，甘愿引颈受戮。

耿京答应后，辛弃疾即刻上马出营，他料到义端必将去金营告知义军虚实，遂往金营方向疾追。果然，义端在逃往金营的路上。被辛弃疾追上后，义端知道自己不是辛弃疾对手，遂求饶道："我识

[①]《宋史》，中华书局，1977年，第12161页。

君真相，乃青兕也，力能杀人，幸勿杀我。"①所谓"青兕"，系"青色犀牛"之意。从义端话里可知，辛弃疾武力过人。辛弃疾虽与义端有交情，但对方既已叛逃，便成势不两立的敌人。辛弃疾当即将义端斩首归营，耿京也从此对辛弃疾更为信任和倚重。

在北方义军汹涌之际，率大军南侵的完颜亮在十月二日渡淮之后，一路势如破竹，十二日取滁州，十七日克庐州，十九日占和州，二十三日陷扬州，宋军溃退千里，南朝形势危如累卵。完颜亮乘胜进军，一路攻到采石矶，拟在此渡江，以完成一统天下之愿。其时，踌躇满志的完颜亮在军务倥偬中还提笔写下"万里车书一混同，江南岂有别疆封？提兵百万西湖上，立马吴山第一峰"的七绝。

但西湖虽然在望，完颜亮已不可能"立马吴山"了。趁其亲征和金国内义军纷起，三十年前横扫山东的完颜宗辅之子、东京留守完颜雍在舅父李石及反战族人的支持下，于十月八日在辽阳称帝，改元大定。消息传来时，完颜亮已驱师至长江北岸。听闻内乱，完颜亮惊怒不已，但此刻燕京已遥，长江在眼。稍事踌躇后，完颜亮决定先渡江灭宋，再北归夺位，遂于十一月八日发动渡江之战。宋军在中书舍人虞允文的指挥下，使金军遭遇南侵后的首次大败。

完颜亮无论如何也想不到，一夜之间自己竟从长驱直入转瞬被逼到进退维谷，前方大江不可渡，后方也不可回。完颜亮横下心来，于二十七日在扬州召集将领，严令大军三日渡江，并下达了"敢后

---

① 《宋史》，中华书局，1977年，第12161页。

者死"①的命令。但后方完颜雍称帝的消息已使军心大乱，金军将士哪里还有战意？浙西路都统耶律元宜见完颜亮已成不折不扣的孤家寡人，遂密召众将商议，认为"新天子已立于辽阳，今当共行大事，然后举军北还"②。翌日，即十一月二十八日黎明，深恐夜长梦多的耶律元宜与其子耶律旺祥、武胜军总管图克坦守素、明安唐古乌页等人率兵攻袭完颜亮御营。猝不及防的完颜亮中箭受伤，随即被缢杀。金军无主，军事自然逆转，宋军很快收复蔡州等地。

这里交代一句，当时任蔡州新息县（今河南省信阳市息县）县令的，正是后来成为辛弃疾岳父的范邦彦。当宋侍卫马军司中军统制赵撙兵至蔡州城下，范邦彦率众开城迎王师，宋军兵不血刃夺还蔡州。范邦彦也随即举家南归，寓居京口（今江苏省镇江市）。

此时惶恐到"不知何以善后"的金军已不敢出战。到十二月时，金户部尚书梁铢想出一策，将被俘的宋军成忠郎张真从扬州金寨遣至镇江，后者携带的金国檄文上写道："正隆失德，师出无名，使两国生灵，枉被涂炭。奉新天子明诏，已行废殒。大臣将帅，方以班师赴阙，各宜戢兵，以敦旧好……"③

面对完颜雍摆出与宋重新修好的姿态，赵构的回答是："金主亮既已被杀，余皆南北之民，驱迫而来，彼复何罪？今即日袭逐，固可使只轮不返，然多杀何为？但檄诸将，迤逦进师会京畿，收复故疆，抚定吾人足矣。"④这便是允许金兵北归。

---

① 《续资治通鉴》，岳麓书社，1992年，第858页。
② 同上。
③ 同上书，第859页。
④ 同上书，第861页。

事情在耿京和辛弃疾等义军那里引起了致命的连锁反应。

四

北方义军揭竿，核心原因是《金史》所说的"海陵无道，赋役繁兴"[1]，未必有几人真如辛赞、辛弃疾祖孙那样以收复河山为毕生之志。完颜雍能受拥称帝，其过人之处是"久典外郡，明祸乱之故，知吏治之得失"[2]。登位之后，完颜雍立刻发布诏书，将"国内骚然，老无留养之丁，幼无顾复之爱"[3]的动乱因素迅速矫正，并历数完颜亮杀皇太后、金太宗及粘罕、兀术子孙，毁上京等数十条大罪，将其贬为炀王。对不甘臣服之人，完颜雍表现出惊人的政治手腕，非但不贬杀，反而量才录用，尽获人心。

另外，在文化上，完颜雍虽未全盘否决完颜亮推行的汉化政策，但他认为汉人文化追求吟风弄月，乃弱民根本，遂大力复兴女真的尚武风尚。完颜雍说得明白："海陵习学汉人风俗，是忘本也。若依国家旧风，四境可以无虞，此长久之计也。"因而大力主张节俭、率直、骑射、力田等"女真旧俗"，此举得到女真族人的各派拥护，朝廷很快得以稳固。

完颜雍的对内手段取得成功后，对外的重心则是各地的起义武装。完颜雍双管齐下，采取镇压与招抚相结合的手段，其镇压手段是针对辽人义军，招抚手段则给予汉人义军。

---

[1]《金史》，中华书局，1975年，第203页。
[2][3] 同上。

在完颜雍看来，辽人武装比汉人义军更为可怕：一来辽人对金国有亡国之恨，始终抱有复国之心；二来辽人素为尚武民族，人人悍勇。当时金国境内规模最大的辽人武装头领为耶律斡罕，其手下兵力五万。在完颜雍于正隆六年即大定元年（1161）十月称帝之后，耶律斡罕也于当年十二月称帝，改元天正，进攻泰州，声势极振。

视辽人为心腹大患的完颜雍于大定二年（1162）七月命右都监完颜思敬前往镇压耶律斡罕，最终于九月生擒兵败欲逃往西夏国的耶律斡罕及其母、妻。完颜雍不仅将耶律斡罕枭首于市，还砍其手足分悬各个京府。由此可见，完颜雍对辽人采取的是毫不留情的暴力和杀一儆百之策。

对汉人义军，完颜雍则采取了行之有效的招抚政策。因汉人义军多集中于山东，完颜雍遂命户部尚书梁铢和户部郎中耶律道前往山东行安抚之事，诏令宣称：不论是谁，不论是否参加过义军，只要能"并合归业，及时农种，无问罪名轻重，并与原免"①。此举对大多数义军产生极大诱惑。当初参加造反的绝大多数是为求一条生路，如今金廷明确给出生路，且不追究造反之罪，山东义军顿时人心涣散。完颜雍又乘机对投降之人许下高官厚禄，宣称"如系头领，能劝率徒众出首，委所在官司具姓名申覆尚书省奏闻，当议别加旌赏"。

诏令颁布的后果，就是耿京被手下裨将张安国和邵进刺杀。

张安国、邵进二人能轻易得手，是因当时耿京手下的重要将领贾瑞、辛弃疾等人均不在军中，而是在南朝面见赵构。

---

① 《金史》，中华书局，1975年，第126页。

这也是辛弃疾的第一次南下之行。

尚在刚投靠耿京时，辛弃疾就看出义军武装无非"锄犁之民，寡谋而易聚"[1]，要实现收疆复土的远大抱负，唯一出路是与南宋朝廷联手，便可师出有名、将士有归，因此力劝耿京"决策南向"[2]。耿京终于决定归宋的时间，也就是完颜亮内乱被杀、完颜雍登位后的正隆六年、大定元年，即宋高宗绍兴三十一年（1161）十二月。耿京下定归宋决心后，便命诸军都提领贾瑞南下见帝。贾瑞自知自己是一介莽夫，不善言辞，担心道："若到朝廷，宰相以下恐有诘问，不能对，愿得一文士偕行。"[3]

此时军中能称文士的，便是掌书记辛弃疾了。

知贾瑞言之有理，耿京即命辛弃疾为贾瑞副手，又干脆另命统制官刘震、右军副总管刘弁、游奕军统制孙肇、左军统领官刘伯达、左军第二副将刘德、左军正将梁宏、右军正将刘威、策应右军副将邢弁、踏白第三副将刘聚、总辖司提辖董昭及贾思成等将领一并南下。十三人率八千军士于十二月初启程前往临安。

可以想象，当辛弃疾在旌旗蔽空的大军中沿太行山麓而行，又自黄河东下，途中眼望少年时被祖父辛赞指画过的大宋疆土，内心必涌起无穷热望。此时此刻，辛弃疾不仅已投身抗金大业，有了亲上战场的杀敌经验，还看到崭新的明日在眼前出现，内心感慨，难以言表。

---

[1] 辛弃疾：《美芹十论》，胡亚魁、杨静译注，中山大学出版社，2012年，第184页。
[2]《宋史》，中华书局，1977年，第12161页。
[3] 郑骞：《辛稼轩先生年谱》，协和印书局，1938年，第18页。

对于辛弃疾的首次南下，我以为应有诗文为记，但遍寻辛弃疾文集，也未见有描写当时的诗词作品。唯独辛弃疾晚年回顾旧事而写的"壮岁旌旗拥万夫"，可为当时最鲜明的写照。

五

此次南下，顺利得出乎所有人意料。

按时间计算，众人应是十二月中旬抵达淮东重镇楚州（今江苏省淮安市楚州区）。这里补充一句，北方义军归宋的不止耿京一旅。在完颜亮南下侵宋时，开赵、王世隆和最初与耿京起兵的李铁枪等人率义军配合宋沿海制置使李宝水师，取得陈家岛（今山东省青岛市黄岛区）大捷后，三人于十一月率部随李宝水师南下归宋，朝廷也在楚州设有措置归正人事宜之所。

辛弃疾等人到楚州时，负责迎接归正的是淮南转运副使杨抗。后者告知，眼下赵构未在临安，正于建康府劳师。众人又随即赴建康，并于第二年即绍兴三十二年（1162）正月十八日抵达。当日，众将领即被赵构召见。后者对辛弃疾的印象，从南宋绍定五年（1232）进士徐元杰所撰《梅野集》中"条奏大计，上伟其忠，骤用之"[①]句可见一斑。今虽无从考据辛弃疾当时所陈"大计"究竟是如何，但从"上伟其忠"四字可见，辛弃疾必有一番慷慨言说，使赵构对其忠烈之气留有深刻印象。但从辛弃疾日后的《美芹十论》来看，所提"大计"无非从山东义军角度出发，阐述如何恢复中原。

---

① 辛更儒编：《辛弃疾资料汇编》，中华书局，2005年，第106页。

徐元杰虽称赵构"骤用之",但从事后看,所谓"骤用"应为当时的口头许诺。对赵构来说,收复北方的种种议论听得实在太多,但目前无法做到,也就只可能口头称赞辛弃疾的方略了。

受赵构召见后仅隔四日,即正月二十二日,宋朝廷颁下诏令,正式任命耿京为天平军节度使,知东平府,兼节制京东河北路忠义军马;辛弃疾为天平军节度掌书记,补右承务郎;贾瑞补敦武郎,阁门祗候,并赐耿京和贾瑞金带;其他被补官的将领,多达二百余人。但在辛弃疾那里,得朝廷封官无非使义军归正,耿京主力仍应在山东作战。这点对赵构来说,倒有些求之不得,毕竟金军武力之强他已接二连三地领教,生怕金军再次南侵,在北方能有一支武装与之相抗,对南朝百利而无一害。因此,赵构将耿京及其将领封官之后,便令辛弃疾等人回山东复命,同时命枢密院差使臣吴革、李彪前往山东宣布义军各将领职位,与之随行的还有已然归宋的统制官王世隆等十数骑。

众人至楚州后,吴革、李彪却不敢再北上一步,说在海州等候耿京南下,再宣旨面授其职。贾瑞和辛弃疾等人见吴革、李彪二人惧入金境,只得取海道赴海州,再按计划从海州北入山东。一行人刚至海州,就得到耿京被张安国和邵进谋害的噩讯。

惊怒交进的辛弃疾当即与贾瑞等人谋议,说:"我缘主帅来归朝,不期事变,何以复命?"[①]毕竟众人刚刚辞别宋天子,后者也对耿京下旨封官,但如今耿京遭人刺杀,便对宋朝廷没了交代。辛弃疾对贾瑞、王世隆和当时一个叫马全福的同行忠义之士提出,不如

---

① 《宋史》,中华书局,1977年,第12162页。

按《孙子兵法》上说的"攻其无备，出其不意"，突入金营捉拿张安国，既为耿京报仇，也向朝廷复命。

在任何时候来看，辛弃疾提出的实乃胆气雄烈之议。当时，张安国因杀耿京投降有功，被封为知济州，营中金兵多达五万，若要闯营擒敌，即便有将生死置之度外的勇气，行为概率上也必九死一生。

但辛弃疾的胆识激发了众人的满腔热血，经过一番挑选，连同王世隆、马全福在内，辛弃疾最终选定五十骑。众人从海州马不停蹄，直扑济州金营。

辛弃疾等五十骑到济州之时，张安国正与众金将酣饮。"出其不意"果然是兵家的至理名言，张安国和众金将尚未反应过来，辛弃疾等人已闯至筵前，一句"上马出郊议事"便将张安国挟持出营寨。众人随即上马抽鞭出营，等众金将反应过来时，已追之不及。

后来，南宋起居舍人洪迈在《稼轩记》一文中，对该事有番精彩至极的描述："赤手领五十骑，缚取于五万众中，如挟狡兔，束马衔枚，间关西奏淮，至通昼夜不粒食。壮声英概，儒士为之兴起，圣天子一见三叹息，用是简深知。"①

从这段文字中可见，辛弃疾等人生擒张安国后，片刻不停，昼夜不食，催马驰三百里到淮河岸边，随即渡江继续南下。从离济州算起，辛弃疾等人途经十三州，行程二千余里，终于抵达临安，献俘于朝。能够想象，随着张安国被斩于市，辛弃疾难以置信的传奇

---

①《辛稼轩诗文笺注》，邓广铭辑校审订、辛更儒笺注，上海古籍出版社，1995年，第267页。

事件在当时会如何轰动，连宋天子也"一见三叹息"，何况对金人抱有刻骨仇恨的宋朝百姓？哪怕性格原本懦弱的人听后，也情不自禁地鼓起了勇气。

对辛弃疾个人而言，未足一年的北方抗金生涯就此戛然而止。时年二十三岁的辛弃疾青春正盛，胸腔充满有待实现的种种抱负。众人缚押张安国到临安时为闰二月，时江南冰雪消融、莺飞草长，春天总给人无尽希望，何况这还是辛弃疾平生面对的第一个江南之春。此时，辛弃疾不仅因生擒张安国而声震南北，还身入繁花满眼的大宋疆土，所以能够想象当时的辛弃疾对前程必然抱有滚热的期待。但人生的奇妙之处在于，没有人能预料明日将遭遇怎样的命运跌宕。辛弃疾在此刻唯一能知晓的是，当与北方有关的句号完成，就表示自己将要书写的下一段人生将从这个春天开始。

辛弃疾所有的期待和离开北方故土的心情，都凝结在当时所填的一首《汉宫春·立春日》词中：

> 春已归来，看美人头上，袅袅春幡。
> 无端风雨，未肯收尽余寒。
> 年时燕子，料今宵梦到西园。
> 浑未办黄柑荐酒，更传青韭堆盘？
>
> 却笑东风从此，便薰梅染柳，更没些闲。
> 闲时又来镜里，转变朱颜。
> 清愁不断，问何人会解连环？
> 生怕见花开花落，朝来塞雁先还。

在后人所编的《稼轩词》中，此为开篇第一首。全词的春景描绘令人体会到辛弃疾初归南朝时的喜悦之情，哪怕风雨中尚有"余寒"，毕竟"春已归来"，自己的满腔抱负必有实现之日，甚至觉得当朝廷挥师北上收复失地之时，摩拳擦掌的自己会"更没些闲"，最熟悉的故乡"塞雁"也会因"先还"重见。因此，在辛弃疾看来，即使如今远离故土，有些"清愁"无人能够体会，但眼前"薰梅染柳"的美景，不正预示自己将进入温暖如春的人生吗？

第二章 初言韬略

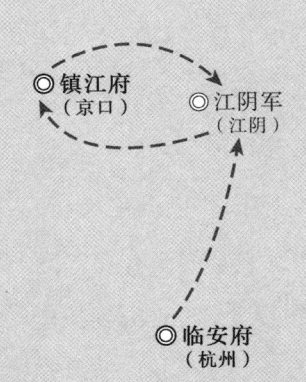

——不念英雄江左老，用之可以尊中国

◎镇江府
（京口）

◎江阴军
（江阴）

◎临安府
（杭州）

一

朝廷对辛弃疾很快有了任命，仍授以一个月前所封的右承务郎，具体职务则是出任江阴军签判。所谓"签判"，也就是以京官身份到地方掌管文案司法，为从八品的小官。在大宋官场，签判多为朝廷封给入官场之人的最初官职，譬如前朝赫赫有名的司马光、王安石、苏轼等人的第一个官职均为地方签判。

从《嘉靖江阴县志》可知，江阴军系绍兴三十一年（1161）建置，辛弃疾即为首任签判。或因来自北方，再加上性格耿介，辛弃疾与一众同僚的关系俱不亲密。同时，以义军头领之职被朝廷授以文官，难说是辛弃疾心中所愿。这里须强调的是，在两宋的政治环境中，文臣一直高于武将，因此做文官倒更易实现未来的理想。

彼时辛弃疾终究是年轻，胸腔里激荡着一股收复北方的滚烫热血，也想当然地以为朝廷同样如此。但朝廷决策究竟如何，辛弃疾自无从知晓。朝廷将其遣至江阴为官，倒可看出几点：一是辛弃疾从千军万马中生擒张安国的雄风虽令百姓敬仰，却不一定能令朝廷大加奖赏，毕竟两国交锋是国力碰撞，个人勇武在国家之间实在算不了什么；二是北方义军随着耿京被害和辛弃疾南归已分崩离析，对朝廷既无价值，也免去了与金国对抗的隐患；三是如辛弃疾等南归之人都被当时的建王府教授史浩蔑称为"归正人"，很难得到朝廷的充分信任，这点可从南归义军的结果可知。

辛弃疾、贾瑞等人首次南下时曾率数千义军，返回山东复命时却只有辛弃疾等十数骑，这就说明他们所率义军均留在了南朝。此外，开赵、王世隆、李铁枪等人在率部南归后就失去了军队指挥权，其理由从辛弃疾数年后撰《九议》中可见，他在文中建议朝廷"以精骑数百，择西北忠义之士，令王任、开赵、贾瑞等辈领之，前大军信宿而行，以张山东之盗贼"[①]。辛弃疾此言没有点出他们当时的官职，唯一的解释就是他们已为赋闲之人了，但也绝不等于他们带回的义军会成建制地换作他人指挥。譬如建康都统制王彦得到千人义军后，就说了一句明确之言："归正人不可聚为一所，今已散在诸军。"[②]

王彦说得清楚，不可将归来的北方义军集中到某一将领麾下。因义军若成建制，长期听命一将，就意味着南朝将出现只认将领、不认朝廷的武装力量。这无疑与朝廷"兵权应分散"的祖宗家法相悖。赵构当年御笔亲批"岳飞特赐死"五字，不可忽视的原因之一就是岳飞的部队被称为"岳家军"，这是朝廷不可容忍的兵权在将领手上的忌讳之事。尽管南归义军也得到朝廷赐予的"忠毅""忠顺""强勇""义胜"等封号，但不表示他们真就独立于封号之下。朝廷对归正军的复杂心态，必然导致王彦所说的义军将"散在诸军"的结果。具体到辛弃疾这样声震南北的将领那里，其军事经验越强，武力声望越高，朝廷就越不会将其任命为统军武将，因而辛弃疾被授以签判的文官之职就成为自然和必然之事。

对辛弃疾来说，南下归宋原本是渴望施展胸中抱负，却不料南归之后首先尝到的是难以言述的冷遇滋味。尤其史浩一句"中原决

[①]《辛稼轩诗文笺注》，邓广铭辑校审订、辛更儒笺注，上海古籍出版社，1995年，第84页。

[②] 郑骞:《辛稼轩先生年谱》，协和印书局，1938年，第21页。

第二章 初言韬略 069

无豪杰，若有，何不起而亡金"①，令北归人心寒，也可见归正人身份尴尬，不可能得到重用。但朝廷既然有令，辛弃疾就不得不服从。或许，辛弃疾最感彷徨无状的，是一步踏入了事先没料到的南宋官场泥潭。在北方驰骋沙场之际，辛弃疾虽时时处于间不容发的生死关头，却毕竟是自己的人生选择和实现抱负之途；虽未有当官之想，却终究是二十五万义军首领之一。当第一次南下时，朝廷授其为右承务郎，辛弃疾对此官职料也未加多想。就当时情况而言，若耿京未死，辛弃疾必将在回山东后，继续投身不知何时方能结束的抗金生涯，因而右承务郎头衔除为名正言顺的朝廷授予外，在事实上不过为虚无缥缈的幻影。如今，辛弃疾身在南朝，其职位就成为他面对的最真实和唯一的官方身份。

从后世宋理宗朝赵升所编的《朝野类要》来看，里面写有"承直郎以下选人，在任须俟得本路帅抚、监司、郡守举保奏堪与改官状五纸，即趋赴春班改官。谢恩则换承务郎以上官序，谓之京官，方有显达"②之句。此言说得清楚，承务郎不过为京官中最低一阶。从辛弃疾性格与行事来看，官位高低对他并不构成影响，但无情的事实是：身在南朝，又处最低官位，就意味着人微言轻，其直接后果就是他的种种意图几乎没有实现的可能。

不过，命运对辛弃疾进行了补偿。在签判之命颁下不久，辛弃疾的个人生活有了一丝突如其来的甘甜。

---

①《宋史》，中华书局，1977年，第12067页。
②赵升:《朝野类要》，王瑞来点校，中华书局，2007年，第70页。

二

　　从地理位置看，辛弃疾赴任的江阴在今江苏省无锡市下辖的县级市，位于临安以北，枕长江，毗太湖，自古为江防要塞。但当时江阴仍为偏僻之地，宋、金使臣南来北往时，并不经此渡江。就此可见，朝廷将辛弃疾安置于此，不过给其一赋闲之职，未有重用之想。

　　没有资料显示辛弃疾前往江阴的具体时日，更没有资料显示他又何时何因从江阴北上到京口。我以为极有可能的是，八百多年前的东晋祖逖正是从京口率数百部曲渡江北伐，留下"中流击楫"的青史之名，对辛弃疾来说，祖逖的志向与自己的抱负无二，既到江阴，如何会不去追踪先烈遗风？可以说，对祖逖恢复中原的心驰神往和历史寻踪，是辛弃疾为自己汲取力量的最好方式。

　　到京口后，辛弃疾与曾为宋军打开蔡州城门的范邦彦父子相识。

　　对辛弃疾来说，离开北方，不仅是离开自己自幼的熟悉之地，还包括离开北方的一些相交多年的友人，譬如少年同学党怀英。按《宋史·辛弃疾传》记载，党、辛二人分别时"始筮仕，决以蓍，怀英遇《坎》，因留事金，弃疾得《离》，遂决意南归"[①]。意思是，党、辛二人对去留进行占卦时，党怀英占得"坎"卦，辛弃疾占得"离"卦。按《周易》"坎上坎下"之说，该卦上卦是坎，下卦也是坎，因重叠而被称"习坎"，有"凶险"之意。于是，党怀英留下事金，后

---

① 《宋史》，中华书局，1977年，第12161页。

来于完颜雍大定十年（1170）擢进士甲科，召为翰林院学士承旨，其当时的文名之盛，有"李阳冰之后一人而已"①的美誉；辛弃疾当时得"离"卦，便下定南归决心。从事实看，辛弃疾南归与占出"离"卦关系不大，其性格倒更吻合元代王恽在《玉堂嘉话》中所载的"一日与怀英登一大丘，置酒曰：'吾友安此，余将从此逝矣。'遂酌别而去"②的豪杰气概。无论事实真相如何，从中能见身为英雄的人无不寂寞盈怀，也无不对生平情谊格外看重。党、辛二人终至分道扬镳，既有时代原因，也有各自的命运指引。

另从辛弃疾南归后，其父辛文郁被"赠中朝大夫"的官衔来看，可知辛文郁早已去世，因"赠"是给去世之人，这也解释了辛弃疾为何始终只随侍祖父而未聆父训。据辛更儒先生介绍，《菱湖辛氏族谱》中载有"初室江阴赵氏"句。从中可知，辛弃疾在北方有一姓赵的结发妻子，但他擒张安国南归时仓促，妻子难说与他一并南下；也有可能的是，当时赵氏已不在人世，辛弃疾也才能了无牵挂地慨然南归。

从上述事件来看，辛弃疾在南归之初，内心体会最深的就是"寂寞"二字。去世亲人不可复生，在世友人再也难见，就其独特的经历和胸怀天下的性格来看，辛弃疾的寂寞之感比寻常人更为强烈，更为深重，也更为难言。因此，在京口与范邦彦父子的相识，绝对是辛弃疾南归后的一件大事。辛弃疾、范邦彦二人气息相通，双方都曾在北方行事。祖父辛赞曾出仕金国，这点使辛弃疾对在金国任

---

① 元好问：《中州集校注》，张静校注，中华书局，2018年，第660页。
② 王恽：《玉堂嘉话》，中华书局，2006年，第64页。

过官职的人抱有充分理解，更何况范邦彦曾开城迎宋军，既是内应，也是不折不扣的南归之人。他们身份相差无几，惺惺相惜间，自有相见恨晚之感。

范邦彦对辛弃疾天下皆知的壮举也怀敬慕之意，乃至将女儿嫁给辛弃疾。从辛弃疾后来于淳熙十六年（1189）五十岁生日时所填《浣溪沙·寿内子》中的"两人百岁恰乘除"句可知，范氏与辛弃疾为同年所生。此论系邓广铭先生所提，辛更儒先生认为"似不允当"[1]，而我赞成邓广铭先生的说法。

与范氏成婚对辛弃疾内心安慰巨大，他所写的"看美人头上，袅袅春幡"句竟是从景变人，如提前写下的一句预言。

与范氏成婚后，辛弃疾离开京口，偕妻回归江阴。

辛弃疾虽盼朝廷能兴兵北上，但朝廷非但无复土之意，还在完颜雍派左监军高忠建到宋廷告知自己登位之信时，命左司员外郎洪迈为"贺登位使"，与副手知合门事张抡北上入金庆祝完颜雍登基。尚在高忠建抵京时，赵构就对宰相陈康伯说道："向日讲和，本为梓宫、太后，虽屈己卑词，有所不惮。今两国之盟已绝，名称以何为正，疆土以何为准？朝见之议，岁币之数，所宜先定。"当洪迈和张抡临朝受命时，赵构又特意嘱咐道："朕料此事终归于和，卿等欲首议名分，而土地次之。"[2]

上述两段话意思差不多，赵构对陈康伯解释了自己为什么要与金议和，无非哥哥宋钦宗赵桓和自己的生母韦氏在金，如若兴兵，

---

[1]《辛弃疾集编年笺注》，辛更儒笺注，中华书局，2015年，第1617页。
[2]《续资治通鉴》第二册，岳麓书社，1992年，第868页。

不免投鼠忌器。当"绍兴和议"达成后，金国果然送还了宋徽宗赵佶遗骸和赵构生母韦氏。当完颜亮再次兴兵，和议算是撕毁，但如今完颜雍登位，便可重启和议之事了。因此，赵构对洪迈说得极为明确，此次遣二人为使北上名为庆贺，实为再次议和。"绍兴和议"是宋向金称臣，此次希望能与金国改为兄弟相称。在赵构看来，这是比土地更为重要的大事。

洪迈之父即建炎三年（1129）奉旨出使金国的朝散郎洪皓，他在金国被扣十五年后方始归宋，当时赵构就对他有"虽苏武也不能过"①的当面赞誉。是以洪迈自幼就对金国怀有家仇国恨。此时，洪迈闻赵构之言，当即奏道："土疆实利不可与，礼际虚名不足惜。"吏部侍郎黄中对洪迈之言不以为然，出班说道："名定实随，百世不易，不可谓虚；土疆得失，一彼一此，不可谓实。"兵部侍郎陈俊卿也附和黄中说道："先正名分，名分正则国威张，而岁币亦可损矣。"②这些朝议之争，辛弃疾自然不会知道。就陈俊卿之言来看，朝廷不论以为孰轻孰重，始终在一味求和，哪里有什么国威可言？

当晋封为起居舍人的洪迈终于在绍兴三十二年（1162）四月北上时，赵构又对他嘱咐道："祖宗陵寝，隔阔三十年，不得以时洒扫祭祀，心实痛之。若彼能以河南之地见封，必欲居尊如故，正复屈己，亦何足惜。"③其意是金国若归还河南之地，自己宁愿再次称臣，这也是当年"绍兴和议"的内容。

---

① 《续资治通鉴》第二册，岳麓书社，1992年，第711页。
② 《宋史》，中华书局，1977年，第11571页。
③ 同上。

洪迈闻言叹息,说道:"山东之兵未解,则两国之好不成。"[1]这里所说的"山东之兵",不是指耿京、辛弃疾等人曾统率的义军。所谓"未解",是指宋、金两国虽有议和之想,但和议未成时仍冲突不断:先有四川宣抚使吴璘命兴州(今河北省承德市滦平县)前军同统领惠逢袭取熙州(今甘肃省临洮县)与和州(今安徽省和县),俘金兵二百零五人及骑兵二百,随后金军复取宁河寨(今甘肃省和政县),尽屠其民,后有兴元都统制姚仲率六千军士趋巩州(今甘肃省陇西、通渭、漳县、武山、定西等县地)、围德顺(今宁夏隆德县及甘肃省静宁县);金军又复取蔡州、和州,即使完颜雍派出的高忠建已到临安,仍有吴璘从秦州(今甘肃省天水市)引兵援攻德顺,中军统制吴挺与金军于瓦亭(今宁夏固原市泾源县大湾乡)激战,金军围攻淮宁府城等不少战事。

辛弃疾难息北伐之心,便是这些冲突频仍所致。但辛弃疾人在江阴,始终不见朝廷有大举兴兵之意,相反洪迈、张抡等人奉旨北上庆贺完颜雍登位之事却已天下知闻。辛弃疾得知后自苦闷难消,他当时所填的一首《满江红》就反映了无处可诉也无人可诉的失落之情:

> 点火樱桃,照一架、荼蘼如雪。
> 春正好,见龙孙穿破,紫苔苍壁。
> 乳燕引雏飞力弱,流莺唤友娇声怯。
> 问春归、不肯带愁归,肠千结。
>
> 层楼望,春山叠;家何在?烟波隔。

---

[1]《宋史》,中华书局,1977年,第11571页。

把古今遗恨，向他谁说？

蝴蝶不传千里梦，子规叫断三更月。

听声声、枕上劝人归，归难得。

该词虽与前面填的那首《汉宫春》只隔短短两三个月，表露的心境却已大不相同。对辛弃疾来说，总觉南归后朝廷将不日北上，自己也必将有用武之地；如今朝廷不仅将自己置于浅滩，竟还派人入金庆贺完颜雍登基，实觉悲愤难当。该词也说明辛弃疾终于察觉到了赵构心思，内心里不免心生悔意：早知如此，自己留在北方继续抗金或许会更好。山东为辛弃疾生于斯长于斯的故乡，虽然此刻有范氏在侧，但胸怀天下之人很难沉浸于儿女情长。该词写得明白，对辛弃疾来说，失去的故土才是自己内心真实有感的家园；进一步说，唯有收复北方失地，才会觉家园是宋室疆土的家园。另外，古人填词，除非叠字，极少用字重复，科考作诗甚至不允许有重字。这首词含有三个"归"字，不但不觉重复，还见出辛弃疾对故土的不舍之情和苦闷之情的宣泄：眼下已在南方，登楼远望，也只见到与故乡阻隔的层层山峦和茫茫烟水，即使半夜听到子规啼唤，已在"归难得"的现实中茫然无措。

但世事难料，填过此词不久后的六月，朝廷突发一事，再次唤起了辛弃疾的难捺雄心。

三

事情根源在《宋史·娄寅亮传》里写得清楚，早在建炎四年

(1130)四月赵构被兀术一路追至越州时,宋徽宗政和二年(1112)进士、上虞丞娄寅亮就上疏赵构,请未有子嗣的赵构立宋太祖一脉的后人为太子继承大统。其奏言从"太祖舍其子而立其弟,此天下之大公"写起,认为天下大乱之际,应"追念祖宗公心长虑之所及"。意思是,天下之乱,始于宋太宗赵光义(赵炅)一脉的宋徽宗赵佶。为什么这一脉会引来天下大乱?原因或是"太祖在天,莫肯顾歆,是以二圣未有回銮之期,金人未有悔过之意,中原未有息肩之日。臣愚不识忌讳,欲乞陛下于子行中遴选太祖诸孙有贤德者,视秩亲王,俾牧九州"[1]云云。

这段话有几点很堪玩味,娄寅亮的建议核心是"遴选太祖诸孙有贤德者"为太子。岳飞于两年后的绍兴二年(1132)同样面请赵构立太子,但岳飞之议非但无果,还引来赵构"此事非卿所当预也"[2]的直接拒绝,并成为岳飞最后被冤杀的内因之一。娄寅亮作为一"疏贱小臣",提出此议是越职之举,以常情推断赵构必以"此事非卿所当预也"的斥责为答,尤其赵构当时年仅二十四岁,正值青春盛年。娄寅亮不但请立太子,还建议命太子"俾牧九州",已内含要赵构禅位之意,但赵构非但不怒,还"读之感叹",并于绍兴元年(1131)将娄寅亮召至绍兴谈"宗社大计"。后者仍以"二圣未还,金人未灭,四方未靖者,何哉?"的反问为开篇,再次提出"太祖不私其子而保之,不幸奸邪误国而坏之,将使嗣圣念祖,乃所以申其永命也",因而"请陛下取太祖诸孙之贤者,视秩亲王",最后还

---

[1]《宋史》,中华书局,1977年,第12132页。
[2]《续资治通鉴》第二册,岳麓书社,1992年,第593页。

补充一句"陛下以太祖之心，行章圣之虑，自然孝弟感通，两宫回跸，泽流万世"①。

同为议立太子，岳飞遭猜忌，娄寅亮却因此"改合入官，擢监察御史"，其原因从王夫之《宋论》里能一窥究竟。在王夫之看来，娄寅亮不过一庸臣，既"无学术之表见"，又"无德业之传闻"②，之所以敢疏议他人不敢之事，是从当时参知政事范宗尹那里耳闻赵构曾说过"太祖以神武定天下，子孙不得享之，遭时多艰，零落可悯"③之言后，判断赵构有将皇位传还太祖一脉的想法。娄寅亮立刻发现，自己能"先发夫人之所未发者，功可必，名可成，有荣无辱也"④。可见娄寅亮提出此议，并非真为社稷着想，而是为自己升官铺路。王夫之深为叹息，认为朝廷大臣都不敢对宋室江山提出百年之想，居然由一低级庸臣乘隙提出明日之议，足见宋室无人。

赵构对岳飞提出此议的反感原因很简单，岳飞是手握一镇兵权的武将，若新天子为岳飞所扶，朝政很可能将落入其手。武将掌权，是赵宋朝廷最为忌讳的第一要事。但娄寅亮官微职卑，对任何人都不会构成威胁。为拍中赵构的马屁，娄寅亮对如何应对此事已深思熟虑，因此句句说到赵构的心坎。从事实看，宋太祖赵匡胤驾崩后，皇位便到了弟弟赵光义手中，此后便由宋太宗赵光义一脉代代承继。如今赵构无嗣，唯一的皇子赵旉曾在"苗刘兵变"时被叛军拥戴为帝，彼时只三岁，并在兵变平息后于当年七月夭亡，此后赵构再也

---

① 《宋史》，中华书局，1977年，第12133页。
② 王夫之：《宋论》，刘韶军译注，中华书局，2013年，第679页。
③ 《宋史纪事本末》，中华书局，1977年，第805页。
④ 王夫之：《宋论》，刘韶军译注，中华书局，2013年，第679页。

无出。因此，无论是宋太祖一脉，还是宋太宗一脉，在赵构眼里区别不大，都为赵氏皇裔，只是若继续从宋太宗一脉中寻找继位之人，恐怕还真如娄寅亮所说，会使"太祖在天，莫肯顾歆"，宋室江山将更为飘摇；而若将皇位归还宋太祖一脉，或许能使天下复安。大宋江山毕竟得自宋太祖赵匡胤之手，若将皇位归还宋太祖一脉，确如王夫之认为的那样，是"道之公也，义之正也，保固宗祧之大计也"[1]。是以赵构终于下定决心，在绍兴三十年（1160）二月，将宋太祖赵匡胤七世孙赵伯琮立为皇子，加封建王，改其名为赵玮；绍兴三十二年（1162）五月二十八日，赵构又下诏立赵玮为皇太子，再改其名为赵昚。

辛弃疾和天下人遇到的突发之事，就是赵昚被立为皇太子仅过了十三天，在位三十六年的赵构下诏禅位，并于六月十一日在紫宸殿举行禅让仪式。时方壮年的赵昚即皇帝位，是为宋孝宗，改次年为隆兴元年。赵构被尊为"光尧寿圣太上皇帝"，退居德寿宫。

得知新帝登基，原本"肠千结"的辛弃疾不由涌起热望：无论赵构对金国是何态度，如今已为太上皇了，天下大权到了赵昚手上。或许，血管里流动着宋太祖血脉的赵昚，会是和赵构完全不一样的天子吧？

四

很快，有三件事证明辛弃疾对赵昚的期待并非白日做梦。

---

[1] 王夫之：《宋论》，刘韶军译注，中华书局，2013年，第679页。

第一件事是赵昚登位之后，立刻将绍兴八年（1138）上疏请斩秦桧、力斥议和而被流放海南的胡铨官复原职，差知饶州；第二件事是为岳飞平反昭雪，改葬于西湖畔栖霞岭，并下旨"访求后人，特与录用"①；第三件事是晋封六十六岁的主战派张浚为魏国公，除江、淮宣抚使，节制屯驻军马，后又晋封其为枢密使，都督江、淮东西路军马，开府建康。对张浚来说，算是终于守得云开见月明了，因绍兴七年（1137）八月出现的"淮西军变"，与当时张浚的拒劝和用人不当有关，乃至赵构有"宁至覆国，不用此人"②的失望之语。果然到赵构禅位前的二十五年里，张浚再未被起用。如今赵昚登基即复用张浚，对朝廷和天下宋人来说，此为明白无误的北伐信号。

赵昚对金国的确采取了与赵构完全不同的态度和政策。

辛弃疾极为振奋，尤其赵昚公开"诏中外士庶陈时政阙失"③的诏令后。辛弃疾感到收疆复土的梦想或将很快成为现实，尤其他在北方生活了二十多年，对山东地势和兵事都了如指掌，还有与金军交战的丰富经验，内心酝酿的北伐方案也日益成熟。

但如何让朝廷知道自己的方案呢？辛弃疾职位太过低微，不可能面奏于朝。在心情急迫之下，辛弃疾决定前往建康，登门拜见张浚，和他面对面说出自己的全盘构想。从后面发生的一些事件可推断，辛弃疾前往建康府拜见张浚应为赵昚登基当年，即绍兴三十二年（1162）下半年。

到建康后，辛弃疾对张浚和盘托出的北伐方案异常清晰："为吾

---

① 《续资治通鉴》第二册，岳麓书社，1992年，第888页。
② 《宋史全文》，汪圣铎点校，中华书局，2016年，第1602页。
③ 《宋史纪事本末》，中华书局，2015年，第827页。

之计，莫若分几军趋关陕，他必拥兵于关陕；又分几军向西京，他必拥兵于西京；又分几军望淮北，他必拥兵于淮北，其他去处必空弱。又使海道兵捣海上，他又著拥兵捍海上。吾密拣精锐几万在此，度其势力既分，于是乘其稍弱处，一直收山东。虏人首尾相应不及，再调发来添助，彼卒未聚，而吾已据山东。才据山东，中原及燕京自不消得大段用力，盖精锐萃于山东，而虏势已截成两段去。又先下明诏，使中原豪杰自为响应。"[1]

这段话显示了辛弃疾的惊人韬略。其核心是韩非子所言的"兵不厌诈"和三十六计中的"声东击西"，二者均为千古兵家至理。按辛弃疾谋划，宋军将兵分几路趋关陕，金军必然兵援关陕；宋军再分军攻西京，金军也必然分兵增援西京；宋军又再分兵击淮北，必可再吸引一路金军援师。这样一来金军兵力分散，宋军再不失时机地派出水师，金军又必然再援师保卫水路。等金军主力被几路佯攻的宋军分散得差不多了，蓄势待发的几万宋军精锐则可直扑山东。此时，金军首尾不能相顾，当他们终于知道宋军是以攻取山东为目标时，再从各处调兵已来不及了。如此，宋军可全取山东，也就打开了进取中原和燕京的大门。辛弃疾还强调，北伐展开时，朝廷应先昭告天下，中原豪杰自必纷纷响应。

从辛弃疾谋划可知，他将山东列为北伐主攻之地，是因为他自己对山东和山东义军太过熟悉，而从自己的熟悉之处和知己知彼中制定方略会有胜算在握的自信。就这套战略本身来看，虽非无懈可击，却也完整可行，毕竟宋、金交战以来主攻方向始终是关陕和河

---

[1]《朱子语类》，岳麓书社，1997年，第2436—2437页。

南之地，金军重兵集结于此，山东军力一直不多。如果张浚接受并力谏朝廷采用辛弃疾方案，北伐的成功概率不小，但这也像三国时魏延对诸葛亮提出的"子午谷奇谋"一样，未经实施则永远不知是否真能实现。

　　激情满怀的辛弃疾说完之后，等来的却是失望。张浚的回答是："某只受一方之命，此事恐不能主之。"[①]意思是，他只都督江、淮军马，尚不能总领大宋全军，若要实施这套战略，只怕有心无力。在辛弃疾听来，张浚的回答自然是一口拒绝。但在张浚那里，对辛弃疾所言并非不感兴趣，否则他也不会于当年十二月对朝廷提出"用师淮堧，进舟山东"[②]之议。赵昚颇为意外，问到参知政事史浩那里，后者答道："先为备御，是谓良规。倪听浅谋之士，兴不教之师，寇去则论赏以邀功，寇至则敛兵而遁迹，谓之恢复得乎？"[③]

　　史浩说的"浅谋之士"自然指辛弃疾。理由是赵昚重起张浚时将其称为"长城"，史浩自然也不会将张浚以"浅谋之士"冠之，那便是暗指起用他的皇帝也是"浅谋之士"了。因此，很有可能，张浚将"进舟山东"是出自辛弃疾的谋划已全盘告知。就当时而言，赵构已在"绍兴和议"中割去了淮河以北的唐州和邓州，宋、金两国"以淮水中流为界"，另以"邓州西四十里为界"。对南宋来说，淮南东路只剩下扬州、楚州、泰州、滁州、真州、通州和盱眙军，淮南西路也只余庐州、蕲州、和州、濠州、光州、黄州、舒州及安丰军、无为军数地。两淮成为宋、金对峙前沿，不论从哪张地图上

[①]《朱子语类》，岳麓书社，1997年，第2437页。
[②]《续资治通鉴》第二册，岳麓书社，1992年，第891页。
[③]《宋史》，中华书局，1977年，第12066页。

看，其战略位置都是首当其冲之地。

是以史浩对赵昚说过那番话后数日，命刚擢为编类圣政所检讨官的下属陆游代笔了一篇《论未可用兵山东札子》奏疏，认为"万一未至尽如所传，虏人尚敢旅拒，遗民未能自拔，则我师虽众，功亦难必，而宿师于外，守备先虚。我犹知出兵京东以牵制川陕，彼独不知侵犯两淮、荆襄以牵制京东邪？"①意思是，事情一旦不是预料的那样，金军半路伏击，遗民也未及时相助，那么我军即便人多，也未必能攻克山东，而且大军一出，后方的守备力量必然会削弱，尤其我方既能出兵牵制川陕，难道敌人就不知道进攻两淮和荆襄以达到牵制临安的目的吗？

史浩的话确然有理，也见出其久经朝政而老辣的一面。辛弃疾毕竟还年轻，即便已具有一定的战略眼光，还是忽略了更为重要的一点，即他完全从自己的角度提出北伐用兵，与朝廷念念不忘的以收复两河地区为终极目标的战略相悖。张浚的目光一直集中在两淮之上，在他看来，不独两淮地理位置重要，还因两淮之人"自古可用"：在数年的关陕练兵中，最令张浚有感触的发现是，"淮北义兵，尤为忠劲，困于敌人，荼毒已甚，仇敌欲报之心，未尝一日忘也"；再从他所下"淮北久被涂炭，素怀忠义，欲报国恩，亦当来归，共建勋业"②的命令来看，张浚的军事重心始终不离两淮。

这里补叙和张浚有关的一桩旧事，早在绍兴二十年（1150）时，赵构接到张浚论边事的上疏后，就对当时的礼部侍郎汤思退说道：

---

① 《陆游集》第五册，中华书局，1976年，第1994页。
② 《续资治通鉴》第二册，岳麓书社，1992年，第883页。

第二章　初言韬略　083

"张浚用兵，不独朕知之，天下皆知之，如富平（今陕西省渭南市富平县）之败，淮西之师，其效可见矣。今复论兵，极为生事。"[1]这句话也印证了《西事记》中明确所载的"浚为人，忠有余而才不足；虽有志，而昧于用人，短于用兵"[2]的说法。可见其用兵固执，不加变化。如今年过花甲，思维已成定式，自然难以改变。

但不论往何处用兵，朝廷都不免震动。史浩上疏"未可用兵山东"数日后，又上呈了更为直截了当的《论未可北伐》等奏疏，干脆称不可轻率动兵，其原话为"帝王之兵，当出万全，岂可尝试以图侥幸"[3]。这也说明，即使赵昚有北伐之志，也不等于朝中从未绝迹过的主和派会就此收声。张浚大概也觉史浩言之有理，自己经营两淮多年，总不能为了一个无足轻重的地方签判之论，就改变一贯策略而赌上数万军士的性命。

来时兴奋、别时失意的辛弃疾只得返回江阴，虽然自己献策未纳，但无论如何，朝廷的北伐之举已势在必行。辛弃疾知道，在朝廷眼里，"归正人"为怀有"异心"之辈，有此猜忌则自不可能得到兵权重上疆场，就只能以激切之心关注朝廷的一切动向。

很快，隆兴元年（1163）四月，张浚指挥的北伐开始了。

五

未到一个月，就传来宋军败讯。

---

[1] 周密：《齐东野语》，黄益元校点，上海古籍出版社，2012年，第15页。
[2] 同上书，第12页。
[3] 《宋史》，中华书局，1977年，第12066—12067页。

面对金国，如今的太上皇赵构既有靖康年间身入金营的可怕经历，又有被兀术（完颜宗弼）一路南追的亡魂失魄，自知宋军非金军对手，和议便为必然之事。但恰恰出生于靖康二年（1127）的赵昚与之不同，他虽自幼居于王府，却对耳闻的"靖康之耻"和金军的掠地夺民深为痛恨，很早就立下恢复之志。绍兴三十一年（1161）十一月，当完颜亮兵至长江北岸后，时为建王的赵昚急不可待，上疏"请率师为前驱"。幸好当时在王府的教授史浩说了句"太子不可将兵"①，赵昚才恍然大悟，若此刻索要兵权，必将引起赵构猜忌。此事虽然未果，仍见出赵昚对金国有势不两立之心，如今身登大宝，便趁完颜雍"新抚其众而不遑远图"②之时，动了不如主动北伐占据先机的念头。

有了赵昚旨令，坐镇盱眙（今江苏省淮安市下辖县）的张浚结集八万江淮兵（实际可用之兵只六万），号称二十万，命主管殿前司公事李显忠、建康都统制邵宏渊分两路渡淮。李显忠是章颖笔下仅次于刘锜、岳飞的"南渡十将"之一，其原名李世辅，陕西清涧县人。十七岁时，李显忠即随父李永奇从戎，"靖康之变"时只十八岁。金军陷延安后，李显忠父子被俘。兀术为笼络人心，授李显忠承宣使、知同州之职。后因李显忠反金投宋的密谋被泄，李氏满门二百口遇害，李显忠只率二十六人奔入西夏，后终从西夏南下归宋。赵构感其忠、悯其族，赐名为"显忠"。知其作战勇猛，兀术曾对部下先锋韩常说过"李世辅归宋，不曾立功，此人敢勇，宜且避之"③

---

① 《宋史》，中华书局，1977年，第12066页。
② 王夫之：《宋论》，刘韶军译注，中华书局，2013年，第742页。
③ 《宋史》，中华书局，1977年，第11429—11430页。

之言，可见李显忠军事才能出众。

　　今张浚交给李显忠的任务是兵出濠州（今安徽省凤阳县）、北取灵璧（今安徽省宿州市灵璧县），给邵宏渊的任务是攻取虹县（今安徽省宿州市泗县），两军的最终目的是合兵夺取旧京开封，以雪靖康前耻。

　　战事开始还算顺利。四月二十八日，两路大军齐发，李显忠一路旗开得胜，先于陡沟（今安徽省芜湖市无为市辖镇）击败金军，后于五月七日收复灵璧；另一路的邵宏渊大军却受阻于虹县城下。李显忠见其久攻不下，遂命灵璧降卒前往虹县，以"守为祸、降为福"为劝，使虹县金将大周仁和蒲察徒穆献城出降。事情非但没有使邵宏渊对李显忠心生感激，反而产生"耻功不自己出"①的妒恨。偏偏此时又发生一事，一投降的金军千户向李显忠投诉，称自己的佩刀被邵宏渊部下夺去。李显忠震怒，将邵宏渊那名部下"立斩之"。邵宏渊大为愤恨，二将由此生隙。当李、邵二将合兵攻下宿州后，赵昚在朝中兴奋不已，给张浚手诏写道："近日边报，中外鼓舞，十年来无此克捷。"②随即下旨，晋封李显忠为开府仪同三司、淮南京畿京东河北招讨使，邵宏渊为检校少保、宁远军节度使、招讨副使。

　　李、邵二将同城，矛盾随即公开。按周密在《齐东野语》中的说法，收复宿州时，州内军府中"有金三千余两，白银四万余两，绢一万二千匹，钱五万缗，米、豆共粮共六万余石，布袋十七万条，

---

①《续资治通鉴》第二册，岳麓书社，1992年，第896页。
②同上书，第897页。

衣绦、枣、羊各一库，酒三库"①。李显忠放纵亲信部属恣意搬取，邵宏渊想开仓犒赏士兵却被李显忠拒绝，军士因此不忿，斗志顿减。此外，因邵宏渊未能攻克虹县，张浚命其听命于李显忠。邵宏渊不服，张浚又只得命李、邵二人各统其军，埋下了宿州无最高统帅的隐患。

当金左副元帅纥石烈志宁率万余精兵自睢阳（今河南省商丘市睢阳区）趋宿州时，早已移师出城的李显忠列好阵势，颇为自负地说道："当令十人执一人也。"此役，李显忠虽击败纥石烈志宁，却抵挡不住金河南副统帅孛撒从开封增援而至的十万步骑兵。原本应出兵夹击的邵宏渊不仅按兵不动，还对身边部下说道："当此盛夏，摇扇于清凉之下，且犹不堪，况烈日中被甲苦战乎？"②然而，邵宏渊没料到自己的幸灾乐祸会使军心自此动摇。

李显忠孤军奋战，终于抵敌不住。随着手下统制常吉投降，李显忠被迫收兵。并未出战的邵宏渊之子邵世雄见金军势大，竟率部出逃。雪崩效应由此开始，邵宏渊部下的殿前司马军统制左士渊、统领李彦孚也率部出逃。当李显忠兵败入城后，殿司前军统制张训通、马司统制张师颜、池州统制荔泽、建康统制张渊知两位主将不和，势难取胜，也率部逃遁。

刚刚入城的李显忠眼见金军又添右翼万户夹谷清臣率二十万大军增援，自己却等不来一兵一卒，于是他一边奋力抵御一边将深思的大胆谋划告知邵宏渊："若使诸军相与掎角，自城外掩击，则敌兵

---

① 周密：《齐东野语》，黄益元校点，上海古籍出版社，2012年，第18页。
② 《续资治通鉴》第二册，岳麓书社，1992年，第898页。

可尽，金帅可擒，河南之地指日可复矣。"

不料，邵宏渊见金军势大，对李显忠说："金添生兵二十万来，倘我军不返，恐不测生变。"李显忠闻言，知邵宏渊无守城之意，自己势单力薄，只得叹息一句"天未欲平中原耶？何沮挠若此"①，遂连夜撤军。

夹谷清臣见李显忠弃城，立刻率大军追击，并在符离（今安徽省宿州北二十里）追上宋军。结果，十三万宋军一夕大溃，竟至"器甲资粮，委弃殆尽。士卒皆奋空拳，掉臂南奔，蹂践饥困而死者，不可胜计"②。此一役，宋军阵亡四千余人，金军获甲三万。在盱眙的张浚听闻金军主力将至，未明真假下急令退兵渡淮，先入泗州，再退维扬（今江苏省扬州市）。时为五月二十四日，历时仅仅一个月的北伐以"符离之败"画下了一个惨烈的句号。

辛弃疾万没料到，自己一心期待的北伐竟会以如此方式快速崩溃。从辛弃疾当时所填的又一首《满江红》来看，其心绪之感伤已经到了顶点。

全词如下：

> 倦客新丰，貂裘敝、征尘满目。
> 弹短铗、青蛇三尺，浩歌谁续？
> 不念英雄江左老，用之可以尊中国。
> 叹诗书、万卷致君人，翻沉陆。

---

① 《续资治通鉴》第二册，岳麓书社，1992年，第898页。
② 周密：《齐东野语》，上海古籍出版社，2012年，第18页。

休感慨，浇醽醁。人易老，欢难足。

有玉人怜我，为簪黄菊。

且置请缨封万户，竟须卖剑酬黄犊。

甚当年、寂寞贾长沙，伤时哭。

该词的创作时日虽然不详，但从全词散发的悲愤感来看，无疑是辛弃疾作于"隆兴北伐"失败之后。从首句中的"征尘满目"到接下来的"浩歌谁续"，字字都在表明辛弃疾对北伐之梦的破灭难抑激愤之情。尤其"不念英雄江左老，用之可以尊中国"一句，更可视为辛弃疾惋叹张浚不用自己的进取山东之策。如今，面对"翻沉陆"的结果，辛弃疾也只有打起精神，劝慰自己接受"休感慨，浇醽醁。人易老，欢难足"的人生无奈。

北伐失败，能说明的就是"靖康之变"至今已达三十六年的神州陆沉，不知何时才能恢复到百年前"烂赏叠游，莫知厌足"[①]的国泰民安。从词中"有玉人怜我，为簪黄菊"句来看，在无穷无际的苦闷之中，辛弃疾深感范氏虽能给自己"簪黄菊"的片刻安慰，但与报国之志的失落相比，终还是填不满自己欲诉难言的悲愤内心。

但悲愤不是终点，比北伐失败更令天下震动的是战败的后果。

后果很快来临了，辛弃疾的"伤时哭"也不足以表达他得知和议后的锥心刺骨之感。

[①]《东京梦华录》，杨春俏译注，中华书局，2020年，第1页。

六

符离兵败后,身为统帅的张浚面对满朝非议,只得上书请罪。赵昚对其回以"前日举事之初,朕与卿任之,今日亦须与卿终之"[1]之语,只将后者官属各夺二官,降为江、淮东西路宣抚使;两个月后,又将张浚官复原职,继续都督江、淮军马。邵宏渊则被降五官,贬为靖州(今湖南省怀化市)团练副使,南安军(今江西省大余县)安置。李显忠被贬为清远军(今宁夏同心县)节度副使,筠州(今江西省高安市)安置,后又徙潭州(今湖南省长沙市)安置。后世王夫之称赵昚为"奋志有为"[2]之君不是没有道理,此次大败后赵昚不惩主帅,而是立下"罪己诏",以"朕明不足以见万里之情,智不足以择三军之帅。号令既乖,进退失律"[3]之言担起了责任。

但不论赵昚如何公开表示自己将"尝胆而雪会稽之耻,当怀勾践之图",还是不得不面对赵构所说的"国家举事,须量度民力、国力"[4]的现实。或许,赵昚到此时才终于明白,为什么太上皇赵构对北伐无丝毫兴趣,今番交手后方知不是太上皇不思北伐,而是军事不足以雪尽前耻,便只能韬光养晦、以和为主。

深思之后,赵昚于当年七月擢主和派核心汤思退为尚书右仆射、平章事兼枢密使。此为对金国发出的强烈信号——朝廷用汤思退为

---

[1]《续资治通鉴》第二册,岳麓书社,1992年,第898—890页。
[2] 王夫之:《宋论》,刘韶军译注,中华书局,2013年,第761页。
[3] 周密:《齐东野语》,黄益元校点,上海古籍出版社,2012年,第18页。
[4]《续资治通鉴》第二册,岳麓书社,1992年,第901页。

相，便是有求和之欲了。十月时，汤思退请命都督府参赞军事王之望为"大金通问使"，宜州观察使龙大渊为副，北上入金，答应割海、泗、唐、邓四州予金。

消息传出，张浚上疏力辩说道："自秦桧主和，阴怀他志，卒成前年之祸。桧之大罪未正于朝，致使其党复出为恶。臣闻立大事者，以人心为本。今内外之议未决，而遣使之诏已下，失中原将士四海倾慕之心，他日谁复为陛下用命哉！"①

赵昚听后，颇为所动，即"手诏王之望待命境上"②，又命使金通问国信所审议官胡昉、杨由义先入金国，表达不割海、泗、唐、邓四州之意。与此同时，有个姓陈名亮、字同甫（亦作同父）的婺州（今浙江省金华市）永康县人给朝廷上呈了一篇《中兴五论》。但一介布衣上书，内容又是反对议和，到半途自然被截，哪里能到赵昚之手？后来，陈亮与辛弃疾成为肝胆之友，辛弃疾的千古名篇《破阵子·为陈同甫赋壮词以寄之》便是因陈亮而作。此事后文再叙。

赵昚不甘议和，但朝中又被议和声充满，一片混乱间拖至第二年即隆兴二年（1164）三月时，传来胡昉入金被扣的噩讯。赵昚对张浚愤然说道："和议不成，天也。自此事当归一矣。"③随即命后者视师江、淮，做好再次交战的准备。

张浚到任后，即招徕山东、淮北忠义之士一万二千人，凡要害之地皆筑城堡，并于江上增置战舰和诸军弓矢器械。此时，唯恐和

---

①《续资治通鉴》第二册，岳麓书社，1992年，第903页。
②同上。
③同上书，第904—905页。

议不成的汤思退颇为着慌，上奏称宗社大计应禀奏太上皇赵构决定。压力之下，议和派和主战派各执一词，争于朝廷。在这节骨眼上，张浚于八月病逝，朝中议和派终于占据上风。

但即便议和势在必行，汤思退的做法仍令人齿冷。为促成和议，汤思退竟下令将边境武备全部废除，这就等于暗示金军可兴兵以武力施压。金军心领神会，遂于十一月攻楚州，随即占濠州、夺滁州，进逼扬州。被逼到墙角的赵昚束手无策，终于命宗正少卿魏杞于十二月入金议和，所赍国书为中书舍人洪适所撰："比遣王抃，远抵颍滨，正皇帝之称，为叔侄之国，岁币可减十万之数，地界如绍兴之时……"[1]在金国威胁下，和议除割让海、泗、唐、邓四州外，还增割商、秦二州。当年赵构曾设想的宋、金两国以"兄弟"相称的名分之愿非但没有实现，反而对金国应以"叔"相称了。

与"绍兴和议"相比，"隆兴和议"更为屈辱。在江阴空度时日的辛弃疾听闻，除了以词发泄"云液满，琼杯滑。长袖起，清歌咽。叹十常八九，欲磨还缺"的情感，还有其他办法能消除愤懑吗？

对张浚未能用自己所献方略，辛弃疾自然是失望，但他只能从自己人微言轻的角度去自我宽解。辛弃疾如何不明白，兵败也好，和议也好，无非在于国家力量羸弱，朝廷也无人展现出具有全局的战略目光。另，所谓和议，不过一纸文书，两年前完颜亮毁约兴兵之事还历历在目，难说不会再出现第二次。

面对来日危机，在江阴任期将满或将赴任他处的辛弃疾沉下心来奋笔疾书，完成了凝聚巨大心血的《美芹十论》。按清嘉庆朝《全

---

[1]《续资治通鉴》第二册，岳麓书社，1992年，第912—913页。

唐文》编纂者之一、编《稼轩集钞存》的一代学人法式善的话说，辛弃疾除数量"为两宋之冠"的六百多首词传世，还写有其他诗文类作品，但"篇幅寥寥耳"①，只有一百多首的诗歌数量比词少，散文类数量比诗歌更少。按法式善统计，包括奏议和骈文在内，一共只有二十八篇。《美芹十论》是二十八篇中的巅峰代表作，也是辛弃疾随后数十年人生中从未偏离和遗忘过的抱负宗旨——应如何收复失地，统一中原。

因此，今天要理解辛弃疾，就有必要将《美芹十论》的思想核心作一逐章论叙。

---

① 邓广铭：《辛稼轩诗文笺注》序，载《辛稼轩诗文笺注》，邓广铭辑校审订、辛更儒笺注，上海古籍出版社，1995年，第3页。

第三章 美芹十论
——却将万字平戎策,换得东家种树书

◎江阴军（江阴）

一

《美芹十论》，"十论"顾名思义，即为十章，在"引论"之外，其他十章的正文题目分别是"审势""察情""观衅""自治""守淮""屯田""致勇""防微""久任""详战"。仅从这些标题来看，已见出辛弃疾纵为深入、横为打开的思维视野。全书首句"臣闻事未至而预图"①的落笔说明，辛弃疾是为宋、金两国的来日冲突而未雨绸缪。

首章"审势"之名颇具提纲挈领之要，无非要做到知己知彼，所以辛弃疾从金国的当前形势入手。辛弃疾承认金国"地非不广""财非不多"，且"射御长技，人皆习焉，则其兵又可谓之众矣"，意思是金军长于弓箭，人马又多，此为金国之"形"，虽然看起来令人畏惧，但其"势"则是"一有惊扰，则忿怒纷争，割据蜂起"，这是辛弃疾以为的"一不足虑也"；②至于"二不足虑"是金国官吏大肆贪污，虽"得吾岁币"，但"公实取一而吏七八之"，导致"民不堪而叛"，说的是金国国库之钱，只十分之一用于国事，十分之九都落入了官吏的私人腰包，惹得民怨极大，愤而造反的人不少；③其"三不足虑"的是金军虽多，但"难调而易遣"，尤其征用的

---

① 《辛稼轩诗文笺注》，邓广铭辑校审订、辛更儒笺注，上海古籍出版社，1995年，第1页。
② 同上书，第7页。
③ 同上。

汉人无不因"怨愤所积"而"其心不一"。①

辛弃疾以完颜亮南侵时为例，当时金军中就发生"未几中道窜归者已不容制"之事，其言是指当时完颜亮大军中的汉人逃兵甚多。此外，金国官员中不止金人，还"杂以契丹、中原、江南之士"，所以金廷中"上下猜防，议论龃龉"，不再有粘罕、兀术时期的同心协力之势了，特别是完颜雍的两个儿子也正彼此内斗，结果"岂能终以无事者哉"？以历史为例，汉末袁绍诸子间发生鹬蚌纷争，最后让曹操尽得渔翁之利。因此，以辛弃疾的历史眼光来看，"盖国之亡，未有如民怨、嫡庶不定之酷，虏今并有之，欲不亡何待？"②这句话说得明白，历史上的国家之亡，最为致命的就是民怨沸腾和嫡子与庶子争权，如今金国二者都占，哪有不亡之理？所以，在辛弃疾看来，对金国现在的"形与势异"，朝廷应详加分析和深察。

辛弃疾的"审势"堪为鞭辟入里。当过渡到全书第二章"察情"时，同样展现了辛弃疾非凡的眼光。所谓"情"，自非寻常的亲情、友情、恋情，而是指敌情、战情。辛弃疾在此体现了自己的兵家思想，认为"古之善用兵者，非能务为必胜，而能谋为不可胜"，意思是善于用兵之人从古至今绝非要求每次战役必胜，而是追求整体战略不被战胜。但双方都希望战胜对手，那么该如何应对呢？辛弃疾引用了孟子所说的"权，然后知轻重；度，然后知长短"之言。这是孟子劝齐宣王权衡利弊、决定取舍时所说的话。辛弃疾的意思是宋军须善于判断敌情，做到"敌情虽万里之远可坐察矣"，唯自己有

---

① 《辛稼轩诗文笺注》，邓广铭辑校审订、辛更儒笺注，上海古籍出版社，1995年，第7页。
② 同上书，第8页。

备,敌方才"不可乘"。①

辛弃疾继续分析,就今日形势来看,金国"有三不敢必战,二必欲尝试",是说金国有三点原因未必敢战,但又有两点原因使其跃跃欲试。金国不敢战的第一点原因是,完颜亮的前车之鉴不远,所以"彼必不肯再用危道";第二点是目前"海、泗、唐、邓等州吾既得之,彼用兵三年而无成",从现实出发看金军对海州、泗州、唐州、邓州用兵三年仍不能拿下,说明双方军力已此消彼长,金军渐弱,宋军渐强,是以金国未必敢再兴兵;第三点的视野更为开阔,指出目前"契丹诸胡侧目于其后,中原之士扼腕于其前,令之虽不得不从,从之未必不反"②,意思是金国后有辽人,前有中原汉人,他们虽听金国之令,但未必没有反意。

在辛弃疾看来,有此三点,金军未必敢再南下兴兵。至于金国想战的两点理由:一是"惧吾之窥其弱而绝岁币,则其势不得不张大以要我"③,这里辛弃疾说得明白,金国其实害怕宋方看到自己的虚弱,更怕宋方会因此断绝岁币,因而必然声张虚势,逼迫自己有动兵之想;二是"贪而志欲得,求不能充其所欲,心惟务于侥幸,谋不暇于万全"④,意思是金国贪得无厌,即使宋方年年缴纳岁币,也无法满足金国贪婪的本性,因此他们会以侥幸之心来面对宋方的谋划漏洞。辛弃疾在该章得出的结论就是,"知敌之情而为之处者,绰绰

---

① 《辛稼轩诗文笺注》,邓广铭辑校审订、辛更儒笺注,上海古籍出版社,1995年,第13页。
② 同上书,第14页。
③④ 同上。

乎其有余矣"①。翻译成现代白话就是，掌握敌方情况后再做出应对之策，就能获得游刃有余的战略地位。

从"十论"前两章来看，辛弃疾的眼光辛辣，显示了其审时度势的能力。当然，辛弃疾能做到这点，和他满腹经纶所致的历史眼光不无关系。接下来的第三章"观衅"和第四章"自治"，就体现了辛弃疾深远的历史眼光。

二

逐字读《美芹十论》，能感受到辛弃疾完成前两章后内心已情感难抑。数千年来，中国历史不断更迭，原因究竟何在？雄才大略的唐太宗李世民对此没有直接回答，而是说了一句千古不易之言，"夫以铜为镜，可以正衣冠；以古为镜，可以知兴替；以人为镜，可以明得失"②。辛弃疾则试图寻找这一问题的答案，因而在"观衅"一章中落笔而下的句子是"自古天下离合之势常系乎民心，民心叛服之由，实基于喜怒"。这比李世民之言有了更明确的所指。同时，辛弃疾提出天下离合系于民心，民心是否顺从和反抗则取决于民心的喜怒，也使这句话落到寻常百姓的寻常情感之上。辛弃疾以"秦人之法"为例，因"役繁赋重不恤"而终失天下，汉朝吸取教训采取了"宽仁大度，务从简约"的政策，使得"天下不得不喜汉

---

① 《辛稼轩诗文笺注》，邓广铭辑校审订、辛更儒笺注，上海古籍出版社，1995年，第15页。
② 《旧唐书》，中华书局，1975年，第2561页。

而怒秦"。①

那么，大宋是如何对待民心的呢？辛弃疾的回答是反过来以百姓"二百年为朝廷赤子，耕而食，蚕而衣，富者安，贫者济，赋役轻寡，求得而欲遂"做出了对君民关系的赞赏。接下来笔锋一转，写到金军南侵后，对所占之地的百姓，最初"犹勉强姑息以示恩"，但时间一久，不但"分朋植党，仇灭中华"，还在"民有不平讼之于官"时总是"胡人胜而华民则饮气以茹屈"，金人还随便夺取相邻的汉民田畴和牲畜，乃至今日汉人无不为"矫首南望，思恋旧主者"，其原因就是"怨已深、痛已巨、而怒已盈也"。写到这里，辛弃疾追叙了完颜亮被乱兵所杀后，朝廷因"虑不及此"，未能把握"不一再"的良机北上复疆，实为"甚可追惜"的扼腕之事。②

但北方汉人毕竟曾揭竿反金，事情必然导致金国"不能释然于心"，汉人也"岂能自安而无疑乎"？当双方"虑患深"时，就必然"操心危"。朝廷不想恢复中原则罢，若真想恢复，不如趁此刻"无事之时"壮大声势，犹应"存抚新附以诱之"，使北方汉人"知朝廷有不忘中原之心"，一旦烽烟再起，沦陷地区的汉人自将"翕然而起，争为吾之应矣"。③

辛弃疾字字不空的分析令人动容，更何况他自北方归来，能切身感受"今日中原之民，非昔日中原之民"。以前百姓过惯了太平生活，金军南下时才会出现"智者不暇谋，勇者不及怒"的境况，如

---

① 《辛稼轩诗文笺注》，邓广铭辑校审订、辛更儒笺注，上海古籍出版社，1995年，第20—21页。
② 同上书，第21页。
③ 同上书，第22页。

100　挑灯看剑：辛弃疾的悲旅人生

今身经战乱，又在金人的暴政下极尽屈辱，当他们知"有王师为之援"后必然"民心坚矣"，能预见的情况就是"虏人不动则已，诚动焉，是特为陛下驱民而已"。意思是，金人不兴兵则已，若是兴兵，将适得其反地给朝廷带来民众和民心，所以朝廷应"惟静以待之，彼不亡何待"。①辛弃疾最后以静制动的建议，既合兵法，也合现实，足见其对当时天下之势无不了然于胸。

不过，金人占据中原已达三十余年，不少人都习惯以"南北有定势"之言看待现状。辛弃疾为此笔尖不停，以掷地有声的"夷狄之腥秽不可以久安于华夏"为答，进入了第四章"自治"的写作。

在此章中，辛弃疾批驳了"南北有定势"一说。辛弃疾承认，中国历史自汉亡开始，就有"天下离而为南北"之语，乃至天下人都认为南方国君"非命世之雄"②，这是久已形成的南方之"势"。因此，辛弃疾从历史角度出发，详细阐述了三国时吴国不能灭魏的缘由，一是自身兵力不足，二是西有刘备虎视眈眈，所以"势不可得"；晋朝能统一三国而不能据有中原，是因外有"诸戎"、内有"强臣"，后者"拥兵上流，动辄问鼎"③，自然难以谋划天下；到五代之时，各国纷乱，君王无不为篡位之臣，都心存不被他人进攻的侥幸，自己进攻他人也不过为巩固自身地位；至于南唐和吴越亡国，是出现了宋太祖赵匡胤那样的圣人。就此而言，史上各国变迁，无非遭遇不同，哪里有什么"定势"可言？

---

① 《辛稼轩诗文笺注》，邓广铭辑校审订、辛更儒笺注，上海古籍出版社，1995年，第22页。
② 同上书，第24页。
③ 同上书，第25页。

在辛弃疾看来，金国掠去大宋万里疆土，已使"今南北之势，较之彼时亦大异矣"。异在何处？辛弃疾强调，金国目前土地虽广，但朝臣间并非同心同德，因此"其国可以言静而不可以言动，其民可与共安而不可与共危"。这就说到了金国统治的核心之处，目前金国到了不宜动兵的时候，如百姓能安居乐业，自会服从金国统治，一旦战争来临，金国百姓就不会与金廷同心，毕竟金人"贪残吞噬"，比不上曾经据有中原的六朝之君，中原百姓尚且对那些君主犹"眷恋依依而不去"，何况大宋天子比前朝六君对民施有更多恩惠。所以，辛弃疾认为"较之彼时，南北之势大异矣"[①]。

在辛弃疾眼里，朝廷今日该如何"自治"就显得特别重要。在列出"官吏之盛否，民力之优困，财用之丰耗，士卒之强弱，器械之良苦，边备之废置"等事情之后，辛弃疾认为还有"陛下知之而未果行，大臣难之而不敢发者"的两件刻不容缓之事：一是"绝岁币"，二是"都金陵"。[②]意思是，朝廷应果断拒绝支付金国岁币，另应迁都金陵。

辛弃疾没有否认，"绝岁币"不等于国库会立竿见影地变得丰厚，"都金陵"也不等于中原会很快得以恢复，但现在的境况是以岁币换金国欢心，以湖山之险为立国之势，给天下人的感觉是朝廷没有恢复中原的信心与实力，三军将士也难免会有"夷狄必不可敌，战守必不可恃"之感，且主动权全部在金国之手。因此，在辛弃疾看来，"盖古之英雄拨乱之君，必先内有以作三军之气，外有以破敌

[①]《辛稼轩诗文笺注》，邓广铭辑校审订、辛更儒笺注，上海古籍出版社，1995年，第25页。

[②] 同上书，第27页。

之心",如果"绝岁币、都金陵"能做到的话,则能使"三军有所怒而思奋,中原有所恃而思乱",而朝廷将岁币转过来用作"养兵赏劳",必然有利于己方,以此夺回的实则是两国的主动权。

辛弃疾当然清楚,如果朝廷果真"绝岁币、都金陵",双方"一二年必以战"[①]。所以,接下来辛弃疾就以"守淮"和"屯田"二章提出了深思熟虑的应对之策。

三

两年前拜见张浚时,辛弃疾的谋略是以山东为攻取目标,但不等于他不知两淮的战略地位。"江之为险,须藉两淮"[②]是辛弃疾数年后至建康为官时所上的奏议核心。在此刻所写的"守淮"一章中,辛弃疾从"用兵之道"展开论述,他先抛出结论:"精兵骁骑,十万之屯,山峙雷动,其势自雄,以此为备则其谁敢乘?"意思是,朝廷若以十万精兵守护一处,必然无人敢攻。以双方多次交锋的结果来看,宋军"十战而九败",如今尚能划江而治实为侥幸,如果金军渡过淮河,又能抚民守城的话,"则始足以为吾患"。

辛弃疾看得很准,长江天险固然重要,但为宋金两国划界的两淮战略位置更为重要,要知道当年宋太祖赵匡胤能够统一南方,就是夺得两淮才击败了吴、陈、南唐三国。金军自建炎三年(1129)再次南下以来,兀术的先锋大将韩常及后来伪齐刘豫的宰相冯长宁

[①]《辛稼轩诗文笺注》,邓广铭辑校审订、辛更儒笺注,上海古籍出版社,1995年,第27页。
[②] 同上书,第64页。

都提出过夺两淮之议,幸好未能实施,如今谁敢保证金军"他日之计终不出于此乎"。因此,今日之策是不必惧怕对方兴兵,而是应将对方尽快击退,"使之他日必不敢犯也"。简单来说,敌人可入我地,但不能任由敌人取胜;敌人可攻我城,但我方也可攻敌方之城。这就要求我方应集中兵力,如果退两淮而守长江,则沿江重镇如鄂渚(今湖北省武汉市)、金陵、京口乃至行都均得驻兵,如此我方兵力便将分散。所以,辛弃疾以为朝廷应"聚兵为屯,以守为战"。

对于兵力该集中何处的问题,辛弃疾认为:"虏人之来,自淮而东,必道楚以趣扬;自淮而西,必道濠以趣真,与道寿以趣和;自荆襄而来,必道襄阳以趣荆。"意思是,金人若从淮河以东出兵,路线一定是从楚州扑扬州;若从淮河以西出兵,则必然从濠州夺真州(今江苏省仪征市),或从寿州扑和州;若兵发荆、襄,则必定先攻襄阳,再取荆州。因此,宋军应以十万精骑屯于山阳(今陕西省商洛市山阳县)、濠州、襄阳三处,并在扬州设都督府统一指挥。这样,三处兵力相互支援,敌人自不敢来攻,宋军反而能攻击对方不得不救的虚弱之处。如此,两淮要地便可固若金汤,然后"全吾所甚坚,攻彼所甚瑕",必然使金军"不敢复犯"。[1]

这段"守淮"之论极为精当,充分体现了辛弃疾对大势的分析和成熟的兵家思想。但是,辛弃疾也绝不会忽略"用兵制胜,以粮为先"的兵家至理。因此,在接下来的"屯田"一章里,辛弃疾先分析了朝廷明知屯田重要却"盖亦难行"的原因,无非"驱而使之

---

[1]《辛稼轩诗文笺注》,邓广铭辑校审订、辛更儒笺注,上海古籍出版社,1995年,第33页。

耕者非其人……为之任其责者非其吏"。一句话，朝廷用人不当，反而因"重费以敛怨"，毕竟一些"市井无赖小人"也不过"迫于饥寒，故甘捐躯于军伍"，如果打了胜仗，尚"累资补秩"，有升官之望，一旦命其耕田，自有怨气，难免"邀夺民田，胁掠酒肉"，如何能指望他们深耕细作和再上阵杀敌？因此，过去屯田就造成"徒费粮种，只见有害，未闻获利"[①]的后果，自然绝非善策。

对此，辛弃疾提出了自己深思熟虑的方案，"不如籍归正军民厘为保伍，择归正不厘务官，擢为长贰，使之专董其事"。这里的"厘"，非长度计量单位。其中，"厘为保伍"是指编排为队伍，"不厘务官"是指被授予官职而无实职之人，意思是今日屯田之事可交给从北方归正过来的军民，管理之人则可让归正人中无实职的官员担任。选择归正人，是因为在北方时，他们就对耕种之事"盖所素习"。此外，不论屯田之人，还是管理之人，都"生同乡井，其情相得，上令下从，不至生事"。[②]

但命人屯田，该给他们什么好处呢？辛弃疾建议明确："归正之人，家给百亩，而分为二等：为之兵者，田之所收，尽以予之；为之民者，十分税一，则以为凶荒赈济之储。"即朝廷给归正人每家百亩之地耕种，其中属于军粮的部分全部上交，留给自己的部分则由朝廷抽取十分之一的税额，以作灾荒之年的赈济储备。另外，朝廷还可命屯田人"植桑麻、蓄鸡豚，以为岁时伏腊婚嫁之资"。如此一来，归正人会忘记自己的"流徙"身份，甘愿在南方扎下根来。这

[①]《辛稼轩诗文笺注》，邓广铭辑校审订、辛更儒笺注，上海古籍出版社，1995年，第36页。

[②] 同上。

样，无战事时，管理人员就是"劝农之官"，一旦发生战事，则为"主将之兵"。当承认归正人的资历，使他们"久于其任"后，也必然使他们"悉心于教劝"，尤其还能因政绩得到升迁机会，谁又不会"相劝勉以赴功名"？[①]

　　写到这里，辛弃疾提出了归正人遭受的歧视问题，哪怕他们只想在朝廷为自己辩解也得不到丝毫体恤，他们一旦"挟不平，出怨语"时得到的却是严法重刑。在亲尝过对待归正人不平滋味的辛弃疾看来，此"诚非朝廷所以怀诱中原忠义之术也"。归正人因为得不到朝廷的抚恤，乃至已经南下又重新"相扳北归者莫计"。辛弃疾不禁愤慨而问："此岂独归正军人之罪？"如果让留下的归正人"屯田以处之"，使他们"有常产而上无重敛"，他们就没有必要再北归而受"虏人横暴之诛求"。辛弃疾说得明白，朝廷对归正人只"虑其害而不敢求其利，亦不可言智矣"[②]。

　　紧接着，辛弃疾以为参与屯田的除归正人外，还应包括州郡士卒。州郡士卒虽是朝廷正规军士，但比不上养成骄纵毛病的"御前诸军"，毕竟"州郡之卒"非"天子爪牙"，所以让州郡士卒和归正人一起"耕乎两淮之间"是可行举措。[③]其中的好处是，州郡士卒素来不被朝廷重视，自然不会看不起归正人；在归正人眼里，自己则是和江南之兵共同劳作，双方必然"力足以尽屯田之利"，朝廷若

　　[①]《辛稼轩诗文笺注》，邓广铭辑校审订、辛更儒笺注，上海古籍出版社，1995年，第36—37页。
　　[②]同上书，第37页。
　　[③]同上。

"术而使之，天下岂有不济之事哉"。①

应该说，辛弃疾提出的"屯田"之法是从人心角度出发，也是行之有效的可用之法。但辛弃疾同样知道，"屯田"是为了应对战事。当战事纷起，屯田满足的是后勤，战场上最需要的还是将士的勇敢。

勇敢从何而来？辛弃疾的笔锋随即从"屯田"转到了"致勇"这一重要核心。

四

辛弃疾首先指出："阵行无死命之士，则将虽勇而战不能必胜；边陲无死事之将，则相虽贤而功不能必成。"意思是，战场上的士兵不会不怕死，指挥官就算勇敢，也不可能做到战无不胜，如果边陲将士没有赴死的勇气，朝中宰相再贤明，也不一定能使国事成功。所以，辛弃疾以为，对将士"惟有以致其勇，则惰者奋、骄者耸，而死有所不敢避"。也就是说，怕死是人之常情，但赋予他们勇气，会使懒惰的人奋起，也会使骄纵的人警惕自勉，如此"死有所不敢避"。但话说起来容易，怎样才能做到呢？辛弃疾分析了将帅与士卒之间的不同，"致将帅之勇，在于均任而投其所忌，贵爵而激其所慕；致士卒之勇，在于寡使而纾其不平，速赏而恤其已亡"②。意思是，要激励将帅之勇，就须采取制衡手法使其有所顾忌，并以爵位

---

① 《辛稼轩诗文笺注》，邓广铭辑校审订、辛更儒笺注，上海古籍出版社，1995年，第37—38页。

② 同上书，第40—41页。

的赏赐激起他们的进取之心，对士卒则应减少差役而抚平其不平之感，以及应及时对阵亡者进行奖赏和抚恤。

辛弃疾随即阐述了应如何使武将"均任而投其所忌"。自大宋立朝以来，文官地位一直在武将之上。当战事发生时，掌军中大权的无不为朝廷派来的文官或宦官，亲临战阵的却又是武将，这就导致武将"逡巡自爱"，他们知道有敌人才有自己的地位，因此宁愿留敌而不杀敌。曾经在两淮战役中，不就发生过"迁延而避虏"之事？辛弃疾当然不会要求朝廷改变文臣高于武将的政策，但他认为到军中的文臣应选"廉重通敏者"，并在每军中"置参谋一员，使之得以陪计议、观形势，而不相统摄"。这样一来，不仅武将"心有所忌"，而且文臣也会"识行阵、谙战守"，便可在战事发生时亲临前线了。如此，武将见文臣也能上阵，自然不敢再"养贼以自封而遗国家之患"[①]。

辛弃疾又从人之常情的角度出发，认为人"未得志则冒死以求富贵，已得志则保富贵而重其生"。朝廷绝不应像当年对待虹县海道的将帅一样，夺一城、破几舰就授予节钺乃至宰相等高位，而应按功劳大小行赏，使他们知道想要得到更多的奖赏和更高的职位，就必须立更大的功劳，使之"尽心于朝廷而希尊荣之宠"[②]。这样，武将之勇，自然会被激发。

说完如何对待将帅之后，辛弃疾谈到该如何对待士卒。和将帅相比，士卒们不仅"锋镝之下，肝脑不敢保"，还"平时又不与之休

[①]《辛稼轩诗文笺注》，邓广铭辑校审订、辛更儒笺注，上海古籍出版社，1995年，第41页。

[②] 同上书，第41—42页。

息以养其力",连将帅也动不动对他们"营私室肆鞭挞",如此士卒自然"怀愤挟怨",哪里还肯不惜一死地战胜敌人?因此,辛弃疾"乞朝廷明敕将帅",在训练士卒之外,"不得私有役使,以收士卒之心"。士兵们"冒万死、幸一生",无非希望立功受赏,谋得一官半职,但朝廷给士卒的赏赐被层层克扣,士卒寒心之下见到阵亡者"妻离子散,香火萧然",如何还肯前赴后继?对此,辛弃疾建议,朝廷奖赏应由"差官携至军中,呼名给付",主将对阵亡者家属应及时安抚,生者才肯尽力。这些奖赏在朝廷那里不过九牛一毛,"何惜而不举",但士卒受到激励便会在国家"急难"时奋不顾身,"此实天下之至计也"①。

辛弃疾完成如何"致勇"的篇章后,随即进入下一个"防微"主题的阐述。辛弃疾仍从赏赐入手,强调"古之为国者"都"不吝爵赏以笼络天下智勇辩力之士",认为这些人都称得上"天民之秀杰",当他们为朝廷所用,就不会出现"敌国相持、胜负未决"时有心怀怨恨者充当"输情于敌"的间谍。古人说的"谨备于其外,患生于其内"是圣贤极为注重而普通人不会留意的金科玉律。辛弃疾又以事例为证,当年完颜亮南侵时,宋军一直防备金军惯于在秋天发动进攻,但完颜亮偏偏选择了在夏天入侵;宋军最能克敌制胜的武器是有比对方更强劲的弓弩,但这也已成为金军拥有的武器。在辛弃疾眼里,"此数者岂小事哉!"②从事实来看,泄露军情的,无不是曾经南下的归正人。

---

① 《辛稼轩诗文笺注》,邓广铭辑校审订、辛更儒笺注,上海古籍出版社,1995年,第42—43页。

② 同上书,第45—46页。

既然选择南归，他们又怎么变成金军的间谍了呢？辛弃疾自己为归正人，对他们自然了解通透，北人南归是因"或激于忠义，或迫于虐政，故相扳来归，其心诚有所慕也"，但自隆兴二年（1164）以来金国时不时发来文牒要求将归正人遣回，即使赵昚曾下过"归正之人，不可遣归"的诏令，但朝廷还是间或会答应金国的请求。如此，归正人必然对朝廷不满，即使遣归的多半为无能之辈，但数量一多，难免包括"杰然自异"的优秀人物；当他们"阴通伪地"，朝廷将面对的是不可预测的情况发生。也就是说，朝廷如果对归正人"纵之而不加制，玩之而不加恤"，事情很可能就会沦入辛弃疾随之写到的忧虑之境："恐他日万一有如先朝张源、吴昊之西奔，近日施宜生之北走，或能驯致边陲意外之扰。"[1]

　　辛弃疾说到的张源、吴昊均为北宋华州（今陕西省渭南市）名士，当年范仲淹见到二人时曾"大惊"其才，但因举荐未用，二人负气投奔西夏并为之出谋划策，使宋、夏连兵十余年；至于施宜生，年少便负盛名，在宋徽宗朝时仅为颍州教授，后降齐入金，官至尚书礼部侍郎、翰林侍讲学士，备受重用，曾上书献取宋之策。辛弃疾以此为例，就是希望朝廷对归正人以"优恤归明"，使其安心在南，不至于为敌国所用。

　　朝廷该如何用人呢？辛弃疾的如椽之笔就此进入"十论"的最后两章，即"久任"和"详战"。

---

[1]《辛稼轩诗文笺注》，邓广铭辑校审订、辛更儒笺注，上海古籍出版社，1995年，第46页。

五

辛弃疾所谓用人，当然不是独指归正人。对此，辛弃疾笔力恢宏地写道："天下无难能不可为之事，而有能为必可成之人。人诚能也，任之不专则不可以有成。"这句话说得清楚，天下有些难事不可为，但一定有能做成该难事之人；对有才干的人，一边使用又不信任的话，那就做不成什么事。对历史中国来说，夷狄从来就是最大的隐患，朝廷最重要的谋臣自然是宰相。但做宰相难在哪里？就是假如今天胜了一战，公卿大夫便众口一词，称胜仗是因"此宰相之贤也"；假如明天失败了，大臣又群起而攻之，认为"宰相不足与折冲也"①。这类一天一变的说法致使天子无法保持对宰相的长久信任，所以宰相难做。

但从历史看，当年勾践任用文种、范蠡和刘邦任用张良、陈平，绝不会因他们今天胜明天败就动摇对他们的信任，而是对他们始终抱以坚定的信心和成功的期许，最后果然取得全盘胜利。所以，辛弃疾认为，胜败原为兵家常事，输一战就惩治，胜一战就骄矜，绝非上策。在勾践、刘邦那里，"其信任大臣也，不间于谗说；其图回大功也，不恤于小节，所以能责难能不可为之事于能为必可成之人，而收其效也"②。最后结论就是，把那些难得看似不能完成的事情交给可成大事的人去做，必能收到好的效果。

---

① 《辛稼轩诗文笺注》，邓广铭辑校审订、辛更儒笺注，上海古籍出版社，1995年，第50页。

② 同上书，第51页。

现在金国为朝廷大患，目前只有两种解决办法：一是和，二是战。因此，辛弃疾不得不说到太上皇赵构时期，"然太上皇帝用秦桧一十九年而无异论者，太上皇帝信之之笃而秦桧守之之坚也"。这是异常沉痛之言，直言赵构用秦桧为相十九年，朝廷未有异议，使秦桧的求和政策得以贯彻。如今，秦桧已去世十年，端坐至尊皇位的也已经是宋孝宗赵昚。于是，辛弃疾的议论直入当下，"今日之事，以和为可以安，而臣不敢必其盟之可保；以战为不可讲，而臣亦不敢必其兵之可休"。意思是，今日局面可以和，但不敢保证对方会遵守盟约，朝中大臣都不敢提战，我也不敢肯定战事就会绝迹。因此，辛弃疾恳切希望，身为天子的赵昚能"推至诚，疏谗慝，以天下事尽付之宰相"。当然，辛弃疾所说的宰相，绝非秦桧那样的奸佞之臣，而是"悉力于图回"[①]的有韬略之臣，也是他前面提到的可与文种、范蠡、张良、陈平相比的一类良臣，不论是和还是战，都由宰相决定。

辛弃疾又以张浚为例，认为他"虽未有大捷，亦未至大败，符离一挫，召还揆路，遂以罪去，恐非越勾践、汉高祖、唐宪宗所以任宰相之道"。说到这里，辛弃疾更进一步，不但认为宰相不可频繁更换，就连"边郡守臣、屯戍守将"也不应"朝夕可以责其成功"，只有给他们充分信任，让他们久任其职，才能"奋激以自见其才"。在辛弃疾这里，就等于"一纲既举，众目自张"[②]，天下哪里还有办不成的事！

[①]《辛稼轩诗文笺注》，邓广铭辑校审订、辛更儒笺注，上海古籍出版社，1995年，第51页。

[②]同上书，第52页。

辛弃疾关于对"久任"的论述堪为精辟。在战场上，指挥部门的确需要有稳定性，这样才能在战斗力方面保持一以贯之的士气以及上传下达的通畅。从这里看，辛弃疾是希望宋、金开战还是认为宋、金终将一战呢？

辛弃疾将答案写在"十论"的最后一章"详战"中，该章集中体现了辛弃疾运筹帷幄的兵家思想。

六

辛弃疾首先坦言"虏人虽未动而臣固将以战论"的原因是，双方盟约若是真诚，自然可信盟约，但现实情况是"今彼尝有诈我之情，而我亦有虞彼之备"，这就不可能保证来日不会发生战争了。那么，既然如此，需要回答的问题就是"出兵以攻人与坐而待人之攻也，孰为利？战人之地与退而自战其地者，孰为得？"意思是，宋军主动出击好还是被动防守好？战争一旦发生，是在自己土地上好还是在对方土地上好？辛弃疾的答案旗帜鲜明，"莫若先出兵以战人之地"，这也是"兵家之上策"[1]。

接下来，辛弃疾回答了什么是"详战"。兵家宝典《孙子兵法》有"九地"一篇，分别指散地、轻地、争地、交地、衢地、重地、圮地、围地、死地等九种不同的兵要地理。如果对兵要地理不知，结果就是唐代杜牧所说的"最下策为浪战，不计地势，不审攻守是

---

[1]《辛稼轩诗文笺注》，邓广铭辑校审订、辛更儒笺注，上海古籍出版社，1995年，第54页。

也"。在辛弃疾看来，地势有"险易"和"轻重"之分。如今，中原哪里是可实施战略的七寸要害呢？辛弃疾给出的答案仍然是"山东是也"。此时，辛弃疾再提山东，与其当年对张浚提出的山东攻略已有大不相同的含义。当年，辛弃疾凭借的是自己了解山东，如今在对双方地势进行了深刻细微的观察后，他从中发现了一个"定势"，即"不得山东则河北不可取，不得河北则中原不可复"[1]。

辛弃疾目光敏锐地指出，用兵如击蛇，"击其首则尾应，击其尾则首应，击其身则首尾俱应"。从地理形势看，山东是金国之首，京洛是身，关陕是尾。那么，该打何处？辛弃疾提出"若夫击其首，则死矣。尾虽应，其庸有应乎"[2]的断言，换言之，蛇身蛇尾不如蛇头重要，击蛇头可直接将蛇置于死地。

金国的"蛇头"果真是山东吗？辛弃疾的肯定理由是，一直以来，金国若要征兵，必先搜刮山东民力，当天下有变，也使山东"常首天下之祸"。但恰恰在山东，金国部署的兵力最少，且山东近燕京。在民风彪悍和时有骚乱之处，金国偏偏"穷其民，简其备"，已说明金国不懂何谓"天下大势"。因此，宋军若"兵出沭阳（今江苏省宿迁市辖县），则山东指日可下，山东已下，则河朔必望风而震；河朔已震，则燕山者，臣将使之塞南门而守"[3]。

辛弃疾此言绝非逞笔墨之快，而是基于现实的判断。所以，辛弃疾接下来分析指出，金军之所以丢失山东就会关上"南门而守"，

---

[1]《辛稼轩诗文笺注》，邓广铭辑校审订、辛更儒笺注，上海古籍出版社，1995年，第54页。

[2] 同上书，第54—55页。

[3] 同上书，第55页。

是因金军的边境防守兵力从淮西延伸到陕西和甘肃，包括女真、渤海、契丹军在内，不到十万人，且分三路布防在关中、洛阳、京师三处。宋军针对此点可摆出对三地的佯攻之势，先震关中，再扰洛阳，最后声称进攻京师，将对方的十万大军拖于三地，然后宋军再以水师突袭对方的沿海州城，金国必然命剩下的几千青州、密州、沂州、海州之兵增援，如此一来必然造成"山东诚虚，盗贼必起"的局面。当金国在山东的兵力一空，朝廷即可择一骁将率五万步骑兵进攻山东，不到三日即可到兖州和郓州（今山东省菏泽市郓城县）城下，而此时在山东的金国将领中谁还有力量可抵挡王师？当"山东已定，则休士秣马，号召忠义，教以战守，然后传檄河朔诸郡"，可使"天下之人知王师恢复之意坚，虏人破灭之形著"[①]。

按辛弃疾的判断，战事发展至此，辽人必然乘机兴兵反金。那么，分守三地的十万金兵会不会"北归以自卫耶"？辛弃疾认为，那三路金军已受制于三路佯攻宋军，既不能北归勤王，也不能放弃守地。当金军陷入不知是战是和的手足无措中，金国自然"腹心已溃，人自解体"[②]，此时夺取山东的宋军再从背后攻击三处金军，朝廷就可筑受降城来接纳金国降军了。

为什么不直接进攻京、洛和关陕呢？辛弃疾的分析是，三路佯攻军士战斗力不强，因而只能起牵制作用，用于奇袭山东的则是兵强马壮的精锐。——这也是唐太宗李世民曾使用过的"避实击虚"之法。所以，不能将佯攻之军用为主力之军，如果强攻京、洛和关

[①]《辛稼轩诗文笺注》，邓广铭辑校审订、辛更儒笺注，上海古籍出版社，1995年，第56页。

[②] 同上。

陕，金军一旦渡黄河南下，没有哪一个将帅能守住防线，恐"靖康之变"将重演。

辛弃疾又以古人为例进行补充。当年韩信上奏刘邦，以三万大军北夺燕赵，东击齐地，南断楚军粮道，最后会师荥阳（今河南省郑州市）；汉光武帝时，耿弇献策刘秀，计划先定渔阳（今北京市密云区），取涿郡（今河北省涿州市），收富平（今陕西省渭南市辖县），再东攻齐地。从韩信、耿弇二人的战略来看，"皆越人之都而谋人之国"，但他们并不以为是难事，同时刘邦和刘秀也不怀疑他们的能力，乃至终凭此战略而得天下，从中既见君主之明，也见将领之谋。换言之，如果刘邦、刘秀认为韩信、耿弇二人的谋划不可，真不知何时才能一统江山。辛弃疾写下前朝案例，无非希望朝廷不要"谓臣为狂者"①，并希望天子能听完自己最后的讲述。

回到进兵山东之略时，辛弃疾认为辽人和山东之民将揭竿以迎王师。但当年耿京、王友直等人举义时，为什么没有成为"为朝廷守尺寸之土以基中兴者"？该问题或许也曾萦绕在辛弃疾心头，如今他有了答案，当时义军为"锄犁之民，寡谋而易聚，惧败而轻敌，使之坚战而持久则败矣"。简单来说，义军并非受过正规训练的职业军人，当耿京、王友直等人举义后又面对了"东北之俗，尚气而耻下人"②的风气。意思是，先于耿京等人举义的军府和地方军士不愿听命于耿京这样的农民出身之人，他们宁愿据城而守等候王师，以便将功劳揽到自己身上。

---

①《辛稼轩诗文笺注》，邓广铭辑校审订、辛更儒笺注，上海古籍出版社，1995年，第57页。

②同上书，第57—58页。

当时有个奇特的现象是，一方面金人看不起义军而不与他们交锋，另一方面义军又想显示自己的勇悍，在王师未到之时宁愿守城也不愿轻易出击。所以，如果朝廷兵入山东，他们一定会争先恐后地开城相迎，朝廷将"得民而可以使之将，得城而可以使之守"，从这些人中若选择有能力的人使用，山东自可全复。说到这里，辛弃疾以"故臣于详战之末而备论之"①句结束《美芹十论》，堪称余音袅袅，令人读来激情盈怀。

　　从全文的开篇、结尾及中间屡次出现的"臣"字可见，辛弃疾完成这篇到晚年也自认的"万字平戎策"，是因有拜见张浚而失望的前车之鉴，便盼能直接上书当今天子赵昚。就全文对宋、金两国巨细无遗的形势剖析来看，能见出辛弃疾具有的全局视野。当朝廷被失败气氛笼罩之际，辛弃疾的"十论"堪称振聋发聩，但真要震动朝廷的前提是需先呈献到朝廷，更需天子赵昚亲览后有赞赏方能奏效。

　　身为低级地方文官，辛弃疾自不能直接入京呈递，文书须通过邮驿上传。沈括在《梦溪笔谈》里说得清楚，宋"邮传旧有三等，曰步递、马递、急脚递"②。后两种速度虽快，但只为传递紧要机密文书和重要公文使用。当年岳飞在朱仙镇一日连收十二道金字牌，便为日行五百余里的最快"金字牌急脚递"传送。辛弃疾以签判小官身份纵言时政，自知"越职之罪难逃"，用"步递"当为适宜。同时，当文书到临安后，还得经过进奏院、通进银台司等负责公文收

---

①《辛稼轩诗文笺注》，邓广铭辑校审订、辛更儒笺注，上海古籍出版社，1995年，第58页。

②《梦溪笔谈》，金良年点校，中华书局，2015年，第113页。

转与呈递的机构，另登闻鼓院、登闻检院也是朝廷受理章奏的重要机构。经过这些渠道后，地方奏折才最后呈到朝廷和天子之手，至于何时能得到回音，就无法预判了。

步递出"十论"后不久，辛弃疾在江阴三年的任期也堪堪将满。按宋仁宗朝开始的"文资三年一迁"的磨勘制度，朝廷应将辛弃疾调往他处，另行委任。但辛弃疾等来的不是调往他处，而是"去职"之令，便为失职闲人了。辛弃疾所上的《美芹十论》也泥牛入海，没有半点回音。这也无怪辛弃疾在晚年回顾此事时，仍有"却将万字平戎策，换得东家种树书"的惋叹。

接到去职令后，辛弃疾满腔忧愤，也不再留居江阴，而是选择了浪迹民间。

离开江阴时，相识于当地并被辛弃疾以"兄事之"的密友周孚为他写下了一首《送辛幼安》的七律诗相赠：

西风掠面不胜尘，老欲从君自濯薰。
两意未成还忤俗，一饥相迫又离群。
只今参佐须孙楚，何日公卿属范云。
节物关心那可别，断红疏绿正春分。

周孚在《宋史》无传，从《嘉定镇江志》和《至顺镇江志》中可知，他于辛弃疾离开江阴后翌年即乾道二年（1166）中得进士；另从其收录于《四库全书》中多达三十二卷的《蠹斋铅刀编》可见，他实为才华出众之人。辛弃疾以"兄事之"，既知周孚年长于辛弃疾，也可知二人一经相识便倾盖如故，何况周孚原为山东济北人，因战乱南避江苏，与辛弃疾同根同源，自易生他乡遇故知的心心相印之感。就该诗颈联"只今参佐须孙楚,何日公卿属范云"句来看,周孚对辛弃疾的文韬武略和胸中抱负极为钦敬。其中,孙楚是三国时曹魏骠骑将军孙资之后,"才藻卓绝,爽迈不群"[①],四十多岁就为西晋镇东军事;范云则是一生跨南朝宋、齐、梁三朝的名士,年轻时曾在齐朝竟陵王萧子良府上为客,与后来的梁武帝萧衍等七人同为名噪一时的"竟陵八友",当他于萧衍废齐建梁后的第二年去世时,萧衍不仅"为之流涕"且"即日御驾临殡"[②],足见范云不仅为开国宰相,更是萧衍眼中无人可替的朝廷栋梁。

周孚将辛弃疾比作孙楚、范云二人,可见在其眼里辛弃疾实为能安邦定国的天下奇才。从诗中的"两意未成还忤俗"句能判断,所谓"两意未成",一是辛弃疾调任他处之事无果,二是朝廷对辛弃疾呕心沥血完成的《美芹十论》既无嘉许更无接受之意。"还忤俗"三字则表明辛弃疾不愿屈从世俗,朝廷不任其职,他便也不愿再留江阴,再另加"一饥相迫",得想法去别处谋生了。所以,当辛弃疾离开为官三年的江阴时,虽值二十六岁风华正茂之年,内心却不无凄愤之感。

---

① 《晋书》,中华书局,1974年,第1539页。
② 《梁书》,中华书局,1973年,第232页。

第三章　美芹十论　119

第四章 六朝古都

——虎踞龙蟠何处是，只有兴亡满目

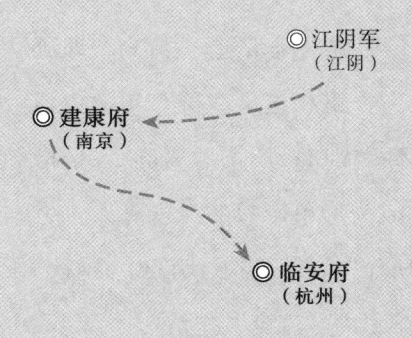

◎ 江阴军
（江阴）

◎ 建康府
（南京）

◎ 临安府
（杭州）

一

按邓广铭先生在《辛稼轩年谱》（增订本）中的记载，辛弃疾离开江阴，是因朝廷将其擢为广德军（今安徽省宣城市广德市）通判。然而，辛弃疾在广德军的三年之事，却不见任何史乘方志。今学界虽多以邓广铭先生的指认为凭——其源出《铅山鹅南辛氏宗谱》传略中有"江阴签判、广德军通判"的文字记载，但考据学上素来孤证不立，且邓广铭先生笔下也未有这三年中的任何一事为凭。从事实看，辛弃疾从乾道元年（1165）到乾道三年（1167），是其行踪失考的三年。梁启超在所撰的《辛稼轩先生年谱》中即留有"旧制任官三年考满，率有迁免，先生此两年是否仍留江阴任，无可考据。宋人诸说部书，先生似有一时期失职流落金陵，但无碻据，姑记此以俟再考"[1]之言；郑骞先生撰《辛稼轩年谱》时，干脆不提广德军，只以"流寓江南"[2]四字将辛弃疾的三年生涯一笔带过。"流寓"即流落他乡，其原因可从周孚赠别诗中的"一饥相迫又离群"句中找到答案。所谓"一饥"，是辛弃疾已无俸禄糊口；所谓"离群"，是指辛弃疾因"一饥"而被迫离开江阴，成为形单影只的孤家寡人。另从辛更儒先生考据"疑乾道元年秋季所作"[3]的一首《满江红·中秋》来看，还真字字见出辛弃疾当时孤寂难耐的"流寓"之情：

---

[1] 梁启超：《辛稼轩先生年谱》，中华书局，1936年，第8页。
[2] 郑骞：《辛稼轩年谱》，协和印书局，1938年，第26页。
[3]《辛弃疾集编年笺注》，辛更儒笺注，中华书局，2015年，第476页。

美景良辰，算只是、可人风月。

况素节扬辉长是，十分清彻。

着意登楼瞻玉兔，何人张幕遮银阙？

倩飞廉、得得为吹开，凭谁说？

弦与望，从圆缺。今与昨，何区别？

美夜来手把，桂花堪折。

安得便登天柱上，从容陪伴酬佳节。

更如今不听麈谈清，愁如发。

该词从头至尾都表现出辛弃疾的无边愁绪。中秋为家人团圆之日，此夜的辛弃疾却孤单望月，一句"何人张幕遮银阙"便有只能见月而无以见人之意。从中可推断，辛弃疾离开江阴时并未携妻带子，所以才寄望"安得便登天柱上"的抱负实现时方有与家人"从容陪伴酬佳节"的慰藉。但是，此时辛弃疾江湖飘零，只有"凭谁说"的"愁如发"绵密繁多。

再从"今与昨，何区别"来看，辛弃疾在江阴三年的官场生涯积郁不少。自古官场虽硝烟不见，却从来不缺明暗博弈，因而越是性情中人越不适宜官场。北宋苏东坡被侍妾王朝云称"一肚皮不合时宜"，便是苏东坡性情不适官场的最好证明。辛弃疾的性格也始终"刚拙自信，年来不为众人所容"，所以据此能判断的是江阴地方虽小，官场却和天下任何官场毫无二致，钩心斗角有之，尔虞我诈有之，甚至你死我活亦有之。但辛弃疾胸中重心，从来不是升官发财，而是以恢复中原为念，这也必导致他与同僚间的巨大鸿沟。当辛弃疾动笔撰《美芹十论》前后，料想除周孚大加赞赏外，众同僚要么不知，或有知之的也必抱以讥笑。可以想见，连朝廷都放弃了收疆之意，一个地方小官竟如宰相般对国事指手画脚，哪里能得人共鸣？是以辛弃疾在官场时感忧愤，到民间后也感忧愤。如此，对辛弃疾而言，他所体会的"今与昨"真就没什么不同。

在辛弃疾无从考据创作时日的早期作品中，还有一首《绿头鸭·七夕》的长调，字字句句都见辛弃疾的凄苦心境。从该词的字里行间或可推断，要么创作于《满江红·中秋》之前，要么创作于"流寓江南"的第二年或第三年。

词如下：

叹飘零，离多会少堪惊。

又争如、天人有信，不同浮世难凭。

占秋初、桂花散采，向夜久、银汉无声。

凤驾催云，红帷卷月，泠泠一水会双星。

素杼冷，临风休织，深诉隔年诚。

飞光浅，青童语款，丹鹊桥平。

看人间、争求新巧，纷纷女伴欢迎。

避灯时、彩丝未整，拜月处、蛛网先成。

谁念监州，萧条官舍，烛摇秋扇坐中庭。

笑此夕、金钗无据，遗恨满蓬瀛。

欹高枕，梧桐听雨，如是天明。

与前面的《满江红·中秋》相比，这首词更令人读来恻然。上阕的起句"叹飘零"就说明辛弃疾正浪迹江湖，下阕中的"避灯时、彩丝未整,拜月处、蛛网先成"句更将自己的心境刻画得一览无余。接下来的"谁念监州"句须说明一下,"监州"并非指哪个州名。从范仲淹《送向综国博通判桂州》诗中的起句"通籍三公后,监州五岭深"句可知,"监州"代指官位或官场。从范仲淹诗句看,"监州"即有"通判"之意。辛弃疾在江阴官职为"签判",略低于"通判",有研究者遂将该句视为辛弃疾曾"通判广德军任"的证明,我倒是觉得此论似欠斟酌。辛弃疾用"监州"来指代自己的签判之职并非没有道理。《嘉靖江阴县志》写得清楚,首批江阴官员除辛弃疾外,其他分别为"知军吕令闻,教授高翥,知录张邈,司理施广誉,司法杨恬"等人,未见有通判。因此,辛弃疾履行的大概率就是通判职事。另外,至今未见辛弃疾有履足广德军的任何证据,所以他是否在那里任过通判,也就无从说起了。

当无迹可寻的三年空白结束后,《宋史·辛弃疾传》对其有了明确记载,"乾道四年,通判建康府"[1]。辛弃疾终于被委任为"通判"了,但衍生的问题是朝廷为什么会在此时想起辛弃疾了呢?

二

自宋、金于隆兴二年(1164)十二月签订"隆兴和议",并于乾道元年(1165)正式生效以来,两国息兵罢战。但对"锐志以图兴复"[2]的赵昚来说,当初符离兵败,原因在于既操之过急,又遇上李

---

[1]《宋史》,中华书局,1977年,第12162页。
[2] 王夫之:《宋论》,刘韶军译注,中华书局,2013年,第740页。

显忠和邵宏渊二将不和，幸好金军未趁符离击溃宋军后乘势南下，否则赵昚的半壁江山能否保住实在难说。但无论如何，虽经惨败而被迫议和，却不等于赵昚会死了北伐之心。经数年韬光养晦，用王夫之的话说就是，此时朝廷已"收积渐观乘时之效"①。到乾道三年（1167）六月，四川宣抚使吴璘病故，赵昚遂擢曾在长江击败完颜亮的虞允文为资政殿大学士、四川宣抚使。

任命之前，赵昚对虞允文当面嘱咐道："璘既卒，汪应辰恐不习军事，无以易卿。凡事不宜效张浚迂阔，军前事，卿一一亲临之。"虞允文接旨后又乘势建议："房州义士、金州保胜军见管七千余人，皆建炎、绍兴之初，自相结集，固守乡间，最为忠义。而州县全不加恤，分占白直，又有都统司差役科扰。乞差皇甫倜为利州东路总管，金州驻扎，令专一主管，于农隙往来教阅，或缓急有警，可责令分守诸关。"②

这段话说得清楚，如今房州（今湖北省房县）和金州（今陕西省安康市）有七千保胜军，均忠义之士，但他们既得不到州县体恤，还被当地官员侵害利益，因此恳请恢复知光州（今河南省信阳市潢川县）皇甫倜的忠义军指挥权，命其总管利州东路，训练士卒，分守诸关。从这段对话可见，赵昚以主战派虞允文为相，已动了再次北伐之念。王夫之所说的"经营密定于深宫"，是指接下来的七月赵昚召臣僚于深宫密议战备之事。

此时毕竟宋、金两国已然休兵，谏议大夫陈良祐遂在议事时认

---

① 王夫之：《宋论》，刘韶军译注，中华书局，2013年，第743页。
② 《续资治通鉴》第二册，岳麓书社，1992年，第932页。

为，准备事宜不可令金人探知，他说道："民间传边事，多是两歧，为备虽不得已，要不可招敌人之疑。如近日修扬州城，众论以为无益。"

赵昚倒是奇怪："为备如何无益？"

陈良祐的回答是："万一敌人冲突，兵不能守，则是为敌人筑也。今进二三万人过江，敌人探知，恐便成衅隙。"

赵昚想得的确不如陈良祐深远，便问道："若临淮则不可，在内地亦何害？"

陈良祐回答说："今日为备之要，无过选择将帅，收蓄钱粮，爱民养士。"

无论从哪个方面看，这些话的主旨都指向朝廷的北伐谋划，只是将帅未定，钱粮还须准备得更为充足。赵昚此时坐皇位已有六载，祖宗家法也深入骨髓，为防止军权异日旁落，又特意下旨说道："朕欲江上诸军，各置副都统一员，食令兼领军事，岂惟储它日统帅，亦使主帅有顾忌，不敢专擅。"①

朝廷就此紧锣密鼓地进行各种准备。到十一月时，赵昚再召辅臣商议恢复之事。从湖南召入京师、被任命为翰林学士的刘珙对兴兵持谨慎态度，他说道："复仇雪耻，诚今日之先务，然非内修政事，有十年之功，臣恐未可轻动也。"在有地方经验的刘珙这里，从"州县赋入有常，大郡仅足支遣，小郡往往匮乏"的现实出发，认为对金作战不比内修政事，没有十年准备，不宜轻率冒险。

当时有人反驳道："汉之高、光，皆起匹夫，不数年而取天下，

---

① 《续资治通鉴》第二册，岳麓书社，1992年，第933页。

安用十年!"

刘珙随即答道:"高、光身起匹夫,以其身蹈不测之危而无所顾。陛下躬受宗社之寄,其轻重之际,岂两君比哉!臣窃以为自古中兴之君,陛下所当法者,惟周宣王。宣王之事见于《诗》者,始则侧身修行以格天心,中则任贤使能以修政事,而于其终能复文、武之境。则其积累之功至此,自有不能已者,非一旦率然侥幸之所为也。"

赵昚虽觉刘珙言之有理,但不等于会真的等上十年再去北伐。因此,虽按捺住兴兵之念,但陈良祐说过的"今日为备之要,无过选择将帅"之言成为赵昚心头的当务之急。

朝廷现有何人堪称将帅呢?尤其像吴璘生前那样"御军恩威兼济,士卒乐为之用;每出师,指麾诸将,风采凛然,无敢犯令者"[①]的大将,却几乎不见于朝。也就在此前后,赵昚大概想起了数年前读过的一篇名为《美芹十论》的万字献策,作者是曾于五万金军中擒张安国南归而名震海内的江阴签判辛弃疾,其智勇双全之举连太上皇赵构当时也"一见三叹息",自己虽未见过其人,却也听过其名。三年前,辛弃疾的"十论"送至朝廷时,正值"隆兴和议"生效不久,朝廷被主和派的兴奋充斥,符离兵败的阴影也挥之不散,哪里容得下收复之声?如今三年过去,在赵昚又起"攘臂而争旦夕"[②]的前提下,辛弃疾重入朝廷视野便成为一件自然而然的事了。

[①]《续资治通鉴》第二册,岳麓书社,1992年,第931页。
[②] 王夫之:《宋论》,刘韶军译注,中华书局,2013年,第743页。

三

乾道四年（1168）二月，辛弃疾前往建康府上任。

在中国历史上，建康历来为"东南之根本"，史上有东吴、东晋、刘宋、南齐、南梁、南陈六朝在此建都，故有"六朝古都"的称谓。在南宋时，建康是仅次于临安的第二个军事、政治和经济中心。早在建炎三年（1129）六月，中书舍人季陵就上奏称"国家根本在东南，东南之本在建康。雄山为城，长江为池，舟车漕运，数路辐凑，正今日之关中、河内也"①。

赵构为帝期间，诸多大臣均建议立都于此。在登基不久后，赵构也接受过黄潜善和汪伯彦以江宁府为都的建议。当赵构于建炎三年（1129）五月逃至江宁府时，曾御笔亲书改江宁府为建康府。但金军南下迅猛，赵构在慌乱中逃往杭州，后来立建康为都的呼声虽时有出现，终究未成为现实。从赵构改名时所说的"建康之地，古称名都。既前代创业之方，又仁祖兴王之国。朕本籓代邸，光膺宝图。载惟藩潜之名，实符建启之义。盖天人之允属，况形胜之具存。兴邦正议于宏规，继夏不失于旧物，其令父老再睹汉官之仪，亦冀士夫无作楚囚之泣。江宁府可改为建康府，其节镇旧号如故"②这段话可见，建康的政治地位已不可动摇。今赵昚将辛弃疾任命于建康，足见朝廷对他抱有充分重视的态度。

---

① 李心传：《建炎以来系年要录》，辛更儒点校，上海古籍出版社，2018年，第517—518页。
② 周应合：《景定建康志》，南京出版社，2009年，第33—34页。

第四章 六朝古都

当时，在建康府为官者均与辛弃疾成为契友。知府史正志（字致道）原为左朝奉郎充集英殿修撰，于乾道三年（1167）九月履任建康。比史正志更早一年至建康为官的是总领淮西江东军马钱粮兼提领措置营田的叶衡、建康府通判严焕和建康府观察推官丘崈，比史正志稍晚到任的赵彦端为江南东路计度转运副使，与辛弃疾同年到任的韩元吉为江南东路转运判官。这里多说一句，严焕已于乾道二年（1166）六月至建康府任通判之职，如何会在他履任尚未结束的一年半后又有辛弃疾来任通判？事由是绍兴三十一年（1161）五月时，朝廷允张浚所请，同意建康府特许添辟通判一名。辛弃疾此次上任即为添差通判，于建康府南厅办公，位置自比不得在东厅处事的严焕。

　　以史正志为首的建康府官员多有恢复之志，是以建康官场的风气与江阴大不相同。辛弃疾到任后，心情振奋。辛弃疾绝不可能忘记，整整六年前自己奉耿京之令南下时，便是在建康被赵构召见。今辛弃疾居然到此为官，回首六载如烟，发生多少跌宕起伏之事？但与眼前的建康相比，自己的经历哪里比得上它的千年积淀？长江穿城而过，昼夜东流，见识过多少王朝兴替？人最难自已的，便是对历史的抚今追昔。历史也最能打开人的视野，唤起人的千百种思绪。从辛弃疾当时所填的一首《念奴娇》词来看，词风已变，不再是江阴时的悲风凄月和感时伤怀。后来，刘克庄称"稼轩词，大声鞳鞳，小声铿鍧，横绝六合，扫空万古，自有苍生以来所无"[①]。辛弃疾豪放词风的源头，正是从建康发轫。

[①] 辛更儒编：《辛弃疾资料汇编》，中华书局，2005年，第102页。

下面这首《念奴娇·登建康赏心亭，呈史留守致道》堪称辛弃疾这一时期的代表作：

> 我来吊古，上危楼、赢得闲愁千斛。
> 虎踞龙蟠何处是，只有兴亡满目。
> 柳外斜阳，水边归鸟，陇上吹乔木。
> 片帆西去，一声谁喷霜竹？
>
> 却忆安石风流，东山岁晚，泪落哀筝曲。
> 儿辈功名都付与，长日惟消棋局。
> 宝镜难寻，碧云将暮，谁劝杯中绿？
> 江头风怒，朝来波浪翻屋。

从词题可见，应是辛弃疾与众官员随同史正志登赏心亭极目览胜后，于亭间小宴时所写。赏心亭位于水门城上，下临秦淮，是宋真宗（赵恒）朝时的宰相丁谓所建，为绝佳赏景之所。宋神宗（赵顼）元丰七年（1084）五月，"移黄去汝"的苏东坡路过金陵时，曾与王安石坐此亭间对饮。在王安石的建议下，苏东坡于亭柱上写下一首《渔家傲》，开篇两句为"千古龙蟠并虎踞，从公一吊兴亡处"，糅合了彼时的万千感叹和历史缅怀。

前人旧事，总令后人神往。辛弃疾该词已见苏东坡对其影响日甚。与苏东坡那首《渔家傲》相比，辛弃疾的笔力更为遒劲。另外强调一句，辛弃疾《念奴娇·登建康赏心亭，呈史留守致道》词下阕起句所写的"安石"并非王安石，而是七百多年前的东晋谢安（字安石）。谢安内挫桓温篡位、外破前秦苻坚，立下"江左百年之业实赖焉"[1]的不世功勋。从此句可见，壮气横胸的辛弃疾时时以前人为榜样，不甘朝廷偏安一隅，心生愤懑：自己正值三十岁壮年，系建功创业的最好年华，如何会愿意流年虚掷，最后落得个"东山岁晚，泪落哀筝曲"的凄凉结局？后人读该词，难免大起追念之感。

从辛弃疾在建康时所填的词来看，数量不少，每首题记也写得明白，多为赠史正志和一众同僚。不过，辛弃疾填词给上司倒不是为拍马屁，其内容部分缘于唱和，如《新荷叶·和赵德庄韵》——顺便说一句，赵德庄所填的《新荷叶·欲暑还凉》奠定了该词牌正体——中"曾几何时，故山疑梦还非"句引来辛弃疾共鸣，故步韵而和。另外，部分能见当时众官在建康的诸种公务，譬如乾道五年（1169）十一月，辛弃疾在史正志生日时填了一首《千秋岁·金陵寿史帅致道。时有版筑役》词相赠，该词既无丝毫媚俗之气，还能见出辛弃疾的豪逸性情及一众官员的当时行事：

> 塞垣秋草，又报平安好。
> 尊俎上，英雄表。
> 金汤生气象，珠玉霏谭笑。
> 春近也，梅花得似人难老。
>
> 莫惜金尊倒，凤诏看看到。
> 留不住，江东小。
> 从容帷幄去，整顿乾坤了。
> 千百岁，从今尽是中书考。

---

[1]《陈亮集》，邓广铭点校，中华书局，1974年，第93页。

词题中"时有版筑役"是指史正志等官员刚刚完成筑堤之举。事情从《建康府城》载有的"乾道五年,留守史正志因城坏复加修筑,增立女墙"①句可知,史正志在该年对城墙多有修缮。"女墙"又称宇墙,是指建在城顶外沿、用于城顶防护和御敌的墙垛。当日,建康府观察推官丘崈也填了首《水龙吟·为建康史帅致道寿》的寿词,其中"新筑沙堤"为实写之句。在《千秋岁·金陵寿史帅致道。时有版筑役》词中,辛弃疾则以"金汤生气象"的感受来描写城墙修缮后的气势。另从辛弃疾笔下"凤诏看看到。留不住,江东小。从容帷幄去,整顿乾坤了"句中能了解,史正志三年任期堪满,将调任他处。

从该词还能看出,辛弃疾对史正志为官一方的业绩颇为赞赏,认为其有"整顿乾坤"之才。《景定建康志》对史正志有"议论精确,切中事机"之评,史正志也在重建饮虹桥后写有"龙盘虎踞阻江流,割据由来起仲谋。从此但夸佳丽地,不知西北有神州"和"忽枉王人六辔驰,新亭有酒便同持。坐中不作南冠叹,江左夷吾是素期"的绝句二首(《新亭二首》)。两首诗既见史正志才情,也见其慨然胸怀恢复之志。因此,辛弃疾自不可能不对其起知音之感。可惜的是,到第二年,即乾道六年(1170)二月,史正志改任知成都府,一个月后又为户部侍郎、江浙京湖淮广福建路都大发运使,检察诸路财赋。因财权在手,史正志一时起有贪念,被人告发,乃至前程尽毁。此为题外话。

作为史正志手下官员,辛弃疾自然也参与修城筑堤之举。就当

---

① 周应合:《景定建康志》,南京出版社,2009年,第493页。

时来看，修城并非建康府的独立行为。例如，乾道五年（1169）三月时，赵眘已下旨修庐州（今安徽省合肥市）与和州；五月再修扬州；到十二月时，兵败符离的李显忠官复威武军节度使，于乾道六年（1170）正月修楚州。

种种迹象表明，赵眘北伐之心日甚。辛弃疾遂于当年连上两封奏疏，提出了"阻江为险"和"练兵守淮"的建议。不过，辛弃疾始料不及的是，他的上疏却导致了一件意外的事情发生。

四

先来看辛弃疾的两封奏议写了些什么。

从题目可见，第一篇奏疏为《论阻江为险须藉两淮疏》。明代贺复徵将其收入《文章辨体汇选》时，题目为《论守淮宜立三镇疏》。从内容看，后者似更为切题，但后人均以前题为约定俗成，此处从之。

该疏虽短，体现的视野却着实惊人。辛弃疾明确指出，今朝廷设于临安，其天险自为长江，但守住长江的关键是"须藉两淮"。从地势看，两淮"绵地千里，势如张弓"，如金兵南下，必东攻扬州与楚州，西攻和州及庐州，宋军则"无以断隔其中"，如能做到断绝金军呼应，则金军的淮东之兵不能救淮西之兵，淮西之兵也无以救淮东之兵。因此，辛弃疾提出如何断绝两淮金军呼应的方略，"今以两淮地形言之，则淮东为首，而淮西为尾，淮之中则其身也，断其身则首尾不能救"，对金军来说因悍勇而不惧正面冲突，就怕"吾有以兵以出其后，精兵断其中也"，一旦身后遭受攻击，不但"淮北之民必乱"①，宋军还可乘势夺回淮北的海、泗、唐、邓四州。

但目前两淮还没有"可以截然分断虏人首尾之处"，因此辛弃疾建议"当取淮之地而三分之，建为三大镇"，选择"文武兼具之人"负责统领，让"居中者得节制东西二镇"。按辛弃疾谋划，如金军进攻淮西，则由中镇宋军挥师驰援，西镇宋军则出兵淮北，"临陈、蔡以扰之"，东镇宋军则出兵淮西，"临海、泗以扰之"；如果金军进攻中镇，"则由建康悉兵以救之，而东西镇俱出兵淮北以扰之"，一旦金军"兵分力寡"，中镇即可出兵淮北，"临宿、亳以扰之"。——这就是战国时苏秦为使秦国不出兵函谷关而教给六国的守御之计。最后，辛弃疾请朝廷"详议建立三镇去处，措置施行"②。

第二篇奏疏为《议练民兵守淮疏》。其内容上承第一篇，辛弃疾开篇即写"臣谓两淮裂为三镇，形格势禁，足以待敌矣"。但辛弃疾知道，"守城必以兵，养兵必以民"，这就意味着"兵"与"民"必须分开，全民皆兵绝不可取。一旦民少，何以养兵？尤其"两淮民虽稀少，分则不足，聚则有余"，因而"若使每州为城，每城为守，则民分势寡，力有不给"，但"苟敛而聚之于三镇，则其民将不胜其多矣"。

辛弃疾从"两淮户口不减二十万"的现实出发，认为可"以十万之民供十万之兵，全力以守三镇"。为此，辛弃疾给出的建议是，没有战事之时，十万民各自"营治生业，无异平日"，一旦战事发生，则对青壮之民"授以器甲"，命他们到自己本镇附近的险要

---

① 《辛弃疾集编年笺注》，辛更儒笺注，中华书局，2015年，第326页。
② 同上书，第327页。

"分据寨栅",对金军采取"彼进吾退,彼退吾进"的战术,十万正规军则"全力以伺其后,有余则战,不足则守",这样就可达到"虏虽劲,亦不能为吾患矣"[1]的目的。

从先后两次奏疏可见,辛弃疾对自己《美芹十论》中的"守淮"一章有了调整,这是他到建康府履任后的切身体会所致,因而形成了更现实且也更紧凑的战略方针。

此次上疏的结果,便是赵昚下旨命辛弃疾赴临安见驾。

有种说法是,辛弃疾于乾道六年(1170)赴行在,是因其建康任期已满,被召至朝廷以作另行安置。——我不敢苟同。从时间来看,辛弃疾于乾道四年(1168)赴任建康通判,期满当在乾道七年(1171)。以史正志为例,其上任时间为乾道三年(1167),另任知成都府时间即为乾道六年(1170),前后正好三年。辛弃疾晚史正志一年赴建康,期满自也将晚一年。

另从《宋史·辛弃疾传》中"六年,孝宗召对延和殿,时虞允文当国,帝锐意恢复"句可知,虞允文为相和赵昚意欲恢复中原是召见辛弃疾的前提条件。在赵昚和虞允文那里,辛弃疾六年前所上的《美芹十论》和该年所呈的两篇奏疏,都留下了不可磨灭的印象。再从《宋史》随后所载的辛弃疾因"持论劲直"而"不为迎合"[2]来看,绝无可能是所上奏疏在当今天子那里碰壁,毕竟朝廷有百官,主和派占据多数;所谓"不为迎合",应是辛弃疾的两篇奏疏在朝廷引起的反对声不少,赵昚索性将辛弃疾亲召入对。至于更具体的时

---

[1]《辛弃疾集编年笺注》,辛更儒笺注,中华书局,2015年,第331—332页。
[2]《宋史》,中华书局,1977年,第12162页。

间,《续资治通鉴》称其在乾道六年（1170）五月，这点与"时虞允文当国"时间吻合，后者正是于当年五月"始相也"[1]。

能够想象的是，当三十一岁的辛弃疾被天子亲召，满怀激情地动身赴临安时，面对"只怕又登高，未饮心先醉"的明日前程和春末夏初之景，内心曾险些化为灰烬的希望之火必将再一次熊熊燃起。

---

[1]《续资治通鉴》第二册，岳麓书社，1992年，第958页。

第五章 临安境遇

——蓦然回首,那人却在,灯火阑珊处

◎ 临安府（杭州）

一

自赵构于绍兴八年（1138）二月正式将朝廷设在杭州以来，到乾道六年（1170）已过去了整整三十二年。当韩世忠于建炎三年（1129）七月擒斩苗傅、刘正彦，彻底平息"苗刘兵变"后，赵构将杭州升为临安府。临安地处钱塘江下游，河网密布，水运发达，在吴越国时就富甲一方，到北宋时已有"东南第一州"的美誉。另南宋虽丢失中原，却未取消开封的京师称号，以给万民留下终将恢复中原的姿态。是以临安虽非正式定名的京师，毕竟为天子行在，亦即天下宋人心照不宣的事实都城。

经赵构、赵昚两代经营，临安的经济与人文得以恢复。当时有个叫杨冠卿的进士填有一首《水调歌头·赠维扬夏中玉》词，从"春风十里帘幕，香霭小红楼。楼外长江今古，谁是济川舟楫，烟浪拍天浮。喜见紫芝宇，儒雅更风流"句中能体会，扬州尚如此繁华，何况朝廷所在的临安？至于辛弃疾对临安的感受，从他首见西湖填写的《好事近·西湖》中"前弦后管夹歌钟，才断又重续。相次藕花开也，几兰舟飞逐"词句可见，当时临安充满一片歌舞升平的繁荣景象。恢复经济自是好事，但令人不安的是，当朝廷官员大多沉浸于江南的风流富贵时，难说还会有再动干戈之想。

辛弃疾被召见的情景如何，《宋史·辛弃疾传》有段记述："作《九议》并《应问》三篇、《美芹十论》献于朝，言逆顺之理，消长之势，技之长短，地之要害，甚备。以讲和方定，议不行。"①

这段话错误有之，令人困惑处更有之。

其误是，"《美芹十论》献于朝"并非彼时。清代学者法式善自《永乐大典》中辑出《稼轩集钞存》时，在该文题目上冠有"乾道乙酉进"五字，而乙酉年即乾道元年（1165）。梁启超也有《美芹十论》"自当属乙酉作"②的考证一说。就内容而言，文中提及张浚之事，若留到他去世多年后的乾道六年（1170）再谈，不免过时。

《九议》也并非在延和殿进献。据范成大《揽辔录》记叙，乾道六年（1170）六月十五日，范成大一行"为求陵寝地"出使金国，于四个月后的十月十五日还朝。因此，辛弃疾自不可能在五月提前写出"日者兵用未举而泛使行，计失之早也"句。

另从刘克庄《后村先生大全集》中"上虞雍公《九议》"句可知，《九议》是特为上呈宰相虞允文而写。从虞允文的仕途看，于乾道六年（1170）五月拜相，至乾道八年（1172）九月罢相，而辛弃疾则在同年正月出守滁州。结合三事不难判断，《九议》撰写时间，最早应为乾道六年（1170）十月之后，最晚于乾道七年（1171）年底，起码不会在召对延和殿时献呈。当时唯一可能献呈的，大概是《应问》三篇，可惜该文已不存于世，自也无从知晓究竟了。但从辛弃疾"言逆顺之理，消长之势，技之长短，地之要害，甚备"可知，《应问》与辛弃疾在《美芹十论》和两篇奏疏中的说法大同小异，无非论述宋、金两国形势，分析彼此长短。但召见最后得到"以讲和

---

①《宋史》，中华书局，1977年，第12162页。
②梁启超：《辛稼轩先生年谱》，中华书局，1936年，第7页。

方定，议不行"的结果，令人不免心生困惑。

赵昚将辛弃疾召入朝廷，原本是有感于后者的战略提出，其内容应与赵昚的北伐之心一拍即合。在赵昚那里，不论拜虞允文为相也好，还是诏令修城也好，均为下一步收疆复土进行准备，而召辛弃疾入朝也是准备之一。以此推断，辛弃疾言辞越"持论劲直"，当越令赵昚赞赏才对，结果却为何"议不行"呢？

我以为，原因出在虞允文身上。

二

从《宋史·虞允文传》看，虞允文固然有在长江击败完颜亮的耀眼时刻，还有在乾道元年（1165）秋面对金国使者完颜仲来朝时傲慢无礼而提出将其斩首之议，另有拜相后举荐当时名士洪适、汪应辰等人之举，同时将所见所闻的"人材"姓名记于本上并将其名为《材馆录》，再从中择优推荐人才如胡铨、周必大、王十朋、赵汝愚、晁公武、李焘等主战派官员事迹。《宋史》自有理由称其"慷慨磊落有大志……孜孜勤忠无二焉"[①]，但《续资治通鉴》载有一事则能见出虞允文的真实心理，也就是上文提及的范成大等人出使金国"求陵寝地"之举一事。

自靖康年北方沦陷，就意味着大宋皇帝的祖先陵寝所在的河南不在统治疆域内。因此，不论赵构还是赵昚，都迫切希望皇家陵寝所在的河南能重归宋地。前文曾叙，赵构在绍兴三十二年（1162）

---

① 《宋史》，中华书局，1977年，第11800页。

四月遣洪迈为"贺登位使"入金时，明为庆贺完颜雍登基，实为盼说动金国"能以河南之地见封"。可见，收回河南，始终是赵构、赵昚两代帝王的心中所盼。是以虞允文刚拜为右相，就建议赵昚遣使金国，"以陵寝为请"，再请金国交还河南。此举看似正常，但左相陈俊卿得知后即面奏赵昚，以为不可。虞允文的右相虽位于左相之下，却未因陈俊卿阻挠作罢，反而再次提出此议。赵昚颇为犹豫，遂召来陈俊卿问道："朕痛念祖宗陵寝，沦于荆棘者四十余年，今欲遣使往请，卿意以为如何？"

陈俊卿仍表示目前不可遣使，其理由是："陛下痛念陵寝，思复故疆，臣虽疲驽，岂不知激昂愤切，仰赞圣谟，庶雪国耻？然性质顽滞，于国家大事，每欲计其万全，不敢轻为尝试之举。是以前日留班面奏，欲俟一二年间，彼之疑心稍息，吾之事力稍充，乃可遣使。往返之间，又一二年，彼必怒而以兵临我，然后徐起而应之，以逸待劳。此古人所谓应兵，其胜十可六七。兹又仰承圣问，臣之所见，不过如此，不敢改词以迎合意指，不敢依违以规免罪戾，不敢侥幸以上误国事。"[①]

从这番话看，陈俊卿的思虑有深远之处。陈俊卿不是认为不能遣使索还河南，而是时间应在一两年后为宜，到时"彼之疑心稍息，吾之事力稍充"，因为是人皆知要金国还地，"彼必怒而以兵临我"，但一两年后遣使，又经一两年往返，朝廷有数年时间做充分准备，到时"以逸待劳"迎敌，将有六七成胜算。陈俊卿的深思熟虑虽是对赵昚面奏，内在却与虞允文的建议发生冲撞。至于虞允文为什么

---

① 《续资治通鉴》第二册，岳麓书社，1992年，第958页。

甫一拜相就提出"求陵寝地"之议，原因可从朱熹的《朱子语类》中找到答案，"如王公明炎、虞斌父（即虞允文）之徒，百方劝用兵，孝宗尽被他说动。其实无能，用著辄败，只志在脱赚富贵而已"①。朱熹之言活灵活现地勾勒了虞允文以私心迎合天子的嘴脸。

另外，《宋史》还载有一事，当时枢密承旨张说想为一亲戚求官，他知陈俊卿刚直不阿，遂求到虞允文那里。虞允文对张说"枢密承旨"的身份自可忽视，但对他另一"皇后妹夫"的身份绝不会视而不见，自然答允所求。当陈俊卿听说此事后，诏令已下，但他即命官吏扣留敕令不发。张说在惶恐中来求陈俊卿，虞允文也来相求，但铁面无私的陈俊卿"竟不与"②。张说自是深恨陈俊卿，虞允文对陈俊卿也心生憎意，虞、陈二人自是不和。

此外，吏部尚书汪应辰虽经虞允文举荐，但与虞允文议事时意见相左。无奈之下，汪应辰请求离朝外任。陈俊卿却知汪应辰为人刚毅，能担大任，数次上奏，请赵昚将汪应辰擢为执政。赵昚明明已应允，结果却将汪应辰外任为平江郡守。从这几件事陈俊卿也看出，赵昚对虞允文极为信任。失望之下，陈俊卿一连三次上奏，恳请离朝外任。见其态度坚决，赵昚便将陈俊卿以观文殿大学士身份出任知福州，时间正是辛弃疾奉旨面圣的乾道六年（1170）五月。

陈俊卿陛辞时，又向赵昚提出"远佞亲贤，修政攘"③的劝谏。陈俊卿所说的"佞"，自指虞允文无疑。因此，与其说虞允文具有《宋史》所说的"慷慨磊落有大志"，不如用朱熹对他冠以的"乘时

---

①《朱子语类》，岳麓书社，1997年，第2887页。
②《宋史》，中华书局，1977年，第11789页。
③同上。

喜功名、轻薄巧言之士"更为准确。朱熹说得透彻，赵昚擢虞允文为相的原因，是后者深知赵昚有"锐意恢复"中原之志，便大肆迎合，包括"求陵寝地"，以获天子信任，更得"赚富贵"和主战名声。至于虞允文是否真有动兵之欲，从下面一件事中可见实质。事情是辛弃疾面圣前后，还有一个叫张栻的人被朝廷从严州（今浙江省桐庐县、淳安县、建德市）召至临安见驾。

其时，君臣有番对话。

当赵昚先问"卿知敌国事乎？"，张栻摇头说"不知也"。赵昚以为张栻真的不知，便说"金国饥馑连年，盗贼日起"。不料，张栻不紧不慢地说了句："金人之事，臣虽不知，然境中之事，则知之详矣。"赵昚一怔，忙问何事。张栻说道："臣切见比年诸道多水旱，民贫日甚，而国家兵弱财匮，官吏诞谩，不足倚赖。正使彼实可图，臣惧我之未足以图彼也。"①

赵昚此刻方知，张栻哪里会不知"敌国之事"，只不过"境中之事"比"敌国之事"更为他重视而已，不禁默然良久。能够想象的是，当张栻说出国家"民贫日甚"和"兵弱财匮"，尤其"官吏诞谩，不足倚赖"后，一旁的虞允文必如坐针毡、暗地咬牙。当赵昚又再听完张栻的恢复谋略后，下诏称"恢复当如张栻所陈方是"时，虞允文的态度是"不乐，遂沮抑之"②。从中或能判断，北伐真还未必是虞允文内心所想。

不难理解，为什么辛弃疾被召对之后，结果却是"以讲和方定，

---

① 《宋史》，中华书局，1977年，第12772页。
② 同上书，第12074—12075页。

第五章　临安境遇　145

议不行"。前文说过，虞允文为相是辛弃疾被召对延和殿的前提条件之一，但不等于虞允文对辛弃疾抱有多么大的赏识，更可能的是其见赵昚对辛弃疾的奏疏大感兴趣，便先迎合圣意将辛弃疾召至临安再说，至于结果自会在他的掌握之中。事实可见，辛弃疾一腔热望换来的还真就是"议不行"的结果。在虞允文等臣僚那里，"讲和方定"是最冠冕堂皇的理由。更能理解的是，为什么辛弃疾后来直接给虞允文上"笔势浩荡，智略辐凑，有《权书》《衡论》之风"[①]的《九议》后会泥牛入海，再没半点回音了。

三

延和殿召对的结果令辛弃疾失望。以虞允文老辣的官场经验，事后摆出一副无可奈何甚至爱莫能助的惋惜模样自是驾轻就熟，甚至还将辛弃疾名字写入他记录"人材"名字的《材馆录》内，以表示有适时举荐辛弃疾的打算。没有资料显示，到临安的辛弃疾就此未回建康，而被朝廷命为司农寺簿一职是不是来自虞允文的举荐已然无考。以虞允文求贤若渴的形象标榜来看，倒不是没有可能。

和在开封一样，南宋在临安也建有一条官府衙门林立的御街，司农寺位于御街南坊北侧（今杭州市中山中路和惠民路交叉口附近）。按北宋孔平仲在《珩璜新论》里"以衙为廨舍"[②]的说法，朝廷官员多住衙署。辛弃疾很可能就住在司农寺内，而另在御街居住的

[①] 辛更儒编：《辛弃疾资料汇编》，中华书局，2005年，第101页。
[②] 孔平仲：《珩璜新论》卷四，影印本。

自然包括上文刚刚提到的张栻。

张栻为张浚之子，也是名满天下的"湖湘学派"集大成的一代学宗。尚在绍兴三十二年（1162）冬天，亦即辛弃疾往建康拜见张浚面陈谋略数月后，登基才半年的赵昚召张浚父子赴临安，正三十而立的张栻第一次见到天子就进言说道："陛下上念宗社之仇耻，下悯中原之涂炭，惕然于中，而思有以振之。臣谓此心之发，即天理之所存也。愿益加省察，稽古亲贤以自辅，毋使其少息，则今日之功，可以必成，而因循之弊可革矣。"赵昚听后，极为惊异，与张栻"遂定君臣之契"①。

五年后的乾道三年（1167），时三十五岁盛年的张栻在潭州（今湖南省长沙市）重建的岳麓书院主讲。朱熹听说后，与弟子范崇伯、林择之从福建崇安动身，行二千里至潭州拜访张栻。两个月内，朱熹、张栻二人开门讲学，并排而坐，时听者之众盛况空前，是为中国思想史上影响至今的重大之事。范崇伯后来回忆说道："二先生论《中庸》之义，三日夜而不能合。"②从中可见朱熹、张栻二人思想碰撞的激烈程度。朱熹离开书院时，给张栻写有赠别诗，从其落笔而下的"昔我抱冰炭，从君识乾坤"句能体会，他对张栻的思想由衷钦敬。因朱熹、张栻二位文化巨匠联袂讲学，岳麓书院也声名大振，以元代理学家吴澄的话说就是，"自此之后，岳麓之为岳麓，非前之岳麓矣！"

另追叙一事，辛弃疾当年拜访张浚时是否见到张栻，史料未载。

---

① 《宋史》，中华书局，1977年，第12770页。
② 王懋竑：《朱熹年谱》，何忠礼点校，中华书局，1998年，第32页。

从张栻前一年往衡山拜胡宏为师一事来看，辛弃疾登门之时，张栻或尚未归家。因胡宏翌年即去世，张栻也才有彼年冬与父亲张浚同往临安见圣之举。能肯定的是，即便辛弃疾在张浚府上未见到张栻，但张栻归家后也必从父亲张浚口中听到辛弃疾的名字，以及转述的辛弃疾北伐方略。如此，今日一见，张栻、辛弃疾二人自然相见恨晚。

对辛弃疾而言，因留临安，眼界得以大开，思想得以丰厚。辛弃疾在此间所见人物，个个不凡，绝非江阴和建康的官员能比。当时，除了张栻，还有参与重修《宋徽宗实录》的理学名家吕祖谦被召至朝廷入对。从辛弃疾年谱载录的"公之召也，张公栻亦自严陵召归，为郎兼讲官，与公同巷居"[①]句可知，吕祖谦入临安后，与张栻住同一条巷子。

再简单补充几句，吕祖谦系宋仁宗朝时的许国公吕夷简六世孙，其"东莱吕氏"的出身也使世人将之称为"小东莱"。吕祖谦与张栻的经历颇为相同，均出身官宦，幼承家学，以门荫入仕，起家将仕郎，于隆兴元年（1163）中进士时才二十七岁。从《宋史·吕祖谦传》可知，吕祖谦年后便"从林之奇、汪应辰、胡宪游，既又友张栻、朱熹，讲索益精"[②]，可见其年纪轻轻就遍访名师磨砺学问，后来终至创办名震海内的"金华学派"。吕祖谦学问之深，连朱熹也说过一句感叹之言："学如伯恭（即吕祖谦）方是能变化气质。"[③]

此次赵昚召对时，吕祖谦先"勉孝宗留意圣学"，后又进言说

①郑骞：《辛稼轩先生年谱》，协和印书局，1938年，第30页。
②《宋史》，中华书局，1977年，第12872页。
③同上书，第12874页。

道:"恢复大事也,规模当定,方略当审。陛下方广揽豪杰,共集事功,臣愿精加考察,使之确指经画之实,孰为先后,使尝试侥幸之说,不敢陈于前,然后与一二大臣定成算而次第行之,则大义可伸,大业可复矣。"①

赵眘闻言,龙颜大悦,即擢吕祖谦为太学博士。

不难判断,辛弃疾与"同巷而居"的张栻、吕祖谦二人毗邻,必受他们思想激励。从年龄上看,张栻年长辛弃疾七岁,吕祖谦年长辛弃疾四岁。辛弃疾年纪虽最小,当时声望也不及二人,但三人均怀收复之志,共具豪杰情怀,自易成莫逆之交。十年后,吕祖谦于淳熙八年(1181)七月去世时,已任江西安抚使的辛弃疾闻讯满怀伤感,撰下《祭吕东莱先生》一文对这段时期有所回顾:"弃疾半世倾风,同朝托契。尝从游于南轩,盖于公而敬畏。"②南轩即张栻,其字敬夫,改字钦夫,号南轩。由此可见,辛弃疾对张栻、吕祖谦二人始终怀有未熄的钦敬之情。

辛弃疾早期有首创作时间不详的《念奴娇·三友同饮,借赤壁韵》。我以为,该词所言"三友",便指辛弃疾和张栻、吕祖谦三人。

不妨来细品该词:

> 论心论相,便择术满眼,纷纷何物。
> 踏碎铁鞋三百纲,不在危峰绝壁。
> 龙友相逢,洼樽缓举,议论敲冰雪。
> 何妨人道,圣时同见三杰。

---

① 《宋史》,中华书局,1977年,第12872页。
② 《辛弃疾集编年笺注》,辛更儒笺注,中华书局,2015年,第426页。

自是不日同舟，平戎破虏，岂由言轻发。

任使穷通相鼓弄，恐是真金难灭。

寄食王孙，丧家公子，谁握周公发。

冰壶皎皎，照人不下霜月。

有研究者提出，此词系辛弃疾在建康时所作，"三友"除辛弃疾，另两人为建康府官员丘崈和严焕。但明显的是，丘崈、严焕二人都不具有像张栻和吕祖谦那样的俯仰古今的磅礴理想和天下之名，更何况当时辛弃疾、张栻、吕祖谦三人被天子先后召见，故辛弃疾笔下才有"圣时同见三杰"之语。就吕祖谦对赵昚一番"臣愿精加考察，使之确指经画之实"的话看，其意虽终归要北伐，却须先行"经画"，直接反映就在辛弃疾该词下阕"岂由言轻发"的起句中。辛弃疾满怀信心地肯定，三人很快将"不日同舟，平戎破虏"，此壮气更非丘崈和严焕所备。与张栻和吕祖谦的"龙友相逢"，最能唤起辛弃疾与二人"同饮"时"真金难灭"的肺腑之情。

四

在任何朝代，朝廷在哪里，哪里便是天下俊杰的会集之地。即便朝廷百官并非人人怀抱远大之志而成擎天栋梁，但他们毕竟因满腹经纶才得以金榜题名，继而步入官场，是以人中龙凤也必集于朝廷。对在临安的辛弃疾来说，实觉此间人才济济，与他志同道合的绝不止张栻和吕祖谦二人。

据郑骞先生考证，乾道六年（1170）入太学的，还包括当时的名士陈傅良。陈傅良曾"师事"郑伯熊、薛季宣,并与二人共建"永嘉学派"。《宋史》称陈傅良"初患科举程文之弊,思出其说为文章,自成一家,人争传诵,从者云合,由是其文擅当世"[1],并强调他"及入太学,与广汉张栻、东莱吕祖谦友善"。后来,永嘉学派集大成者、江淮制置使叶适为陈傅良撰墓志铭时,写有"公入太学,则张钦夫(张栻)、吕伯恭(吕祖谦)相视过兄弟也"[2]句。可见陈傅良与张栻、吕祖谦往来密切,再从辛弃疾当时与张栻、吕祖谦二人的情谊来看,他自不会与陈傅良失之交臂。

叶适后来为陈傅良撰墓志铭时未提辛弃疾,令人颇为费解。我以为的理由是,张栻、吕祖谦、陈傅良均为开宗立派的一代学术巨擘,其中陈傅良不仅以《诗解诂》《周礼说》《春秋后传》《左氏章指》等学术著作行世,而且他撰写的《八面锋》一书还得赵眘御赐书名,影响深广。辛弃疾虽以词名传世,毕竟终与学术无关。至于叶适为陈傅良撰墓志时不提辛弃疾的真实原因如何,恐是不得而知了。

此外,还有一人当时也履足临安,他便是符离兵败后给朝廷上《中兴五论》的陈亮。《宋史》称陈亮"为人才气超迈,喜谈兵,论议风生,下笔数千言立就",早年曾"考古人用兵成败之迹,著《酌古论》",当时婺州郡守周葵读过后惊其为"他日国士也"[3]。不过,《宋史》记载的陈亮生平之事,大多集中在乾道年后的淳熙及绍熙年间,并将陈亮第一次见西湖时说的那句"城可灌尔"句认为是在淳熙五年(1178)发生的事,但从陈亮撰《告祖考文》中所写

---

[1]《宋史》,中华书局,1977年,第12886页。
[2] 郑骞:《辛稼轩先生年谱》,协和印书馆,1938年,第30页。
[3]《宋史》,中华书局,1977年,第12929页。

第五章　临安境遇

的"及亮二十有六，易名曰亮而首贡于都"①可见，生于绍兴十三年（1143）的陈亮二十六岁"首贡于都"时正是辛弃疾来临安的乾道六年（1170）。

所谓"首贡于都"，表明陈亮当年也如陈傅良般进入太学，可知其当时必在临安。从陈亮后来给辛弃疾信中"亮空闲没可做时，每念临安相聚之适"②句可知，辛、陈二人当时必有往来；而以陈亮"自少有驱驰四方之志"③的性格，也必会与辛弃疾等壮志盈怀之人肝胆相照。其时，在朝中官员中，以求升官发财的庸人居多，陈亮与之自是格格不入。当赵昚打算封陈亮为官时，陈亮以一句"吾欲为社稷开数百年之基，宁用以博一官乎"④为答后竟渡江归乡，也可见陈亮在临安时日不长。陈亮与辛弃疾的交往是到淳熙十五年（1188）冬日才有了真正深入，此事后文再详细阐述。

除上面提到的众人外，当年辛弃疾与之交往的应还有周必大和范成大二人。据《周必大年谱》记载，该年"七月召任京职"，而《宋史》对此写得清楚，当时周必大为给事中。其时发生一事，曾在赵昚为太子时做过建王府内知客的曾觌和王抃颇得信任，赵昚拟将曾、王二人擢为知合门事，但当时台谏官员多为反对。陈俊卿尚为建康知府时就对赵昚奏道："曾觌、王抃招权纳贿，荐进人才，皆以中批行之。"⑤可见，曾觌倚仗自己的得宠身份，大肆索贿。因此，周

---

① 《陈亮集》，邓广铭点校，中华书局，1974年，第344页。
② 同上书，第320页。
③ 同上书，第8页。
④ 《宋史》，中华书局，1977年，第12940页。
⑤ 同上书，第13691页。

必大不仅扣下委任二人的诏令不发，还对赵昚面奏说道："陛下于政府侍从，欲罢则罢，欲贬则贬，独于二人委曲迁就，恐人言纷纷未止也。"①意思是，陛下对朝廷官员有随意罢免的权力，但绝不应迁就曾觌和王抃二人，以免朝臣纷议。赵昚翌日给周必大下诏说道："给舍为人鼓扇，太上时小事，安敢尔！"②意思是，我让你当官，就是命你给我摇扇子的，要知道你在太上皇时期不过是小官，现在我将你提拔起来，你竟敢违抗我的旨意？

天子发怒，自非常人能够承受。但周必大仍不卑不亢地答道："审尔，则是臣不以事太上者事陛下。"意思是，既然如此，那么我就不以侍奉太上皇的态度来侍奉陛下了。赵昚见周必大如此刚正，不得不说道："朕知卿举职，但欲破朋党、明纪纲耳。"赵昚明面上虽赞赏周必大防止朋党、严明纲纪的清风正气，但只过十天还是旧令重申，擢曾觌和王抃为知合门事。周必大见此，干脆"遂请祠去"③，离开朝廷。对这样性情耿直之人，辛弃疾也必与之相交。但辛弃疾当时还无法预料自己两年后赴任江西及六年后赴任湖南时，朝中流言此起彼伏之际，周必大为其挺身直言，使辛弃疾度过了一些艰难时刻。此为后话，适时再叙。

至于范成大，前文已提过，他于辛弃疾至临安一个月后出使金国以"求陵寝地"，回朝时是当年十月，辛弃疾尚在临安。对毕生渴望恢复中原和常"把从前离恨总成歌"的辛弃疾来说，如何会不从范成大那里探知北方的种种消息？况且范成大本性雄烈，出使金国

---

① 《宋史》，中华书局，1977年，第11966页。
②③ 同上。

第五章　临安境遇　153

时见完颜雍君臣傲慢，遂忽然说道："两朝既为叔侄，而受书礼未称，臣有疏。"直言金主完颜雍未安排接受国书的礼仪。完颜雍猝不及防，张口结舌地说了句"此岂献书处耶"。一旁的完颜雍之子大怒，当场欲杀范成大，后者仍"词气慷慨"，最终"全节而归"[1]。此次出使，金国虽坚持不归还河南，却终于送回了宋钦宗梓宫（棺材）。范成大回朝后，被擢为中书舍人。

有气节之人必为辛弃疾赞赏，辛、范二人发生交往，便为自然之事。七年后的淳熙四年（1177），辛弃疾知江陵府时，范成大被罢蜀帅，归途过江陵，辛弃疾大喜相迎，与其同游渚宫。此同为后话，后文再表。

从上述人物性格和行事来看，无不为当时俊杰，辛弃疾在与他们的交往中自可得到提升自我的思想碰撞。但这不等于辛弃疾的临安生涯过得怡然自得，有两件事能使人体会他当时未必能与人言的苦闷。

五

辛弃疾留驻临安，是因朝廷授予他司农寺簿之职。

所谓"司农寺"，是掌管粮食积储、仓廪管理及京城官员禄米的行政部门，里面"置卿、少卿、丞、主簿各一人"。《宋史·职官志》将司农寺的职责写得清楚，"掌供籍田九种，大中小祀供豕及蔬果、

---

[1]《宋史》，中华书局，1977年，第11868页。

明房油,与平籴、利农之事"①。再按官场等级而言,辛弃疾的上级为丞,再上为少卿,最上为掌司农寺全权的卿,他自得服从上面三人的每道命令,且事务繁多。

作为一个部门,司农寺的管理范围包括"南北省仓、草料场、和籴场",并"诸场皆置监官"。②监官之下,再外设监门官,内设检察斛面官。另有负责卸货的排岸司官,他们各司其职,确保司农寺正常运转。此外,丰储仓所也置监官二人,监门官一人。《宋史》还记录一事,乾道三年(1167)时,因"粮纲有欠",朝廷诏令司农寺"断遣监纳,情理重者,大理寺推勘"。这又使司农寺事务增加。在发生水旱之灾时,司农寺还得"椿管别廪",以为帮助,后来又增加"广收籴"③等事务。

就此可见,辛弃疾上任后,始终官务缠身,远非在江阴和建康为官时的清闲可比。对善于溜须拍马的官员而言,只需对上级察言观色,投其所好即可;对勤勉政务的官员而言,自长日陷身官务,难有片刻之闲。辛弃疾在临安虽结交一众志同道合之人,却各自忙于差事,相聚时自可纵情,这样的时刻却终究不多。

以辛弃疾的性格看,在其位必谋其事,谋事则大耗时间,以至他在临安时期的词作也屈指可数。从辛弃疾当时偶去冷泉亭填写的一首《满江红》来看,最后结句为"恨此中、风物本吾家,今为客",有人称该句抒发了辛弃疾万里南渡却客寓江南的感叹。我倒是认为,该句表现的不如说是辛弃疾受缚于诸般杂事,所以在面对飞

---

① 《宋史》,中华书局,1977年,第3904页。
② 同上书,第3906页。
③ 同上。

来峰、冷泉亭等景致时，觉得原本应如在家观赏一般悠闲，却只能如客人般匆匆一见，便又回到了公务中的叹息。

被大材小用的人难免心生抱怨。辛弃疾倒是没有抱怨，但惆怅必有之、苦恼必有之，以他曾快意疆场的英雄本色来说，寂寞必更加有之。有人说，真正英雄的寂寞为大寂寞，就因英雄的性格太过独立，即便有肝胆相照的友人，也绝不会栖身友人而排遣寂寞。独立是成为英雄的前提，也是英雄能展开自己思绪的前提。

既然以恢复中原为毕生之念，辛弃疾便会在无穷事务中抽暇思考自己的核心所想。

数年前的《美芹十论》没有回音，在建康所上的奏疏也没有回音——从现实看，回音不是没有，无非给了个司农寺簿的官位，但这不是辛弃疾期待的回音——那么就此作罢吗？辛弃疾从未想过要作罢。上奏未受重视，是不是展开得不够完整，表述得还有破绽？

辛弃疾终于沉下心来重新整理思绪，又动手完成了一篇《九议》的长文。

这一次，辛弃疾选择了上呈宰相虞允文。

或许认真反省了延和殿入对的经验，又或许累积了不少在天子脚下为官的经验，辛弃疾发现自己最需要的不是被天子召见，而是自己的想法有来自朝廷重臣的支持。那么，现在还有谁比宰相虞允文的支持更见力度呢？如果虞允文支持，以其备受信任和倚重的宰相身份，由他再去上呈天子，想必天子必将被他说服。

和《美芹十论》相比，《九议》的核心观点与之并无太大变化。

从"欲其胜也，必先定规模而后从事"①的立论来看，辛弃疾确定应已备战为先，而在司农寺的履职经验也使其对钱粮准备有了关注，以至直接批评国库被浪费的现象，"一岁之币，三年而郊，又二万矣。岁币、郊祀之费是不得已而为之者，其它得已而不已者，为恢复计也，然而于恢复之功，非有万分一也。非有恢复之万一而费之，则费为可惜矣"②。意思是，国家用于岁币和郊祀的费用过大，不如用于恢复之事。但节约不是唯一途径，辛弃疾为此提出了"宽民力"，认为"可以息民者息之，可以予民者予之。盖恢复大事也，能一战而胜乎？其亦旷日持久而后决也。旷日持久之费，缓急必取之民，凡民所以供吾缓急、财尽而不怨、怨甚而不变者，以其素抚养者厚也"③等。

非一日完成的文章脱稿后，辛弃疾满怀信心地上呈虞允文。就当时来说，虞允文为宰相后，确为朝廷举荐了一大批人才，如汪应辰、赵雄、黄钧、胡铨、洪适、留正、韩元吉、丘崈、晁公武、汤邦彦、尤袤、王佐等，还荐布衣李垕制科。用杨万里在《诚斋集》里的话说就是，"一时得人之盛，凛凛有庆历、元祐之风"④。杨万里此言是在虞允文去世后所撰，也可见虞允文生前身后口碑甚佳。辛弃疾对虞允文抱有指望，实属正常之事。但没想到的是，《九议》上呈之后，竟未得到半字回复。辛弃疾或许不会去想，他对朝廷提出

---

① 《辛稼轩诗文笺注》，邓广铭辑校审订、辛更儒笺注，上海古籍出版社，1995年，第60页。
② 同上书，第86页。
③ 同上书，第87页。
④ 杨万里:《诚斋集》，吕东超校点，北京大学出版社，2024年，第1696页。

批评，也就是对执掌朝政的宰相虞允文提出批评。在辛弃疾那里，批评是提醒和建议，无须顾忌，有顾忌也难以行文。这也考验了虞允文是否有宰相的真正肚量。

虞允文没有回答，也就无从知晓他的真实想法。当辛弃疾面对呈文再一次石沉大海的失落，不由拿起年初填写的《青玉案·元夕》一词，怅然重读。该词也是辛弃疾南归后写下的第一首真正意义上的代表作：

> 东风夜放花千树，更吹落、星如雨。
> 宝马雕车香满路。
> 凤箫声动，玉壶光转，一夜鱼龙舞。
>
> 蛾儿雪柳黄金缕，笑语盈盈暗香去。
> 众里寻他千百度。
> 蓦然回首，那人却在，灯火阑珊处。

元夕即元宵节，系中国传统佳节。鉴于辛弃疾是乾道六年（1170）五月至临安，又于乾道八年（1172）正月离开，该词便可推断为乾道七年（1171）元夕日所作。宋时元夕景况，从北宋阮阅编撰的《诗话总龟》中的《宴游门》中可见，"正月十五日夜，许三夜夜行……士女无不夜游，罕有居者。车马塞路，有足不蹑地，被浮行数十步者。王公之家，皆数百骑行歌"[①]。可知元夕前后的三夜都热闹非凡，从场景描述看竟是摩肩接踵，人被挤得可足不沾地。就辛

[①] 阮阅编：《诗话总龟》（前集），周本淳校点，人民文学出版社，1987年，第238页。

弃疾该词的上阕而言，字字呈现繁华，几可和北宋时相媲美，仿佛孟元老《东京梦华录》中的"雕车竞驻于天街，宝马争驰于御路"[①]的旧日重现。

但不论君臣与百姓如何尽情度节，辛弃疾面对歌舞升平之景内心仍涌上孤寂。眼前繁华如旧，却不是货真价实的都城，此时开封是如何度节的，北方民众是如何度节的？辛弃疾难免会想起自己曾在北方度过的元夕，那些节日有些记得，有些已经淡忘，但即便北方的今日也张灯结彩，也肯定不如此刻的临安所见。

写这首词时，辛弃疾到临安已有半年多了，除了结识张栻、吕祖谦等人带来些许安慰，其他之事都一言难尽。朝廷的北伐之声虽时有出现，却终不见任何准备，因而辛弃疾徒有一腔壮志，总无以得到舒展。今宋、金以"叔侄"相称，难道随着一年年时光流逝已无人觉得此为屈辱？在此元夕之时，眼前的满城灯火，倒真还令人不思刀兵。但辛弃疾从北方归来，北方宋人的惨状还历历在目，"靖康之耻"更无日不忘，实现恢复中原的理想真就遥不可及吗？在流连节庆的百姓中，有没有和自己相同志向的人呢？辛弃疾看着如画夜景，写下"众里寻他千百度。蓦然回首，那人却在，灯火阑珊处"时，便将自己在满目繁华中的孤寂表达得淋漓尽致。千载之后，今日读来，依然令人感受到辛弃疾当时的苦闷内心和难耐孤寂。

"那人"究竟是谁？或许只是辛弃疾脑海中的一个幻象，又或许是自己寂寞的身影。

距这首词填过差不多一年后，辛弃疾又上呈《九议》是对宰相

[①]《东京梦华录》，杨春俏译注，中华书局，2020年，第1页。

虞允文抱有了很大的希望，但得到的回答竟是一片沉默。也许，重读该词时，辛弃疾在苦涩中隐约感到，朝廷或许真的再也不思北伐了，有此半壁江山不一样得到了国泰民安？况且徽、钦二帝均已辞世，至于北方遗民，既无人见到，便当其不存在了。但辛弃疾亲眼见过北方，并从那里回来且无时不忘，他在《九议》中不就写有"恢复之事，为祖宗，为社稷，为生民而已"[①]之句？自宋高宗赵构登基续大统以来，为北伐叫得响的口号便是"为祖宗，为社稷"，有谁说过"为生民"？或许，辛弃疾此时只恨自己位卑职微，无以左右朝政，眼见时光日日流逝，南归转眼已近十年，竟无任何作为。后世王夫之对南宋这段时日曾冷冷讥讽道："目之所睹，耳之所闻，皆见夫世之不可抗志以相撄也，而求一深渊之区宇，以利其游泳。"[②]

给虞允文上《九议》后不久，即到了乾道八年（1172）。辛弃疾没有料到，朝廷忽于正月十四日下诏，擢其为右宣教郎，出知滁州。

就职位看，知滁州自比司农寺簿实权要大，毕竟一州之长，政务均由自己做主。但从仕途来看，司农寺在天子脚下，升官自然容易得多，因而大凡有升官之想的，谁也不愿离朝外任。不过，辛弃疾在司农寺待了一年有余，未见有丝毫提拔之象，也可知虞允文即使将其名记入《材馆录》，却仍不欲重用。辛弃疾被调离朝廷，实有明升暗降之嫌，大概这也是他上呈《九议》后的结果。

对辛弃疾来说，天子之命不可违。再说，辛弃疾在临安待得越久，失意之情越浓，能外任为地方官未必不是一件好事，毕竟当无

[①]《辛稼轩诗文笺注》，邓广铭辑校审订、辛更儒笺注，上海古籍出版社，1995年，第71页。

[②] 王夫之：《宋论》，刘韶军译注，中华书局，2013年，第755页。

以"扫天下"之时,先将一州好好治理,未尝不是踏上实现抱负的一级重要台阶。

其时,满城冬雪飘飞,江边梅花怒放,辛弃疾离开临安时回头再望。一阵风来,辛弃疾紧一紧披风,胸中涌上的是难以言说的告别之情和对明日的期待之意。当马匹终于西北而向,临安便一步步远了,遥不可见的滁州也一步步近了。未来将会如何,身边的漫天风雪虽劲,却不可能吹来一个答案。

第六章 首知滁州

——征埃成阵,行客相逢,都道幻出层楼

◎ 滁州

◎ 临安府
（杭州）

一

滁州位于安徽东部，系江北重镇，素有"江淮保障"和"金陵锁钥"之称。自金兵于靖康、建炎、绍兴年间屡次南侵，滁州也屡次成为双方的鏖战之地。辛弃疾在建康时所上的《论阻江为险须藉两淮疏》中就指出，"虏骑之来也，常先以精骑由濠梁破滁州"[1]，可见滁州为兵家必争之地。十年前，完颜亮举兵南侵，渡淮后攻取的第一州就是滁州。《宋史》以"州罹兵烬，井邑凋残"[2]八字形容战后的滁州，便指滁州经累次兵灾后已与废城无异。

辛弃疾在北方举义时，除与金军争夺的州郡有所损坏外，其他州城尚自安好。当时辛弃疾自山东南归时的路线是直入江苏，再至浙江。辛弃疾晚年填写的《永遇乐·京口北固亭怀古》中虽有"望中犹记，烽火扬州路"之句，但彼时扬州并无烽火；他后来任过职的江阴也好，建康也好，都未凋敝到鸡犬不闻的地步，至于临安甚至有了"凤箫声动，玉壶光转"的繁华气象。今一入滁州城门，辛弃疾才真切看到经历兵燹后的凄惨之状。屈指一算，宋、金两国息兵已七八年了，滁州不仅未能恢复战前气象，还因连年水旱以致没有商旅到此，经济萧条间自然"市物翔贵"，乃至"井邑郭郭，荡然成墟"。辛弃疾再入百姓的居住地巡视时，眼见"民居茅竹相比，每

---

[1]《辛稼轩诗文笺注》，邓广铭辑校审订、辛更儒笺注，上海古籍出版社，1995年，第65页。

[2]《宋史》，中华书局，1977年，第12162页。

大风作，惴惴不安"①，甚至不少人还"侨寄于瓦砾之场"②，不禁见之凄恻。

未查到辛弃疾的前任知滁州是谁，似乎其为滁州知州时没有任何重建州城生活之举。不过，从《宋会要辑稿·职官》中倒见有"权通判滁州范昂陈请"之句，可知当时的滁州通判叫范昂，而其当时"陈请"之事则是"滁州州县官到任任满"。因为范昂的上书，这才有了辛弃疾履任滁州知州一事。从辛弃疾到滁州后首个清明节所填的一首《感皇恩·滁州寿范倅》可见，范昂一直在滁州通判任上。"倅"为副手之意，即通判。

巡视过全城后，辛弃疾对范昂等人慨然说道："是可已也耶？自兵休迄今，江以北所在宁辑，鸡鸣犬吠，邑屋相接，而独滁若是，守土者过也，余何辞！"③

这句话可见辛弃疾内心的悲悯与决心。在责无旁贷的"余何辞"之下，辛弃疾迅速投入对州城的治理，制定了"招流散，教民兵，议屯田"④三种方案。其中，所谓"招流散"，即将原本居滁州的百姓重新召回；所谓"教民兵"，即从居于滁州和召回滁州的百姓中选择青壮年重新武装，教他们行军打仗之法。

在辛弃疾这里，朝廷虽与金国签订和议，但谁也不敢保证金军从此不会再南下，更何况其胸中抱负乃是北上恢复中原，"教民兵"便成了理所当然之事，毕竟自身若无准备，对方一旦兴兵，必无还

---

① 辛更儒编：《辛弃疾资料汇编》，中华书局，2005年，第24页。
② 同上书，第26页。
③ 同上。
④ 《宋史》，中华书局，1977年，第12162页。

手之力。辛弃疾不会忘记，他在建康上疏时曾有"守城必以兵，养兵必以民"以及"以十万之民供十万之兵"之议。辛弃疾当时的方案只能依托他人方才能实现，但如今他自己可放开手脚施行，且自不会将所有青壮年组为武装，一半为兵、一半为民是分配重点。另，辛弃疾在此处"屯田"并非单纯养兵，若想一改滁州凋敝之状，屯田则是必须之事。

不过，滁州数年颓废不治，绝非辛弃疾振臂一呼就能使流民回归、武装再建、屯田立行。滁州原为偏僻之地，"较之两淮，实为下郡"①，况且疮痍满目间又哪是辛弃疾一声令下就可立竿见影的呢？地方经济不发展，拟订任何方案都无异于画饼充饥。

为使流民回归，辛弃疾采取了几个主要步骤：一是上书朝廷，请求免去滁州百姓欠纳官府的各项钱银"五百八十万有奇"；二是下令从滁州过境的商旅，按规定应缴纳给官府的费用"减旧之十七"；三是组织人陶瓦伐木，给百姓贷款，用以修建新居。另，由于城内原有的酒肆在战后沦为废墟，乃至"市区寂然，人无以为乐"，辛弃疾决定自己出钱修建新馆。在辛弃疾看来，"凡邸馆所以召和气，作民之欢心也"②。

新馆落成后，辛弃疾将其命名为"繁雄馆"。因馆为酒肆所用，辛弃疾又索性在馆旁再修客舍，里面"宿息屏蔽，罔不毕备，纳车聚柝，各有其所"。此举果然有效，繁雄馆和客舍使"四方之至者，不求皆予之以归"，一时"流逋四来，商旅毕集，人情愉愉，上下绥

---

① 辛更儒编：《辛弃疾资料汇编》，中华书局，2005年，第23页。
② 同上书，第26页。

泰，乐生兴事，民用富庶"①，加上该年滁州夏麦大熟，乃至"商旅坌集，榷酤之课倍增"②，流亡在外的滁州民众纷纷归来，人气终于重新转旺。

眼见半年之功，滁州"居者已宁，流者以还"，民众均"归服田垄"，原来的"荒陋之气一洗而空"，辛弃疾心中大慰，但也深觉仅有酒肆和客舍尚且不够。为使州人有"岁时登临歌舞之所"，辛弃疾遂又在繁雄馆上再建楼宇，取名为"奠枕楼"。楼成之日已至秋天，辛弃疾站在楼上举酒，对身边百姓说道："今日之居安乎？壮士擐甲胄，弱者供转输，急呼疾步，势若星火，时则思太平无事之为安……吾与父老登楼以娱乐，东望瓦梁清流关，山川增气，郁乎葱葱，前瞻丰山，玩林壑之美，想醉翁之遗风，岂不休哉。"③

面对奠枕楼的落成，辛弃疾的心情极为喜悦，提笔给二千里外的友人严焕去信嘱其为楼撰文。严焕是辛弃疾在建康府时相交甚厚的东厅通判，其时已迁知江阴军。接信后，严焕不敢草率，即委托"学问该通，辞藻华赡"④的平江府教授崔敦礼代笔，后者提笔撰来《代严子文滁州奠枕楼记》一文。对辛弃疾来说，收到记文后自是欣喜，却没料更为欣喜的事也随之而来了。

---

① 辛更儒编：《辛弃疾资料汇编》，中华书局，2005年，第26页。
② 同上书，第24页。
③ 同上书，第26页。
④ 史浩：《鄮峰真隐漫录》卷九，载《史浩集》，俞信芳点校，浙江古籍出版社，2016年，第183页。

二

前文曾叙，辛弃疾尚为江阴签判时，相交过一以"兄事之"的山东籍友人周孚。在得知辛弃疾履任知滁州后，周孚写来一首《寄辛滁州》的赠诗，从其中"遥知风韵如前辈，可有篇章忆故人"句可见，时为真州（今江苏省仪征市）州学教授的周孚对辛弃疾一直心怀眷念。当奠枕楼落成后不久，周孚从真州特意赶至滁州与辛弃疾会面。

故友相逢，辛弃疾自是大喜。恰在此时，滁州辖下的全椒县有个叫智淳的僧人见辛弃疾到任后，"疆事清理，年谷顺成"[1]，也前往滁州将家藏至宝《王昱帖》赠送给辛弃疾。据周孚《蠹斋先生铅刀编》记载，该帖系宋太祖赵匡胤还在周世宗朝中任检校太尉时，给部将王昱亲写的一纸任命书。智淳称该帖于"政和八年始取归禁中，后以石本赐天庆观"[2]。政和八年（1118）尚是宋徽宗年间，可见该帖实为智淳家传之宝，连天庆观也只以拓本相赠，却将真迹给了辛弃疾。

辛弃疾在感慨中展开宋太祖笔墨，遥想百余年前的先人雄风，不禁神往。王昱虽然并非赵匡胤麾下名将，其生平行事也不可考，但辛弃疾仍有"当此之时，凡执羁绁奔走从命者，皆一时之杰"[3]的

---

[1] 辛更儒编：《辛弃疾资料汇编》，中华书局，2005年，第26页。
[2] 邓广铭：《辛稼轩年谱》，载《辛弃疾传 辛稼轩年谱》，生活·读书·新知三联书店，2007年，第152页。
[3] 同上。

浩叹生发。

因"惧其湮没",辛弃疾遂请周孚在帖下撰一跋文,使之"托以不朽"。

辛弃疾自身才华出众,却请周孚在如此重要物件上题文,可见其对周孚始终未失尊敬。另外,当时朝廷催征上供钱,辛弃疾奏请朝廷免除后,又请周孚代笔写谢呈。对周孚来说,其心情愉悦,不仅因得辛弃疾重视,还得辛弃疾介绍友人相识。当时,在滁州居住的有个叫李清宇的延安人,常与辛弃疾结伴同游。按辛更儒先生考证,李清宇很可能是当时的滁州属官李扬。李清宇"出宦十年,而穷愈甚",可见人品清廉。周孚称自己与李清宇"语甚欢……鲜有不与予同者"[1],可推断周、李二人自一见如故。秋深时,辛、周、李三人同登奠枕楼望远,豪兴顿生间,李清宇挥毫填了首《声声慢》。辛弃疾步其韵,也填了首《声声慢·滁州旅次,登奠枕楼作,和李清宇韵》。

该词流露出辛弃疾当时的心境:

> 征埃成阵,行客相逢,都道幻出层楼。
> 指点檐牙高处,浪涌云浮。
> 今年太平万里,罢长淮、千骑临秋。
> 凭栏望,有东南佳气,西北神州。
>
> 千古怀嵩人去,还笑我、身在楚尾吴头。
> 看取弓刀陌上,车马如流。

---

[1]《辛弃疾集编年笺注》,辛更儒笺注,中华书局,2015年,第535页。

从今赏心乐事，剩安排、酒令诗筹。

华胥梦，愿年年、人似旧游。

欧阳修的千古名句"环滁皆山也"（《醉翁亭记》），表明滁州四面是山。辛弃疾落笔为"征埃成阵"，其视野顿见开阔。秋日落叶尽凋，裸露的山色如尘埃，辛弃疾本能地将其视为征尘，可见奠枕楼不低。辛、周、李三人仰视长空，尽情指点，如今宋、金两国息兵，只有浓云如千军万马奔腾，这使得三人看过如今太平的"东南佳气"后，又转头眺望沦陷已久的"西北神州"，足见辛弃疾内心不忘恢复之意。词到下阕时，辛弃疾笔锋突转，以大唐名相李德裕曾在滁州修建的怀嵩楼来对应自己所建的奠枕楼。辛弃疾绝非比较怀嵩、奠枕二楼异同，而是感叹李德裕早为故去先人，自己仍活在"楚尾吴头"的滁州，内中深意是自己依然能在此"看取弓刀陌上，车马如流"，还能安排"酒令诗筹"的"赏心乐事"。自然，"乐事"并非娱己，是因能继续实现滁州未来的"华胥梦"，若天下从此太平，何尝不是一种抱负的实现？"愿年年、人似旧游"是天下百姓的理想，也是辛弃疾的理想。当后人阅读这首辛词中难得一见的纵情畅意之作时，实能体会辛弃疾内心坦荡至诚的一面。

登楼赋词时，有友人相伴；到当年冬日时，又有亲人来看望辛弃疾。来人是辛弃疾的岳父范邦彦及妻舅范南伯。范邦彦此时已年过古稀，自南归京口数年后，被授为湖州签判，任满后改签书镇江军节度使判官厅事，后再召赴都堂审察，现为通州通判。至于范南伯是何性情，从其笔下"略无资身策，而有忧世心。穷途每为恸，抱膝空长吟"的诗句来看，也是受父亲范邦彦影响而心怀壮志之人。

亲朋好友俱在，辛弃疾的内心如何能不兴奋呢？范氏父子来后不久，恰逢范南伯生日，辛弃疾遂在奠枕楼为其庆贺，并填下《西江月·为范南伯寿》一词相赠。该词如下：

秀骨青松不老，新词玉佩相磨。
灵槎准拟泛银河，剩摘天星几个。

奠枕楼头风月，驻春亭上笙歌。
留君一醉意如何？金印明年斗大。

从上阕来看，能见出辛弃疾酒酣情动，席间即兴挥毫，一种"吾狂耳"的性情已若隐若现。从下阕看，似劝范南伯投身官场。此意自非盼其升官发财，而是有志者应走出将入相之途，方可实现平生志向。从中可见，辛弃疾与范南伯虽为郎舅，却彼此豪情相对，惺惺相惜。

在辛弃疾与众人相聚时，还说过一句令人震惊的话："仇虏六十年必亡，虏亡而中国之忧方大。"[①] 意思是，金国六十年内必亡，但金国若亡，中国将面临更大的忧患。

此言不可能不令人意外，辛弃疾的志向人人皆知，金亡自是他心中所愿，但为何金亡之后中国的忧患会更大呢？从事实看，金国于宋理宗绍定六年（1233）亡于宋、蒙联军，距辛弃疾说出此言的乾道八年（1172）刚刚过去六十年。当彼时宋理宗赵昀正兴奋于自己洗刷了百年前的靖康之耻时，没料中国随即面对的是比金国更为可怕的蒙古帝国，后者不像金国一样只索银夺地，而是干净利落地

[①] 辛更儒编：《辛弃疾资料汇编》，中华书局，2005年，第133页。

灭掉了宋朝。这是中原汉人政权史无前例地第一次亡于异族,影响之深远,以王夫之的话说就是"裂天维、倾地纪、乱人群、贻无穷之祸"①。辛弃疾早早预感到崛起于草原的蒙古帝国对中原汉人政权的威胁,是其惊人的历史预判,乃至宋理宗景定五年(1264)时,建康考官谢枋得在江东漕试北方诸生时,借所拟问卷发出"惜乎斯人之不用斯世也。诸君亦有义气如幼安者,百尺楼上,岂可不分半席乎"②的感叹。

辛弃疾能做出如此预判,一是源于对金国的了解,二是对南宋朝廷的了解。

也就在此时,南宋朝廷又有了新的变化。

三

在辛弃疾至滁州履任八个月后,朝中最大的事便是虞允文罢相。

事情起始于赵昚诏令选谏官,职责在身的虞允文推荐李彦颖、林光朝、王质三人面圣入对。按《续资治通鉴》的说法,虞允文举荐的三人"皆鲠亮,有文学,为时所推重"③,但被赵昚拒用。当时赵昚心里的算盘是准备用曾觌举荐之人。虞允文自然坚持己见,赵昚依旧不从,于是虞允文干脆提出辞相。赵昚虽然同意,但还是改命虞允文为少保、武安军节度使、四川宣抚使,封雍国公。同时,赵昚还效仿前朝对待李纲之事,亲自"御正衙,酌卮酒赐之",允

---

① 王夫之:《宋论》,刘韶军译注,中华书局,2013年,第947页。
② 辛更儒编:《辛弃疾资料汇编》,中华书局,2005年,第134页。
③ 《续资治通鉴》第二册,岳麓书社,1992年,第983页。

许虞允文从"殿门乘马持节而出"[1]。由此可见，赵昚对虞允文并无不满。

但接下来的事就令赵昚震怒非常了。当虞允文陛辞时，赵昚嘱其从四川出师，与自己御驾亲征的大军会师河南。这是赵昚再一次下定的北伐之心。赵昚还特意强调了一句，"若西师出而朕迟回，即朕负卿；若朕已动而卿迟回，即卿负朕"[2]。从事后来看，到四川就任的虞允文没有任何动作，哪怕赵昚密诏询问，仍然一边信誓旦旦地表示自己"安敢趣师期为乱阶乎"[3]，一边又以"军须未备"[4]为由搪塞作答。直到两年后虞允文去世，他始终未响应朝廷此次两路进兵的方案。

辛弃疾即使无时无刻不关心朝政，对赵昚曾计划的两路进兵谋略还是未必知晓。对已在偏州的辛弃疾来说，即便知晓，恐怕除了上疏提出自己的看法，也左右不了任何结果。很明显的是，哪怕辛弃疾在滁州政绩斐然，却仍不愿长任，毕竟在此偏僻之地无以施展抱负。因此，在知滁州翌年，即乾道九年（1173）冬，辛弃疾上疏"乞将滁州依旧作极边推赏"。

从《宋会要辑稿·职官》中可见，"乾道九年十一月二日，吏部言：权发遣滁州辛弃疾乞将滁州依旧作极边推赏，参照滁州至淮百六十里，舒州至淮六百里，蕲州至淮九百十五里，若以滁州止依蕲州、舒州推赏，地理既殊，轻重不论。今相度欲将滁州州县官比

---

[1]《续资治通鉴》第二册，岳麓书社，1992年，第983页。
[2] 同上。
[3] 杨万里：《诚斋集》，吕东超校点，北京大学出版社，2024年，第1697页。
[4]《宋史全文》，汪圣铎点校，中华书局，2016年，第2131页。

附极边推赏：到任减磨勘一年，任满减磨勘二年。从之"①。所谓"极边推赏"，与履任期限有关。两宋规定"文职三年一迁，武职五年一迁"，即为磨勘。吏部之意则是，官员到什么地方，磨勘期限和该州郡相关。吏部比较了滁州、蕲州（今湖北省黄冈市蕲春县）和舒州（今安徽省六安市舒城县）分别到淮河的距离，认为三地知州的履任期限应一致，即磨勘减少一年，两年可算任满，作为"推赏"。

从辛弃疾上疏中的"依旧"能知，以往在滁州任知州的，均两年即满。因此，辛弃疾提出"依旧极边推赏"，意思是自己在滁州已经两年，可另任他处了。从吏部回复看，朝廷应允了辛弃疾的请求，并随即命其为江东安抚使参议官。

辛弃疾得知又将回到曾任通判之地的建康后颇为振奋，尤其得知建康府安抚留守为叶衡时则更为喜悦。当年辛弃疾为建康府通判时，叶衡为总领淮西江东军马钱粮兼提领措置营田，二人不仅相交甚厚，而且叶衡对辛弃疾的才华也素来看重。如今能与叶衡再度相处，辛弃疾兴奋之下又请周孚代写一封贺信寄叶衡，从其中"适以筋骸之疢，退居闾里"②句可知，当时辛弃疾因患病在身正于京口养病。

待辛弃疾病愈时已到了第二年，即淳熙元年（1174）二月。时值春暖花开、万物复苏，一切生机重现。满怀喜悦之情的辛弃疾前往建康上任，不料一件突发之事令他的心情又怅然若失起来。

---

① 邓广铭：《辛稼轩年谱》，载《辛弃疾传　辛稼轩年谱》，生活·读书·新知三联书店，2007年，第153页。

② 同上书，第154页。

第七章 百日平寇

——郁孤台下清江水,中间多少行人泪

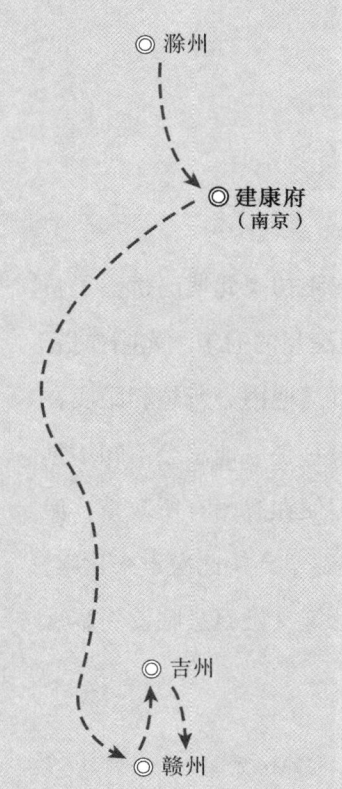

◎ 滁州

◎ 建康府
（南京）

◎ 吉州
◎ 赣州

一

《景定建康志》写得清楚:"淳熙元年正月二十六日,敷文阁学士左朝散大夫叶衡知府事,提举学事,兼管内劝农营田使。二月召赴行在。"[1]这句话说得清楚,叶衡于正月二十六日到建康,未过几天,又在二月被召赴临安了。是以辛弃疾到建康时,叶衡已然离开。当辛弃疾重上数年未见的赏心亭时,其失意之情化为一首《菩萨蛮·金陵赏心亭为叶丞相赋》落于纸上:

> 青山欲共高人语,联翩万马来无数。
> 烟雨却低回,望来终不来。
>
> 人言头上发,总向愁中白。
> 拍手笑沙鸥,一身都是愁。

当辛弃疾独自登临赏心亭时,自会想起距初来此地已过去了整整七年,而这七年是其至建康、居临安、履滁州的七年。光阴弹指,或有人赞许辛弃疾数年勤政之事,但这些事与他内心所想相距实在太大,而时光过一年便是蹉跎一年。辛弃疾每到一地总会不知不觉地对该地抱有希望,结果却是陷身杂务,即便在滁州有所政绩,但百里之地终究容纳不了他的毕生宏愿。也许,辛弃疾此次重来建康,原本怀抱"欲共高人语"的期待,却不料叶衡又被召赴临安。临水

---

[1] 周应合:《景定建康志》,南京出版社,2009年,第316页。

照影间，辛弃疾见三十五岁盛年的自己已隐见白发，"一身都是愁"虽是对沙鸥浑身皆白即浑身皆愁的戏谑，但能体会的是辛弃疾内心愁绪弥漫。

但辛弃疾终究不是沉浸低落愁绪之人，虽然他有愁绪不假，根源却是国家与天下，必然是要超越寻常人的伤春悲秋。是以当辛弃疾于夏末初秋时再登赏心亭时，有感而填的《水龙吟·登建康赏心亭》就完全打开了心迹。

这首词在辛弃疾的全部词作中也堪为出类拔萃之作：

楚天千里清秋，水随天去秋无际。
遥岑远目，献愁供恨，玉簪螺髻。
落日楼头，断鸿声里，江南游子。
把吴钩看了，栏杆拍遍，无人会，登临意。

休说鲈鱼堪脍，尽西风，季鹰归未？
求田问舍，怕应羞见，刘郎才气。
可惜流年，忧愁风雨，树犹如此！
倩何人唤取，红巾翠袖，揾英雄泪？

该词最令人动容的是上阕最后的"把吴钩看了，栏杆拍遍，无人会，登临意"句，一股无人能理解的寂寞感从字里行间喷涌而出。自古知己难求，茫茫天地，谁可为辛弃疾毕生知己？周孚等友人固然与辛弃疾情谊不浅，但友人不等于知己。辛弃疾远望落日归鸿，一腔难与人言的悲愤不觉萦绕心头，恢复中原的梦想随着光阴一年年流逝而不知何时方能实现。难道朝廷真的已忘记靖康之耻了吗？难道自己仍将继续"三年一迁"的磨勘，就此一年年虚度年华吗？

今日朝廷，究竟在作何之想？

辛弃疾当时尚不能预料，叶衡入京对自己的命运会有所改变。

刚至建康又匆赴临安的叶衡，于四月擢为户部尚书、签书枢密院事，又过两月于六月再擢参知政事，便是宰执了。关于辛弃疾后得叶衡举荐而入临安的时间，大多数人易从《宋史·辛弃疾传》中记载的"衡入相，力荐弃疾慷慨有大略"[1]来判断为十一月，因叶衡是该月擢为右相兼枢密使的。但辛弃疾十一月不应该还在建康，否则他不可能在八月填有《摸鱼儿·观潮上叶丞相》一词，而"观潮"即为观天下闻名的钱塘江大潮。郑骞先生以"宋制，宰执新除，例得荐二人"为凭，认为辛弃疾二赴临安是叶衡六月擢为参知政事后举荐所致；邓广铭先生对《宋史·辛弃疾传》中的"衡入相，力荐弃疾"句也提出了"非必确在十一月为右丞相之后也"[2]的观点。

就此来看，辛弃疾入临安，或在六月至八月当中。到临安后，辛弃疾迁为仓部郎中。该职在《宋史·职官志》写得清楚，"参掌国之仓庾储积及其给受之事"，即掌管国家粮仓的积蓄以及如何发放和征收，"凡诸路收籴折纳，以时举行；漕运上供封桩，以时催理；应供输中都而有登耗，则比较以闻"[3]。具体说来，就是对仓场、粜籴、给纳、知杂、开拆六件事的管理。

---

[1]《宋史》，中华书局，1977年，第12162页。
[2] 邓广铭：《辛稼轩年谱》，载《辛弃疾传 辛稼轩年谱》，生活·读书·新知三联书店，2007年，第157页。
[3]《宋史》，中华书局，1977年，第3850页。

对有过司农寺簿经验的辛弃疾来说，仓部之事做起来自驾轻就熟。但为仓部郎中自非辛弃疾心中所愿，从他当时填写的一首《满江红·西湖和人韵》收笔句"醉中休问，断肠桃叶消息"可见，其心情实为郁闷。

在仓部郎中位上待得一年左右，淳熙二年（1175）六月中旬，朝廷忽然下诏命辛弃疾出为江西提点刑狱，节制诸军。这便是给辛弃疾军权了。

难道经过一年左右的观察，朝廷以为辛弃疾可从江西统军北上了？

答案并非如此。

二

事情起始于淳熙二年（1175）四月时，有个叫赖文政的茶商纠集一批人马起事。从湖北到湖南，又从湖南到江西，赖文政数次击败官军。江州都统皇甫倜招降未果，朝廷遂于五月诏命鄂州都统李川入江西讨捕茶寇。当赖文政再次击败李川后，新江西路提点刑狱方师尹因六月十一日调往别处，剩下的官员竟都迁延他处，各自以保性命为上策。经叶衡举荐，朝廷于六月十二日命辛弃疾为江西提刑，统一指挥诸军讨捕茶寇。

赖文政原为茶商。商人历来信奉的是和气生财，比普通百姓更惧战乱，但现在一群做生意的茶商居然聚众叛乱，这就有必要先谈谈赖文政的起事原因。

无人不知的是，唐人喜酒，宋人好茶，而有喜好便有市场，有市场便有利润。当时茶商将茶叶从江南运至西北出售,利润多达数倍,是以茶商日渐兴盛。自宋太宗雍熙年间(984—987)开始,茶税便为朝廷重要收入之一。到至道元年(995),赵光义旨令西京作坊使杨允恭为江南、淮南、两浙发运兼制置茶盐使,至第二年茶税收入就达到五十万八千余贯。此后,茶税收入年年递增,到宋真宗大中祥符五年(1012)时,朝廷茶税收入为二百余万贯,下一年为三百万贯,再下一年为三百九十万贯,乃至西北兵费不足时竟"以茶偿之"。朝廷对茶税的重视,导致"天下茶皆禁,唯川峡、广南听民自买卖,禁其出境"[①]的法令出台。

洪迈在《容斋随笔》中对四川茶事有所讲述。宋神宗熙宁七年(1074)时,正是王安石变法到高潮之际,朝廷命三司干当公事李杞和蒲宗闵到"茶园不殖五谷,惟宜种茶"的四川"经画买茶"[②]。李杞、蒲宗闵二人一到四川,即与都官郎中刘佐一起"创设官场,岁增息为四十万"。朝廷虽然从中获利,导致的结果却是"蜀茶尽榷,民始病矣"[③]。当时,知彭州吕陶就上奏说道:"天下茶法既通,蜀中独行禁榷。况川峡四路所出茶货,比方东南诸处,十不及一。诸路既许通商,两川却为禁地,亏损治体,莫甚于斯。且尽榷民茶,随买随卖,或今日买十千,明日即作十三千卖之,比至岁终,不可胜算,岂止三分而已。佐、杞、宗闵作为敝法,以困西南生聚。"[④]

[①]《宋史》,中华书局,1977年,第4478页。
[②]洪迈:《容斋随笔》,穆公校点,上海古籍出版社,2014年,第395页。
[③]《宋史》,中华书局,1977年,第4498页。
[④]洪迈:《容斋随笔》,穆公校点,上海古籍出版社,2014年,第395页。

吕陶的奏疏引起重视后,朝廷虽将刘佐免官,但其也因此得罪朝廷。关于茶税的问题变得敏感,乃至侍御史周尹再论"榷茶为害"时,竟被立刻贬为湖北提刑;利路漕臣张宗谔和张升卿也建议"废茶场司,依旧通商"后,取代刘佐为都官郎中的国子博士李稷干脆"劾其疏谬,皆坐贬秩"。朝廷依靠在四川所建的茶场,在五年内"获净息四百二十八万缗"[1]。

当赵构君臣南渡后,因养兵所需增设了大量征税名目,茶叶税因利润丰厚自首当其冲。其标志性事件还是从四川开始,时为管理四川财赋的统领赵开于建炎二年(1128)"大更茶马之法","改成都旧买卖茶场为合同场买引所","其合同场监官除验引、秤茶、封记、发放外,无得干预茶商、茶户交易事"。[2]此法一行,朝廷两年后便得四川"茶引收息至一百七十余万缗,买马乃逾二万匹"[3]。在赵开那里,"无得干预茶商、茶户交易"的话听起来漂亮,但前提是由官方派监官进行"验引""发放",这就使官方对茶叶专卖进行了垄断。朝廷由此得利,至于茶商的受损程度则无人关注。

对于朝廷对茶税收入的倚重程度,《宋史·食货志》里有句话说得清楚,"宋之经费,茶、盐、矾之外,惟香之为利博,故以官为市焉"[4]。意思是,朝廷经费出自茶、盐、矾、香料四种税收,均由官方设置市场。作为排在首位的茶,朝廷自然不允许民间染指,还以"捕私茶法视捕私盐"的手段打击茶商,严令私人不许藏茶,一

---

[1] 洪迈:《容斋随笔》,穆公校点,上海古籍出版社,2014年,第395页。
[2]《宋史》,中华书局,1977年,第11597页。
[3] 同上书,第11597—11598页。
[4] 同上书,第4537页。

第七章 百日平寇 181

经发现即判处重罪，甚至还鼓励民众"凡告捕私茶皆有赏"[①]。到绍兴二十一年（1151），当时宰相秦桧等人进《茶盐法》并审订成书。

但"约束愈密而冒禁愈繁"[②]，哪怕每年报至刑部判死刑的茶商"不可胜数"，在利益驱使下铤而走险的茶商仍层出不穷。到赵昚登基后的第三年，即隆兴二年（1164），淮东宣谕钱端礼上奏建议："商贩长引茶，水路不许过高邮，陆路不许过天长，如原往楚州及盱眙界，引贴输翻引钱十贯五百文，如又过淮北，贴输亦如之。"[③]意思是，茶商既然屡禁不止，不如睁只眼闭只眼，增加他们应缴纳的税额，即输翻引钱即可。钱端礼奏疏中的"又过淮北"句表明，当时茶商采取的对策是干脆将茶叶贩至金国，因当时茶叶产于浙东、浙西、江苏、江西、湖南、湖北、福建、淮南、广东、广西，在金国自是物以稀为贵，利润更为丰厚，以致"民之犯法者自若也"。[④]

到乾道二年（1166）时，户部又上疏，建议再增茶叶税额，理由是既然"商贩自榷场转入房中"，那么朝廷须对应而加重税，名目为"除输翻引钱，更输通货偿息钱十一缗五百文"[⑤]。这些法令颁布后，茶商已无利可图，还使大量中小茶商破产，竟至"园户有逃而免者，有投死以免者，而其害犹及邻伍"[⑥]。对茶商而言，无利可图也就等于被逼得无路可走，是以江西、两湖茶商相聚为盗，并推举荆南"茶驵"赖文政为首。当时赖文政已到花甲之龄，因老谋深算，

---

①《宋史》，中华书局，1977年，第4508页。
②同上书，第4494页。
③同上书，第4508—4509页。
④同上书，第4509页。
⑤同上。
⑥同上书，第4500页。

茶商皆服。按《宋史·辛弃疾传》的说法，赖文政起事后，率部杀吏掠民，褪身为不折不扣的"剧盗"。

在辛弃疾那里，他渴望的疆场原是北方，但朝廷既然下旨，也只得赴江西上任，以应对赖文政的茶商军。

三

辛弃疾淳熙二年（1175）六月接旨，七月初抵江西赣州后，即投入进击茶商军之事。数月后已至十月冬日，辛弃疾给朝廷上了一书——这也是辛弃疾唯一存世可见的纸本书法真迹《去国帖》，其铁画银钩、笔力刚健地写道："弃疾自秋初去国，倏忽见冬。詹咏之诚，朝夕不替。第缘驰驱到官，即专意督捕，日从事于兵车羽檄间，坐是倥偬，略亡少暇。起居之间，缺然不讲，非敢懈怠，当蒙情亮也。指吴会云间，未龟合并，心旌所向，坐以神驰。"可见辛弃疾到赣州后，立即殚精竭虑地投入督捕之事，几无任何空闲。

就当时形势而言，茶商军主要出没于吉州（今江西省吉安市）永新县界禾山一带，朝廷命辛弃疾上任的同时，还另诏令王琪、皇甫倜率兵搜捕，明确称"捕杀贼首之人，每人捕获或杀贼首一名，特补进武校尉，二人承信郎，三人承节朗，四人保义郎，五人成忠郎，各添差一次，五人以上取旨优异推恩。二人以上立功，即行分赏"[1]。

---

[1] 邓广铭：《辛稼轩年谱》，载《辛弃疾传 辛稼轩年谱》，生活·读书·新知三联书店，2007年，第158页。

封官许愿，自能激发士气。但事与愿违，七月下旬，朝廷就将"轻率冒进"而"致贼走窜"的明州观察使、江南西路兵马总管贾和仲除名勒停并发配贺州编管，举荐贾和仲的知隆兴府汪大猷则降为龙图阁待制。以赵眘震怒下的最初之想，不杀贾和仲"无以警诸将"，但最后考虑到"诛之却恐将士临阵退缩"①才以发配贺州了事。

官兵拿不下赖文政，是不是茶商军兵强马壮呢？从侍讲兼兵部侍郎周必大八月一日的上疏可见，茶商军只有微不足道的"四百辈无纪律之夫"。另外，赖文政也极尽讥讽之能事，称自己"非有坚甲利兵也，又非有奇谋秘画也，不过陆梁山谷间转剽求生耳。自湖北入湖南，自湖南入江西，今更睥睨二广，经涉累月，出入数路，使帅守监司路分将官稍有方略，用其所部之卒，自可殄灭，顾乃上烦朝廷，远调江鄂之师，益以赣吉将兵，又会合诸邑土军弓手，几至万人，犹未有胜之之策，但闻总管失律，帅臣拱手，提点刑狱连易三人，其他将副巡尉奔北夷伤之不暇。小寇尚尔，倘临大敌，则将若何"②。

赖文政的言语自是嚣张，但他说得也没错，茶商军只有未经训练过的四百武装，却屡创官军，还摆出进攻两广之势。反观朝廷，不仅动用江、鄂、赣、吉及本地五处之兵，士卒近万，还三易统帅，仍对之无可奈何。这样的官军又如何能与金兵交战？

辛弃疾上任之后，即清点各地官员。时有江州都统皇甫倜，江南西路转运副使程大昌、钱佃、李焘，知赣州陈天麟，赣州通判罗

---

① 《宋史全文》，汪圣铎点校，中华书局，2016年，第2165页。
② 邓广铭：《辛稼轩年谱》，载《辛弃疾传 辛稼轩年谱》，生活·读书·新知三联书店，2007年，第158—159页。

端良，赣州县丞孙逢辰，知吉州王濆，龙泉县令范德勤，瑞金县令张广，宜春尉彭龟年，萍乡统制解彦祥，统领梁嘉谋、张兴嗣、筠州军事判官倪正甫，管界巡检马熙，另有帅属钱之望、兴国尉黄倬以及入辛弃疾幕府的何同叔。知赣州陈天麟只比辛弃疾早上任两个月，为其出谋划策和给饷补军。自茶商军入江西以来，各地慌乱，陈天麟甫一上任便"预为守备，民恃以安"，可见"治郡不用威刑"①的陈天麟颇富智谋。另饶舌一句，江南西路转运副使李焘即《续资治通鉴长编》作者，是岁曾进书稿于朝廷，但非全稿。其最后的完稿达九百八十卷（今存五百二十卷），到两年后的淳熙四年（1177）才脱稿。此为题外话，略过不表。

见江西文武不缺，辛弃疾下令招兵，但对士卒的要求是"要一可当十者"。不料，辛弃疾一见所征军士便吃了一惊，营内征来的无不为老弱之卒，且不说不能以一当十，能不能以一当一都是问题。辛弃疾问黄倬和钱之望缘故，得到的回答是"只拣得如此"，想要的青壮之士无不被"诸处借事去"。辛弃疾答了句"老弱不汰可虑"②，将士卒数量大增，以便以多击少。但此举按周必大的奏议所言，难免惹来"不惟拣择难精，兼倍费粮食"的朝议，好在周必大对辛弃疾的认识不可谓不深，称"但观其为人，颇似轻锐，亦须戒以持重"③。意思是，辛弃疾看似冲动，实有稳重的一面，朝廷无须过多干涉。

---

① 《辛弃疾集编年笺注》，辛更儒笺注，中华书局，2015年，第580页。
② 《朱子语类》，岳麓书社，1997年，第2436页。
③ 邓广铭：《辛稼轩年谱》，载《辛弃疾传 辛稼轩年谱》，生活·读书·新知三联书店，2007年，第160页。

招兵日多，老弱中也多少有些青壮。辛弃疾从中再召敢死之士，拟建一支千人亲兵。首先报名的是一个叫张忠的壮士，随即又有十八人报名。日后，首入敌阵接引大军的便是张忠。此外，辛弃疾还以孙逢辰之谋，以赣卒和郴桂弓手组成敢死军，分派偏将，或扼住茶商军要冲，或驰逐山谷间，另命荆鄂之师养威持重，乘茶商军疲惫之时主动出击。

终于击败茶商军始于八月二十九日。当天，萍乡统制解彦祥得到从吉州安福出发的茶商军将由良予坑过萍乡的消息，遂命四名军士外出侦察。果然，四名侦察兵在东冈一周姓人家的鱼塘边与茶商军相遇，双方立即动起手来。侦察兵寡不敌众，有两人当场被杀，逃脱的另两人急忙上报。解彦祥立刻以管界巡检马熙之兵为向导，提大军赶赴东冈迎战。

当时茶商军已占据周氏门前田亩，因田内淤泥遍布，茶商军未能及时逃脱。解彦祥下令放箭，茶商军中一为首的长髯老者奋身在前，被解彦祥一箭射倒在淤泥中，几个军士立刻上前割下其首级，同时又击毙一嘴唇受伤的茶寇。剩余的茶商军士气大挫。这一战，从上午巳时战至黄昏酉时。茶商军丢下十二具尸首，其余的趁天色昏暗逃脱。这时，马熙也提军过来追袭，茶商军一路溃退，东逃至安福高峰寺。士气大振的解彦祥哪里肯放过如此良机，率兵一路追至安福。随后，茶商军又从永新县南逃至兴国县。

坐镇赣州的辛弃疾也一刻未闲。在茶商军刚去萍乡时，辛弃疾已探知另有茶商军盘踞安福白云寺，遂命萍乡尉彭龟年入安福展开攻击。后者率军至白云寺时，茶商军刚刚退走。扑了个空的彭龟年找来当地人询问，才知茶商军占据在距此二十里外的高峰寺已有三日，死伤者达四五十人之多。当时山上有个叫彭道的土豪也奉辛弃疾之命率人入山中搜索，果然在一些堆起的落叶下发现不少茶商军尸首，要么因重伤而死，要么因伤被自己人所杀以免拖逃跑者的后腿。

此战之后，原本人数不多的茶商军就此一蹶不振。

眼见茶商军覆灭在即，辛弃疾决定一鼓作气，亲率以张忠为首的敢死军追入兴国县。损兵折将的赖文政知大势已去，率残部再逃往瑞金。瑞金知县张广早已严阵以待，使赖文政"自兴国抵瑞金不能三十里"，便成困兽之斗了。在张忠的一马当先之下，敢死军将赖文政余部再次击溃，抓获不少俘虏。在审问俘虏时，得到的回答是他们均称自己并非凶逆，若朝廷能给生路则都愿意投降。按《赣州府志·名宦》中"弃疾奏：今成功，实天麟之方略也"[1]的说法看，辛弃疾在审俘后定下的招降之计应出自陈天麟的谋划。其计也不复杂，乃命兴国尉黄倬去见赖文政，劝其投降。此时赖文政已走投无路，见黄倬奉命前来劝降，便说道："望此久矣，苟得晓事文官来，即当随往。"[2]

赖文政投降后，辛弃疾将其押回赣州斩首，时为淳熙二年（1175）九月。

不过，按罗大经在《鹤林玉露》中的说法，众茶商推举赖文政为首领时，赖文政曾拒绝道："天子无失德，天下无他衅，将欲何为？"但众茶商不听，"以刃胁之"，赖文政才被迫答应，而且赖文

---

[1]《辛弃疾集编年笺注》，辛更儒笺注，中华书局，2015年，第580页。
[2] 邓广铭：《辛稼轩年谱》，载《辛弃疾传 辛稼轩年谱》，生活·读书·新知三联书店，2007年，第162页。

政心知"事必不济",便预先找到和自己相貌颇似的刘四并命其"执役左右"。当决定投降后,赖文政与黄倬谈好"约日束兵"时应与辛弃疾见过面,才有回来对手下所说"辛提刑瞻视不常,必将杀我"之言。赖文政不甘引颈就戮想再次逃跑,手下认为已无路可走,但赖文政又说了句"宁断吾首以降,死先后不过数日耳",其手下闻之不忍便将刘四斩首,称是赖文政首级献给辛弃疾,赖文政"竟遁去。官军迄不知其首级之伪为也"[①]。

四

不论赖文政是被辛弃疾所杀还是金蝉脱壳,这场叛乱已彻底平息。但辛弃疾未因平茶寇而心情愉悦,与茶商军交锋非其本意。站在朝廷角度,茶商军实为人人可诛的叛乱者;从辛弃疾的角度看,此为宋军与宋民的对峙,难道自己满腔热血是为了诛杀宋人?

或是心情复杂,又或是须对茶商军进行全境的最后肃清,辛弃疾乘船至吉州万安县,时近黄昏天地沉寂,青山间恍见一群鹧鸪飞过,发出几声孤独的啼鸣。辛弃疾舍舟登岸,眼前造口江奔入赣江,岸上石壁巍峨,南望似见赣州内平地孤起数丈的郁孤台。辛弃疾曾多次登临此台,实因军务缠身,虽有感慨,始终未能动笔。此刻茶寇已平,江山在眼,辛弃疾不禁感慨横生,尤其建炎南渡之时金军曾追隆裕太后至此的旧事还历历在目。然而,对于如此耻辱,朝廷不但忍气吞声,还于淳熙二年(1175)二月命右司谏汤邦彦出使金

[①] 罗大经:《鹤林玉露》,孙雪霄校点,上海古籍出版社,2012年,第25页。

188 挑灯看剑:辛弃疾的悲旅人生

国,想再次以"陵寝地"为由,请求金国归还河南。接到这一烫手山芋般的任务后,汤邦彦将一腔怨恨发泄到举荐自己出使金国的叶衡身上,竟上奏称叶衡"对客有讪上语"[1]。赵昚顿时龙颜大怒,将叶衡即日罢相,责授安德军节度副使,郴州安置。

叶衡虽被罢相,汤邦彦还是不得不被迫上路。到金国后,金人为给汤邦彦一个下马威,先将汤邦彦冷落一旁,过十余天后才令其入见。当汤邦彦走在金廷宫殿时,两边站满控弦露刃的武士,汤邦彦吓得一句话也说不出。到翌年,汤邦彦无功而返后,赵昚再次震怒,下诏将汤邦彦流放到新州(今广东省云浮市新兴县)方才解恨。至于收回河南之事,自此无人再提。

彼时辛弃疾知道的只是汤邦彦出使之事。辛弃疾想到这些,再也无可抑制,提笔在造口壁上写下一首《菩萨蛮·书江西造口壁》。千百年来,该词都是辛弃疾作品中脍炙人口的上乘佳作:

郁孤台下清江水,中间多少行人泪。
西北望长安,可怜无数山。

青山遮不住,毕竟东流去。
江晚正愁余,山深闻鹧鸪。

从该词能见,南望郁孤台后,辛弃疾的目光再次转向西北,那里是他始终盼望收复的中原之地。一句"中间多少行人泪",既指隆祐太后(宋哲宗赵煦的皇后孟氏)当时被迫装扮成农妇逃离金军追赶,也指茶商军叛乱时江西的无数百姓无辜受害。"可怜无数山"则

---

[1]《宋史》,中华书局,1977年,第11824页。

见出辛弃疾内心的波翻浪滚，但此时此刻的他又能怎样呢？"青山遮不住，毕竟东流去"，郁孤台下是章、贡二水汇成的赣江北流，经造口、万安、太和、吉州、隆兴后进鄱阳湖，最终入长江东去。

在辛弃疾笔下，"青山遮不住，毕竟东流去"是最令人百感交集的两句，这是他感叹了时光的无情流逝还是发现了天地间不可逆转的兴亡规律？其内蕴越是复杂，越令人有颇多体会。可以想见的是，辛弃疾心头有种一筹莫展的忧愤涌上，或许能懂得他此刻心情的只有那些孤寂而鸣的鹧鸪了。以罗大经后来在《鹤林玉露》中的说法是，"闻鹧鸪"句表示辛弃疾内心深知"谓恢复之事行不得也"[1]。

返赣州后，辛弃疾回归到自己的提刑身份。其时，茶商军虽平，但辛弃疾仍有责追索赖文政的叛乱之因，便给朝廷上了一道言辞直白和恳切的奏疏："今朝廷清明，比年李金、赖文政相继窃发，皆能一呼啸聚千百，杀掠吏民，死且不顾，至烦大兵翦灭。良由州以趣办财赋为急，吏有残民害物之状，而州不敢问，县以并缘科敛为急，吏有残民害物之状，而县不敢问。田野之民，郡以聚敛害之，县以科率害之，吏以乞取害之，豪民以兼并害之，盗贼以剽夺害之，民不为盗，去将安之？夫民为国本，而贪吏迫使为盗，今年剿除，明年划荡，譬之本焉，日刻月削，不损则折。欲望陛下深思致盗之由，讲求弭盗之术，无徒恃平盗之兵。申饬州县，以惠养元元为意，有违法贪冒者，使诸司各扬其职，无徒按举小吏以应故事，自为文过之地。"[2]

---

[1] 罗大经：《鹤林玉露》，孙雪霄校点，上海古籍出版社，2012年，第11页。
[2] 《续资治通鉴》第二册，岳麓书社，1992年，第1005页。

这段话的核心直指官逼民反的种种"害物之状",并请天子"深思致盗为由,讲求弭盗之术,无徒恃平盗之兵……使诸司各扬其职,无徒按举小吏以应故事"等,从中足见辛弃疾亲历平乱后的复杂心情,更见其对天下事的忧患丛生。

这里说明一下,上述引文与辛弃疾后来在湖南所上《淳熙己亥论盗贼札子》中的内容几乎重叠,引于此处者是依《续资治通鉴》所载。从后事可见,辛弃疾当时确曾上疏朝廷,因该文亡佚,但内容料必相差无几,尤其是其建议朝廷"深思致盗为由,讲求弭盗之术"的谏言,极有可能在此时提出。清人毕沅撰《续资治通鉴》时,料想必经过一番斟酌。故将该文提前引用。

据《宋会要辑稿》所载,赵昚于淳熙二年(1175)闰九月二十四日御览辛弃疾奏疏后,对身边的辅弼臣僚说道:"江西茶寇已剿除尽,皇甫倜虽有节制指挥,未及入境,辛弃疾已有成功,当议优与职名,以示激劝。自余立功人可次第推赏。"[①]诏令随即颁下,授辛弃疾秘阁修撰职名,并于淳熙三年(1176)调京西转运判官。

时间非常清楚,辛弃疾在赣州只待了短短四个月,当初为平乱而来任职,也因完成平乱而去。一众出生入死的同僚自是难舍,通判罗端良挥毫写了首《送辛殿撰自江西提刑移京西漕》的五言诗送别,诗有五十二行,不短,兹选片段如下:

> 英风杂文武,公独可肩差。
> 佩玦善断割,挥毫绝纷葩。

[①] 邓广铭:《辛稼轩年谱》,载《辛弃疾传 辛稼轩年谱》,生活·读书·新知三联书店,2007年,第163页。

> 时时有纵舍，惠利亦已遐。
> …………
> 公今有才气，功名安可涯。
> 愿低湖海豪，磨砻益无瑕。
> 凌烟果何晚，犹有发如鸦。

从这些诗行可见，仅百余日的赣州生涯，辛弃疾的英风雄烈之气已折服众人。罗端良笔下的激情也不做丝毫掩饰，径直喷薄而来。在罗端良眼里，辛弃疾文韬武略，罕有他人可比，因此对其未来仕途给予了极大期望。

从南归后至今，辛弃疾的仕途基本上算得一帆风顺、步步高升，但其志向并非升官。面对罗端良"凌烟果何晚，犹有发如鸦"的祝愿，辛弃疾恐怕也只能是读之苦笑了。

与众人告别后，辛弃疾是到哪里上任京西转运判官之职呢？

这里用疑问句，是因辛弃疾在接下来的一年多里其轨迹未见任何史乘。

第八章 履痕辗转

——浮天水送无穷树，带雨云埋一半山

◎扬州

◎池州　◎临安府
　　　　（杭州）

◎江陵府

◎隆兴府
（南昌）

◎赣州

一

从《宋史·韩世忠传·子彦直传》中"又乞并京西、湖北转运为一司，分官置司襄阳"[1]一句可见，京西转运判官当按惯例于襄阳治所履任。蹊跷的是，《宋史》及其他文献均未有辛弃疾在襄阳任转运判官的任何记载，唯独《襄阳府志》中有句"京西转运判官辛弃疾，孝宗时任"的简单之语。但考据学上素来秉持孤证不立，去掉《襄阳府志》这条，邓广铭先生已有"其他载籍，均无此说"的查证。另辛弃疾履痕所及均有诗词可考，今翻遍其文集无一首可定为是在襄阳时所作。

辛弃疾再现踪迹，已到了淳熙四年（1177）八月，其时已为知江陵府兼湖北安抚使。从《宋史·孝宗本纪》所载的二月"戊戌，以新知荆南府胡元质为四川安抚制置使兼知成都府"[2]句可推断，胡元质是二月从江陵动身赴任成都，辛弃疾作为知江陵府的接任者必在胡元质改官之后。从后文可见，辛弃疾到任时间，应在八月之前。

江陵即荆州，其位置南临长江，北依汉水，西控巴蜀，南通湘粤，素有"七省通衢"之称，既是荆楚文脉所在，也是自古兵家必争之地。此处最广为人知的历史事件就是汉末年间"关羽大意失荆州"。辛弃疾到任江陵府后的首次现身，出现在范成大的《吴船录》中。

---

[1]《宋史》，中华书局，1977年，第11370页。
[2] 同上书，第663页。

范成大记叙得十分清楚，当他就任四川制置使两年期满后，返临安途中经过江陵，时为"壬申、癸酉。泊沙头。江陵帅辛弃疾幼安招游渚宫"[1]。江陵经战乱之后，旧日楼观无一幸存，后建的一些小堂无不草率。可以说，眼前所见，处处败荷剩水，颇显荒凉。

位列南宋"中兴四大诗人"之一的范成大自满腹经纶、掌故娴熟，他还记得江陵曾有绛帐台、章华台、落帽台，可惜原在营寨中的绛帐台已无复遗迹。当范成大、辛弃疾二人带同随从到城外野寺时，章华台也只剩残垣断壁。范成大再问辛弃疾落帽台现今如何时，辛弃疾告之今在城北三里外的落帽台已变成一小丘了。范成大惋叹不已，又说起了城南门外曾有息壤传闻。随后，几人又转向江陵城南门。

范成大所说的息壤传闻由来已久。苏东坡早年赴京过荆州时也写有一首《息壤诗》，其中"帝息此壤，以藩幽台。有神司之，随取而培。帝敕下民，无敢或开。惟帝不言，以雷以雨。惟民知之，幸帝之怒"[2]之句写得清楚，息壤即神所守护的土壤。

在范成大的讲述中，即使用畚锸等工具挖开息壤，也会很快恢复原状。据说唐宪宗元和年间，镇守荆州的裴胄曾在南门八十步外掘地六尺，挖到一块和江陵城酷似的石楼，石内楼堞门阙俱全，直径为六尺八寸，极为精巧。令人不可思议的是，石楼被裴胄移至边界后，荆州当月雨水不停，竟引发洪灾。当时，有方士称是石楼被挖而惹怒天神所致，裴胄又将信将疑地依方士之法，在原地再掘六

---

[1] 范成大：《吴船录》（外三种），颜晓军点校，浙江人民美术出版社，2016年，第40页。

[2]《苏轼诗集》，中华书局，1982年，第59页。

尺，将石楼重新埋入地下，立时雨过天晴、洪水消退。后来，到江陵为官的遇到旱灾时，就设祭挖石楼，常常只挖到石楼檐部时就立时下雨。辛弃疾听后有些不信，下令挖土，无巧不巧的是刚刚挖到石楼能见檐部时，雨水立时而下。辛弃疾很是惊诧，不得不信传闻为真。

送别范成大后，八月间还发生一事，导致辛弃疾在江陵只待了一年又调往他处。

该事细节已不可考，周必大在《平园续稿》中载有"淳熙四年八月，兼给事中，江陵都统制官率逢原纵部曲殴百姓，守帅辛弃疾谓曲在军人，坐徙豫章"[①]句。周必大说到的率逢原在《宋史》无传，从其"纵部曲殴百姓"六字可见，想必率逢原是以欺凌百姓为快事之人。辛弃疾经调查后，认定是率逢原过错，但他上疏报与朝廷后赵眘不仅未惩治率逢原，反将辛弃疾"坐徙豫章"。

刑部侍郎程大昌在辛弃疾平定赖文政时为江西转运副使，自知辛弃疾为人，认为如此处置会导致"屯戍州郡，不可为矣"[②]。赵眘不以为然地答了句"朕治君民一体，逢原已削两官，降本军副将矣"[③]。意思是，我治理国家，君民为一体，如今已将率逢原作了降职处治，你还要我怎样？作为一州之长，辛弃疾也难辞其咎。于是，诏令颁下，知泉州姚宪被调知江陵府，而辛弃疾则"坐徙豫章"，迁为知隆

[①] 邓广铭：《辛稼轩年谱》，载《辛弃疾传　辛稼轩年谱》，生活·读书·新知三联书店，2007年，第172页。

[②]《宋史》，中华书局，1977年，第12860页。

[③] 邓广铭：《辛稼轩年谱》，载《辛弃疾传　辛稼轩年谱》，生活·读书·新知三联书店，2007年，第172页。

兴府兼江西安抚使。豫章即今江西省南昌市，也是当时隆兴府的治所之地。辛弃疾官阶虽然未变，但"坐徙"的快速处理已见赵昚对其不满。姚宪接任时间是淳熙四年（1177）十一月，其时辛弃疾也离开江陵，前往南昌赴任。

该年还有一事可交代一句，事情是辛弃疾南归后所交的第一位友人周孚于真州教授任上去世，时年四十三岁。以辛弃疾性情，闻知噩耗后必以诗词为悼，但翻遍辛弃疾诗词文集也未见其为周孚写有一字悼念。要说辛弃疾无动于衷绝无可能，其作应是亡佚。从清朝康乾年间学者厉鹗辑撰的《宋诗纪事》中"周孚"简介看，以"辛稼轩刊其集，曰《蠹斋铅刀编》"[①]为结句，后收入《四库全书》的《蠹斋铅刀编》多达三十二卷，可见辛弃疾对去世友人的作品整理付出了何等的心力和精力。另周孚去世时尚是壮年，辛弃疾日后还将经受一个个壮年知友去世的打击。能够料想，辛弃疾面对故人去世，必将产生时不我待、北伐之意更浓的紧迫之情。

二

辛弃疾到南昌的时间是淳熙五年（1178）正月。

官位虽是平迁，却不等于辛弃疾内心不苦涩。率逢原身为朝廷命官，竟有殴打百姓之举，实为骇人听闻。在辛弃疾眼里，朝廷一旦出现如此骄兵悍将，如何能指望他们去完成恢复大业？但辛弃疾的上疏换来的竟是调离原位，率逢原不过降为副将，就后者凶横天

[①] 厉鹗：《宋诗纪事》，上海古籍出版社，2013年，第1352页。

性而言，降官也难说就会使其收敛。果然，在第二年，即淳熙六年（1179），彭龟年写下的《上丞相论泸南建康易帅书》中便再见其名："某昨日窃闻建康、泸南易帅……究其所以易者，则云一军帅逢原尔。"①足见率逢原不仅飞扬跋扈之举不改，还影响一众官员前程。再从陈傅良后来《缴奏率逢原除都统制状》的标题来看，率逢原岂止官复原职，朝廷还打算将其擢为都统制。陈傅良请求朝廷收回成命的理由是："臣将漕湖南，已闻率逢原之为人，且见其行事矣。其在江陵，其在襄阳，与今在池阳，监司帅守皆患其苦，屡有文字上烦朝廷。"②可见辛弃疾离开江陵后，率逢原也调至襄阳，后又调至池阳。但率逢原每到一地，无不令当地知州为之头痛，以致屡屡上书。不过，效果肯定不大，否则陈傅良也不会不顾"陛下曲加覆护"下，有反对将率逢原擢为都统制的缴奏之举。

　　令辛弃疾没料到的是，与率逢原类似的武官岂止江陵独有？当辛弃疾到南昌上任当月，他就发现豫章知兴国军黄茂材和江南西路转运副使权提刑王次张有联手欺压百姓之举。黄茂材、王次张二人利用职权，大肆收纳百姓苗米。辛弃疾怒不可遏，又上疏报与朝廷。二月二十五日，朝廷下诏将黄茂材和王次张"各特降一官放罢"③。如此轻判，辛弃疾的愤慨之情可想而知。

　　朝廷对率逢原、黄茂材、王次张等人的潦草处置，与赵眘脱不

---

①彭龟年：《止堂集》，中华书局，1985年，第142页。
②邓广铭：《辛稼轩年谱》，载《辛弃疾传　辛稼轩年谱》，生活·读书·新知三联书店，2007年，第173页。
③同上书，第174页。

了干系。尽管《宋史》对赵昚有"卓然为南渡诸帝之称首"[①]的赞誉，但当皇帝久了，赵昚雄心渐退，日益宠信当太子时的府上亲信曾觌、龙大渊等。前文曾叙，赵昚欲将曾觌擢为知合门事时，周必大愤而离朝。随便数一下，因曾觌而离朝外任的官员不在少数，包括谏议大夫刘度、中书舍人张震、殿中侍御史胡沂、参知政事张焘，等等。另有著作郎刘夙上奏说道："陛下与觌、大渊辈觞咏唱酬，字而不名。罢宰相，易大将，待其言而后决。严法守，裁侥幸，当自宫掖近侍始。"右正言龚茂良也直言"德宗不知卢杞之奸邪，此其所以奸邪也。大渊、觌所为，行道之人能言之，特陛下未之觉耳"[②]，意思是这些奸邪所为路人皆知，唯独传不到陛下耳中。

但历朝历代最屡见不鲜的是，无论何人劝谏，天子绝少会将自己宠信之人罢职判罪，赵昚也是如此。陈俊卿上奏称："向来士大夫奔觌、抃之门，十才一二，尚畏人知；今则公然趋附，十已八九，大非朝廷美事也。"[③]赵昚见曾觌有可能在朝廷结成朋党，这才有所醒悟，开始疏远曾觌，还对左右有"曾觌误我不少"的反省。可见赵昚谈不上是昏君，但其时宠信曾觌和王抃之流（龙大渊已然去世），自会致使后者权倾朝野。从知太平州楼钥以为率逢原"恃有奥援"来看，即指率逢原与曾觌等权臣有所勾结，也无怪陈傅良会直言赵昚对率逢原"曲加覆护"。

有这样的前提，辛弃疾上奏就只能落个无关痛痒的结局。

今日已无从考据的是，辛弃疾是否因此次上奏弹劾黄茂材和王

[①]《宋史》，中华书局，1977年，第692页。
[②]同上书，第13689页。
[③]同上书，第13691页。

次张，才使其在南昌只待了短短三个月又被调离。不过，这次辛弃疾并非平迁他处，而是被召入朝，时间是淳熙五年（1178）三月。离任时，正在南昌的大监司马倬及府上官员赵子英、江南西路转运副使王希吕等人设宴给辛弃疾饯行。辛弃疾在席间填了首《水调歌头》，该词题记不短，内蕴也多，为"淳熙丁酉，自江陵移帅隆兴。到官之三月被召，司马监、赵卿、王漕饯别。司马赋《水调歌头》，席间次韵。时王公明枢密薨，坐客终夕为兴门户之叹，故前章及之"[①]。

这段话的意思是，辛弃疾称自己自去年迁至隆兴府，才短短三个月就被召入朝廷，现在司马倬等人为我饯行，因司马倬于席间填了首《水调歌头》相赠，故步韵相和。

从题记可见，当时还发生一事，即前枢密使王炎在南昌去世，众人筵前谈起他时都感叹朝廷派系严密。王炎在乾道年间颇为得宠，朱熹将他与虞允文并列为"志在脱赚富贵"而一味迎合圣意之人。当年赵昚御笔擢王炎为左太中大夫时，居然是在三更时分，可见其当时受宠程度。到淳熙二年（1175）时，朝廷传出王炎与蒋芾、张说犯有欺君之罪，王炎被落观文殿学士，袁州居住。但刚过一年，赵昚就对龚茂良说有"朕思之，王炎似无大过，非二人之比"[②]的开脱之词，但重启王炎后不久，后者便以通议大夫致仕到南昌寓居。是以王炎去世，实因心病所致。从中可见，朝廷已是激流暗涌，只是不知辛弃疾此去会当如何。

[①]《辛弃疾集编年笺注》，辛更儒笺注，中华书局，2015年，第602页。
[②] 徐自明：《宋宰辅编年录校补》，王瑞来校补，中华书局，1986年，第1216页。

辛弃疾以这首词做了回答：

> 我饮不须劝，正怕酒樽空。
> 别离亦复何恨？此别恨匆匆。
> 头上貂蝉贵客，苑外麒麟高冢，人世竟谁雄？
> 一笑出门去，千里落花风。
>
> 孙刘辈，能使我，不为公。
> 余发种种如是，此事付渠侬。
> 但觉平生湖海，除了醉吟风月，此外百无功。
> 毫发皆帝力，更乞鉴湖东。

上阕起笔的"我饮不须劝"倒不是辛弃疾自认酒量宽宏，而是他当时心情沉郁，既因"别恨匆匆"，也因圣听遭蒙蔽，奸佞当道，世间的英雄不知身在何处。下阕中的"孙刘辈，能使我，不为公"，则用典故表达自己内心。这里说的"孙刘"不是孙权和刘备，而是指三国时获魏明帝曹叡宠信的中书监孙资和刘放。孙资、刘放二人同掌机要，制断时政，当时大臣无不对他们献媚交好，唯三代老臣辛毗不与二人相交。其子辛敞颇为担心地劝道："今孙、刘用事，众皆影附，大人宜小降意，和光同尘，不然必有谤言。"辛毗正色答道："吾之立身，自有本末，就与刘、孙不平，不过令吾不作三公而已，何危害之有？焉有大丈夫欲为公而毁其高节者邪？"[1]

辛弃疾此处的"孙刘辈"自指曾觌和王抃等当今得势小人，并表示自己入朝必当以辛毗为镜，但他也知道不与权贵相交只怕是难

---

[1]《三国志》，中华书局，1959年，第698页。

有作为。自南归以来，已转眼过去了十七个春秋，辛弃疾的失意感慨化为"除了醉吟风月，此外百无功"的总结。辛弃疾不是不知"毫发皆帝力"，即天下一切取决于帝王，但想起当初归来时对朝廷抱有何等希望，如今却觉抱负难酬，不如做一个归隐之人或许能独善其身吧。此处也见辛弃疾深感官场泥潭之深，处处都觉万般无奈。

但人在江湖，身不由己；人在仕途，更加身不由己。朝廷有诏，便不得不从。

离开南昌时，司马倬再次前来相送。到二人终须一别时，辛弃疾又填一首《鹧鸪天·离豫章别司马汉章大监》相赠。从词中"明朝放我东归去，后夜相思月满船"句可知，辛弃疾对朝廷失望之心越重，归隐之心也越浓。此外颇堪玩味的是，自辛弃疾南归后，所填词牌最初以《满江红》居首，其词雄浑悲壮，有激越之感，最能表达当时心境。但从这首《鹧鸪天》开始，该词牌渐成辛弃疾所用词牌之冠。从辛弃疾流传至今的词作来看，数量为六百二十八首，其中《鹧鸪天》六十三首，占其全部词作的十分之一还多，而这也是辛弃疾心情的反映。《鹧鸪天》的音调原本适合表达分别、思念、伤痛等凄婉之情，但辛弃疾在日后将其表达内涵推向悲壮和雄豪，既是其才华体现，也隐含其一生便如鹧鸪声中"行不得也哥哥"的暗示，特别能见出辛弃疾北伐无路、抱负难酬的复杂心绪。

与司马倬告别后，辛弃疾登上东去行舟，第三次前往临安赴任。

眼前滔滔逝水，便如滚滚年华，辛弃疾眼望长空远山，只觉一股"旧恨春江流不断，新恨云山千叠"的悲情怅意在心头翻涌。

三

辛弃疾此次到达临安的具体时日无考，以行程来算，应是四月底或五月初即抵达临安，朝廷授辛弃疾大理少卿之职。

大理即大理寺，属刑部。据《宋史·职官志》所载，大理寺"旧置判寺一人，兼少卿事一人……凡狱讼之事，随官司决劾，本寺部复听讯，但掌断天下奏狱，送审刑院详讫，同署以上于朝"[①]。到宋神宗元丰年间（1078—1085），因官制改动，大理寺内"置卿一人，少卿二人，正二人，推丞四人，断丞六人，司直六人，评事十有二人，主簿二人。卿掌折狱、详刑、鞫谳之事"[②]。辛弃疾的大理少卿之职，即为审犯人之官。从郑骞先生的《辛弃疾先生年谱》中有"闰六月，大理狱空"[③]之句可见，辛弃疾上任后秉公办事，竟使冤案全无，连大理寺内的监狱也没有犯人了。

不过，就像辛弃疾在南昌饯别宴上所写的"孙刘辈，能使我，不为公"一样，不阿谀权贵、不献媚高官是其本来性格，所以能够想象当他面对曾觌和王抃等人时，除寻常的客套，不可能再有其他之举。但在眼下朝中，按陈俊卿日后弹劾曾觌时所言，十之八九的官员都是曾觌和王抃提拔，哪里有辛弃疾的容身之地？很自然的是，不论辛弃疾的行事如何得人称赞，临安毕竟是官场，容不得个人的特立独行。几个月后的初秋，一纸诏令颁下，辛弃疾再次被外任为

---

① 《宋史》，中华书局，1977年，第3899页。
② 同上书，第3900页。
③ 郑骞：《辛稼轩先生年谱》，协和印书局，1938年，第51页。

湖北转运副使，又一次离开朝廷。

关于辛弃疾第三次在临安为官的记载，史料只有大理寺同僚吴交如去世时有则交代。是年吴交如六十一岁，去世的具体时间为淳熙五年（1178）闰六月。令人震惊的是，身为朝廷命官的吴交如死后，家里竟买不起一口棺材。为此，辛弃疾叹道："身为列卿而贫若此，是廉介之士也。"①遂出钱将吴交如厚葬。当赵眘得知后，特赐吴交如家银绢。此事虽小，却见出辛弃疾的耿介胸襟，又如何会与曾觌等人为伍呢？如此，辛弃疾在朝廷待不下去，实为自然之事。

另从辛弃疾一首别离词《鹧鸪天·和张子志提举》可判断，辛、张二人关系应当密切，可惜张子志在《宋史》无传。据辛更儒先生考据，南宋各路提举中也未见其名。但不论怎样，辛弃疾写有其名，也写有其词，当是实有其人。从末句"忠言句句唐虞际，便是人间要路津"可见，辛弃疾将张子志的临别赠言视为尧舜时期的"忠言"，足见二人交情不浅。在此前后，辛弃疾还填有一首《鹧鸪天·送人》，该词说的"送人"未知是送何人，或许也是和辛弃疾同样的外任之人。无论究竟怎样，该词是辛弃疾《鹧鸪天》中的一首精品，也是最能体现他当时心境的一首词：

> 唱彻《阳关》泪未干，功名余事且加餐。
> 浮天水送无穷树，带雨云埋一半山。
>
> 今古恨，几千般，只应离合是悲欢。
> 江头未是风波恶，别有人间行路难！

---

①《宋史》，中华书局，1977年，第12165页。

该词能成为辛弃疾的代表作之一，是因其最直接地表达了辛弃疾的内心积郁。朝廷早无北伐之议，大权也在曾觌、王抃等佞臣之手，辛弃疾面对临安的种种朝事时，既无列班发言之权，更无以主宰。在物是人非间，辛弃疾徒然在"唱彻阳关"时感伤而泣，剩下的就是"功名余事且加餐"的无可奈何了。《晋书》所说的"天下不如意，恒十居七八"[①]，不才是人生的冷酷真相吗？

对辛弃疾来说，淳熙五年（1178）是其频繁调动的一年，从湖北到江西，从江西到浙江，此刻又将赴任湖北。江南的山川已然看遍，辛弃疾最熟悉的就是"浮天水送无穷树，带雨云埋一半山"的途中景致了。但辛弃疾笔下的景致绝不单纯，前句的"送"字表明，自己不断地经受仕途反复，不免意兴阑珊；后句的"埋"字更表明，大宋江山除江南的绿水青山外，还有北方的莽莽群山，如今属北方的一半全部"埋"在金国，不知何时能收回重见。这也是辛弃疾内心无可抑制的"今古恨"。辛弃疾目睹过多少悲欢离合在其中难以尽述，但为什么从南昌往临安途中曾有"宦游吾倦矣"的感叹？无非是志向难以实现之时，还要经受种种明枪暗箭交织的官场险恶。是以官场最易改变人，那些不甘和不愿改变的便只能咽下一枚枚官场苦果。辛弃疾又如何不会生发出"江头未是风波恶，别有人间行路难"的沉郁之叹？

能够体会的是，从壮烈到沉郁，是辛弃疾经历诸多事情后因性格受到伤害所致。当人要始终如一地坚持自己，就注定要经受这一伤害，哪怕在他人眼里辛弃疾的仕途根本谈不上颠沛，反而有一帆

---

① 《晋书》，中华书局，1974年，第1019页。

风顺的表象，但个中伤害也只有像辛弃疾这样性格刚烈的人才能体会它的无情和巨大。自绍兴三十二年（1162）南归以来，除淳熙二年（1175）被遣至江西平赖文政，辛弃疾所任官职始终与沙场无关，遑论被委任为杀敌雪耻的边关将领。谢枋得后来在《辛稼轩先生墓记》中有句总结，说辛弃疾南归后至死都"官不为边阃，手不掌兵权，耳不闻边议"[1]，便是终生都受排挤。周密也看得很准，他在《镇江策问》中直言"本朝不能恢复中原者，其失有四：不保全名将，不信任豪杰，不招纳降附，不先据关中"[2]。这里说的"不信任豪杰"，便指辛弃疾等归正人始终得不到朝廷的信任和重用。这就不难理解，当辛弃疾在"更惜秋风一帆足，南楼只在远山西"（《和周显先韵二首·其二》）的秋日舟发运河、北入江苏后，面对眼前的萧瑟扬州，一边想起兀术追赶太上皇赵构至此的旧事，一边想起赵昚从登基后的仓促北伐到如今的信用奸佞，不觉在日受煎熬的失望中生出归隐之想了。

当辛弃疾和同行友人周显先系舟上岸后，便与等在此地的故交杨济翁结伴登楼。三人凭栏远眺时正秋风激荡，辛弃疾眼望逝水东流，既有旧事萦绕，更有此刻触动：并非遥远的靖康之耻，如今朝廷绝口不提，似已全部遗忘。辛弃疾心头积压的郁郁之情，也只三五密友才知。情感涌动间，辛弃疾遂与周、杨二友同韵填下一首《水调歌头》，情不自禁地流露出"倦游欲去江上，手种橘千头"的归隐之想。但辛弃疾知归隐不可能，叹息遂在另一首《满江红》中

---

[1]《谢叠山全集校注》，熊飞、漆身起、黄顺强校注，华东师范大学出版社，1994年，第48页。

[2] 辛更儒编：《辛弃疾资料汇编》，中华书局，2005年，第133页。

转化为"笑尘劳三十九年非,长为客"的郁结于心。

辛弃疾更知道的是,在朝廷"为客"不易,乃至他入安徽后在池州与一姓陈的江东路提举常平茶监司同舟江行时再题《谒金门》,写下"不怕与人尤殢,只怕被人调戏。因甚无个阿鹊地?没工夫说里"的戏谑之句。当辛弃疾行到当年兀术和完颜亮先后欲于此渡江的采石矶时,在舟上看到岸边百姓捕鱼饮酒的太平景象,他的心情更为复杂,竟至忽然迸发出一股"千年往事已沉沉,闲管兴亡则甚"(《西江月》)的心灰意懒。

但心灰意懒终究只是辛弃疾途中的偶然时刻,令其终于感到振作的是,此时任湖北安抚使的是张栻,武陵守是李焘,湖广总领是周嗣武,知鄂州是赵善括,湖北转运判官是王正己,湖北提刑是继任不久的马大同。辛弃疾首赴临安时就与张栻交往密切,从其后来撰《祭吕东莱先生文》中的"尝从南轩游"可见,他对张栻(号南轩)抱有亦师亦友的尊敬。李焘则是其辛弃疾在江西平茶寇时的部下,时任江南西路转运副使,彼此相知。在辛弃疾看来,与张栻等人共事,当能做出一番政绩。

然而,命运似乎对辛弃疾"闲管兴亡则甚"的心灰意懒有些不满,又做出了一些临时改变,使辛弃疾的北伐之梦越来越远,归隐之想也似乎更难实现了。

第九章　荆楚潇湘

——更能消、几番风雨，匆匆春又归去

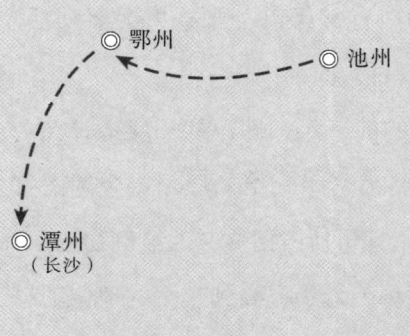

◎鄂州　　◎池州

◎潭州
（长沙）

一

命运做出的改变是，辛弃疾于淳熙五年（1178）秋冬之际到鄂州（今湖北省武汉市武昌区）上任湖北转运副使后，又未待足磨勘之期，半年不到就被平迁为湖南转运副使。

从南宋晚期学者李心传撰写的《建炎以来朝野杂记》来看，辛弃疾在鄂州与提刑马大同因"各具所见"而"议不合"[①]。辛、马二人所议之事，可追溯至宋徽宗政和七年（1117）。当时鄂州建有一支人数达九千人的"土丁刀弩手"军旅，所谓"土丁"即士卒均由湖北本地青壮组成，士卒被"授以闲田，散居边境，教以武艺"[②]。当金军于靖康元年（1126）南侵时，刀弩手全军奉令增援太原，却被金军击溃，人数锐减至一千五百人。赵构即位后的第三年，即建炎三年（1129），因人数太少而取消刀弩手编额；到绍兴六年（1136）时，湖北安抚使王子尚和知鼎州（今湖南省常德市）张直柔上奏朝廷，建议恢复刀弩手，使之重新有三千五百人的编额。

尚在辛弃疾上任湖北转运副使的前三年，即淳熙三年（1176），赵昚命荆南安抚使杨倓修改政令，将刀弩手交给知辰州（今湖南省怀化市）尹机指挥。后者上奏"请命有司括田招募，人给例物五千，春秋教阅犒赐，如禁军例"，便是要将刀弩手提高到禁军的地位。赵昚同意所请，并擢尹机为湖北提刑。但刀弩手名额早"由诸郡已收

[①] 李心传：《建炎以来朝野杂记》，徐规点校，中华书局，2000年，第414页。
[②] 同上。

为省计",尹机强迫所募人员入伍却不给田,还采取虚立名额的手段应付。当时,李焘"力言其不便",认为应对所募士卒"度田立额"[1],内中含义也就是对尹机的弄虚作假非常不满,而张栻也赞同李焘之言。恰在李焘、张栻二人与尹机即将发生对立之时,尹机却突然去世了。继任的马大同来后不久,辛弃疾也到了鄂州。

不论曾任建康通判,还是后任知滁州,辛弃疾对练兵屯田之事都极为看重,因此对湖北刀弩手也抱以重视。辛弃疾与马大同的"议不合"之处是,后者想把刀弩手全部换为本地人,去掉尹机之前所招的湖南士卒,但在辛弃疾眼里需要的是能上阵杀敌的敢死之士。另,当时已招募刀弩手一千三百七十六人,马大同欲招至一千五百人。张栻命马大同进行检点,发现当时"有田没官"。在李焘看来,虚立名额冒赏,"必至横没民田,为害兹大"[2]。马大同对李焘之言极为恼怒,竟上奏攻击。辛弃疾自赞成李焘之议,但他与马大同为该事究竟发生过什么冲突和冲突到什么地步,因辛弃疾为该事所上的奏疏均亡佚,自是无从知晓了。至于辛弃疾是否因此事而平迁为湖南转运副使,也只是猜测的一种,并无实据。

今天能看到的是,当辛弃疾于淳熙六年(1179)春离开湖北时,湖广总领周嗣武、知鄂州赵善括、湖北转运判官王正己等置酒南楼,与辛弃疾席上话别。翌日,王正己又单独再设宴饯行。实际上,王正己与辛弃疾有先后的江阴之缘。辛弃疾南归后的第一个官职是江阴签判,当他于乾道元年(1165)离任后,王正己于第二年赴任知

---

[1] 李心传:《建炎以来朝野杂记》,徐规点校,中华书局,2000年,第414页。
[2] 同上书,第414—415页。

江阴军。

　　王正己早在任知泰州海陵县时，重被起用的魏国公张浚下令招募一万名弓弩手。当时，各地官吏因畏惧张浚，不敢多言，均紧急招募。唯独王正己当面对张浚称，各地刚脱兵祸，招募既难，招后也无用。其时，旁边官员听得无不"为之股栗"。张浚觉得王正己言之有理，反对其"慰勉安职"①。自此，众官对王正己则另眼相看。上任知江阴军后，王正己为防金兵南下，从当地民家中"三丁取其一，以为义兵，授之弓弩，教以战阵"，使江阴"自不至大扰矣"②，可见其为官有方。从辛弃疾作于淳熙三年（1176）初的一首《水调歌头·和王正之右司吴江观雪见寄》可知，辛、王二人已有至少三年交往，是以在鄂州虽只相处数月，但彼此惺惺相惜。因此，当昨日与众同僚一起为辛弃疾设宴时，王正己比他人有更多不舍，便再行单独设宴为别。

　　这一年来，辛弃疾被走马灯似的迁来调去，从江陵到南昌，从南昌到临安，从临安到鄂州，如今又要从鄂州下潭州。从现实而言，若每地政绩昭彰，倒能有些安慰，但偏偏每地时日短暂，任何想法都无以展开实施。百感交集中，辛弃疾即席填了一首《摸鱼儿·淳熙己亥，自湖北漕移湖南，同官王正之置酒小山亭，为赋》，将自己的难言心绪付诸文字和吟唱：

　　　　更能消、几番风雨，匆匆春又归去。
　　　　惜春长怕花开早，何况落红无数。

---

①《辛弃疾集编年笺注》，辛更儒笺注，中华书局，2015年，第589页。
② 同上书，第590页。

春且住，见说道、天涯芳草无归路。

怨春不语。算只有殷勤，画檐蛛网，尽日惹飞絮。

长门事，准拟佳期又误。蛾眉曾有人妒。

千金纵买相如赋，脉脉此情谁诉？

君莫舞。君不见、玉环飞燕皆尘土！

闲愁最苦。休去倚危栏，斜阳正在，烟柳断肠处。

  辛弃疾在上阕落笔就感叹又一个春天消逝，也是又一年光阴飞逝，自己空有报国之志，面对的却是"天涯芳草无归路"，即使奔走之地不少，也不过尝遍"飞絮"带来的种种烦恼。词的下阕则以司马相如为陈皇后作《长门赋》重得汉武帝欢心为喻，叹息朝中即便有司马相如那样的人为自己出面，也不一定能说出自己的毕生之志，况且天子也未必能够理解。此刻，辛弃疾看着山亭外的斜阳烟柳，实有流年空度的断肠之痛。

  关于该词，罗大经在《鹤林玉露》中有"寿皇见此词，颇不悦"[1]之句。意思是，当该词流传开后，身为天子的赵昚也读到了，但他并未赞赏辛弃疾的才情壮志，反而龙颜不悦。可以料想，词中"君不见、玉环飞燕皆尘土"句，被赵昚认为辛弃疾是在借古讽今，将其比作沉迷酒色的汉成帝与唐玄宗。不过，罗大经接下来写的是"然终不加罪，可谓盛德也已"[2]，能见出赵昚虽然不悦，却没有像宋神宗赵顼对苏东坡那样以"文字狱"相加。罗大经这句话表面上是

---

[1] 罗大经：《鹤林玉露》，孙雪霄校点，上海古籍出版社，2012年，第11页。
[2] 同上。

称赞赵眘，但字里行间也有为辛弃疾松一口气的后怕之感。

昨日与众人宴饮时，辛弃疾还曾填《水调歌头》为记。该词内容与这首《摸鱼儿》大同小异，无非感叹自己"二年鱼鸟江上，笑我往来忙"的自嘲，但质量上远不及这首《摸鱼儿》有"千古所无"之誉，故无必要转录。

数日后，辛弃疾怀着"满眼不堪三月暮"的怅惘风帆南下，前往距离不远的湖南上任。

二

前文说过，辛弃疾与马大同"议不合"是其平迁湖南的一种猜测，还有另一种是辛弃疾有过江西平茶寇的经历，而眼下湖南郴州宜章正发生陈峒率领的茶商军叛乱。但彼时朝廷已命湖南安抚使王佐节制诸路军马平乱，因此辛弃疾是否为征讨茶商军而平迁湖南，也就只是另一种猜测了。此外，辛弃疾于三月从鄂州动身，王佐五月初即平定陈峒叛乱，彼时辛弃疾是否到任潭州，虽无史料支撑，但似有参与。理由有二：一是路程非遥；二是从其于耒阳所填的《阮郎归》词中"挥羽扇，整纶巾，少年鞍马尘。如今憔悴赋招魂，儒冠多误身"的文武对比中或可推断。从此句可知，辛弃疾在陈峒未剿灭时已至潇湘，履行为官兵督运粮草的转运副使之责；若彼时未亲见兵火，辛弃疾未必会忽然想起自己年轻时在北方的"少年鞍马尘"生涯，更不会惆怅自己此刻身为文官而起"儒冠多误身"的感叹。

这场叛乱对辛弃疾影响不小，也使他与上司王佐的关系变得紧张。

按陆游后来在王佐去世后所撰《尚书王公墓志铭》中的说法，陈峒起事时间为淳熙六年（1179）正月，时辛弃疾尚在鄂州。陈峒起事后，不过十日就聚众数千，连破道州（今湖南省永州市道县）、江华、蓝山、临武，并进入广东，攻克连州阳山县。王佐见势不妙，急忙上奏朝廷，请求从荆鄂派出三千精兵平乱，但他得到的是"诸路养兵，皆出民力。小寇不用，畜兵何为？卿为帅臣，焉不知此"[1]的训诫答复。王佐惊出一身冷汗后，猛然想起当时太尉冯湛正谪居潭州，于是灵机一动去函请冯湛暂代湖南路兵马钤辖统制军马，又嘱其从潭州厢禁军及忠义寨选八百精兵增援。

冯湛接函后，即刻选精兵南下。到四月二十三日，冯湛已进屯何卑山。其时，陈峒进攻广东失利，在得知冯湛兵到后发现自己有被湖南、广东两地官军合围的风险，遂取小路返回宜章，据山寨而守。按王佐的说法，陈峒最后据守的山寨位置"接三路七郡，林菁深阻，出入莫测"[2]，遂于五月一日黎明兵分五路进攻陈峒营寨。这里用周密在《齐东野语》中的细节描写说法是，王佐乘茶商军早餐时警惕松懈，先命三十名敢死军破寨而入，令措手不及的茶商军顿时溃不成军，同时冯湛又率百余精兵攻入山寨，只见陈峒"抱孙独坐，其徒皆无在者"[3]，便已成孤家寡人了。再换陆游所言，"湛遂诛陈峒，函首来献"[4]。

---

[1]《宋史全文》，汪圣铎点校，中华书局，2016年，第2229页。
[2]《陆游集》第五册，中华书局，1976年，第2319页。
[3] 周密：《齐东野语》，黄益元校点，上海古籍出版社，2012年，第72页。
[4]《陆游集》第五册，中华书局，1976年，第2319页。

扑灭茶商军，朝廷自然封赏。冯湛官复原职，王佐也升官加俸。对王佐来说，平定茶商军自心情大畅，又得升官，颇有踌躇满志之感。正得意间，忽收到辛弃疾寄来一首《满江红·贺王帅宣子平湖南寇》的贺词。王宣子即王佐，此时能收到名满天下的辛弃疾贺词自然大喜过望，遂展开便读。然而，待一字字读下来，王佐脸上的笑意逐渐消退，最后胸腔内的一股怒火直接上冲。

来看看辛弃疾词中到底写了些什么：

笳鼓归来，举鞭问、何如诸葛？
人道是、匆匆五月，渡泸深入。
白羽风生貔虎噪，青溪路断鼪鼯泣。
早红尘、一骑落平冈，捷书急。

三万卷，龙头客。浑未得，文章力。
把诗书马上，笑驱锋镝。
金印明年如斗大，貂蝉却自兜鍪出。
待刻公、勋业到云霄，浯溪石。

词的上阕特别好理解，辛弃疾将王佐譬喻为诸葛亮。当年诸葛亮五月渡泸平定南方孟获，王佐也是五月平定陈峒，是以王佐读上阕时必春风满面。不料，王佐读到下阕中的"浑未得，文章力"和"貂蝉却自兜鍪出"句时已怒不可遏，这岂非辛弃疾讽刺自己是靠武力而非以文职政绩升官吗？自北宋灭亡以来，南宋君臣虽知武力重要，但重文轻武的成令始终未改，因此文官有升职必是政绩斐然。辛弃疾一句直截了当的"三万卷，龙头客。浑未得，文章力"

已令王佐脸上挂不住,其意指王佐虽读书破万卷,高中绍兴十八年(1148)进士第一名,但此次升官不是因"文章力",自与文职政绩无关了;接下来的"貂蝉却自兜鍪出"句,更有一股令王佐难堪的讥讽意味。

这里解释一下,辛弃疾所说的"貂蝉",并非《三国演义》中的猛将吕布之妻。此处典故出自《南史》,说的是南朝齐东平太守、右将军周盘龙武功卓绝,威震敌胆,一直镇守边关,年老时回朝任散骑常侍、光禄大夫,戴了大半生的武将头盔换为文官官帽。所谓"貂蝉",即指帽上的饰物。齐世祖萧赜见周盘龙换戴的官帽后,对他开玩笑说道:"卿著貂蝉,何如兜鍪?"周盘龙答道:"此貂蝉从兜鍪中生耳。"[①]意思是,我自己今日的官位是以战功换来的。

辛弃疾用此典故,实是进一步明喻王佐升官乃因武力,即便"金印明年如斗大",也与文职无关。王佐读到该讥讽之句如何不怒?王佐擢为知临安府后,还在上书执政时特意强调:"佐本书生,历官处自有本末,未尝得罪清议。今乃置诸士大夫所不可为之地,而与数君子接踵而进。除目一传,天下士人视佐为何等类?终身之累,孰大于此。"[②]意思是,我本为书生(该身份在宋朝太过重要),平生为官不失分寸,没得罪过舞文弄墨之人,但辛弃疾今日将我置于士大夫不可忍受的境地,还惹得其他人一起嘲讽我。他这首词天下一传,士人阶层会用怎样的眼光看待我呢?我一生最大的侮辱莫过于此了。

[①]《南史》,中华书局,1975年,第1158页。
[②]周密:《齐东野语》,黄益元校点,上海古籍出版社,2012年,第72页。

辛弃疾的词对王佐的仕途虽无丝毫影响，但在重文轻武的当时环境中，王佐自不免耿耿于怀，乃至二十年后他仍对陆游说了番既想挽回颜面又不无标榜功劳的解释："里中或谓仆以诛杀众，故多难，不知仆为人除害也。湖湘乡者盗相踵，今遂扫迹者二十年，绵里数川，深山穷谷之氓，得以滋息，而仆以一身挡祸谴，万万无悔。"①

但恰恰是王佐对陆游说的这番话，反证明了其在湖南平乱时杀人不少。今日也能判断，王佐任湖南安抚使时，若非横征暴敛、施政严苛，如何会逼得原为茶商的陈峒造反？在对待茶商军的态度上，辛弃疾在江西最后采取的是招降之举，但王佐则立意要赶尽杀绝。陆游对此写得很清楚，当陈峒最后躲回宜章老巢后，王佐手下的"转运司闻之，即移诸州，以为贼已穷蹙，自守巢穴，毋以备御妨农"②。意思是，湖南转运司见陈峒已穷途末路，剩一最后孤寨，便下令各州恢复农事。但王佐听闻后，坚决反对，一定要将陈峒的茶商军全部扫荡后才肯再事生产。

辛弃疾对王佐的嗜杀不以为然，对其治理湖南的政绩更不以为然，因此填词作讽也不算意外。辛弃疾对王佐的不以为然在《淳熙己亥论盗贼札子》的上疏中清晰可见，"臣姑以湖南一路言之，自臣到任之初，见百姓遮道，自言嗷嗷困苦之状，臣以谓斯民无所愬，不去为盗，将安之乎？"③辛弃疾上奏不是为状告王佐，其意是将陈

---

①《陆游集》第五册，中华书局，1976年，第2321页。
② 同上书，第2319页。
③《辛稼轩诗文笺注》，邓广铭辑校审订、辛更儒笺注，上海古籍出版社，1995年，第107页。

峒起事的来龙去脉叙述清楚。但这几句话的言外之意是，身为湖南安抚使的王佐对陈峒造反的缘由岂能置身事外？

不过，在朝廷眼里，王佐毕竟是平乱功臣。七月二十三日，朝廷下诏，授王佐显谟阁待制职名，徙知扬州；授湖南转运判官陈孺为直秘阁。当王佐于八月赴任扬州后，辛弃疾被擢为知潭州兼湖南安抚使，此任与辛弃疾所上"官吏贪求，民去为盗，乞先申饬，续具案奏"①的《淳熙己亥论盗贼札子》有关。当赵昚览奏后，于八月七日御笔亲诏，对辛弃疾写道："卿所言在已病之后，而不能防于未然之前……官吏贪求，自有常宪，无贤不肖，皆共知之，岂待喋喋申论之耶？今已除卿帅湖南，宜体此意，行其所知；无惮豪强之吏，当具以闻。朕言不再，第有诛赏而已。"②

接到诏令后，辛弃疾在振奋中百感交集。宋太祖赵匡胤立宋时将全国划为十三路，到宋徽宗赵佶时已为二十四路，自金军掠夺北方后南宋的行政区域划只有十六路，其中湖南即荆湖南路，辖八郡。辛弃疾南归十八年，虽曾先后担任过湖北安抚使和江西安抚使，但都似点水蜻蜓匆匆而过，仕途也变得起落沉浮，朝廷对其总似用不用。此次受命，辛弃疾能得天子手诏，自有抱负可舒之感。赵昚诏其"防于未然之前"，还强调"宜体此意"和"无惮豪强之吏"，便是嘱咐辛弃疾放手施政。至此，辛弃疾开始了在湖南的履帅生涯。

---

①《续资治通鉴》第二册，岳麓书社，1992年，第1040页。
②同上。

第九章　荆楚潇湘　219

三

从南宋版图看，湖南东临江西，西接川贵，南毗两广，北连荆楚。按顾祖禹在《读史方舆纪要》中的说法，湖南是不折不扣的"控交、广之户牖，拟吴、蜀之咽喉，翼张四隅，襟束万里"[①]的重镇之地，其境内洞庭湖、岳阳楼、桃花源均为当时后世的天下驰名之所。因湘江横贯全境，湖南遂简称为"湘"；另《山海经》中有"澧沅之风，交潇湘之渊"[②]句，湖南又有"潇湘"之谓。湖南境内湖泊和山峦众多，形成了地势复杂、民风彪悍以及为求生存而盗贼成风的特点。

但与之对应的是，因张栻、朱熹于乾道三年（1167）联袂讲学于岳麓书院，使湖湘文化影响日增，以至湖湘学派名人辈出，闻名天下。可惜的是，当辛弃疾于淳熙六年（1179）八月上任湖南安抚使后，曾主讲岳麓书院的湖北安抚使张栻于翌年即淳熙七年（1180）二月六日病逝于江陵府舍，时年四十八岁。

张栻死后，虽未见辛弃疾撰悼文为念，但张栻于书院讲学施教、培养大批学者之举，仍在辛弃疾那里引起不小回响。在张栻和辛弃疾看来，办学实为开启民间风化，更为"以柔人心"。因此，就任湖南安抚使后，辛弃疾连续上奏朝廷，其中重点之一便是奏请在陈峒起事的郴州宜章及临武县创置县学。辛弃疾写给王佐的那首《满江

[①] 顾祖禹：《读史方舆纪要》，贺次君、施和金点校，中华书局，2005年，第3747页。

[②]《山海经》，中华书局，2011年，第213页。

红》中有"青溪路断觑觎泣"句，其中"觑觎"是宋人对少数民族的称谓，内含轻视之意。陈峒起事时，其手下士卒多为瑶人，他们读书甚少，也造成地方民风强悍，是以在该地办学能有效转变当地的尚武风气。陈傅良后来在《止斋文集》中特意写到辛弃疾办学之事，赞不绝口地称其"劝奖风厉，条目甚备……欲使边氓同被文化，幸甚幸甚"[1]。从《宋史·孝宗本纪》所载的"八年夏四月癸酉，立郴州宜章、桂阳军临武县学，以教养峒民子弟"[2]句可推断，辛弃疾正是在张栻去世不久后上奏，至于二者是否真有因果还有待考证。令人可惜的是，当辛弃疾后来离开湖南，宜章、临武两县就逐渐落得"虽各有学，然而无训导之官，无供亿之具，名存实亡"[3]的结局。

身为"掌一路兵民之事"[4]的安抚使，辛弃疾在湖南自然不会只有办学之举。当年二月四日，辛弃疾就"欲令常平司、本路诸州措置以官米募工，浚筑陂塘，因而赈给，一则使官米遍及细民，二则兴修水利"[5]。这是辛弃疾针对自己初来湖南时亲见"百姓遮道，自言嗷嗷困苦之状"[6]的惨状进行的有的放矢之举：一面开仓济民，一面募工筑塘，达到民有所食，亦有所业，同时使水利惠及于民。此外，

---

[1] 邓广铭：《辛稼轩年谱》，载《辛弃疾传 辛稼轩年谱》，生活·读书·新知三联书店，2007年，第183页。

[2] 《宋史》，中华书局，1977年，第675页。

[3] 邓广铭：《辛稼轩年谱》，载《辛弃疾传 辛稼轩年谱》，生活·读书·新知三联书店，2007年，第183页。

[4] 《宋史》，中华书局，1977年，第3960页。

[5] 《宋会要·食货》六一之一二六。转引自邓广铭：《辛稼轩年谱》，载《辛弃疾传 辛稼轩年谱》，生活·读书·新知三联书店，2007年，第181页。

[6] 《辛稼轩诗文笺注》，邓广铭辑校审订、辛更儒笺注，上海古籍出版社，1995年，第107页。

经茶商军战事之后灾民不少,面对各地"溪流不通,舟运艰涩"的窘境,辛弃疾又上疏朝廷请求"出湖南桩积米十万石,赈籴永、邵、郴三州"[1]。很快,朝廷于"二月十七日诏湖南安抚辛弃疾于前守臣王佐所献桩积米内支五万石,应副邵州二万石、永州三万石赈籴"[2]。

从时间上看,辛弃疾兴修水利和赈灾办学都发生在淳熙七年(1180)二月到四月。与此同时,辛弃疾的精力还集中在整顿湖南乡社上面。按李心传在《建炎以来朝野杂记》中的载录,湖南乡社"旧有之"。所谓"乡社",并非今日的民间曲艺组织,在宋时是指各乡地主土豪组建的私人武装。从其"或曰弹压,或曰缉捕"的作用可见,不论在王佐那里还是在王佐之前的湖南安抚使沈德和、吕企中等人那里,连镇压造反和缉捕罪犯之事都得依靠地方武装——乡社,可见王佐真的是无所作为,而这也无怪辛弃疾填词讥讽王佐并无文职之功了。因此,一年年下来,乡社遍布之广,用李心传的说法是,"自长沙以及连、道、英、韶,而郴、桂、宜章尤盛"[3]。

可以想见的是,地方私人武装越多,对中央政府绝非好事,如陈峒举事十天就能啸聚数千,难说地方武装不是基础之一。对于乡社隐患,也不是没人觉察。早在乾道七年(1171)春,知衡州王琰就提出"湖南八郡,三丁取一,可得民兵万五千人"[4],但此议未得当时湖南安抚使沈德和的支持,王琰之议遂不了了之。到辛弃疾完成

---

[1]《宋史》,中华书局,1977年,第672页。
[2] 邓广铭:《辛稼轩年谱》,载《辛弃疾传 辛稼轩年谱》,生活·读书·新知三联书店,2007年,第182页。
[3] 李心传:《建炎以来朝野杂记》,徐规点校,中华书局,2000年,第417页。
[4] 同上。

兴修水利和赈灾办学后，有官员旧事重提，上奏认为乡社扰民太过，请求尽快取缔。朝廷遂诏问辛弃疾处置之法，辛弃疾的回答能见其对此已深思熟虑："乡社皆杂处深山穷谷中，其间忠实狡诈，色色有之，但不可一切尽罢。今欲择其首领，使大者不过五十家，小者减半，属之巡尉而统之县令，所有兵器，官为印押。"[①]

辛弃疾为什么认为"不可一切尽罢"？从上述之言可见，其理由是湖南山多林密，官府自有鞭长莫及之处，乡社武装虽有隐患，但将规模较大的武装削减至五十家，规模较小的取消一半，也就没有力量掀起波澜。同时，官府将这些武装纳入官方管理，对官方力量也是补充；最重要的是，对保留的乡社武装将其兵器全部加上官方印押，万一出事即可从印押中发现是什么地方和什么人主使。如此，用这种半收编的性质定位乡社，自不惧其还能扰民甚至起事。

对辛弃疾的应对方式，朝廷给予认可。

辛弃疾也由此信心倍增，着手创建湖南的武装力量。

四

辛弃疾创建武装的缘由可从陈峒起事前后可见，王佐手下的军事力量若非捉襟见肘，自不会请求朝廷从湖北派遣三千精兵相助，更不会在冯湛答应代为兵马钤辖后只要求他从潭州厢、禁军及忠义寨中选区区八百人增援。原因很简单，湖南的军事力量早在淳熙二年（1175）四月赖文政起事后就消耗殆尽。辛弃疾平定赖文政虽在

[①] 李心传：《建炎以来朝野杂记》，徐规点校，中华书局，2000年，第417页。

江西，但赖文政的起事之地是在湖北，然后进入湖南，再入江西。以赖文政当时飞扬跋扈的话说就是，"自湖北入湖南，自湖南入江西，今更睥睨二广"，其意即湖北、湖南及江西的官军均被其击败，三省官军损失惨重。是以辛弃疾初入江西征兵时，只征来一批老弱。到王佐欲平定陈峒时，才发现湖南几乎无兵可用。这大概也是辛弃疾不欲将乡社"尽罢"的原因之一。

但若再有与赖文政和陈峒之类的人物起事，用乡社武装平乱自是此路不通；尤其乡社为私人武装，若经重用而尾大不掉，谁也无以担责。

辛弃疾在潭州帅府认真分析了陈峒的举事之因，除其曾在《淳熙己亥论盗贼札子》中认为的"斯民无所憩，不去为盗，将安之乎"①的官逼民反外，还发现湖南"控带二广，与溪峒蛮獠接连，草窃间作，岂惟风俗顽悍，抑武备空虚所致"②。其延伸之意是，官方武备若始终空虚，造反之事还将继续发生，因而组建军旅便成当务之急。更何况，辛弃疾不论在哪里履任都对练兵屯田都极为重视，其核心原因自为北伐做好准备，但此刻湖南的现实也使他不得不尽快组建军旅，以彻底清除明日隐患。

朝廷对此不是没有关注。早在辛弃疾扑灭江西茶商军两年后的淳熙四年（1177）春，枢密院就发话称"江西、湖南多盗，诸郡厢、禁军单弱，乞令两路帅司各选配隶人置一军，并以敢勇为名，以

---

①《辛稼轩诗文笺注》，邓广铭辑校审订、辛更儒笺注，上海古籍出版社，1995年，第107页。

②《宋史》，中华书局，1977年，第12163页。

一千人为额"①，但在先后两任湖南安抚使吕企中和王佐那里都均以"亡命之徒，恐聚集作过"②为由拒不奉令。在吕企中、王佐二人眼里，赖文政已灭，未必还有人胆敢起事，招兵必耗钱粮，不如不招。到陈峒起事时，王佐方后悔未能及时招兵，但为时已晚。

这里解释一下枢密院所说的"厢、禁军"究是何意。《宋史·兵志》说得清楚，"宋之兵制，大概有三：天子之卫兵，以守京师，备征戍，曰禁军；诸州之镇兵，以分给役使，曰厢军；选于户籍或应募，使之团结训练，以为在所防守，则曰乡兵"③。

从划分可见，禁军实力最强，也是最纯粹的军事力量。厢军即诸州之军，"以分给役使"即平时以从事劳作为主，待遇上远远不及禁军。至于乡兵和由边境少数民族组成的蕃兵，主要以修筑营垒和制造器械为主，地位比厢军又不如。实际上，辛弃疾发现湖南"武备空虚"，也就是发现厢军力量过于薄弱，况且厢军以田间劳作为主，哪里谈得上有军事训练呢？是以茶商军起事时，各路厢军差不多一触即溃，毫无战斗力可言。

辛弃疾心感建军势在必行，遂上疏朝廷详细分析目前厢军的情势，"军政之敝，统率不一，差出占破，略无已时。军人则利于优闲窠坐，奔走公门，苟图衣食，以故教阅废弛，逃亡者不追，冒名者不举。平居则奸民无所忌惮，缓急则卒伍不堪征行。至调大军，千里讨捕，胜负未决，伤威损重，为害非细"。然后，辛弃疾将自己的建军打算和盘托出："乞依广东摧锋、荆南神劲、福建左翼例，别创

---

① 李心传：《建炎以来朝野杂记》，徐规点校，中华书局，2000年，第420页。
② 同上。
③ 《宋史》，中华书局，1977年，第4569页。

一军,以湖南飞虎为名,止拨属三牙密院,专听帅臣节制调度,庶使夷獠知有军威,望风慑服。"①意思是,请求朝廷同意以广东的摧锋军、荆南的神劲军和福建的左翼军为模板在湖南创建飞虎军,名义上归属枢密院,实际上由湖南安抚使直接指挥。

赵昚应允后,辛弃疾立即展开了飞虎军的创建事宜。

曾在北方和江西的军事经验给辛弃疾提供了帮助。辛弃疾首先择地重建营寨,然后发布命令,拟招步军二千人、马军五百人。为备好各种军需和战马,辛弃疾拨缗钱五万,命人至广西买马五百匹,朝廷也下令广西每年给辛弃疾代买三十匹。按周必大后来在《论步军司差拨将佐往潭州飞虎军》奏中的说法,辛弃疾"截自七月,已有步军一千余人,马军一百六十八人"②。但辛弃疾起盖营寨、制造军器、购买马匹等事无不耗资巨大,竟然惹来了枢密院的不满,更请赵昚降下金字牌,派出快马日夜兼程赶至潭州令辛弃疾停止建军。

辛弃疾接到金字牌后却不告知众人,径自将金字牌藏起,严令监办人必须在一个月内建成营寨,否则军法从事。果然,营寨在月内完成,然后辛弃疾立刻绘出图形,连同奏疏一并上奏朝廷。赵昚御览后,心中疑虑方释。

这中间还发生一事。八月入秋之后,湖南雨水不停,负责建营的官吏禀报辛弃疾:"他皆可办,唯瓦难办。"意思是,秋雨连绵,无从造瓦。得知目前还缺二十万片瓦后,辛弃疾说了句"勿忧",随

---

① 《宋史》,中华书局,1977年,第12163页。
② 邓广铭:《辛稼轩年谱》,载《辛弃疾传 辛稼轩年谱》,生活·读书·新知三联书店,2007年,第184—185页。

即命州内每户居民取瓦两片上交帅府。不到两日，建营需用的瓦片远超二十万片。因此，僚属无不叹服辛弃疾的临事之智。飞虎军建成后，按《宋史·辛弃疾传》的说法，该军很快"雄镇一方，为江上诸军之冠"①。

值得一说的是，飞虎军有此成就，与周必大关系不小。从周必大当年十月的奏章可知，当辛弃疾建成飞虎军，在朝廷不少人眼里就意味着一些职位出现。当时，有个叫岳建寿的官员请下圣旨，除他自己外，还拟向飞虎军派遣一名统领官；在统领官之下，再设将官四人，另再拨发官一人，训练官十五人，统领将司五人，部队将领二十五人，马军押拥队四十人，步军教头十七人，医生、兽医各一人等，总数达到八十九人。按岳建寿的计划，对飞虎军的训练，与其他各路朝廷军旅的训练无异，统称为"三衙战阵之法"。

周必大得知后即刻上奏，他先说辛弃疾创建飞虎军的本意是"蛮徭僻在溪洞，惟土人习其地利，可与角逐，所用枪牌器械，专务便捷，与节制之师全然不同"，然后提出自己的三点疑虑：一是对飞虎军教以"三衙战阵之法"，不是扬长避短，而是扬短避长；二是辛弃疾的马军人数不足二百人，居然派将官一员、部队将领二十五员，容易造成将多兵少的局面——用周必大的原话说就是"或有十羊九牧之患"；三是派出的这些官员原本在天子脚下平时不敢懈怠，如今若外出任职难免以京官身份骄奢放纵而不能尽职。说完这三点顾虑之后，周必大再说出自己的建议，既然辛弃疾原本向朝廷要求的是士卒编额，未要求将佐编额，不如就从飞虎军中"推择事艺高强、

---

① 《宋史》，中华书局，1977年，第12164页。

惟众所服者，为教头押队之属，既免虚占卫兵，亦使上下相习，似为两得"①。

到九月时，朝廷依周必大所奏，只派遣一个叫韩世显的武将至潭州任飞虎军统领官。从中可见，辛弃疾创建飞虎军，既有自己的苦心孤诣，也有他人如周必大等力所能及的进言。在派遣韩世显之前的八月十八日，赵昚已然下旨将飞虎军拨属步军司，成为朝廷名副其实的正规军，指挥权仍归湖南安抚使。——这里的安抚使并非只指辛弃疾，还包括后面的继任者。飞虎军的出现，使湖南治安就像朱熹后来说的那样，"数年以来，盗贼不起，蛮徭帖息，一路赖之以安"②。

创建一支军旅，所支军费自然不少。《建炎以来朝野杂记》的影宋本原注对此有明确记载："飞虎军岁用钱七万八千贯，粮料二万四千石，并以步司阙额钱粮支用者……湖南、湖北近年来多有徭人强盗，藉此军先声弹压，不可移也。"③虽说辛弃疾也殚精竭虑，将税酒改为榷酒，以政府专卖的方式来增加湖南财政收入，却也难免造成"人多移徙，虚市一空"的不利局面，这便给了朝中非议辛弃疾的口实。当辛弃疾离开湖南后，朝中就有人以"飞虎军新立，或以为非便"为由，提出取缔飞虎军，幸好接任安抚使的李椿回答得斩钉截铁："长沙一都会，控扼湖岭，镇抚蛮徼，而二十年间，大盗三起，何可无一军？且已费县官缗钱四十二万，民财力不可计，

---

① 邓广铭：《辛稼轩年谱》，载《辛弃疾传 辛稼轩年谱》，生活·读书·新知三联书店，2007年，第185页。
② 同上书，第188页。
③ 同上书，第186页。

何可废耶？亦在驭之而已。"①从中可见，借辛弃疾创建飞虎军，不少人想从中捞得好处，因未能如愿而行暗中作祟之事。当无以取消飞虎军时，他们便将不满转向辛弃疾，乃至日后台臣王蔺以"用钱如泥沙，杀人如草芥"②的理由对其进行弹劾。此事后文再叙。

也就在飞虎军刚刚走上正轨时，朝廷于当年冬日下诏，将辛弃疾加右文殿修撰，平迁为知隆兴府兼江西安抚使。从时间上看，辛弃疾在湖南安抚使任上尚只一年半，磨勘并未结束。《宋史》未载缘由，今从《朱子语类》中"潭州有八指挥，其制皆废弛，而飞虎一军独盛，人皆谓辛幼安之力"③的话似见端倪。一方面，朝中与辛弃疾对立的小人不少，居心叵测的密奏层出不穷；另一方面，在赵氏家法那里绝不可武将掌兵，今飞虎军是辛弃疾一手创立且武力最强，若成为个人私兵，则是朝廷眼里后患无穷之事。至于事实究竟如何，无任何史料说明。可以看到的是，辛弃疾不得不告别为之付出大量心血的湖南，在凛冽冬风中再一次前往江西上任。

在离开长沙途中，辛弃疾填写的一首《减字木兰花》颇能见出其当时心绪：

盈盈泪眼，往日青楼天样远。

秋月春花，输与寻常姊妹家。

水村山驿，日暮行云无气力。

---

① 邓广铭：《辛稼轩年谱》，载《辛弃疾传 辛稼轩年谱》，生活·读书·新知三联书店，2007年，第186页。

② 《宋史》，中华书局，1977年，第12164页。

③ 《朱子语类》，岳麓书社，1997年，第2798页。

　　　　锦字偷裁，立尽西风雁不来。

　　该词题记是"长沙道中，壁上有妇人题字，若有恨者，用其意为赋"。可以想象的是，当辛弃疾满怀沉郁之情，在途间壁上看到一青楼女子的怨恨之题，内心不觉产生共鸣。其实，怨恨本就是人生躲不开的一种心绪。青楼女子的命运身不由己，而辛弃疾身为朝廷命官，也同样身不由己；青楼女子的怨恨是"输与寻常姊妹家"，而辛弃疾的沉郁则是"立尽西风雁不来"，似乎每次快要接近心中抱负时，就总是遭到无情打击。所以，更可以想象的是，当辛弃疾在壁上填词弃笔，眼望无尽的冬日长空，除了沉沉冬云，连一只大雁也不曾见着，不免发出一声叹息：天空虽广，却也实如囚牢，自己的身不由己有何人能够体会？在几年的辗转中，能令辛弃疾稍感慰藉的事，恐怕也就是创建飞虎军了，不料刚刚打造完成却又不得不离开。

　　辛弃疾还记得自己在临安时曾写过"别有人间行路难"的词句，这滋味真还又一次品尝了。辛弃疾如何不知，"朝中有人好做官"是自古颠扑不破的至理名言，自己为什么"行路难"？原因之一，就是朝中极少有人为自己说话。辛弃疾在《淳熙己亥论盗贼札子》中就对赵昚坦率说过，"臣生平刚拙自信，年来不为众人所容，顾恐言未脱口而祸不旋踵"[1]。所以，这仕途到底该走还是不该走？若是该走，该如何走？若是不该走，自己又该去哪里？天空如此之广，是大雁不来还是容不下大雁？

---

[1]《辛稼轩诗文笺注》，邓广铭辑校审订、辛更儒笺注，上海古籍出版社，1995年，第108页。

辛弃疾在西风中再次叹息，终还是抖动缰绳，催马往湘江码头而去。

江风刺骨，似有大雪将临。在等待辛弃疾的船只上，已经竖起"江西安抚"的官牌。

第十章 三度江西

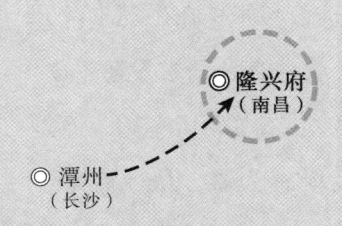

——望断碧云空日暮,流水桃源何处

◎ 隆兴府
（南昌）

◎ 潭州
（长沙）

一

关于辛弃疾抵达南昌的时间，有件事可表明是在淳熙八年（1181）闰三月之前。

当辛弃疾的官舟与随行之舟离开湖南后便到了江南东路，东路治所在南康军（今江西省星子、都昌、永修、安义等县地）。辛弃疾过南康军境时，被喝令停船检查。辛弃疾船上虽挂有"江西安抚"官牌，但一来过境须查为法令，二来从《宋史·地理志》所载的南康人"俗性悍而急……尤好争讼，其气尚使然也"[1]句可见南康军军士为彪悍之卒。他们可不查辛弃疾官船，但见随行的另一船被幕布遮得极为严密，显然是运有货物，便非查不可。辛弃疾倒是遵从法令，允其检查。但与辛弃疾随船的只有三名随从，自是不肯。果然，南康军军士在随行的另一船上搜出一堆牛皮。辛弃疾解释说，牛皮是运送给淮东总领所的军用之物。那些军士哪里肯信，当即没收。辛弃疾询问之下，才知镇守南康军的居然是曾与张栻在岳麓书院开坛讲学的理学宗师朱熹。辛弃疾遂提笔给朱熹去信，请求发还牛皮。奇怪的是，辛弃疾在信中说的牛皮却不是供淮东总领所军用，而是以"军中收买"四字来解释。朱熹接信后颇感为难，从他后来在《与黄商伯》信中的"当还给之，然亦殊不便也"[2]来推断的话，这批牛皮最后似归还又似没归还。但其事甚小，无须追究结果。就史料

---

[1]《宋史》，中华书局，1977年，第2192页。

[2] 邓广铭：《辛稼轩年谱》，载《辛弃疾传 辛稼轩年谱》，生活·读书·新知三联书店，2007年，第193页。

所见，这应是辛弃疾与朱熹的首次接触，也成为二人日后深入交往的渊源。

当年三月，朱熹被任命为提举浙东常平茶盐公事，离开南康军东去赴任。因此，辛弃疾到南昌的时间必在三月之前。

对辛弃疾来说，这已是第三次赴任江西了。第一次是淳熙二年（1175）七月至赣州就任提刑，诏令明确，是为平定茶寇赖文政；第二次是淳熙五年（1178）正月为江西安抚使，却只待了短短三个月就被召入临安。此次再任江西安抚使，朝廷同样有诏，命其处理"江右大饥"的危机形势。当辛弃疾尚在赴任途中，朝廷已于二月八日诏令江西，命"江西漕司行下旱伤州县守令，约束上户存恤地客，毋令失所逃移。从漕臣钱佃请也"[1]。

这道诏令有两点值得注意：一是江西当时旱灾严重，受饥的百姓有逃荒之举，因此严令各个州县抚恤百姓，使其不再逃离；二是当时任江西转运副使是钱佃。

前文提过，辛弃疾在赣州平定茶商军时，钱佃为供应军饷的转运副使。六年下来，磨勘早应结束，钱佃怎么一直未有调动呢？《宋史》未见其传，《至正重修琴川志》则有关于钱佃的信息，才知他在辛弃疾平定赖文政后有从江西调任福建的经历。当辛弃疾此次重回江西时，钱佃也早于辛弃疾重回江西了。

这里用《至正重修琴川志》的记载介绍钱佃几句：钱佃，字仲耕，二十岁即入太学，于绍兴十五年（1145）中进士，先在严州（今

---

[1] 邓广铭：《辛稼轩年谱》，载《辛弃疾传 辛稼轩年谱》，生活·读书·新知三联书店，2007年，第193页。

浙江省桐庐县）任分水尉,后任池州和真州教授,在朝廷入对后再累迁左右司检正,兼权吏、兵、工三侍郎。当年辛弃疾平赖文政时,钱佃"馈饷不乏",堪为得力。此次江西旱灾,钱佃眼见不少百姓逃荒,遂上书朝廷详叙其情,可见其"以子民为先务"[①]的忧虑之心。当辛弃疾到南昌后,知钱佃为副手自大喜过望,也让他对赈灾有了极大的信心。

二

彼时江西的旱灾有多严重呢?当时信州（今江西省上饶市）一个叫赵蕃的诗人写了首叫《春雪》的诗给朱熹和钱佃,全诗如下:

旱历三时久,荒成比岁连。
只疑吾邑尔,复道数州然。
懔懔沟虞坠,嗷嗷釜苦悬。
县官深恻怛,长吏阙流宣。
赈米多虚上,蠲租岂尽捐。
处心诚昧己,受赏更欺天。
敢谓皆如此,其间盖有贤。
大江分左右,万口说朱钱。

从起句"旱历三时久,荒成比岁连"可见,旱灾何止江西,整

[①] 孙应时、鲍廉、卢镇:《至正重修琴川志》,陈其弟校注,方志出版社,2013年,第79页。

个江南东路无处不为灾荒之地。一连九个月未曾下雨，灾荒已有长年累月之象，很多百姓最初以为只自己所在的州郡受灾，不料外地百姓同样流离失所。更令百姓愤怒的是，灾情如此严重，用来赈济的粮食不仅多半为虚，在太平时日该缴纳的税钱也大半没有取消。此外，一些官员竟还昧着良心给朝廷上报虚假讯息，求得赏赐。该诗最后以"大江分左右，万口说朱钱"为结束，这里的"朱"即朱熹，"钱"即钱佃。百姓对朱、钱二人有众口一词的赞誉，可见当时唯有朱熹和钱佃在真实救灾，得到了百姓的认可。

但江南东路的灾荒绝不会因为朱熹和钱佃一心为民就会结束，辛弃疾也不必等到上任隆兴府后才知灾情严重。实际上，谚语"民以食为天"还隐含着另外的意思，即当天灾出现，就等于百姓没有食物。因此，"江右大饥"是朝廷对江南东路的准确描述。当然，无论什么样的灾情出现，总有与百姓对立的特权在大肆发财，因为灾荒非但影响不了他们，反而给他们提供了敛财的绝佳时机。譬如，在灾荒时期，奇货可居的米，就是百姓极难买到的最基本的粮食。当辛弃疾到任隆兴府后，他果断采取措施，在大街上贴出官府榜文，上面只有"闭籴者配，强籴者斩"[①]八字。

所谓"籴"，即买进粮食。这句话的意思是，发现有囤积粮食的，立刻论罪发配；若以高价强迫百姓购买米的，即判斩首之刑。按后来黄震在《黄氏日抄》中《抚州晓谕贫富升降榜》所载的"本职闻'闭籴者籍，抢掠者斩'，此辛稼轩之所禁戒，而朱晦庵之所

[①]《宋史》，中华书局，1977年，第12164页。

述"①的话看，辛弃疾的八字榜文在辗转中已有些文字出入。"粜"是卖出粮食之意，"闭粜"即囤积之意。意思是，一经发现，即刻登记，入发配之列；若有人高价售粮，则视为抢劫百姓财产，立即斩首。是以两处文字虽有不同，意思还是一样，从中也可见出辛弃疾雷厉风行的办事风格和自身性格。朱晦庵即朱熹，辛稼轩即辛弃疾。对于辛弃疾的做法，朱熹表示了赞赏。

辛弃疾此举果然奏效，高价卖米则判斩首之刑，哪里还有人敢囤积居奇，江西灾情遂逐步得到缓解。随后，辛弃疾又下令召来官吏、儒生、商贾、市民，让他们推荐能力强的人为代表，拿出官府的官钱银器为贷款并免除利息，让他们以一个月为期从各地负责航运粮食到南昌城下给百姓发放。一个月期限后，果有无数运粮船泊于城下，粮食价格自然大减，百姓终于渡过了大饥之灾。当时知信州谢源明来函请辛弃疾发米救助，不少幕属都知辛弃疾扭转灾荒不易而表示反对，但辛弃疾以"均为赤子，皆王民也"②作答，下令将十分之三的粮船取道信州救济。此事足见辛弃疾天下为公的宽广胸襟。

就这样，半年时间不到，辛弃疾以大刀阔斧的行政手段，使江西灾情得到解除。朝廷于七月十七日下诏，称江西"监守司臣修举荒政，民无浮殍，各与除职解官。既而江西运副钱佃、知元兴府张坚、知隆兴府辛弃疾……各转一官"③。《宋史·辛弃疾传》也清楚写

---

① 邓广铭：《辛稼轩年谱》，载《辛弃疾传 辛稼轩年谱》，生活·读书·新知三联书店，2007年，第192页。
②《宋史》，中华书局，1977年，第12164页。
③ 邓广铭：《辛稼轩年谱》，载《辛弃疾传 辛稼轩年谱》，生活·读书·新知三联书店，2007年，第195页。

有"帝嘉之，进一秩"①之句，也就是辛弃疾赈济有功，官升一级。从后文可知，辛弃疾从朝奉郎被擢为奉议郎。

但"帝嘉之"也好，官升一级也好，从《朱子语类》的一段话看，辛弃疾救荒治灾对自己的前程并非好事。朱熹说得毫不隐讳："今赈济之事，利七而害三，则当冒三分之害，而全七分之利。不然，必欲求全，恐并与所谓利者失之矣。"②所谓"利七而害三"，自是赈济做得好，在百姓处有口碑，在天子处有嘉奖，是为事情的七分好处；但欲从中牟利者被阻拦，便是事情的三分害处了。能牟利的必为官员，即便是商人，也必与官员勾结方能得利；当他们作为群体的利益被侵犯，必对赈济者行暗中打击之事，毕竟自古小人难防，后果最是难料。

《朱子语类》中接下来还有一段对话专门谈到辛弃疾，"辛幼安帅湖南，赈济榜文，只用八字，曰：'劫禾者斩，闭粜者配。'先生曰：'这便见得他有才。此八字若做两榜，便乱道。'"③。文中的"帅湖南"为"帅江西"之误，但地点无须深究，只看对方"此八字若做两榜，便乱道"的回答，可见辛弃疾张贴的八字榜文虽是手段，却也导致与原本将从中获利的官员公开为敌，不给自己留半分退路。对辛弃疾来说，这又恰恰是他在湖南曾给赵眘上书时说过的"臣生平刚拙自信"，也必然得到"年来不为众人所容"的结果。

不到半年，辛弃疾就将品尝"不为众人所容"带来的迎头打击。

---

①《宋史》，中华书局，1977年，第12164页。
②《朱子语类》，岳麓书社，1997年，第2446页。
③同上。

三

恶境未至之前,先说几件事。

眼见灾情消除,辛弃疾终于松了一口气,遂在有"江西第一楼"称誉的滕王阁设宴,与众僚属庆饮。滕王阁地处赣江东岸,矗立于赣江与抚河的交汇处,系唐太宗李世民之弟、滕王李元婴所建,因"初唐四杰"之首的王勃在此赋《滕王阁序》而名扬天下,与湖北的黄鹤楼和湖南的岳阳楼并称为"江南三大名楼"。不过,因屡经战火,彼时辛弃疾落座的滕王阁已是宋徽宗大观二年(1108)第三次重建的楼阁了。

从楼上窗口望去,江面开阔,云涛翻涌。辛弃疾与众僚属饮酒笑谈,正逸兴遄飞间,忽听得门外传来呵斥声。众人停杯侧耳,听得是守在楼层门外的士卒命人不得入内,料是有人想入而被士卒阻拦。

辛弃疾兴致颇好,起身走至门旁,众僚属也一并跟在身后。门外果然有一布衣,正与守门士卒争执。辛弃疾一问之下,那布衣便报上姓名,说叫胡时可,并声称自己是一诗人,见楼内欢饮而大起逸兴,遂请求入内拜见,却被守门人阻拦乃至呵斥。

辛弃疾对奇人异事从来不拒,便笑道:"既称诗人,先赋滕王阁,有佳句则预坐。"[①]意思是,你既自称为诗人,那不妨以滕王阁为

[①] 陈世崇:《随隐漫录》,载《四朝闻见录 随隐漫录》,尚成、郭明道校点,上海古籍出版社,2012年,第167页。

题赋诗，若果然是好诗，即可入席与众人同座。

胡时可颇为自负，请求笔纸，当众铺开，蘸墨提笔，写道："滕王高阁临江渚……"这七字一出，旁观的众人均失笑出声：这不是王勃的珍词秀句嘛，你这么明目张胆地偷来，未免将众人视为胸中无墨之类了。胡时可不理身旁笑声，头也不抬，笔走龙蛇，后面三句一气呵成，然后掷笔看向辛弃疾。

辛弃疾一字字吟道："滕王高阁临江渚，帝子不来春已暮。莺啼红树柳摇风，犹是当年旧歌舞。"吟声一停，众人皆惊。辛弃疾连声称赞，命胡时可入宴就坐。待兴尽散席后，辛弃疾又厚赠胡时可，后者拜谢而去。

如果与胡时可的邂逅令人愉悦，那么没过多久又一人从鄱阳至南昌，则令辛弃疾由衷大喜了。其人便是前文提过的于绍兴三十二年（1162）出使金国的起居舍人洪迈。当年洪迈于四月动身使金，等七月回朝时天子已为登基一月的赵昚了。时有殿中侍御史张震以洪迈出金辱命为由，上奏请罢洪迈之职。第二年，洪迈果被调出临安，先后外任知泉州和知吉州。到乾道二年（1166）时，洪迈因入对而重为起居舍人。到乾道九年（1173）时，洪迈因性格耿直，又离朝外任为知赣州，彼时辛弃疾正为知滁州。至于洪迈哪年为知建宁府未见史料，只知其于淳熙七年（1180）五月二十一日"以求琼花事"而被"放罢"免官，彼时辛弃疾正于湖南创建飞虎军。

对于洪迈因琼花被免官一事，叶绍翁在《四朝闻见录》里有载，说洪迈偶然得一史姓人家的琼花将其种于别墅，取名为"琼野"，又因一时兴起索性将居住楼取名为"琼楼"，花圃取名为"琼圃"。琼花能有天下之名，是因隋炀帝为看琼花三下江南，便与天子有关了。

因此，史氏希望洪迈换名，但洪迈不肯。于是，史氏深恐自己遭文字连累，便攻讦洪迈说"琼瑶者，天子之所居，非臣子所宜称"，结果导致洪迈罢官，竟至"不复迁政府"[1]。

《宋史》对洪迈倒是赞誉颇多，称其"幼读书日数千言，一过目辄不忘，博极载籍"[2]，活脱脱一神童形象。洪迈外任知州时"起学宫，造浮梁，士民安之"[3]，与辛弃疾行事颇为相似，是以二人在南昌一见自倾盖如故。特别要强调一句的是，洪迈所撰的《稼轩记》素为后人研究辛弃疾不可或缺的资料，而其最精彩段落便是辛弃疾擒张安国南归时的描述。该段在前述第一章已引用，此处不再重复。从《稼轩记》全篇结句"侯名弃疾，今以右文殿修撰再安抚江南西路云"[4]可见，该文应是洪迈此次来南昌与辛弃疾会面后所撰。其中，还有一重要段落写道："郡治之北客里所，故有旷土存，三面传城，前枕澄湖如宝带，其从千有二百三十尺，其衡八百有三十尺，截然砥平，可庐以居，而前乎相攸者皆莫识其处。天作地藏，择然后予。济南辛侯幼安最后至，一旦独得之，既筑室百楹，度财占地什四，乃荒左偏以立圃，稻田泱泱，居然衍十弓。意他日释位得归，必躬耕于是，故凭高作屋下临之，是为稼轩。"[5]

这段文字简单译过来就是，在南昌以北有块空旷之地，三面环

---

[1] 叶绍翁：《四朝闻见录》，载《四朝闻见录 随隐漫录》，尚成、郭明道校点，上海古籍出版社，2012年，第33页。

[2]《宋史》，中华书局，1977年，第11570页。

[3] 同上书，第11572页。

[4]《辛稼轩诗文笺注》，邓广铭辑校审订、辛更儒笺注，上海古籍出版社，1995年，第268页。

[5] 同上书，第267页。

城，一面临湖，非常适合居住，但以前到该地的人未认识到这点，而辛弃疾是后面来的，所以他认识到这点并得到了这块地，正在那里修建由"百楹"组成的数十间房屋，唯独将房屋左边空出来作为稻田，意在他日致仕之后到这里耕地为生，因此在高处建屋以俯瞰稻田，并取名为"稼轩"。

洪迈写下这段文字记述，并非辛弃疾带其亲往所见，而是辛弃疾手绘一图给其观看，以"吾甚爱吾轩，为我记"[①]相请。此句可见，《稼轩记》是洪迈应辛弃疾之请而作。辛弃疾又称辛稼轩，便就是从这里开始的。

现在解释下洪迈为何会来南昌。这里以该年洪迈长兄洪适所作的一首《满庭芳·辛丑春日作》为线索推断。辛丑即淳熙八年（1181），其词虽未有题写对象，但辛弃疾彼时填有一首《满庭芳·和洪丞相景伯韵》，其中洪丞相即洪适，曾于乾道元年（1165）"半载四迁至右相"[②]。辛弃疾的词也确为步洪适词韵，因此可断定洪适于"辛丑春日"的填词地点必是与辛弃疾会面的南昌。洪适回去后另填有《满庭芳·景卢有南昌之行，用韵惜别，兼简司马汉章》一词，其中景卢即洪迈。从中或可推断，洪迈闻长兄洪适言及辛弃疾事后，大起神往之感，遂也前来南昌与辛弃疾会面。该题记还见，已然致仕的大监司马倬仍然寓居南昌。

早在绍兴十二年（1142），二十五岁的洪适就与二弟洪遵同中博学宏词科。三年后，洪迈也中博学宏词科，时年二十二岁，"由是三

[①]《辛稼轩诗文笺注》，邓广铭辑校审订、辛更儒笺注，上海古籍出版社，1995年，第267页。

[②]《续资治通鉴》第二册，岳麓书社，1992年，第922页。

第十章 三度江西

洪文名满天下"[1]。到了淳熙八年（1181），虽已四十年过去，洪氏兄弟年纪均老，但其文名却已更甚，尤以洪迈的《容斋随笔》和《夷坚志》闻名海内。

辛弃疾连续接待洪适与洪迈兄弟，颇为兴奋。摆酒饮宴间，洪迈即兴而填《满江红》一首，辛弃疾也步韵填了首《满江红·席间和洪景卢舍人，兼简司马汉章大监》。

词如下：

> 天与文章，看万斛、龙文笔力。
> 闻道是一时曾换，千金颜色。
> 欲说又休新意思，强啼偷笑真消息。
> 算人人、合与共乘鸾，銮坡客。
>
> 倾国艳，难再得。还可恨，还堪忆。
> 看书寻旧锦，衫裁新碧。
> 莺蝶一春花里活，可堪风雨飘红白。
> 问谁家却有燕归梁，香泥湿。

先撇开该词对洪迈的赞誉，有研究者以为词中的"莺蝶一春花里活，可堪风雨飘红白"是春景描写，便将该词的填写时间认定为当年春天。但退一步看，洪迈若春天来南昌，多半会与长兄洪适同行，因无任何史料支撑此说，所以洪迈是否春天来南昌就有疑问。

我以为，该词应为灾荒结束后所填，是以该句更能反映辛弃疾

---

[1]《宋史》，中华书局，1977年，第11562页。

与众僚属的心情。从上阕中的"欲说又休新意思,强啼偷笑真消息"句来看,不无劫后重生之意;也因灾荒结束,辛弃疾才有"算人人、合与共乘鸾,銮坡客"的愉悦。全词以"问谁家、却有燕归梁,香泥湿"结束,该句虽有春意,但学界公认"燕归梁,香泥湿"是指司马倬当年所建的山雨楼。我未查到山雨楼建造的具体月份,但若为当年春天所建,有悖于当时灾荒弥漫的紧张气候。当辛弃疾连官府的"管钱银器"都要拿出来救灾时,司马倬竟好整以暇地费钱建楼,这是难以置信的荒谬之事。因此,等灾荒结束后建楼,逻辑上才更说得过去。另外,再从司马倬为"答景卢遣怀"而即席所填的《满庭芳》来看,其中"雁行争接翅,北门炬烛,西掖纶丝"句不无秋意。是以洪迈来南昌的时间,应是夏尽秋来之时。

从众人的唱和来看,相聚甚欢。在洪迈逗留南昌期间,能想象他与辛弃疾结伴同游的快意时分。辛弃疾很多词虽未写题记,仍能看出与洪迈有关,譬如《贺新郎·赋滕王阁》中有"目断平芜苍波晚,快江风一瞬澄襟暑。谁共饮?有诗侣"等句,颇有知己相陪之感。洪迈虽年长辛弃疾十七岁,但性情相近之人又哪有什么年龄界限呢?随着洪迈归期日近,辛弃疾的词也就到了"何人柳外横双笛,客耳那堪不忍闻"的离愁别绪之中。

继洪迈离开后,接二连三的送别成为辛弃疾当时的生活常事。

或许,秋天注定是别离的季节。

四

洪迈方走,辛弃疾又得到另一友人将途经南昌的消息,其人便是在江陵县任期已满而欲赴临安的赵景明。辛、赵二人以往相见时短，情谊却深。辛弃疾在淳熙六年（1179）三月任湖南转运副使时，是从湖北转运副使位上平迁。当时辛弃疾到鄂州也不过数月，来去匆匆，但与时在鄂州的赵景明必有交往。后者性情从叶适《送赵景明知江陵县》的诗中可见，"吾友赵景明，材绝世不近。疏通无流连，豪俊有细谨……"虽寥寥数语，便已勾勒出一个文武双全的豪杰形象。这是与辛弃疾最为相近之人，也必是辛弃疾最为赏识之人。所以，辛弃疾在湖南任安抚使时，虽事务倥偬，诗词不多，却给赵景明和了首《水调歌头》，其中充满了辛弃疾对赵景明抱有兄长般的爱护之情，否则其笔下不会出现"君如无我，问君怀抱向谁开"的亲密之句，更不会有"但放平生丘壑，莫管旁人嘲骂"的坦诚劝诫。通读辛弃疾的全部诗词后，再也找不到他对谁还写有这样含有兄长般口吻的词句了。

赵景明到南昌时已至深秋，事由是他卸任当返临安，为见辛弃疾特意取道南昌，所待时日不多。当赵景明临别时，辛弃疾填有一首《沁园春·送赵江陵东归，再用前韵》为其送行。该词在辛弃疾词作中堪称精品，值得一录：

伫立潇湘，黄鹄高飞，望君不来。
被东风吹堕，西江对语；急呼斗酒，旋拂征埃。
却怪英姿，有如君者，犹欠封侯万里哉。
空赢得，道江南佳句，只有方回。

锦帆画舫行斋。怅雪浪粘天江影开。
记我行南浦，送君折柳；君逢驿使，为我攀梅。

落帽山前，呼鹰台下，人道花须满县栽。

都休问，看云霄高处，鹏翼徘徊。

该词先说自己在湖南时等候赵景明不至，二人只得"西江对语"。从上阕的"有如君者，犹欠封侯万里哉"可见，辛弃疾对赵景明的为政生涯极为赞许，认为其应"封侯"才对。接下来的"只有方回"句将赵景明比作北宋著名词人贺方回，可见辛弃疾对赵景明才情的认可和赏识。下阕的起句则描写辛弃疾自己终于看见赵景明到达南昌时的情形，然后以北魏陆凯《赠范晔诗》的典故尽述二人的"折柳"和"攀梅"之情；结句"看云霄高处，鹏翼徘徊"，则表达了他自己与赵景明意气相通的大丈夫情怀。整首词读来，令人油然而生"恨不当时"的向往之情。

送走赵景明后不久，又有两人先后离开南昌。前文曾叙，解除灾荒后，有三人各升一级。除辛弃疾外，另外两人分别是江南路转运判官张坚和江西转运副使钱佃，其中张坚被擢为知兴元府（今陕西省汉中市）。洪迈在《容斋随笔》中写有"后于江西见转运判官张坚衣绯，张尝知泉州，紫袍矣"[1]句，可见洪迈在南昌时张坚尚未赴任，但显然已接到诏令，因官升一级后官袍才能从红色改为紫色。

辛弃疾在为张坚所设饯别宴上填有《木兰花慢·席上送张仲固帅兴元》一词，从"汉中开汉业，问此地，是耶非？想剑指三秦，君王得意，一战东归"句可见，对于张坚将赴任汉中之事，唤起了辛弃疾心中埋没数年的恢复感慨。汉中自古有"秦之咽喉"和"蜀

---

[1] 洪迈：《容斋随笔》，穆公校点，上海古籍出版社，2015年，第321页。

之门户"的称誉。当年刘邦受封汉王后,便是从汉中入蜀,烧毁栈道,使项羽放松警惕;第二年,刘邦即重返关中,最终击败项羽,开创大汉帝国。当辛弃疾送别张坚时,对他要去的汉中充满了向往,因此辛弃疾的词中就出现了不能亲见"落日胡尘未断,西风塞马空肥"的内心怅惘。

送别张坚后,令辛弃疾颇觉安慰的是,接任张坚为江西转运判官的丘崈到任了,后者是辛弃疾于乾道四年(1168)通判建康府时的同僚。当时丘崈为建康府观察推官,转眼十三年过去,丘、辛二人又在南昌重聚,缘分令人感叹。

随后不久,朝廷再次下诏,将钱佃擢为知婺州,命其年内到任,而其原因是婺州又出现饥荒。当灾情报到朝廷后,赵昚说了句"钱某可"[①],于是命钱佃动身前往婺州赴任。辛弃疾与钱佃一并赣州平寇、南昌赈灾,情谊自是深厚。送别时,辛弃疾又动手填了首《西河·送钱仲耕自江西漕移守婺州》词相赠。

该词为三片,甚为少见。兹全录如下:

西江水,道似西江人泪。
无情却解送行人,月明千里。
从今日日倚高楼,伤心烟树如荠。

会君难,别君易。草草不如人意。
十年著破绣衣茸,种成桃李。

[①] 孙应时、鲍廉、卢镇:《至正重修琴川志》,陈其弟校注,方志出版社,2013年,第79页。

问君可是厌承明，东方鼓吹千骑。

对梅花、更消一醉。
看明年调鼎风味。老病自怜憔悴。
过吾庐、定有幽人相问：岁晚渊明归来未？

全词上阕直抒胸臆，表达了辛弃疾对钱佃的不舍。自绍兴三十二年（1162）首任江阴签判以来，辛弃疾在官场已历整整二十个年头，除江阴任上的同僚不知其名外，每到一地的同僚中总有与其惺惺相惜之人。但从辛弃疾迎来送往的词中，鲜有如送别钱佃这首词中的感伤，而这一情感与他对赵景明和张坚的情感又自不同。辛弃疾对赵景明是兄长般的宽厚与赏识，对张坚不无"一编书是帝王师，小试去征西"的壮别之意，而对钱佃则有一并扶危济难的生死情谊。这是最令人不舍的情谊，所以中阕的"会君难，别君易。草草不如人意"表现的惆怅就格外明显。

在后人眼里，辛弃疾词作素以豪放著称，但其词同样也有英雄气短的一面，如这首《西河·送钱仲耕自江西漕移守婺州》就体现得一览无余。辛弃疾在词的最后收句中甚至设想，当自己"老病自怜憔悴"的晚年来临时，或许钱佃能来看看自己，而且将钱佃比作陶渊明。由此更可见，钱佃性情中有"忠信恭宽"的一面，这使他处理棘手之事时能保持不急不躁和有条不紊的心理状态。

按《至正重修琴川志》的记载，钱佃到婺州上任后，果然"劝分移粟，所活口七十余万"，足见钱佃性格所致的施政才能。可资证明的，还包括当时在婺州任仓使的朱熹给陈亮去信写道："婺人得钱守，比之他郡，事体殊不同。"①这是钱佃的性格与施政才能具有内在勾连的最好证明。

从辛弃疾写于南昌的这些词来看，很能匹配《宋史》称其"豪爽尚气节，识拔英俊"②的赞誉。但人在生活中不可能得到所有人的一致认可，世事从来如此。就在辛弃疾赈济安民、与友人诗词唱和之际，收到一封《与辛幼安书》的来信，信中对辛弃疾展开了毫不留情的攻击。更令辛弃疾料想不到的是，写信人是与朱熹齐名的一代心学奠基人陆九渊，时值淳熙八年（1181）。

五

陆九渊比辛弃疾年长一岁。《宋史·陆九渊传》载有令人难以置信之事，称陆九渊尚三四岁时，就对父亲有"天地何所穷际"的提问，其父"笑而不答"，尚值孩提的陆九渊竟"深思，至忘寝食"。当陆九渊稍稍年长，某日读古书时见到"宇宙"二字，一时不知何意。有人解释说："四方上下曰宇，往古今来曰宙。"陆九渊大悟，说道："宇宙内事乃己分内事，己分内事乃宇宙内事。"接着，又说道："东海有圣人出焉，此心同也，此理同也。至西海、南海、北海有圣人出，亦莫不然。千百世之上有圣人出焉，此心同也，此理同也。至于千百世之下有圣人出，此心此理，亦无不同也。"③从这些令

---

① 孙应时、鲍廉、卢镇：《至正重修琴川志》，陈其弟校注，方志出版社，2013年，第79页。
② 《宋史》，中华书局，1977年，第12165页。
③ 同上书，第12879—12880页。

人吃惊之语来看，陆九渊幼年便有走向"理学"并开创"心学"的天才学术萌芽。

另外，陆九渊少年时对靖康之事有所听闻，内心遂有复仇之意，于是遍访豪杰，商讨恢复大略，并留下五论。五论分别是"一论仇耻未复，愿博求天下之俊杰，相与举论道经邦之职；二论愿致尊德乐道之诚；三论知人之难；四论事当驯致而不可骤；五论人主不当亲细事"[①]。

因才学过人，陆九渊于乾道八年（1172）中得进士，到临安后士人争相与之交往。陆九渊索性授人以学，他曾意味深长地说道："念虑之不正者，顷刻而知之，即可以正。念虑之正者，顷刻而失之，即为不正。"[②]有人劝其著书立说，陆九渊的回答是令人惊讶的"六经注我，我注六经"[③]之语，竟是如孔子般不事动笔，只以才学授人。在仕途上，陆九渊最初为靖安县主簿，为母丁忧后改任建宁崇安县令。当少师史浩举荐陆九渊为国子正，除敕令所删定官后，陆九渊便是专门做修改天子诏令之事了。

从陆九渊的这些事情来看，他与辛弃疾应为肝胆相照的知交才对。但在辛弃疾收到的《与辛幼安书》中，陆九渊白纸黑字地宣称，江西"县邑之间，贪饕矫虔之吏，方且用吾君禁非惩恶之具以逞私济欲，置民于囹圄械系鞭棰之间，残其支体，竭其膏血，头会箕敛，椎骨沥髓，与奸胥猾徒厌饫咆哮其上，巧为文书，转移出没，

--

[①]《宋史》，中华书局，1977年，第12880—12881页。
[②] 同上书，第12880页。
[③] 同上书，第12881页。

以欺上府，操其奇赢，与上府之左右缔交合党，以蔽上府之耳目"①云云。

　　这段话的意思很明显，说辛弃疾主政江西时极为贪污腐化，用朝廷明令禁止的方式谋取私利，不仅将百姓关押，还动用酷刑迫害，目的是"竭其膏血"，即倚仗权力不遗余力地搜刮民脂民膏，并且花言巧语地蒙蔽天子。细嚼"转移出没"四字，应指辛弃疾在上饶置业的钱来路不明——陆九渊或许读到了洪迈撰写的《稼轩记》一文，认为辛弃疾不可能有如此多的银钱购建产业，是以必为贪官。

　　能表明陆九渊未点名而确为指斥辛弃疾的证明在其另一封《与徐子宜书》中可见，他以讥讽口吻写道："某人始至，人甚望之，旧闻先兄称其议论，意其必不碌碌，乃大不然。明不足以得事之实，而奸黠得以肆其巧，公不足以遂其所知而权势得以为之制。自用之果，反害正理，正士见疑，忠言不入，护吏而疾民，阳若不任吏，而实阴为所卖。"②

　　陆九渊提到的"先兄"即陆九龄。早在赖文政起事之时，茶商军兵锋曾至庐陵（今江西省吉安市），时为湖北兴国军（今湖北省黄石市阳新县）教授的陆九龄面对当地义社请其担任防备统兵指挥时，说道："公卿即为将帅，比间之长，则伍两之卒也。士而耻此，则豪侠武断者专之矣。"③意思是充分相信辛弃疾的将帅之才。赖文政后来虽未至兴国军，该地守备已在陆九龄的指挥下防御严密，是以

----

①《陆九渊集》，钟哲点校，中华书局，1980年，第72页。
②同上书，第68页。
③《宋史》，中华书局，1977年，第12876页。

辛弃疾对陆九龄颇为赞赏。当陆九龄于淳熙七年（1180）九月病逝后，辛弃疾为其撰写了《复斋陆先生传》一文为念。可惜该文已佚，无从知晓内容。从陆九渊信中"旧闻先兄称其议论，意其必不碌碌"的话来看，陆九龄生前必以钦佩之情对陆九渊谈过辛弃疾，因此陆九渊笔下的"某人"必指辛弃疾无疑。如今陆九龄去世方一年，陆九渊即对辛弃疾大加责难，可见其听到不少关于辛弃疾贪污腐化的传闻。

从陆九渊主张的"明心见性"和"心即是理"的学术思想及淳熙二年（1175）与朱熹在"鹅湖之会"发生的争执来看，陆九渊性情直率，有着尖锐和近乎极端的一面。因此，在给辛弃疾去信时，陆九渊将耳中传闻当真，直接进行鞭挞。辛弃疾接信后的反应和是否有过回复，均无史料可见。就辛弃疾性格而言，对陆九渊这样的学术宗师自有尊重的一面，但对其指责是否需要解释，以辛弃疾胸昭日月的丈夫胸襟来看，恐怕会觉得并非必要之事。人不可能对世间的所有背后指点进行解释，顶天立地之人自问心无愧，这才是真正的男儿本色。从辛弃疾日后所写的"知我者，二三子"也能体会，人生在世，能懂得自己的不多，能有"二三子"已算得上奢侈了。是知己的，无须解释也能理解；不是知己的，解释再多也是无用。就陆九渊、辛弃疾二人经历来看，当陆九渊乾道八年（1172）在临安金榜题名时，辛弃疾正外任知滁州，至此尚无任何交集。另外，收到信时的辛弃疾，正遭遇一桩噩耗带来的伤痛，他未给陆九渊回复就更在情理之中了。

六

辛弃疾接到的噩耗是"金华学派"创始人吕祖谦于当年七月二十九日去世,消息传到南昌时已到十月底了。这里补充一句,上文提到的"鹅湖之会"便是由吕祖谦发起,在江西铅山鹅湖寺进行的一次哲学辩论会,目的是使朱熹的"理学"和陆九渊的"心学"由分歧走向"会归于一"。吕祖谦在会上虽未表态支持哪方,但对辩论双方仍有自己明确的看法:"元晦(朱熹)英迈刚明,而工夫就实人细,殊未可量。子静(陆九渊)亦坚实有力,但欠开阔。"不论这句话对错与否,都能见出吕祖谦看人的眼光极为尖锐。

前文有过叙述,辛弃疾在乾道六年(1170)首赴临安时,与当时同巷而居的张栻和吕祖谦结下深厚友谊。当年辛弃疾在三人同饮时写下《念奴娇》一词,字字意气飞扬,还发下三人异日要"不日同舟,平戎破虏"的宏愿。却不料张栻于淳熙七年(1180)亡故,年仅四十八岁;时隔一年的淳熙八年(1181)吕祖谦又亡故,时值四十五岁。张栻、吕祖谦二人均在思想臻于顶点的盛年辞世,令人叹惋。此时,十一年前的旧事不禁再次涌上辛弃疾的心头。当张栻亡故时,辛弃疾正在湖南兴修水利、赈灾办学和创建飞虎军,几乎无暇悲伤;而今吕祖谦去世的消息传来,辛弃疾再也无法抑制,于十一月二日挥毫写下了《祭吕东莱先生文》[1]。

这是辛弃疾现存祭文中的第一篇,也是情感翻涌的一篇。兹录

---

[1]《辛弃疾集编年笺注》,辛更儒笺注,中华书局,2015年,第425—426页。

全文如下：

维淳熙八年，岁次辛丑，十一月癸酉朔，初二日甲戌，奉议郎、充右文殿修撰、知隆兴军府事兼管内劝农营田事、主管江南西路安抚司公事、马步军都总管辛弃疾，谨以清酌庶羞之奠，致祭于近故宫使直阁大著吕公之灵：某官天质之美，道学之粹，操存之既固，而充养之又至，一私欲未始萌于心，极万变不足以移其志。故不力而勇，甚和而毅，泯爱憎以无迹，更毁誉而一致。宜君上益信其贤，而同异者莫得窥其际也。任重道远，发轫早岁，遗外形体，辍寝忘味。事物之来，若未始经吾意，迨夫审是决疑，则精微正大，中在物之理，而尽处物之义。私淑诸人，固已设科不拒，闻者心醉。道行志得，抑将使群才并用而众志咸遂也。乃若生长见闻，人物门第，高文大册，博览强记，虽皆过绝于人，要之盖其余事。厥今上承伊、洛，远溯洙、泗，佥曰"朱、张、东莱"，屹鼎立于一世。学者有宗，圣传不坠。又皆齿壮而力强，夫何南轩亡而公病废！上方付公以斯文，谓究用其犹未。传闻有瘳，士夫增气。忽反袂而相吊，惊邮传于殄瘁。呜呼！寿考之不究，德业之未试，室无人而子幼，何福善而如是！然而天所畀与者，其得抑多矣。又奚有于乔松之年、赵孟之贵。弃疾半世倾风，同朝托契，尝从游于南轩，盖于公而敬畏。兹物论之共悼，宁有怀于私惠。缄忱辞于千里，寓哀情于一酹。尚飨！

这篇祭文首先肯定了吕祖谦"万变不足以移其志"的人生方向，接下来肯定了他"发轫早岁，遗外形体，辍寝忘味"的学术沉浸，乃至"屹鼎立于一世"的地位，最后追叙了当年在临安时辛弃疾与吕祖谦、张栻等人同游之况，不自禁"寓哀情于一酹"。通读全文，能体会辛弃疾彼时哀伤甚深，更能体会吕祖谦的毕生思想对其产生的影响。

就在辛弃疾沉浸于追念故人的感伤中时，没料到会收到陆九渊的指责来函，更没想到陆九渊的指责只是暴风雨到来前的一道闪电，紧接着的一声霹雳则直接导致了辛弃疾命运的急转直下。

七

陆九渊能来函攻击，可见关于辛弃疾贪污腐化的嫌疑已传开甚远。从辛弃疾曾给赵眘上书时说到的"臣孤危一身久矣，荷陛下保全"[1]句可知，临安朝中对辛弃疾时时欲加攻击的朝臣不在少数。是以当辛弃疾涉嫌贪污的流言传入朝中，必然在对其虎视眈眈的朝臣那里引起回响。

《宋史·辛弃疾传》明确记载的是"台臣王蔺劾其用钱如泥沙，杀人如草芥"[2]，另有言官也称辛弃疾"奸贪凶暴，帅湖南日虐害天里"[3]。这番话不仅直接称辛弃疾贪污腐化，还称其在湖南履任时草菅人命。赵眘即命直学院士崔敦诗拟就一纸解官诏书，称辛弃疾"慕

---

[1]《辛稼轩诗文笺注》，邓广铭辑校审订、辛更儒笺注，上海古籍出版社，1995年，第108页。

[2]《宋史》，中华书局，1977年，第12164页。

[3] 邓广铭：《辛稼轩年谱》，载《辛弃疾传 辛稼轩年谱》，生活·读书·新知三联书店，2007年，第201页。

义来归,固尝推以诚心"可嘉,做的事情却是"肆厥贪求,指公财为囊橐;敢于诛艾,视赤子犹草菅",并"凭陵上司,缔结同类",乃至"愤形中外之士,怨积江湖之民"[①]。

从赵昚下诏书的时间来看,很难说做过一番调查。赵昚于十一月将辛弃疾改除为两浙西路提点刑狱公事,但辛弃疾还未及上任就被王蔺上疏弹劾。赵昚立即于十二月初颁发解诏令,怎么看都很像一种顺水推舟!

辛弃疾是否在经济上授人以柄,在今天学界仍有争议。

例如,生前曾执教香港中文大学的罗忼烈教授在1982年《明报月刊》8月号上发表《漫谈辛稼轩的经济生活》一文,认为辛弃疾并非富商大贾,虽为官二十年,但俸禄不足以支持其在上饶和铅山"拥有两处大庄园",因此有"他的经济来源是很令人怀疑的,要尝试解释未曾不可,但答案是我们不愿意接受的"一说。

在上文发表的十年后,邓广铭先生在1992年第一期《中州大学学报》上进行了反驳:"在宋代,凡被称作田庄或庄园的,主要都是以大片的农田(起码要几百亩)为主,再配合一些附属的建筑物如碓房、粮仓、牛棚、打谷场和庄丁的居舍等等,而辛家的带湖居第,则只是附有小园林的一个宅院。罗教授称之为'大田庄'或'大庄园',是根本不对头的。"另外,邓广铭先生还特意谈到宋时的俸禄问题,"宋代的外官,特别是知大州郡兼帅任的,除了按月有较优厚的薪俸之外,还按月有固定的公使钱,还特置公使库,储存此钱,可见其数额之大,并且允许用之回易。另外还有多少不等的职田,

---

[①] 辛更儒编:《辛弃疾资料汇编》,中华书局,2005年,第27页。

这些都可算合法收入，都可由他支用，以至归为己有"①。

罗、邓两位学者各执一词，都有让人信服之处，也都有可商榷之处。辛弃疾是否有经济问题，今日已无从探寻究竟。从辛弃疾在湖南和江西任上的行为来看，赈济、办学、创建飞虎军无不耗资巨大。用接替辛弃疾任湖南安抚使李椿的说法，辛弃疾创建飞虎军就"已费县官缗钱四十二万"②。费用虽说惊人，但李椿能说出数额，可见各项支出应属公开。这里补充一句，因军费开支过大，就连曾为辛弃疾说过话的周必大也转而有"辛卿又竭一路民力为此举，欲自为功，且有利心焉"③的责难。

但无论怎样，所有奏折都说不出辛弃疾究竟如何将公财据为私有，也说不出有何具体事件，更没有数额细节。因此，赵眘立即颁下"负予及此，为尔怅然。尚念间关向旧之初心，迄用平恕隆宽之中典。悉镌秘职，并解新官。宜讼前非，益图后效"的诏令，似有草率之嫌。但联系到赵眘在两年前的淳熙六年（1179）读到辛弃疾离开湖北时在王正己送别宴上所写的《摸鱼儿》一词时的"不悦"，只怕他对辛弃疾的不满早已非一日之寒，再加上朝臣对辛弃疾众口一词的指斥，遂将辛弃疾干脆解官。

对辛弃疾而言，是否解官恐怕并非重要之事。在辛弃疾看来，回南朝整整二十年，除了创建飞虎军，再没有第二件事是自己心中所愿。但不论所愿还是非愿，辛弃疾无不在任上呕心沥血，不料竟

---

①邓广铭：《邓广铭治史丛稿》，北京大学出版社，1997年，第551页。
②邓广铭：《辛稼轩年谱》，载《辛弃疾传　辛稼轩年谱》，生活·读书·新知三联书店，2007年，第186页。
③同上书，第187页。

惹来如此流言蜚语和朝臣弹劾。是以当朝廷对辛弃疾失望之时，他对朝廷只怕也抱有同样的失望之情。对接受儒家思想的辛弃疾来说，自有孟子笔下"如欲平治天下，当今之世，舍我其谁也"的政治激情，但当这股经国治世的激情被现实浇灭，他也很容易在"望断碧云空日暮，流水桃源何处"的苦闷中转而寄情山水，进而遁入"清静无为"和"逍遥齐物"的老庄思想那里。

这是苏东坡曾走过的路，现在又将成为辛弃疾要走的路。

第十一章 上饶湖畔

——日月相催飞似箭，阴阳为寇惨于兵

◎隆兴府
（南昌）

◎信州
（上饶）

一

　　辛弃疾十一月刚接到新任诏令，尚未动身，十二月又接到解官诏书。对此突如其来的变化，若换作他人恐有不知将往何处的措手不及之感，好在辛弃疾两年前已在上饶购地建房，不至于无所居处。辛弃疾当时给洪迈看的图纸，此时已然落成：整块地高处为居室，低地为稻田，因登楼可远望到一座叫灵山的峰峦，遂将其楼取名为"集山楼"，后改名为"雪楼"。

　　接到解官诏令后，辛弃疾便于淳熙八年（1181）十二月底携家人前往上饶居住。

　　从表面上看，辛弃疾提前购置田产的确给了王蔺等人进行弹劾的借口，但其购业也有一言难尽的内心触动。关于辛弃疾购置田产的时间和缘由，可从他那篇《新居上梁文》中一见端倪，这是辛弃疾购置田产的自我证明。在《新居上梁文》文中，"两分帅阃，三驾使轺"[1]即指辛弃疾自己曾于淳熙四年（1177）和淳熙五年（1178）分别担任湖北安抚使和江西安抚使之职。据此可知，该文撰写时间应是辛弃疾刚至湖南为转运副使时的淳熙六年（1179）春，彼时尚未任湖南安抚使，否则就会是"三分帅阃"了。

　　细读该文，起笔即为"'百万买宅，千万买邻'，人生孰若安居之乐？一年种谷，十年种木，君子常有静退之心。久矣倦游，兹焉

---

[1]《辛弃疾集编年笺注》，辛更儒笺注，中华书局，2015年，第420页。

卜筑"①。从中能体会辛弃疾当时的复杂心情，且不说他遭受朝中的种种非议和频繁调动，就以其二十年的官宦生涯而言，如何会不知南宋君臣的内在心思？一个"倦"字，将辛弃疾掩埋最深的感慨表露无遗。辛弃疾因渴望自己有一退身之地，文中便有"不特风霜之手欲龟，亦恐名利之发将鹤。欲得置锥之地，遂营环堵之宫"的表达。辛弃疾选中上饶，应是官务间偶至该地，发现这里"虽在城邑阛阓之中，独出车马尘嚣之外"，正好可让自己"梦寐少年之鞍马，沉酣古人之诗书"②。该句表明辛弃疾内心重心已有转移，自是知现实强大而自己无力更改，便只能改变自己了。

辛弃疾所购田产的具体位置是江西上饶县城。上饶位于江西东北部，东邻浙江，北接安徽，南依福建。按《太平寰宇记》的说法，该地"本秦番县郡，两汉为鄱阳郡……隋开皇九年罢郡，置饶州……所谓上饶者，以其旁下饶州之故也。乾元元年始置县"③。这里的乾元元年即公元758年，系唐肃宗李亨年号，距辛弃疾至上饶已过去了四百多年的岁月，可见上饶历史悠久。《太平寰宇记》说汉代时上饶有黄金可采，料必曾繁华一时。到辛弃疾于此购地时早已荒芜，那他彼时"筑室百楹，度财占地什四"④的宅院究竟如何呢？不妨看看陈亮在辛弃疾迁居上饶一年多后写来的一封信，其中写道："……始闻作室甚宏丽，传到《上梁文》，可想而知也。见元晦说曾入去

---

① 《辛弃疾集编年笺注》，辛更儒笺注，中华书局，2015年，第420页。
② 同上。
③ 《太平寰宇记》，王文楚等点校，中华书局，2007年，第2149页。
④ 《辛稼轩诗文笺注》，邓广铭辑校审订、辛更儒笺注，上海古籍出版社，1995年，第267页。

看,以为耳目所未曾睹,此老言必不妄。去年亮亦起数间,大有鹪鹩肖鹍鹏之意,较短量长,未堪奴仆命也……"①

这段话翻译过来就是,我听说你的新居极为宏丽,对照读你那篇《新居上梁文》也可想而知。朱元晦(朱熹)说他曾去看过,称那里的建筑是以前从未耳闻目睹过的富丽堂皇,而此老从不说谎,应该就是他说的那样。去年我也建了几间新室,和你的相比,应该有鹪鹩和鹍鹏之间的差距。我不敢和你的比较,这就是我的奴仆之命了。

若按"元晦说曾入去看,以为耳目所未曾睹,此老言必不妄"的说法,辛弃疾的新居确乎宏丽,但究竟是何模样,一些地方志如《广信府志》《江西通志》均无记载,后人是不得而知了。至于朱熹何时"曾入去看",邓广铭先生的考据结论是:"迨本年秋冬之际,朱熹被命提举两浙东路常平茶盐公事,奏事行在,路经上饶,营造工程于时当已大部完竣,因得潜入去看而诧为未睹也。"

携家人入住上饶新居后不久,即跨年到了淳熙九年(1182)春日,辛弃疾填了一首《菩萨蛮》,颇能见出其当时心情:

  稼轩日向儿童说,带湖买得新风月。
  头白早归来,种花花已开。

  功名浑是错,更莫思量着。
  见说小楼东,好山千万重。

以"稼轩"二字落笔,既可看成辛弃疾的自谓,也可视为他

---

①《陈亮集》,邓广铭点校,中华书局,1974年,第321页。

"集山楼"中命名为"稼轩"的房屋。或许，作此命名是辛弃疾从官场归耕，他不无感叹地发现："人生在勤，当以力田为先。北方之人，养生之具不求于人，是以无甚富甚贫之家。南方多末作以病农，而兼并之患兴，贫富斯不侔矣。"①辛弃疾用这段话比较了南北方人的不同。北方人都勤于耕耘，贫富差距不大；南方人则很多不务劳作，精力用在其他的细微末端之处，还为之患得患失，所以就易出现贫富不均的现象。辛弃疾以"稼"名"轩"，就是表示自己要身体力行地"力田为先"，使自己的退居生活能自给自足。

就这首词的描写来看，能见辛弃疾在"稼轩"宅里对好奇而来的儿童说自己已居于此地，带湖是他极为喜爱的风景之所。淳熙九年（1182），辛弃疾刚刚四十三岁，却已"头白早归来"，可见仕途比岁月更易使人苍老。接下来的"种花花已开"既是春日景象，也可对应其在南昌填写的《沁园春·带湖新居将成》一词。当得知新居将要落成时，辛弃疾满怀向往之情地写下"要小舟行钓，先应种柳；疏篱护竹，莫碍观梅。秋菊堪餐，春兰可佩，留待先生手自栽"句，可见辛弃疾从官场脱身投入上饶这片人烟不多的旷地着手耕耘时，心头有种从未有过的愉悦。在辛弃疾看来，回首二十年的仕途跌宕，真还比不上如今面对大自然感受的身心畅快。所以，在下阕落笔时，辛弃疾便写有"功名浑是错，更莫思量着"的幡然顿悟。身入官场之人，无非求得仕途通畅、封妻荫子，能不能青史留名则另当别论。因此，当妻儿告诉辛弃疾小楼东外有片连绵的群山时，他举眼望去或许会生出青山方能百代千秋之感。

---

①《宋史》，中华书局，1977年，第12165页。

人面对大自然，才是面对了真正的永恒。这是官场不可得到的感受。南朝齐、梁时的隐士陶弘景对梁武帝诏其入朝的旨意回答是："山中何所有？岭上多白云。只可自怡悦，不堪持赠君。"[1]也是同样的意思。辛弃疾所谓"更莫思量着"的顿悟，其实充满被动，这也是大多数最终弃仕途而入山水之人的内心触动。至于山水的好处，用庄子的话说就是"无欲而天下足，无为而万物化，渊静而百姓定"[2]。

　　能够理解的是，当辛弃疾匆促间结束已经习惯的官务生涯后，不可能一日间就做到和过去一刀两断，尤其在辛弃疾的朋友们那里也绝不相信他会从此不问世事，相反友人们更担心他陡然被解官会有解不开的抑郁。曾与辛弃疾同在建康为官、现为江西转运判官的丘崈就写来书信，劝其"点检笙歌多酿酒"。辛弃疾的扬州友人杨济翁和妻舅范南伯也从京口来看望辛弃疾，杨济翁遂以丘崈的信中该语为《蝶恋花》起句，赋词赠辛弃疾。辛弃疾也以丘崈语落笔，步韵回赠杨济翁。范南伯此时已为知县，不能久留，因而辛弃疾填词送别时有"泪眼送君倾似雨。不折垂杨，只倩愁随去"的感伤难抑。纵观辛弃疾全部诗词，如此倾泻个人伤感情绪的作品实为少见。从这里也能体会，辛弃疾纵是一世之雄，也有情感脆弱的一面，这才是一个完整的人。

---

[1]《陶弘景集校注》（修订本），王京州校注，上海古籍出版社，2021年，第35页。

[2]《庄子》，中华书局，2015年，第178页。

二

对今天喜爱辛弃疾的读者来说，无不熟悉其词，对其诗则多无印象。但辛弃疾有三首题为《偶作》的七律颇能见出其隐居带湖后的心态，也不输其任何一首词。兹全录如下：

其 一

儿曹谈笑觅封侯，自喜婆娑老此丘。
棋斗机关嫌狡狯，鹤贪吞啖损风流。
强留客饮浑忘倦，已办官租百不忧。
我识箪瓢真乐处，诗书执礼易春秋。

其 二

一气同生天地人，不知何者是吾身。
欲依佛老心难住，却对渔樵语益真。
静处时呼酒贤圣，病来稍识药君臣。
由来不乐金朱事，且喜长同垄亩民。

其 三

老去都无宠辱惊，静中时见古今情。
大凡物必有终始，岂有人能脱死生。
日月相催飞似箭，阴阳为寇惨于兵。
此身果欲参天地，且读中庸尽至诚。

从这三首七律可见，辛弃疾在与山水为邻中逐渐获得了一种与天地同修的平和境界。第一首的尾联"我识箪瓢真乐处，诗书执礼易春秋"，表明辛弃疾对官场俗务已极度厌倦，如今身入平凡，发现"箪瓢"才更能体现真实生活的"乐处"，有了不如以"诗书执礼"来面对岁月流逝的态度。第二首是第一首的延续，从首联的"一气同生天地人，不知何者是吾身"能见，辛弃疾在进入平凡的日常生活中有了对道家"致虚极，守静笃。万物并作，吾以观其复。夫物芸芸，各复归其根"①的玄妙体会。第三首是第二首的升华，正因为有了对道家的玄妙体会，也因此才有了"大凡物必有终始，岂有人能脱死生"的感悟。

所谓"物必有终始"，也就是朝代有终始，时空有终始，人的生命和思想有终始，以及"死生"等在千秋万代的每个人的人生起点和终点，那么活着的人该做什么和如何做？辛弃疾的回答是令人意外的"欲参天地"。在庄子那里，"以天为宗，以德为本，以道为门，兆于变化，谓之圣人"。接下来，庄子还说"以仁为恩，以义为理，以礼为行，以乐为和，熏然慈仁，谓之君子"②。辛弃疾当然没有做圣人的想法，但天、德、道始终是能进行的个人修炼。

辛弃疾想起王蔺对自己的弹劾理由，不就包括"杀人如草芥"吗？在辛弃疾看来，自己曾在北方杀金军是问心无愧，但在江西杀茶商军终是不折不扣的事实，受戮者虽是造反之民却也是宋人，这便是终究未能做到起码的"以仁为恩"了。关于此点，南宋晚期学

---

① 《老子》，中华书局，2014年，第61页。
② 《庄子》，中华书局，2015年，第567页。

者张端义在《贵耳集》中载有一事，说当时的右丞相王淮曾"欲进拟辛幼安除一帅"时，已为左丞相的周必大坚决不肯。王淮颇觉奇怪，对周必大问了句："幼安帅才，何不用之？"周必大答道："不然。凡幼安所杀人命，在吾辈执笔者当之。"[①]意思是辛弃疾杀人太多。从这里看，王蔺称辛弃疾"杀人如草芥"，真还不是空穴来风。

从上述诗歌来看，退居后的辛弃疾颇多反省。如果做不到庄子以为的圣人，能做到其以为的君子吗？这是辛弃疾为官二十年不曾有过的念头。一直以来，辛弃疾只以性情行事，以恢复中原为志，这点是不是庄子以为的圣人或君子真还另当别论。对辛弃疾而言，"已办官租百不忧"的生活谈不上有后顾之忧，甚至恢复中原的梦想也在茫茫时空中变得缥缈起来。以多少被迫的出世之心来面对入世之事，更使辛弃疾有了"日月相催飞似箭，阴阳为寇惨于兵"的切身感受。

这两行诗的前句好理解，辛弃疾写下后句或是想起了董仲舒在回答汉武帝问策时所说的"天道之大者在阴阳。阳为德，阴为刑；刑主杀而德主生"[②]之句。但董仲舒毕竟是对当时天子进言，自时时不忘"王者承天意以从事"[③]的"王道之端"，所以"阳为德"也好、"阴为刑"也好，都为人的入世之巅。当辛弃疾不得不转向出世之途时，他才恍然发现：人最终要完成的理想也好、抱负也好，不都是要完成自己吗？先贤留下那么多参悟天地的著作，从儒家到佛家，

[①] 张端义：《贵耳集》，载《鸡肋编 贵耳集》，李保民校点，上海古籍出版社，2012年，第127页。

[②]《汉书》，中华书局，1962年，第2502页。

[③] 同上。

从佛家到道家，都足以解释所有人在所有阶段的追问。当仕途戛然而止，辛弃疾追问的是什么就已不再重要，重要的是他在第三首的最后一句做出了"且读中庸尽至诚"的回答。这就反映了辛弃疾对道出于天、存养省察、天地育养万物等"至诚"观点有了内心觉悟。这是多少人从未面对过的境界。对离开仕途的辛弃疾来说，《中庸》或许能提供给他对自己人生缘何至此的解释。

因此，不论辛弃疾对《中庸》的阅读是主动还是被动，都是投入一种境界的修炼，终归就是《中庸》所说的"唯天下之至诚，为能尽其性，能尽其性，则能尽人之性"[1]。就此而言，这三首七律是不是辛弃疾修炼的成果姑且不论，至少它们反映了辛弃疾这一阶段的重要思想，那就是要成为一个真实的人。

但即便《中庸》重要，它能使辛弃疾脱胎换骨地成为朱熹那样的思想家吗？能够像朱熹那样撰写一部属于自己和后世的《中庸章句》吗？

未必。

三

从根源上看，辛弃疾毕竟不是书香世家出身。对自幼接受祖父辛赞收复中原思想指引的辛弃疾来说，幼年的根底不是几部经书就能连根拔除的，四十三岁的年龄也很难彻底改变一个人的内心，更何况辛弃疾来自北方，不论时日如何久远，终究有着朱熹等人未曾

---

[1]《论语　大学　中庸》，陈晓芬、徐儒宗译注，中华书局，2015年，第335页。

体验过的独特经历。生在南方的人，随着"靖康之变"的远去而会不知不觉地接受现状，但在辛弃疾的亲身经历里，北方状况如何能说忘就忘？辛弃疾到上饶退居，并非他自己主动选择，所以他一边遵老庄之法以天地之气为修炼，一边仍对历历在目的昨日生涯有着情不自禁地回望。但辛弃疾也像历史上无数曾被迫离开仕途的士大夫一样，即使有"欲依佛老心难住"的怅惘，仍然体会到山水对心灵的慰藉，所以他在退居不久后写下的《水调歌头·盟鸥》一词中就有"带湖吾甚爱，千丈翠奁开。先生杖屦无事，一日走千回。凡我同盟鸥鹭，今日既盟之后，来往莫相猜。白鹤在何处，尝试与偕来"之句。

此处"盟鸥"虽出自黄庭坚笔下的"万里归船弄长笛，此心吾与白鸥盟"[①]句，辛弃疾却多了一层"今日既盟之后，来往莫相猜"的祈愿。从中可见，辛弃疾终究忘不了被王蔺等人弹劾之事。与人相处，免不了彼此话不投机；与大自然相处，则是自己对大自然和万物的主动接近和进入。所以，与鸥鹭结盟虽是人的愿望，却也是人的内在牵引。这首词表明，辛弃疾愿意每日沿着带湖"一日走千回"，让自己既获得内心所需的抚慰，也使自己能悟得生活的本质。

辛弃疾虽然解官归隐，却不等于到了无人知晓的世外桃源。基于辛弃疾播于天下的声名自然有和他发生诗文往来的，还有登门拜访的，其中有个叫范开的人还正式成为辛弃疾门下弟子。《宋史》无范开传，从辛弃疾不少与范开唱和的词作来看，二人性情相通。另

---

① 蒋方编选：《黄庭坚集》，凤凰出版社，2007年，第145页。

范开还特别"长于《楚辞》而妙于琴"①，才华不输他人，也自令辛弃疾赏识。六年后的淳熙十五年（1188）正月初一，范开编成史上第一部《稼轩词甲集》。从序言可见，范开名为辛弃疾弟子，却称得上辛弃疾知音。序言开篇为："器大者声必闳，志高者意必远。知夫声与意之本原，则知歌词之所自出。是盖不容有意于作为，而其发越著见于声音言意之表者，则亦随其所蓄之浅深，而不能不尔者存焉耳。"②

在这段编书理由后，范开随即体现了"世言稼轩居士辛公之词似东坡，非有意于学坡也，自其发于所蓄者言之，则不能不坡若也"的个人眼光，同时比较了辛弃疾作词的状态与苏东坡的相似之处，即"苟不得之于嬉笑，则得之于行乐；不得之于行乐，则得之于醉墨淋漓之际。挥毫未竟而客争藏去。或闲中书石，兴来写地，抑或微吟而不录，漫录而焚稿，以故多散逸。是亦未尝有作之之意，其于坡也，是以似之"③。这句话表明辛弃疾与苏东坡都并非有意为诗词，而是兴之所至时挥毫成篇。

很显然，范开对辛弃疾因抱负高于苏东坡而形成的特色更为倾慕："公一世之豪，以气节自负，以功业自许，方将敛藏其用以事清旷，果何意于歌词哉，直陶写之具耳。故其词之为体，如张乐洞庭之野，无首无尾，不主故常；又如春云浮空，卷舒起灭，随所变态，无非可观。无他，意不在于作词，而其气之所充，蓄之所发，词自不能不尔也。其间固有清而丽、婉而妩媚，此又坡词之所无，而公

---

① 《辛弃疾集编年笺注》，辛更儒笺注，中华书局，2015年，第1132页。
② 辛更儒编：《辛弃疾资料汇编》，中华书局，2005年，第49—50页。
③ 同上书，第50页。

词之所独也。昔宋复古、张乖崖方严劲正，而其词乃复有秾纤婉丽之语，岂铁石心肠者类皆如是耶。"①

这里交代了辛弃疾随性而为的诗词能为天下人"争藏"的秘诀，其核心之处便是"气之所充，蓄之所发"，绝非贾岛似的苦吟者。不是说苦吟不是作诗之道，而是胸中之气更能驱使创作者与天地为伍，所写之句便有一股如得神助的沛然气韵。更何况，辛弃疾的胸中之气，是气节所聚、志气所驱，慷慨淋漓，远非常人能望其项背。

倾慕辛弃疾词作的不在少数。当辛弃疾那首《水调歌头·盟鸥》传开后，辛弃疾收到谪居信州的左司谏汤邦彦的和词。

关于汤邦彦，对其至为赏识的便是乾道年间的宰相虞允文。汤邦彦因口才颇佳，惯于高谈阔论，引得赵昚也大为赏识，擢其为左司谏兼侍讲。当虞允文罢相出任四川宣抚使时，还特意带上汤邦彦。入川一年后，虞允文于淳熙元年（1174）去世，汤邦彦重返朝廷，再为右司谏。随后的事，前文已经讲过了，淳熙二年（1175）二月时，时为宰相的叶衡举荐汤邦彦为出使金国的"申议使"，以"陵寝地"为由，请求金国归还河南。汤邦彦自知不可能完成使命，对举荐其出使金国的叶衡心生怨恨，竟诬陷后者"对客有讪上语"，致使叶衡罢相。当汤邦彦于淳熙三年（1176）四月无功而返后，他被赵昚贬至当时的蛮荒之地广东新州，并宣称"不复用"。好在三年后的淳熙六年（1179）九月，因明堂大赦，汤邦彦终于从岭南北归，移至信州居住。具体地点从韩元吉写给汤邦彦诗中的"朅来灵山隈，跫然慰虚谷"句可知，汤邦彦就居于上饶西北六十里外的灵山脚下，

---

① 辛更儒编：《辛弃疾资料汇编》，中华书局，2005年，第50页。

与辛弃疾居处相距不远。

就常理而言，当年叶衡被汤邦彦诬陷罢相，叶衡又恰恰是举荐辛弃疾为仓部郎中的知交，理应对汤邦彦有反感才对，但此时二人都经历了官场的起伏跌宕，很多事已然看透，何况虞允文去世多年，叶衡也寓居金华故里，旧时恩怨已灰飞烟灭。当收到汤邦彦的和词后，辛弃疾又动手填了首《水调歌头·汤朝美司谏见和，用韵为谢》，其中不乏对汤邦彦（汤朝美）出使金国的赞誉和贬谪蛮荒后的艰辛，"千古忠肝义胆，万里蛮烟瘴雨"，随后以"往事莫惊猜"劝慰汤邦彦不论经历怎样的世事都不必耿耿于怀，同时写到自己"笑吾庐，门掩草，径封苔"。从这句词倒可看出，辛弃疾的宅院哪里是朱熹宣称的"耳目所未曾睹"般的富丽！该词结尾的"白发宁有种，一一醒时栽"句，更能体会辛弃疾被迫退居后内心仍难免苦涩翻涌，竟至眼看着白发丛生。

不过，辛弃疾和汤邦彦交往的时日不长。到第二年即淳熙十年（1183）春汤邦彦遇赦回常州金坛，辛弃疾又填有一首《满江红·送汤朝美司谏自便归金坛》赠别。从其中"当日念君归去好，而今却恨中年别。笑江头明月更多情，今宵缺"来看，辛弃疾对汤邦彦颇多不舍之情。后者离开信州后，辛、汤二人再无交集。但在此前后，另有不少人来上饶与辛弃疾相会，使其不再有"门掩草，径封苔"的寂寞。

四

从辛弃疾在上饶所写的唱和之词来看，与其交往最为密切的是韩元吉。辛、韩二人曾于乾道四年（1168）同在建康为官，当时辛弃疾为建康府通判，韩元吉为江南东路转运判官，后者虽比辛弃疾年长二十三岁，却不妨碍二人结下深厚友谊。韩元吉后来还官至吏部尚书，于淳熙七年（1180）退居上饶南涧，因此又自号韩南涧。就韩元吉的作品看，颇有苏东坡的豪迈风范，尤其"平生壮志，长啸起舞看吴钩"句充满神州陆沉的悲愤，表明其思想上与辛弃疾有一致之处。另外，韩元吉与辛弃疾还有很重要的一处渊源，两年前去世的吕祖谦恰恰是韩元吉的女婿。因此，不论从年龄还是从资历上看，韩元吉都是辛弃疾的长辈。不过，性格相近的人，年龄从来不是阻碍。辛弃疾到上饶后，与韩元吉很快成为忘年之交，还包括韩元吉之子韩淲，后者虽比辛弃疾年轻了二十岁，但二人仍是同辈之交。

读辛弃疾当时的作品，能见其于淳熙九年（1182）重阳节所填的一首《水调歌头·九日游云洞，和韩南涧尚书韵》可知，当日他与韩元吉结伴同游。云洞在上饶县西三十里外的开化乡，即今上饶西枫岭头镇西部。晚唐诗人韦庄曾留诗于此，黄庭坚外甥洪刍也写过一篇《游信州岩峒记》，记载了云洞的神秘之状："山形截然如城，世谓之仙人城。相传仙人蜕骨葬于此，有三棺，或坏，因大风雨雷电，则复完如初。疑有鬼神云。"[1]另外，《上饶县志》中也写有"云洞院，在开化县三十六郡，宋大中祥符间建，岩穴环奇，梵宇幽爽，有天泉、九仙、一线天诸岩，多题咏"[2]之句。从中可见，云洞不仅

---

[1]《辛弃疾集编年笺注》，辛更儒笺注，中华书局，2015年，第773页。
[2] 同上书，第774页。

有自然景致,山上还有一道观。从韩元吉所填《水调歌头·水洞》词中"今日俄重九,莫负菊花开。试寻高处,携手躐屣上崔嵬。放目苍岩千仞,云护晓霜成阵,知我与君来"句能见,年岁已高的韩元吉与辛弃疾同游云洞时仍兴致勃勃。辛弃疾当时即写有和词两首,其中第二首的"此会明年谁健?后日犹今视昔,歌舞只空台"句则有种时光流逝的怅惘。这些情不自禁的表达确能见出辛弃疾不愿年华虚度的心理。

除与韩元吉频相往来外,辛弃疾还与也在南涧的坑冶司干官李子永有所相交。当辛弃疾与韩元吉游云洞归来后,因公务未能同行的李子永也写来和词,辛弃疾随即又和一首,以"刘郎更堪笑,刚赋看花回"来抒发自己有知音的愉悦之情。对李子永的才情,辛弃疾认为"君才气不减流辈,岂求田问舍而独乐其身耶"[①]。从这些句中可见,辛弃疾经过半年多的退居,因身边意气相投的人不少,心情已趋平和。在没有了外界烦扰后,辛弃疾便尽情地从山水中求得心灵慰藉,不仅与韩元吉等人漫游,也与范开等弟子游南岩等地,均有词作唱和。

南岩距上饶十余里路,辛弃疾在这里不仅与弟子同游,还与朱熹有了相见。事情是重阳节过后不久,于"九月十二日去任归"的朱熹途经南岩,便有了朱、辛二人把酒为欢的佳话。

关于辛弃疾与朱熹的交往,第一次可考事前文已叙,即辛弃疾从湖南往南昌上任途中,被南康军没收牛皮后遂给朱熹去信,算是有了接触;第二次即为此次的南岩相见。

---

① 《辛弃疾集编年笺注》,辛更儒笺注,中华书局,2015年,第784页。

不过，朱熹倒不是特意来与辛弃疾相会。事情从韩元吉之子韩淲写的一首《访南岩一滴泉》诗中就可见端倪："忆昨淳熙秋，诸老所闲燕；晦庵持节归，行李自畿甸；来访吾翁庐，翁出成饮饯；因约徐衡仲，西风过游衍；辛帅倏然至，载酒具肴膳。"①这几行诗将事情交代得清清楚楚，朱熹经南岩拜访韩元吉时，后者设宴相迎，当时韩元吉还打算约一个名为徐衡仲的上饶本地人相陪，可惜其正云游四方而未能相见。另外，从"辛帅倏然至"五字可判断，朱熹因来去匆匆、时间仓促，韩元吉很可能并未告知于辛弃疾，但辛弃疾既得知朱熹来此如何会不来一见？于是，辛弃疾便有了"倏然至"的主动登门。从韩淲随后"四人语笑处，识者知叹羡"的诗句可知，当夜必尽兴而欢。有研究者认为当时徐衡仲在场，但韩淲诗句明显当时只"四人语笑"，即韩元吉、韩淲父子与朱熹和辛弃疾了。

因有知友相陪，辛弃疾退居虽为被迫，生活仍逐渐有了"衡门之下可栖迟，日之夕矣牛羊下"的怡然。但怡然终究不是辛弃疾的胸中所愿，人的内心盼望和实际生活的矛盾时时都将发生冲撞。到淳熙十年（1183）春时，辛弃疾在上饶闲居已一年有余。当年春汤邦彦遇赦回常州金坛后不久，李子永也任满当离，众人又设宴为之送别。

席上，韩元吉等人均有诗词相赠，辛弃疾也填有一首《小重山·席上和人韵送李子永提干》为别。在不久前给汤邦彦的《满江红》送别词中，辛弃疾写有"而今却恨中年别"的词句，这首给李子永的词中再次提到"中年怀抱管弦声。难忘处，风月此时情"。此

---

① 辛更儒编：《辛弃疾资料汇编》，中华书局，2005年，第65页。

处能咀嚼出辛弃疾因年华流逝带来的惆怅。流年如矢，时不我待，史上不知多少先人写过的中年感受一句句涌上了心头，如黄庭坚曾有"中年畏病不举酒，孤负东来数百觞"的难言，杜牧有"共谁争岁月，赢得鬓边丝"的感伤，白居易有"蜗牛角上争何事？石火光中寄此身"的顿悟，一世洒脱的苏东坡也有"叹隙中驹，石中火，梦中身"的无奈。今辛弃疾也到了四十四岁的中年关口，却退居荒僻之地，眼看着建功立业的抱负一日日远去，一股报国无门的情感溢满心头而不知该如何表述。

表述的时机很快就来了，唐人白居易不是说过"文章合为时而著，歌诗合为事而作"吗。这里的"文章"和"歌诗"自非平时的应酬之作，而是人到一定时刻，在种种因素的推波助澜下，激发了人的毕生感念，这时候所写的作品便是创作者自己也未料到的巅峰代表作。因为年龄、经历，因为感受的累积和生活的触动迸发，辛弃疾在这个春天将写下自己全部作品中最为人传诵的不朽之词。

五

事情是李子永离开上饶后不久，辛弃疾又接到陈亮写来的一封信。信中，后者说自己"前年曾访子师于和平山间，今亦甚念，走上饶，因入崇安。但既作百姓，当此田蚕时节，只得那过秋杪"[1]。意思是，前年我曾到和平山去见子师，今年想到上饶来看你，特别是到崇安访过朱熹之后愿望更浓了，但我作为百姓，春天当耕种为生，

---

[1]《陈亮集》，邓广铭点校，中华书局，1974年，第321页。

等到秋末时应该就有时间了。

陈亮所说的"子师",即中兴名将韩世忠的第四子韩彦古(字子师)。陈亮在信中还坦言,"四海所系望者,东序唯元晦,西序唯公与子师耳"[1]。意思是,他对海内人物抱有寄望的,只有朱熹、辛弃疾和韩彦古三人而已。当辛弃疾读到如此评价,内心的震动真还无以言表:回想与陈亮相识之时,尚是自己首赴临安时的乾道六年(1170),如今十三年时光弹指,旧事已恍如一梦;当时与陈亮虽只匆匆数面,却彼此印象深刻,真不知这位故人现在是何模样了。

陈亮的来信,令辛弃疾喜悦之余,还有更多的复杂感怀。当夜,辛弃疾独坐房内饮酒,将来信再读一遍,里面那句"又闻往往寄词与钱仲耕,岂不能以一纸见分乎"[2]的请求使辛弃疾目光稍稍停留。陈亮的意思是,我听说你经常赠词给钱佃,能不能也给我写一首呢?

没错,十三年过去了,辛弃疾平时赠友的词作不少,还真没给陈亮写过只言片语,现在能写什么呢?辛弃疾再看信中最后那句"余惟崇护茵鼎,大摅所蕴,以决天下大计为祷"[3]的话时,内心再次震动:陈亮身为布衣,尚时时以天下为己任;自己身历仕途,如何竟有一腔热血渐淡之感?回顾这一年多的退居生活,读典籍、游山水、吟诗填词,曾经无日不忘的天下抱负,终还是换作"东篱多种菊,待学渊明,酒兴诗情不相似"(《洞仙歌·所居丢山为仙人舞袖形》)的无可奈何,但陈亮何曾如此?陈亮说今秋来访,是为了饮酒吟诗吗?他说得明白,是为了一起商讨"天下大计"。

---

[1]《陈亮集》,邓广铭点校,中华书局,1974年,第321页。
[2][3] 同上。

第十一章　上饶湖畔

辛弃疾情感涌动，再饮过一杯酒后醉意已浓，抬头见斜挂在墙上的宝剑，心内无端一震，这剑真不知多久未曾用过了。辛弃疾起身走到墙边取下宝剑，拔剑出鞘，剑刃锋芒依旧，伸指一弹，隐隐发出龙吟。这把剑陪伴自己多少年了？从北方起事开始，便用它沙场杀敌，转眼已是二十多年前的旧事了；当时自己正青春勃发，如今鬓角爬霜，岁月真的磨去了内心的激情吗？辛弃疾缓缓摇头，北方虽再也不见，但不曾在无数个醉梦中回去过吗？想到此处，很久未回想过的往事千潮百浪般涌将上来。陈亮不是想要自己的一首词吗？好，现在就写。情感难抑的辛弃疾遂提起笔来，在灯下将一首《破阵子·为陈同甫赋壮词以寄之》一挥而就。

这首词千百年来家喻户晓，堪为辛弃疾传诵最广之词。兹录如下：

> 醉里挑灯看剑，梦回吹角连营。
> 八百里分麾下炙，五十弦翻塞外声。
> 沙场秋点兵。
>
> 马作的卢飞快，弓如霹雳弦惊。
> 了却君王天下事，赢得生前身后名。
> 可怜白发生！

明代杨慎将辛弃疾晚年那首《永遇乐·京口北固亭怀古》列为"稼轩词中第一"[①]，但我仍将这首《破阵子》视为辛词之冠。尽管填

[①] 先著、程洪：《词洁》，刘崇德、徐文武点校，河北大学出版社，2007年，第214页。

写该词时辛弃疾尚值四十四岁，未到晚年，但其毕生的所思所感已跃然纸上。上阕回顾了青年时的沙场往事，当年的意气、志气、豪气、壮气、霸气无不在字句间喷涌，那些"吹角连营"、塞外弓弦厮杀、"沙场秋点兵"，无不印证当时的热血和慷慨，但目的是什么呢？辛弃疾自童年时受祖父辛赞熏陶，立下收复中原的毕生之愿，便是为"了却君王天下事"，如果能完成，也当应有"生前身后名"吧！但如今华发盈头，时光流逝得真是无情！人的一生实在太短，在起点展望人生之时，谁都对明日有番设计，但走下来才知道，向前的每步路又岂是事先能安排好的？纵是帝王将相也有身不由己之时，何况芸芸众生中的普通之人？一句"可怜白发生"，蕴含的是辛弃疾无穷无尽的人生浩叹，如"沙场秋点兵"的愿望不可再得。更有甚者，天下虽广，除了上饶，辛弃疾竟有无处可去之感。

至于陈亮，辛弃疾与他见面不多、分开已久，平时真还很难想起，如今见他想在秋天前来以"天下大计"为谈，不由得唤起了辛弃疾的往日豪情，也令其更看清了自己此刻的无奈。挑灯看剑间，辛弃疾又想起前不久还写过"但只熙熙闲过日，人间无处不春台"的诗句，更是愧怍之感难以抑制。就凭这封来信，辛弃疾内心已有陈亮方为自己毕生知己之感。

但等到秋天临近了、到来了、过去了，陈亮再无音讯，始终没有在上饶出现。

以陈亮的为人，必当千金一诺，他没有如期而至，是出什么事了吗？

第十二章 肝胆相照

——我最怜君中宵舞,道男儿到死心如铁

◎ 信州（上饶）
◎ 铅山（△紫溪）

一

陈亮虽然未至，到上饶的人却是不少。

还是在淳熙十年（1183），一个叫钱象祖的吴越人前来信州上任，其手下兵马都监为赵善，主簿为江彻，军事推官叫王德和。辛弃疾与钱象祖当时是否有过交往，史料阙如。但有史料记载的倒是王德和与韩元吉颇为投缘，譬如在韩元吉的寿宴上，王德和就赋词为贺，辛弃疾步韵唱和，可见王德和与韩元吉情谊不浅，与辛弃疾也必有交集。这里补充一句，从辛弃疾给韩元吉寿词题记中"仆与公生日相去一日"句能知，韩元吉生日要么在五月十日，要么在五月十二日。辛弃疾于淳熙十一年（1184）韩元吉六十七岁生日时所填的《水龙吟·甲辰岁寿韩南涧尚书》与之前之后的寿词都颇为不同，能见到他对韩元吉所抱尊重的缘由和期待：

渡江天马南来，几人真是经纶手？
长安父老，新亭风景，可怜依旧。
夷甫诸人，神州沉陆，几曾回首！
算平戎万里，功名本是，真儒事，公知否？

况有文章山斗，对桐阴、满庭清昼。
当年堕地，而今试看，风云奔走。
绿野风烟，平泉草木，东山歌酒。
待他年整顿，乾坤事了，为先生寿。

就创作而言，每首诗词的基调都由首句而定。该词劈头而下的"渡江天马南来"便奠定了全词的慷慨激昂之气，尽管韩元吉是否身负经天纬地之才倒不见得。还是清代乾隆年间的学者黄苏眼尖，评论此词时说道："幼安忠义之气，由山东间道归来，见有同心者，即鼓其义勇。辞以颂美，实句句是规劝，岂可以寻常寿词例之？"[1]

从中能体会，辛弃疾因与韩元吉言谈投机，后者诗词也确有慷慨之气，故辛弃疾便将自己的满腹豪情赋予词中。用黄苏的话说，该词看似字字为赞誉，实则字字为规劝，只是韩元吉年岁已高，自不能再"风云奔走"。因此，辛弃疾的规劝与其说是给韩元吉，不如说是给自己更为恰当，同时也可见陈亮的来信对辛弃疾影响着实不轻，唤起了他曾经的天下抱负。庄子所说的圣人也好、君子也好，都无以改变辛弃疾天生的性情。就此，辛弃疾的内心使命再次确定，便是以收复河山为念，此外不做他想。

因此，辛弃疾深觉跟随自己之人，仍应以儒家的入世为主。在辛弃疾的鼓励下，门下弟子范开终于踏上了仕途之路。当年八月是朝廷秋试之期，范开遵师嘱入临安应试。辛弃疾填下一首《鹧鸪天》相送，其中"禹门已准桃花浪，月殿先收桂子香"句表明辛弃疾对范开才学的信任，认为他必定能金榜题名。果然，范开于第二年即淳熙十一年（1184）四月被赐礼部进士卫泾以下进士及第出身。

也恰恰是范开中举的淳熙十一年（1184），辛弃疾本人经历了一场大悲大痛之事，其未到十岁的幼子辛䥽夭亡。这里交代一句，辛弃疾一生共有九子，前二子系南渡前原配夫人赵氏所生，均已过双

---

[1] 辛更儒编：《辛弃疾资料汇编》，中华书局，2005年，第358页。

十之龄；幼子辛𬬭则是续弦夫人范氏所生的第一子。得此子之后，辛弃疾曾填《清平乐》一词，以"灵皇醮罢，福禄都来也"的起句表达自己的喜悦，并为之寄托"从今日日聪明，更宜潭妹嵩兄。看取辛家铁柱，无灾无难公卿"的希望。"潭妹"是辛弃疾的女儿辛潭，生于湖南；"嵩兄"则是辛弃疾次子辛秬，因生于嵩洛，辛弃疾便在词中称其为"嵩"；"铁柱"则是辛𬬭乳名。最后那句"无灾无难公卿"虽出自苏东坡笔下《洗儿戏作》中的"惟愿孩儿愚且鲁，无灾无难到公卿"句，还是体现了辛弃疾对儿子的寄望。但没想到的巧合是，苏东坡笔下的"孩儿"苏遯早夭，辛弃疾为之写下同样诗句的儿子辛𬬭也早夭，似乎该句充满了不祥的阴影。

辛𬬭夭亡后，辛弃疾悲伤难抑，以成人葬仪将之下葬，并写下一组《哭𬬭十五章》。这是由十五首五绝构成的组诗，在辛弃疾全部诗词中的位置虽不重要，却让后人从"泪尽眼欲枯，痛深肠已断。汝方游浩荡，万里挟雄铁"句中见到辛弃疾身为父亲的内心柔弱一面，也是辛弃疾既为豪杰也为平凡人的具体体现。

到该年秋天，陈亮仍是未至，倒是辛弃疾族弟辛祐之到上饶来访。此时，辛弃疾也终于从丧子之痛中挣脱出来，与应考归来的弟子范开和另一弟子杨民瞻陪同辛祐之同游建于唐昭宗年间的崇福寺。但辛祐之所待时日甚少，很快就回归浮梁。辛弃疾填有《蝶恋花·送祐之弟》相赠：

衰草残阳三万顷。不算飘零，天外孤鸿影。

几许凄凉须痛饮。行人自向江头醒。

会少离多看两鬓。万缕千丝，何况新来病。

不是离愁难整顿。被他引惹其他恨。

从该词字句可见，对辛祐之的离开，辛弃疾离愁满腹，尤其刚刚从辛䥯夭亡的"新来病"中挣脱又品尝亲人告别的滋味，内心愈加易"被他引惹其他恨"。这是人到中年后虽知生老病死乃人生必然，却也愈加感到离愁难耐的心理，更何况在该年辛弃疾不仅亲手埋葬幼子，还接连得到江西平寇时的故友李焘、罗端良的死讯。两年后的淳熙十四年（1187）夏，七十岁的韩元吉也去世了。韩元吉是辛弃疾退居生涯里最重要的友人，不仅诗词出色，而且其有句话更令人动容："予生尝自誓：年至六十乃敢著书。淳熙戊戌，岁既六十有一，始自志其自得者，作《系辞解》。"[1]从中可见，韩元吉对著书立说所持的严谨态度。韩元吉的去世，对辛弃疾来说自是心头重创。退居五年来，辛弃疾与韩元吉年年贺寿时彼此赠词，几个月前韩元吉七十大寿时其还填词为贺，却不料短短数月便阴阳两隔了。然而，当辛弃疾还来不及从韩元吉的离世中缓过神来时，汤邦彦和钱佃的去世消息又接踵而至。

几年来，辛弃疾一直未离上饶，以其一首《江城子·博山道中书王氏壁》中的词句来看，就是"白发苍颜吾老矣，只此地，是生涯"。但若真的从此困守一隅，如韩元吉那样埋骨于斯，辛弃疾如何甘愿？此时，辛弃疾虽正四十多岁的壮年，但身边的知交已一个一个离世，甚至连接替钱象祖为知信州的郑汝谐也磨勘期满被召赴临安。在后者临行前，辛弃疾写下一首《满江红·送信守郑舜举郎中

---

[1] 邓广铭：《辛稼轩年谱》，载《辛弃疾传 辛稼轩年谱》，生活·读书·新知三联书店，2007年，第213—214页。

赴召》为之赠别，从其中"莫向蔗庵追笑语，只今松竹无颜色。问人间、谁管别离愁，杯中物"等词句可见辛、郑二人所结情谊甚深。至于上饶的四面风光，辛弃疾走南岩、游鹅湖、登博山、栖寺庙，无处不往。在旁人眼里，此为逍遥无比的生活，但辛弃疾数年前就写过"闲愁最苦"，如今在苦味之上还多了一层"青山只隔二三里，恰似高人呼不来"的无边惆怅。

随着一年年光阴流逝，辛弃疾面对的生离死别越多，越觉得人生虚无、时光虚度。

终于，淳熙十五年（1188）的一个冬日，辛弃疾的内心迎来了再次沸腾。

二

南宋晚期学者赵溍在《养疴漫笔》中将事情记载得颇为详细。

是时，辛弃疾已从上饶北面的带湖迁至府南八十里外的铅山县居住。某日染病在身，辛弃疾心情颇为郁闷，遂独自倚楼远望。此时，大雪封山，远近无人。正凝望间，忽见远方隐隐有一人乘马而来。风雪中一人独骑，不免生出寂寞之感，再看乘马人斗笠披风，腰间悬剑，更有一股独行天地的豪侠气概。辛弃疾正思量其是什么人时，那人已催马至辛弃疾平时喜去散步的期思溪水前。

应是雪深路滑，那人催马上桥时，马匹不进反退。见此情景，辛弃疾大起兴致，继续看那马匹会不会终将上桥。不料，那人连续三次催马，马匹连续三次退却后，索性翻身下马。辛弃疾尚不及多想，只见那人已从腰间拔剑，竟将马头一剑斩下。血淋淋的马匹连哀号一声都未及发出就倒地身亡，顿时马血将溪水雪地染成一片腥红。

辛弃疾惊异之下，立刻起身下楼，命家仆出门询问状况。家仆赶紧起床更衣，尚未出门，就听得房门被人敲响。

辛弃疾随即前去开门。

站在门外大雪中的，正是刚才挥剑斩马的乘马人。

辛弃疾一眼认出，来人竟是十八年未见的陈亮。

久等不至的人终于来了。

在赵溍笔下，辛弃疾和陈亮除乾道六年（1170）于临安见过，还曾有过一面，说是辛弃疾"帅淮"时，陈亮落拓江湖，因"与时落落，家甚贫，访稼轩于治所"。当时，辛、陈二人在酒酣耳热间纵谈天下大事，譬如辛弃疾对陈亮言及南北利害，称南方收复北方会如何如何，北方吞并南方又会如何如何，并说道："钱塘非帝王居：断牛头之山，天下无援兵；决西湖之水，满城皆鱼鳖。"[1]

当夜，辛弃疾留陈亮睡于书斋。陈亮却睡不着，回想二人谈话，心头涌上"稼轩沉重寡言，醒必思其误，将杀我以灭口"[2]之念。意思是，辛弃疾喝酒间说临安不能为京师，牛头山名字不祥，若牛头一断，则不会有援兵；敌人一旦决开西湖，君民将全部为水吞没之言实为大胆。这些话如果传出，自是杀头之罪。陈亮担心辛弃疾酒醒后为防止酒后之言外泄，想必要杀人灭口。想到这里，陈亮慌忙起身，连夜盗得辛弃疾的马匹逃离出城。过得月余，陈亮见辛弃疾

---

[1] 赵溍：《养疴漫笔》，载《养疴漫笔 随隐漫录 西畲琐录》，中华书局，1991年，第3页。
[2] 同上。

若无其事，便写一封信过去说想向辛弃疾借钱十万缗济贫。陈亮去信是为试探，不料辛弃疾果然如数将钱借给了陈亮。

　　古人笔记，虽史实居多，也免不了有些道听途说，自不能全信。至少，赵溍所写的辛、陈二人酒谈及陈亮盗马借钱之事疑点不少。清代学者顾炎武颇信此事，其友辛启泰在《书顾亭林论稼轩词后》中就以"妄疑其杀己与阴利其贿己，皆非所以为同父也"作了否认的回答，认为以陈亮的豪杰性格，能与辛弃疾纵谈天下大事，如何会有这番小人想法，并直言此为"小人之厚诬君子也"[①]。

　　从辛、陈二人的生活轨迹看，辛弃疾在官场步步高升时，陈亮正在忧患交迫之中：先是乾道元年（1165）母亲去世，随后父亲下狱，后又逢祖父母辞世，他自己临安上书失意后，一时豪兴大减，不得不闭户潜修、开馆授徒，以此维持生活；其母去世九年后，陈亮才终于有钱为母下葬，不料刚刚葬母，父亲又去世了，不得不向人告贷才能为父亲下葬。从这些事中可知，陈亮生活困顿不已，如何能千里迢迢去淮南访见辛弃疾？更重要的是，顾炎武的相信和辛启泰的不信，都是从辛、陈二人性格出发而得出结论，乃至忽略了一个简单的事实，即邓广铭先生指出的"稼轩一生，曾帅湖、帅赣、帅闽、帅浙，却绝无帅淮之事"[②]。因此，邓广铭先生便有"不但盗马与借钱济乏诸事为不可能，连去淮访辛的事也是必不会有的了"[③]的可信结论。至于陈亮在期思溪边斩马之事，邓广铭先生也以为不可信，但该事颇合陈亮既豪放又压抑的性格，因而我倒不以为假。

---

　　① 邓广铭：《陈龙川传》，生活·读书·新知三联书店，2007年，第180页。
　　② 同上。
　　③ 同上书，第184页。

迎进陈亮后，辛弃疾自必摆酒对饮，方知陈亮缘何爽约数年。

三

前文说过，辛弃疾于淳熙十年（1183）春接到陈亮来信，后者计划于当年秋来上饶拜访辛弃疾。事情未果，原因是陈亮遭受了牢狱之灾。从叶绍翁《四朝闻见录》所载事由来看，陈亮在临安上书赵眘"为大臣所沮"后回归永康故里，因失意"落魄醉酒，与邑之狂士甲命妓饮于萧寺，目妓为妃"。当时，旁边另有一人乙，早有陷害陈亮之意，故意对狂士甲说："既册妃矣，孰为相？"甲对乙说："陈亮为左。"乙又追问一句："何以处我？"甲本就喝得醉意醺醺，顺口答道："尔为右。吾用二相，大事其济矣。"乙随即请甲端坐寺内高位，与陈亮和妓都下台阶而拜并称甲为"万岁"[1]，同时甲也一本正经地受礼。

该事原本为酒后玩笑。但世间有些玩笑开得，有些开不得。陈亮等人的玩笑是拜甲为天子，这便是"谋反"之罪了。当时乙早就探知陈亮曾在应考时与考官何澹发生矛盾，此时何澹已为刑部侍郎，乙遂往刑部状告陈亮，何澹即令廷尉捕人。当陈亮被捕入大牢后，被酷刑打得体无完肤，并被迫承认自己图谋不轨。案子报到赵眘那里后，赵眘从陈亮前番上书已知其为有恢复之志的豪杰，于是暗遣左右前往永康调查真相。事情很快水落石出，等大臣上奏取旨时，

---

[1] 叶绍翁：《四朝闻见录》，载《四朝闻见录 随隐漫录》，尚成、郭明道校点，上海古籍出版社，2012年，第23页。

赵眘说了句"秀才酒后妄言，何罪之有"[1]，于是陈亮与甲才"掉臂出狱"[2]。

尽管《宋史·何澹传》写得清楚，何澹只做过兵部侍郎，并未做过叶绍翁笔下的刑部侍郎，但不等于陈亮入狱之事就子虚乌有。按《四朝闻见录》续载，陈亮出狱后"居无几，亮又以家僮杀人于境外，适被杀者尝辱亮父，其家以为亮实以威力用僮"。意思是，陈亮出狱后不久，其家仆在永康境外杀了一人，巧的是被杀之人曾多次侮辱过陈亮父亲，对方家里遂认定是陈亮唆使仆人杀人泄愤。于是，仇家"嘱中执法论亮情，重下廷尉"，竟是不惜一切手段非置陈亮于死地不可。但陈亮得以生还，叶绍翁认为是幸有二人相助，其中一人是"时王丞相淮知上欲亮活"，指当时的宰相王淮知道天子不想让陈亮死，自然配合圣意周旋；而另一人也被叶绍翁写得清楚，"稼轩辛公与相婿素善，亮将就逮，亟走书告辛"，后者"不以在亡为解，援之甚至，亮遂得不死"[3]。

但很难相信辛弃疾此时能为陈亮援手。首先，辛弃疾此时已非官场之人，他若援手必与朝廷发生关系，而朝廷官员大多与辛弃疾关系不睦，自当置之不理；其次，叶绍翁说辛弃疾"与相婿素善"，暗指辛弃疾必然向"相婿"求情，但身为宰相的王淮已在设法相救，即使辛弃疾和王淮的女婿关系再好，自然也比不上王淮亲自出马。另外，叶绍翁虽称是辛弃疾施以援手，但在叶适那里援救陈亮的却

---

[1]《宋史》，中华书局，1977年，第12941页。
[2] 叶绍翁：《四朝闻见录》，载《四朝闻见录 随隐漫录》，尚成、郭明道校点，上海古籍出版社，2012年，第24页。
[3] 同上。

是前文提过的知信州郑汝谐。

来信州前,郑汝谐为吏部侍郎;陈亮入狱时,郑汝谐又恰好是大理寺少卿,有援救陈亮的方便之处。同时,援救陈亮的必为郑汝谐的证据有二:一是陈亮出狱后,亲笔写有一封《谢郑侍郎启》,内有"涂人相杀,罪及异乡;当路见憎,勘从旁郡。恂恂之势可畏,炎炎之焰若何!一死一生,足累久长之福;十目十手,具知来历之非。莫弭人言,爰兴诏狱。是非错出,真伪相淆。不以大公而并观,孰从众证而细考……此盖伏遇判部侍郎以独见之明,持甚平之论。学期圣秘,肯姑徇于俗传。心与天通,宁曲从于世好"①之言;二是《宋史》所载,时为大理少卿的郑汝谐读过陈亮的自辩言辞后,惊异地说道:"此天下奇材也。国家若无罪而杀士,上干天和,下伤国脉矣。"随即,郑汝谐"力言于光宗,遂得免"②。从时间上看,此处"光宗"应为"孝宗"之误。除王淮和郑汝谐,为使陈亮脱狱而奔走的还包括留正、葛邲、何异等人。陈亮出狱后均一一写有谢启,唯独未给辛弃疾写有一字。对于叶绍翁记载之误,或许源于辛弃疾与陈亮的后来情谊播于天下,执笔时不免有些想当然,又或许将一些传闻当真,遂将辛弃疾写入其内。

但陈亮总似和牢狱之灾有缘,从其《陈春坊墓碑铭》一段话中又见一事。该事为"甲辰之春,余以药人之诬,就逮棘寺,更七八十日而不得脱"③。甲辰即淳熙十一年(1184)。陈亮说得明白,该年春天,他被人诬告下药毒杀人而被抓入大理寺,被关了七八十

---

① 《陈亮集》,邓广铭点校,中华书局,1974年,第245—246页。
② 《宋史》,中华书局,1977年,第12943页。
③ 《陈亮集》,邓广铭点校,中华书局,1974年,第416页。

天才出狱。

该事的来龙去脉从陈亮学生吕约之兄吕皓《上丘宪宗卿书》可见，里面称"卢氏诬告之事，平其心而察之，使有人当十目所视而且饮他人之酒，后有一人几半月而死，病寝之际，医卜交至其门，而皆能证其状，死且十日，其子忽声于众，谓'某与某药杀我父'，而闻之官，官既穷究其事，决不复疑之而使之再冤也，真金顾岂嫌于数锻，但某父当兹垂白之年，复使婴木索，被箠楚，必无更生之望矣……今以名世之奇士，与乡间之平民，皆职某之由，无故而屡遭械逮……"[1]

这段话说得十分清楚，当时有户姓卢的人家，和吕家有"嫌于数锻"的经济纠纷。某日乡间一起聚酒，卢父过半个月去世了。临终时，有医生上门，能证明卢父为寿终正寝。没想到，卢父死了十天之后，其子忽然说是吕家人在酒内下了毒药才导致父亡，遂上报于官。受理案子的官员丝毫不疑有冤，将吕氏兄弟的老父吕师愈戴上"婴木索"，施以重刑，料是没有生还的希望了。至于事情为何牵涉到陈亮，事因在《宋史·陈亮传》中可见："乡人会宴，末胡椒，特置同甫羹臛中，盖村俚敬待异礼也。同坐者归而暴死，疑食异味有毒，已入大理。"[2]这句话写得清楚，当时陈亮与卢父同坐，卢父离奇暴毙，被怀疑下毒，而陈亮作为同坐者自然脱不了嫌疑，因此有"名世之奇士"之称的陈亮被再次戴上刑具关入大理寺，过八十天左右才被释放。

---

[1] 邓广铭：《陈龙川传》，生活·读书·新知三联书店，2007年，第170页。
[2] 《宋史》，中华书局，1977年，第12942—12943页。

连续遭受牢狱之灾，对陈亮的打击之大可想而知，但陈亮既为"天下奇材"，必有"奇材"之举。按《宋史》记载，屡遭大狱的陈亮"归家益厉志读书，所学益博。其学自孟子后惟推王通，尝曰：'研穷义理之精微，辨析古今之同异，原心于秒忽，较礼于分寸，以积累为工，以涵养为正，睟面盎背，则于诸儒诚有愧焉。至于堂堂之陈，正正之旗，风雨云雷交发而并至，龙蛇虎豹变现而出没，推倒一世之智勇，开拓万古之心胸，自谓差有一日之长。'"[①]最后一句的意思是，陈亮自认比王通仍逊色一筹。

时间就这样一日日拖下来，陈亮竟至五年后才实现来上饶见辛弃疾的诺言。

四

陈亮与辛弃疾在上饶见面，对二人都是毕生重大之事。

一生跨康熙、雍正、乾隆三朝的清代学者黄图珌说过一句掷地有声的话："凡人要作绝等人，必读绝等书，必行绝等路，必交绝等友，必干绝等事，亦必怀绝等之才情，立绝等之品行，抱绝等之志气，擅绝等之名声，然后可以为绝等人矣。"[②]

就这句话看，辛弃疾与陈亮彼此便为"交绝等友"了。

对辛弃疾而言，陈亮有资格成为他的"绝等友"，并非陈亮做过高官，相反陈亮至今尚为布衣，但其平生第一抱负便是恢复中

[①]《宋史》，中华书局，1977年，第12941页。
[②]黄图珌：《看山阁闲笔》，袁啸波校注，上海古籍出版社，2013年，第18页。

原。早在乾道六年（1170）时，年只二十六岁的陈亮于临安上书朝廷，称"今乃委任庸人，笼络小儒，以迁延大有为之岁月，臣不胜愤悱，是以忘其贱而献其愚。陛下诚令臣毕陈于前，岂惟臣区区之愿，将天地之神、祖宗之灵，实与闻之"。[1]当时，赵昚读后竟"赫然震动，欲榜朝堂以励群臣"[2]，下旨令其入殿。彼时受宠一时的曾觌见陈亮有获宠之望，便想抢先见陈亮一面以笼其心，但陈亮觉得与曾觌这样的佞臣私见为羞耻之事，竟"逾垣而逃"[3]。曾觌自然大怒，当时多数朝臣也觉陈亮直言不讳，无不设法阻其入见。十天后，陈亮的第二封上书又至朝廷，直言赵昚"厉志复仇，不肯即安于一隅，是有大功于社稷"，但又以为"坐钱塘浮侈之隅以图中原，则非其地；用东南习安之众以行进取，则非其人"[4]，并表示自己有三件事需要禀奏。

陈亮所说的三事能见出其非凡的视野和胸襟。兹录原文如下：

其一曰：二圣北狩之痛，盖国家之大耻，而天下之公愤也。五十年之余，虽天下之气销铄颓堕，不复知仇耻之当念，正在主上与二三大臣振作其气，以泄其愤，使人人如报私仇，此《春秋》书卫人杀州吁之意也。

其二曰：国家之规模，使天下奉规矩准绳以从事，群臣救过之不给，而何暇展布四体以求济度外之功哉！

其三曰：艺祖皇帝用天下之士人，以易武臣之任事者，故

---

[1]《陈亮集》，邓广铭点校，中华书局，1974年，第8页。
[2]《宋史》，中华书局，1977年，第12938页。
[3]同上书，第12939页。
[4]同上。

本朝以儒立国。而儒道之振，独优于前代。今天下之士熟烂委靡，诚可厌恶，正在主上与二三大臣反其道以教之，作其气而养之，使临事不至乏才，随才皆足有用，则立国之规模不至戾艺祖之本旨，而东西驰骋以定祸乱，不必专在武臣也。[1]

正是此次上书，赵昚欲给陈亮封官，但陈亮以一句"吾欲为社稷开数百年之基，宁用以博一官乎"[2]作答后则渡江回故里。在陈亮来上饶见辛弃疾前一年的淳熙十四年（1187）十月，太上皇赵构驾崩，金国派来一个叫蒲察克忠的宣徽使来吊唁，但其态度居高临下、言辞傲慢。陈亮心感赵昚的释罪之恩，今见唯一能对其行掣肘之事的太上皇已亡，朝廷极有可能重兴恢复之举，遂前往金陵、京口等地观察形势，并再次上书称："有非常之人，然后可以建非常之功……秦桧以和误国二十余年，而天下之气索然无余矣。陛下慨然有削平宇内之志，又二十余年，天下之士始知所向，其有功于宗庙社稷者，非臣区区所能诵说其万一也……今者高宗既已祔庙，天下之英雄豪杰皆仰首以观陛下之举动，陛下其忍使二十年间所以作天下之气者，一旦而复索然乎？天下不可以坐取也，兵不可以常胜也，驱驰运动又非年高德尊者之所宜也……陛下何以不于此时而命东宫为抚军大将军，岁巡建业……陛下于宅忧之余，运用人才，均调天下，以应无穷之变？……高宗与金有父兄之仇，生不能以报之，则死必有望于子孙……而金人仅以一使，如临小邦，哀祭之辞寂寥简慢，义士仁人痛切心骨，岂以陛下之圣明智勇而能忍之乎！陛下倘以大义为当正，

---

[1]《宋史》，中华书局，1977年，第12940页。
[2] 同上。

抚军之言为可行，则当先经理建业而后使临之。纵今岁未为北举之谋，而为经理建康之计，以振动天下而与金绝，陛下之初志亦庶几于少伸矣！陛下试一听臣，用其喜怒哀乐之权鼓动天下。"[1]

这封上书说得异常尖锐。在陈亮看来，秦桧误国二十年，现在赵昚登基又二十余年，目前太上皇赵构驾崩，天下英雄无不在观看朝廷动向。太上皇生前未报父兄之仇，死后也必寄望子孙。如今，金国对大宋居高临下，如对小邦，义士仁人无不咬牙痛恨。这是借此北伐的大好时机，陛下可命太子统军，与金国再决雌雄，那么陛下的最初志向就可以实现。

这些极不寻常的上书之言，体现了陈亮毕生"义利双行，王霸并用"[2]的核心思想。可惜的是，经过二十多年的帝王生活，赵昚早无登位初期的"锐意恢复"之气，也无力扭转朝廷官僚机器的臃肿运转，甚至深感疲惫的他连龙椅也不想坐了，正将精力消耗在如何将皇位内禅给太子赵惇的各项准备事宜之上。陈亮欲以大略激励赵昚的上书也根本没到后者手上，当它在朝臣间传开后无人不将陈亮视为"狂怪"，对其上书内容更是视为欲乱天下的悖谬之言。

但在辛弃疾这里，陈亮的上书内容正是自己的内心所想，也便是知己之言。不过，此时辛弃疾退居失意已久，不觉已滋生"便此地结吾庐，待学渊明，更手种门前五柳"想法，未必还有陈亮这样为天下忧虑的急切之情。

是以当辛、陈二人于中宵大雪中狂歌剑舞，辛弃疾问陈亮历经

---

[1]《宋史》，中华书局，1977年，第12941—12942页。
[2]《陈亮集》，邓广铭点校，中华书局，1974年，第281页。

如此多的坎坷为何仍矢志不移时，听到的是后者字字注满热血的回答："男儿到死心如铁！"

这是令辛弃疾灵魂震动的回答，也令千秋百代的后人震动！

五

陈亮的到访，对辛弃疾不啻激情重燃的催化剂。更令辛弃疾感到兴奋的是，陈亮说动身之前已给朱熹去信，邀其至距铅山四十五里外的紫溪与自己和辛弃疾会面。辛弃疾不禁想起十六年前朱熹曾在铅山下的鹅湖寺与陆九渊兄弟舌辩的往事，该事便是前文提过的由吕祖谦于淳熙二年（1175）召集的"鹅湖之会"。当时，吕祖谦意在弥合朱熹与陆九渊兄弟的思想分歧，事虽未能如愿，却在中国古代思想史上留下浓墨重彩的一笔。辛弃疾自迁居铅山后，多次游鹅湖山和鹅湖寺，其一首有名的《鹧鸪天》中"书咄咄，且休休，一丘一壑也风流"的词句便是从鹅湖山归来后而写，而该词还系辛弃疾"病起作"，可见他对当年未能参与的盛会充满遥想。

顾名思义，"鹅湖"自然为湖，但这面湖的奇特之处是在山上。山即鹅湖山，位于铅山东北十里处，自武夷山绵亘而来。顾祖禹在《读史方舆纪要》中对其有所描绘："鹅湖山，县东北十里，山上有湖生荷，旧名荷湖山，后有龚氏蓄鹅于此，因改鹅湖山。周回四十余里，诸峰连络以一二十计，最高处名峰顶，有三峰揭秀。"[1] 文中

---

[1] 顾祖禹：《读史方舆纪要》，贺次君、施和金点校，中华书局，2005年，第3969页。

所说的龚氏是东晋人，可知该山闻名已久，层峦叠嶂的风景也极其秀美。

当年"鹅湖之会"举行时，陈亮尚无缘参加。是以辛弃疾、陈亮二人一边踏雪寻梅，一边怀追慕之情造访鹅湖寺和鹅湖山。辛、陈二人一路并辔同行，同憩鹅湖之青阴，酌瓢泉而共饮，长歌相答，纵论世事，胸怀大畅。对辛弃疾来说，曾经写下"动摇意态虽多竹，点缀风流却欠梅"的遗憾得到了全部弥补，茫茫雪野和陈亮这样的知己便是梅花。同时，辛弃疾曾独游博山雨岩而浩叹的"高歌谁和余"也有了至为沉稳的答案，此刻更不再有"湖海早知身汗漫，谁伴？只甘松竹共凄凉"的伤感，至于"少年横槊，气凭陵，酒圣诗豪余事。袖手旁观初未识，两两三三而已"的明日期待在今天也得到了真切的回应。当辛、陈二人站立鹅湖山顶，四望天地缟素，山间隐有梅花夺目时，辛弃疾必然想起自己预言般"一枝先破玉溪春，更无花态度，全是雪精神"的振奋词句。

辛弃疾引陈亮为知己，是因对方绝非循规蹈矩的寻常儒生，而是在颠沛生活中依然胸怀天下的当世豪杰。对陈亮来说，辛弃疾的英武气概也给他留下至深印象，乃至挥笔留下了一幅辛弃疾的精神肖像。陈亮笔下的《辛弃疾画像赞》虽只短短百余字，却写得气势如虹：

眼光有棱，足以照映一世之豪；背胛有负，足以荷载四国之重。出其毫末，翻然震动。不知须鬓之既斑，庶几胆力之无恐。呼而来，麾而去，无所逃天地之间。挠弗浊，澄弗清，岂自为将相之种。故曰：真鼠枉用，真虎可以不用。而用也者，所以为天宠也。①

　　这段话无须解读，字字读来，无不为知己之言。当辛弃疾可惜陈亮未得到建功立业的机会时，陈亮对辛弃疾又何尝没有"真虎可以不用"的惋叹？所以，辛、陈二人气味相投，心心相通，一路同行而来自有平生从未有过的畅快之感。

　　当辛、陈二人游过鹅湖山和辛弃疾两年前购得的瓢泉等地后，取道前往与朱熹约好的紫溪。这里的紫溪并非指环绕铅山而流的紫溪，乃指紫溪一镇。据《铅山县志》所载："紫溪市去县治四十五里，昔名镇，今改为市，人烟辏集，路通瓯闽。"②鉴于县志为后世所编，南宋时未必会"人烟辏集"，但"路通瓯闽"是地理，自不会变。所谓"瓯闽"，是指浙江东南地区，选择该地则因朱熹于该年已由江西提刑擢为主管太一宫兼崇政殿说书。当时，朱熹在临安，可西行入江西会面。

　　令辛、陈二人失望的是，当他们兴致勃勃地到紫溪后，朱熹却踪影全无，似未动身赴约。陈亮来上饶前就信约朱熹，在他看来："朱元晦、辛幼安相念甚至，无时不相闻。各家年龄衰暮，前程大概已可知。古语所谓痴人自相惜，自今言之，要亦不妄。"③但朱熹未来赴约，原因不无复杂，后文适时再叙。

　　陈亮原本豪杰性格，屈指一算与辛弃疾会面已有十日，便不再停留，遂与辛弃疾在紫溪话别后飘然东归。翌日，被留恋之情充满

---

① 《陈亮集》，邓广铭点校，中华书局，1974年，第111页。
② 《辛弃疾集编年笺注》，辛更儒笺注，中华书局，2015年，第1073页。
③ 《陈亮集》，邓广铭点校，中华书局，1974年，第257页。

的辛弃疾心中不舍，催马向东追赶，一直追到上饶泸溪南岸附近的鹭鸶林，因"雪深泥滑"再也没法前行，这才怅然目送陈亮消失的方向。眼见天色已晚，辛弃疾只得独饮方村，颇悔未能将陈亮留下。到夜半时，辛弃疾投宿当地吴氏泉湖的四望楼住宿。站于楼上四面望处无不沉沉夜幕，辛弃疾忽然听到附近有人吹笛，音调悲伤，料是吹笛人有伤心之事，却也吻合自己的此刻心境。

人生何谓知己，便是彼此均为可剖肝胆的性情之人，也是怀抱同样志向的坦荡君子。辛弃疾一生识人不可谓不多，其中有鄙夷的、有敬佩的、有客套的、有神往的，唯独陈亮是所有人中令他体会到肝胆相照的，自己最了解他，他也最了解自己。不论是谁，一生中恐怕只能遇到这么一个知己，否则世人不会为"人生得一知己足矣"的话产生共鸣。

如今，这一知己离开了，辛弃疾如何能不惆怅？令辛弃疾精神一振的是，返铅山五天后便接到陈亮一信，索要辛弃疾新词。辛弃疾也正有填词相寄的想法，不觉有"心所同然者如此"的感叹和安慰。

辛弃疾和陈亮接下来的互赠之词，既是词中精品，也是一段流传至今的佳话，更见辛、陈二人的非凡性格。

六

辛弃疾首先填下的是一首《贺新郎》，该词的题记内容上文已有交代，此处连词一并兹录如下：

陈同父自东阳来过余,留十日,与之同游鹅湖。且会朱晦庵于紫溪,不至,飘然东归。既别之明日,余意中殊恋恋,复欲追路,至鹭鹚林,则雪深泥滑,不得前矣。独饮方村,怅然久之,颇恨挽留之不遂也。夜半投宿吴氏泉湖四望楼,闻邻笛悲甚,为赋《乳燕飞》以见意。又五日,同父书来索词,心所同然者如此,可发千里一笑。

把酒长亭说。

看渊明、风流酷似,卧龙诸葛。

何处飞来林间鹊,蹙踏松梢微雪。

要破帽、多添华发。

剩水残山无态度,被疏梅、料理成风月。

两三雁,也萧瑟。

佳人重约还轻别。

怅清江、天寒不渡,水深冰合。

路断车轮生四角,此地行人销骨。

问谁使、君来愁绝?

铸就而今相思错,料当初、费尽人间铁。

长夜笛,莫吹裂。

词的上阕写辛弃疾、陈亮二人在紫溪长亭话别。经过十日的朝夕相处和纵谈世事,辛弃疾深觉陈亮便似未出茅庐的诸葛亮,可惜千百年来愿意屈身三顾茅庐的只有刘备一个。岁月流逝,辛、陈二人均在不得志间看见彼此华发,如今大雪笼罩、群山萧瑟、飞雁影只,不禁心头怆然、不舍分离。因此,在下阕中,辛弃疾尽抒惆怅之意,也描写了自己追赶陈亮时遇"水深冰合"。当辛弃疾被离愁别恨充满胸腔之时,又在投宿后听到晚间的悲凉长笛,不禁愁绪更添。整首词字字离愁,字字不舍,却不给人消沉低落之感,相反从字句中能感受到辛弃疾一股悲壮的男儿情怀,而其根源自是与陈亮慨谈天下事后内心意气积满,遂使该词无处不令人体会二人相知实因有共同的激烈壮怀。

该词寄走后不久,辛弃疾收到陈亮步韵而作的《贺新郎·寄辛幼安和见怀韵》答词:

老去凭谁说?
看几番、神奇臭腐,夏裘冬葛。
父老长安今余几,后死无仇可雪。
犹未燥、当时生发。
二十五弦多少恨,算世间、那有平分月。
胡妇弄,汉宫瑟。

树犹如此堪重别。
只使君、从来与我,话头多合。
行矣置之无足问,谁换妍皮痴骨。
但莫使、伯牙弦绝。
九转丹砂牢拾取,管精金、只是寻常铁。
龙共虎,应声裂。

该词上阕能见出横贯陈亮心头的千言万语,无半字叙说自己的风尘困顿，其内心充满的是"父老长安今余几，后死无仇可雪"的悲愤。一个胸怀天下的大丈夫形象便从这些字句间呼之欲出。下阕的"只使君、从来与我，话头多合"，直言天下之广却只有辛弃疾与自己披肝沥胆；末句"龙共虎"的比喻看似狂妄，但顶天立地之人，自有狂士的一面，令人读来丝毫不觉牵强。

辛弃疾读词之后心中情感难耐，又依韵再填一首《贺新郎·同父见和，再用韵答之》回赠：

> 老大那堪说。
> 似而今、元龙臭味，孟公瓜葛。
> 我病君来高歌饮，惊散楼头飞雪。
> 笑富贵、千钧如发。
> 硬语盘空谁来听？记当时、只有西窗月。
> 重进酒，换鸣瑟。
>
> 事无两样人心别。
> 问渠侬：神州毕竟，几番离合？
> 汗血盐车无人顾，千里空收骏骨。
> 正目断关河路绝。
> 我最怜君中宵舞，道男儿到死心如铁。
> 看试手，补天裂！

在这首词中，辛弃疾回顾了陈亮登门之初自己正值病中，陈亮慨饮高歌，二人雪夜对饮，谈的话题不是富贵而是"神州毕竟，几番离合"的收复之事。词中的元龙即汉末具豪侠气的陈登，孟公则取西汉陈遵留客的典故——为不让客人离开，陈遵竟将客人的车辖扔入井中。辛弃疾以陈登喻陈亮，以陈遵喻己，表示自己与陈亮意气相投。也就在那晚，陈亮醉舞中宵，说出了令辛弃疾震动无比的豪言——"男儿到死心如铁"。如此人物却流落草莽，旁人可对其视而不见，但在辛弃疾那里却深感其有"补天"之才。

陈亮收到辛弃疾第二首词后也激情如沸，再次步韵寄来他的第二首《贺新郎·酬辛幼安再用韵见寄》。词如下：

> 离乱从头说。
> 爱吾民、金缯不爱，蔓藤累葛。
> 壮气尽消人脆好，冠盖阴山观雪。
> 亏杀我、一星星发。
> 涕出女吴成倒转，问鲁为齐弱何年月？
> 丘也幸，由之瑟。
>
> 斩新换出旗麾别。
> 把当时、一桩大义，拆开收合。
> 据地一呼吾往矣，万里摇肢动骨。
> 这话霸、只成痴绝。
> 天地洪炉谁扇鞴，算于中、安得长坚铁。
> 淝水破，关东裂。

陈亮在这首词中回顾了"靖康之变"带来的天下大乱，自己一腔热血却报国无门，只剩得"亏杀我、一星星发"的悲怆。下阕能见出陈亮无论遭遇什么，始终心怀大义，甚至将史上的淝水之战入词，表示朝廷应该有北伐雄心。

辛弃疾收到该词时已至年底。这时，铅山又迎来至少两位客人，来人名唤杜仲高和杜叔高。杜氏有兄弟五人，时人称为"杜氏五高"，因系金华人，又被称为"金华五高"。兄弟五人个个博学能文，都曾问学于朱熹和辛弃疾。陈亮对杜仲高的词也颇为喜爱，称其"非独一门之盛，盖亦可谓一代之豪矣"[①]。

确知至少有杜氏兄弟二人到铅山拜访，是因辛弃疾随后相赠之词仍为《贺新郎》，题记却为"赠金华杜仲高"六字了。杜叔高同样在场的证明，可从朱熹后来的一封《答杜叔高》的回信可知。杜叔高正是从铅山回去后接到朱熹复函，该事后文还有补叙，暂且打住。另，辛弃疾有首词牌为《玉蝴蝶》的词，题记为"追别杜叔高"，从词中"寒食近也"句可判断应是追忆此次相聚时所填。当时明确为"赠金华杜仲高"的那首《贺新郎》仍从前韵，就内容来看与前面两首一脉相承，可知该词必也寄给了陈亮，后者也才有答词过来。

辛弃疾这首《贺新郎》如下：

> 细把君诗说。
> 恍余音、钧天浩荡，洞庭胶葛。
> 千尺阴崖尘不到，惟有层冰积雪。
> 乍一见、寒生毛发。
> 自昔佳人多薄命，对古来、一片伤心月。
> 金屋冷，夜调瑟。

[①]《陈亮集》，邓广铭点校，中华书局，1974年，第269页。

去天尺五君家别。

看乘空、鱼龙惨淡，风云开合。

起望衣冠神州路，白日销残战骨。

叹夷甫、诸人清绝。

夜半狂歌悲风起，听铮铮阵马檐间铁。

南共北，正分裂！

关于该词起句所说的"君诗"，我倒更愿意看作辛弃疾读过杜仲高之诗后，又与杜氏兄弟同读陈亮之词，尤其下阕的"起望衣冠神州路，白日销残战骨"句，更像延续他与陈亮互赠的题材主旨。十日相聚，辛弃疾与陈亮所谈之事，始终不离收复北方，是以该词结句的"南共北，正分裂"极吻合他们二人的内心志向。另，对该词做出回答的是陈亮，而不是杜仲高。

陈亮的答词是他与辛弃疾这段时间互赠《贺新郎·怀辛幼安用前韵》的最后一首。词如下：

话杀浑闲说。

不成教、齐民也解，为伊为葛？

尊酒相逢成二老，却忆去年风雪。

新著了、几茎华发。

百世寻人犹接踵，叹只今、两地三人月。

写旧恨，向谁瑟？

男儿何用伤离别？

况古来、几番际会，风从云合。

> 千里情亲长晤对，妙体本心次骨。
>
> 卧百尺、高楼斗绝。
>
> 天下适安耕且老，看买犁卖剑平家铁！
>
> 壮士泪，肺肝裂！

从词中"却忆去年风雪"句可见，陈亮填写该词的时间已到了淳熙十六年（1189）正月。更能断定的是，辛弃疾将杜仲高的来访也告知了陈亮，所以陈亮才会有"两地三人月"的浩叹。对陈亮来说，大丈夫不应为离别感伤，何况他们二人相聚是"风从云合"的慷慨之事。真正令人忧心如焚的，是辛弃疾所说的"南共北，正分裂"的无情现实。陈亮对此的回答是"壮士泪，肺肝裂"，从中能体会陈亮内心的悲愤。

辛弃疾、陈亮二人彼此赠词，看似为雅事，咀嚼其内容能体会，不忘靖康耻的和已经忘记靖康耻的始终就是两类人。绝不意外的是，朝廷被主和派占据，主和的原因是一旦开战，他们获取的眼前利益都或将失去。因此，在主和派的眼里，干戈停息，意味着又到了继续升官发财之时，北方状况自不在考虑之列，已经割让的土地便割让了，与自己谈不上半点关系。然而，在民间，如陈亮这样的人物却层出不穷，与朝廷形成了鲜明对比。不论何时来读，辛弃疾与陈亮的这些互赠词无不充溢着一股不甘被奴役的雄烈气质。但陈亮只能代表大宋民间，辛弃疾即使在官场留下痕迹，却始终未能出将入相，不仅代表不了朝廷，甚至还遭到权臣毫不留情的排挤。这一状况看似无关宏旨，但事实已像王夫之在《宋论》里说过的那样："人才之摧抑已极，则天下无才；流及于百年之余，非逢变革，未有能兴者也。"①

  二月刚至,朝廷发生一事,令胸怀天下的有志之士陡然看到变革的希望,亦即看到或能扭转乾坤实现毕生之愿的希望。对辛弃疾个人来说,他将近十年的退居生活也将随着这一变化而快要告一段落了。

---

① 王夫之:《宋论》,刘韶军译注,中华书局,2013年,第754页。

第十三章 两任福建

——濩落我材无所用，易除殆类无根潦

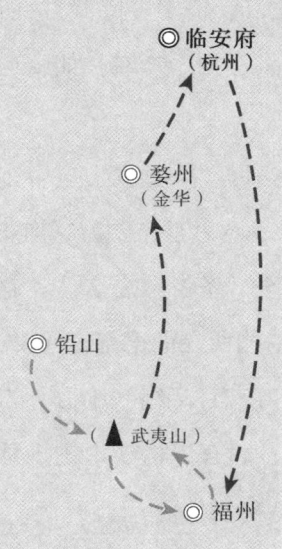

一

  事情是在淳熙十六年（1189）二月二日，已为天子二十七年的赵昚禅位于太子赵惇，以"至尊寿皇圣帝"的尊号退居重华宫。赵惇即位，是为宋光宗。很巧的是，在位二十八年的金帝完颜雍于当年正月驾崩，其孙完颜璟即位，是为金章宗。对金国来说，得知赵昚禅位，必有松了一口气之感。赵昚毕竟不是惧金入骨的赵构，其登位之初便锐志恢复，到符离兵败后才"重违高宗之命，不轻出师"①，但"不轻出师"不等于不想出师，更不等于有朝一日不会出师。宋、金两国虽重签和议，宋对金改臣称侄，金也减去岁币，以定邻好，但在完颜雍那里始终有"吾恐宋人之和，终不可恃"②的防范心理。这也表明，在金国眼里，赵昚是"将有为"之君，如今退位自然额手称庆。

  至于赵昚内禅的原因，以他自己的话说是因"大行太上皇帝奄弃至养，朕当衰服三年，群臣自遵易月之令"③。意思是，要为赵构守丧三年，并仿效赵构内禅之事传位太子，以全"圣孝"之名。就赵昚行事来看，自登基为帝后，每隔五天便入赵构所在的德寿宫问安，后在赵构要求下改为每月问安四次，并对德寿宫月奉缗钱十万。当赵构于淳熙十四年（1187）十月初八薨逝后，赵昚以白布巾袍于延

---

① 《宋史》，中华书局，1977年，第692页。
② 同上。
③ 同上书，第687—688页。

和殿上朝,并诏令"皇太子惇参决庶务"①。于是,在两年后就有了赵惇在淳熙十六年(1189)二月登基,赵昚退居重华宫为太上皇之事。

后世王夫之撰《宋论》时,对赵昚禅位一事,不无痛惜之感。在王夫之看来,赵昚虽年过六十,但"身未耄倦,而遽传位于子,以自处于一人之上,于古未之前闻"。意思是,赵昚精力未衰就匆忙传位,却仍希望自己的地位在皇帝之上,是历史上从未听说过的事。王夫之为之痛惜倒不是事后读史的感慨,其分析确有独到之处。王夫之先对当年赵构禅位的理由分析是"一旦危病至而奸邪乘之,不容不早防其变",毕竟赵构当时处于天下动荡时刻,若不传位,一旦出现身体重病等危机,大权难免被奸邪所获。另外,当时"女真寒盟,兵争复起",若等到晚年精力不济则很难把控朝廷,而且赵构看出赵昚早日登基能"用其方新之气,以振久弛之人情,则及身之存,授以神器,亦道之权而不失其中也"②。

王夫之这些话极不寻常。意思是,赵昚壮年登基可振奋天下人心,所以赵构趁自己在世之日传位,是合乎天道权谋之举。此外,赵构明知赵昚为帝后,必然改变自己一贯奉行的屈辱求和政策,但也只以一句"俟老者百年之后,尔却议之"③的轻描淡写之言告诉赵昚——等我百年之后,你想怎样做就怎样做——然后对"国事一无所问",也因此得到了"两宫之欢,无有从中间之"④的局面。对于现

---

① 《宋史》,中华书局,1977年,第688页。
② 王夫之:《宋论》,刘韶军译注,中华书局,2013年,第778页。
③ 叶绍翁:《四朝闻见录》,载《四朝闻见录 随隐漫录》,尚成、郭明道校点,上海古籍出版社,2012年,第45页。
④ 王夫之:《宋论》,刘韶军译注,中华书局,2013年,第778页。

在即位的赵惇，王夫之则毫不客气地称其为"愚顽之声音笑貌，千载而下，犹可想见其情形，抑非有杨广之奸，可矫饰以欺其君父，则其不可以高宗之付己者付光宗，灼然易见。而何造次之顷，遽委神器于沉浮邪"①。

就王夫之对当时情形的分析来看，不论赵惇品性如何，赵昚都没有仓促传位的理由。更何况赵构已然薨逝，赵昚在心理上和事实上都没有任何掣肘，完全可以重拾自己最初有过的北伐决心。陈亮当时就说得切中肯綮，"高宗皇帝春秋既高，陛下不欲大举以惊动慈颜，抑心俯首以致色养，圣孝之盛，书册之所未有也。今者高宗皇帝既已祔庙，天下之英雄豪杰皆仰首以观陛下之举动"②。

但赵昚的举动竟是传位给太子，不免令英雄豪杰心寒，这是一方面。从另一方面看，新帝登基，又令有北伐之志的人忍不住产生新的希望——如果赵惇也是意欲收复失地的君主呢，那是不是同样可以寄予期望呢？

赵惇登位之初，也的确令人看到希望。在二月刚刚登位之初，赵惇就一方面诏令"官吏赃罪显著者，重罚毋贷"③，另一方面令中书舍人罗点举荐可为台谏的耿直官员。罗点举荐的八人，分别是叶适、吴镒、孙奉吉、张体仁、冯震武、郑湜、刘崇之、沈清臣。到三月时，赵惇又诏令周必大为少保、留正为正奉大夫、史浩为太师、伯圭为少师、士歆为少傅、士岘为少保、薛叔似为将作监、许及之为军器监等。赵惇所擢用之人，均怀报国之志，朝廷气象为之一新，

---

①王夫之：《宋论》，刘韶军译注，中华书局，2013年，第778—779页。
②《陈亮集》，邓广铭点校，中华书局，1974年，第15—16页。
③《宋史》，中华书局，1977年，第695页。

以《宋史·光宗本纪》的话说就是："光宗幼有令闻，向用儒雅。逮其即位，总权纲，屏嬖幸，薄赋缓刑，见于绍熙初政，宜若可取。"[1]

绍熙即赵惇年号，于登基后改次年为绍熙元年（1190）。

二

辛弃疾对朝廷变化有何想法，史料未载。或许，辛弃疾会想起二十七年前赵构禅位赵昚时自己曾何等激动，还特意前往建康拜见张浚献策。从赵昚即位不到一年就发动"隆兴北伐"来看，赵昚实为有抱负之君，但即便有抱负，经符离兵败后也就此偃旗息鼓。如今新帝登基，辛弃疾已不再是当年性格冲动的青年了，他对朝廷已看得很透彻，若存指望无非令自己再失望一次。

今寻辛弃疾当时文字，唯在赵惇登基数月后，因范开将赴临安，临行前希望得到辛弃疾赠词后才有提及。辛弃疾当时填下一首《醉操翁》赠范开，其题记内写有"今天子即位，覃庆中外，命国朝勋臣子孙之无见仕者官之。先是，朝廷屡语甄录元祐党籍家。合是二者，廓之应仕矣。将告诸朝，行有日，请予作歌以赠"[2]等语。文中的"廓之"即范开，为宋哲宗时元祐党人范祖禹后裔，也是辛弃疾的弟子。今朝廷因"甄录元祐党籍家"，范开遂终于"应仕"。

在师徒二人临别时，辛弃疾"买羊沽酒"，范开也"为鼓一再行"。在辛、范二人眼里，此为"山中盛事"。从辛弃疾所填"昔与

---

[1]《宋史》，中华书局，1977年，第710页。
[2]《辛弃疾集编年笺注》，辛更儒笺注，中华书局，2015年，第1131页。

游兮皆童，我独穷兮今翁。一鱼兮一龙，劳心兮忡忡。噫，命与时逢。子取之食兮万钟"的词句来看，丝毫未见他对新帝登基有何期待之感，只感慨范开跟随自己游学时年纪尚轻，如今八年过去范开也到了离开的一天，自己却依然"独穷"于此，其叹息令人恻然。

送别范开后，辛弃疾的生活没有变化，依然访元溪、攀雨岩、宿山寺、饮酒下棋，对一些访客如俞山甫、陈仁和、欧阳国瑞、晁楚老、郑如崈、杨世长、徐衡仲、赵达夫、洪莘之等迎来送往，填词甚多，今成名篇的不少，如《西江月·明月别枝惊鹊》等田园之作均作于淳熙十六年（1189）前后。另外，该年五月十一日是辛弃疾与夫人范氏同为五十岁生日之日。辛弃疾为范氏夫人写下《浣溪沙·寿内子》一词，其有"寿酒同斟喜有余，朱颜却对白髭须，两人百岁恰乘除"的真情流露之句。词句说"喜有余"，但从下阕"婚嫁剩添儿女拜，平安频拆外家书"能体会，辛弃疾眼见自己到了半百之龄，所做之事不过"剩添儿女拜"和"频拆外家书"，一股难掩的寂寞感不免从字里行间扑面而来。再结合辛弃疾给知信州王道夫寿词《清平乐》中"此身长健，还却功名愿。枉读平生三万卷，满酌金杯听劝"等句子看，辛弃疾内心终究有股不甘终老林泉之感，而这是其内心志向所决定的。

但志向越远大，就越难以实现，生活也永远在细节上纠缠于人。南宋学者周煇在《清波别志》中写有一则关于辛弃疾的生活逸闻，说某日范氏病重，辛弃疾急忙请医生前来把脉就诊。当时，在范氏旁边侍候的是一个叫整整的婢女，笛艺精湛。辛弃疾手中无钱，情急之下便对医生说道："老妻病安，以此人为赠。"范氏遵医嘱服药后,不数日果然康复。辛弃疾践行诺言,将婢女整整送给医生。事后,辛弃疾却满腹惆怅,口占《好事近》一词,吟道:"医者索酬劳,那得许多钱帛?只有一个整整,也盒盘盛得。下官歌舞转凄惶,剩得几枝笛。观着这般火色,告妈妈将息。"①

对此辛弃疾逸闻,周煇自己也称"今各本稼轩词俱不收此作",之所以仍将其写入著作,是因其游历至上饶时在当地见有该词传阅,便动手载录之。不论事情真假与否,从中可见的是辛弃疾生活已不知不觉地陷入"凄惶"。此外,当绍熙元年(1190)冬日来临时,与辛弃疾肝胆相照的友人陈亮竟又一次锒铛入狱了。事由在叶适的《陈同甫王道甫墓志铭》中可见:"民吕兴、何廿四殴吕天济且死,恨曰:'陈上舍使杀我。'……复取入大理,众意必死。"②意思是,有个叫吕兴的和一个叫何廿四的百姓将一个叫吕天济的人打得半死,到审问时吕天济竟称幕后主使是陈亮。该事的来龙去脉不知究竟,所见的事实是陈亮又被关入大理寺牢狱。辛弃疾得知消息,空自着急,却无可奈何。好在陈亮大难不死,终于在两年后的绍熙三年(1192)二月出狱。

几乎与此同时,在上饶退居整整十年、年已五十三岁的辛弃疾已在绍熙二年(1191)意外接到命其为福建提点刑狱的朝廷诏令,经过不知何故的一年延迟后,到陈亮出狱时也正是辛弃疾离开上饶前往福建上任之期。

---

① 丁传靖:《宋人轶事汇编》,中华书局,1981年,第913页。
② 《陈亮集》,邓广铭点校,中华书局,1974年,第446页。

三

朝廷忽又想起辛弃疾的缘由，从朱熹当时一篇《答辛幼安启》中可见端倪，"光奉宸纶，起持宪节。昔愚民犯法，既申震詟之威；今圣上选贤，更作全安之计"[1]。这句话的意思很明显，说当年江西茶商军叛乱时，你平寇有威，如今圣上选你去福建担任管理刑狱和举劾地方官员的提点刑狱之职，是为了安全大计。

福建当时究竟出了什么事？《宋史·光宗本纪》称绍熙二年（1191）二月有"福建安抚使赵汝愚等以盗发所部，与守臣、监司各降秩一等，县令追停"[2]等语，从中可见福建从上至下的官员们竟监守自盗成风。朱熹在《答辛幼安启》中遂有"当季康患盗之时，岂张敞处闲之日？果致眷渥，特畀重权。歌皇华之诗，既谕君臣之好，称直指之使，想潜消郡国之奸。第恐赐环，不容暖席"[3]一说。意思是，在朝廷担心贪官污吏盗窃国家财产之时，有能力的人怎么可袖手不问世事呢？现在你得到圣上恩典，被赋地方大权，是圣上对你的重视，希望你能替朝廷消除地方奸吏，这是刻不容缓的事情。

还是在这封启中，朱熹特别提出了"但晤对之有期，为感欣而无已"[4]的希望，表示自己很想和辛弃疾见面，那将是无比欣慰之事。

这句话不免令人想起四年前的淳熙十五年（1188）冬，陈亮赴

---

[1] 辛更儒编：《辛弃疾资料汇编》，中华书局，2005年，第12页。
[2] 《宋史》，中华书局，1977年，第700页。
[3] 辛更儒编：《辛弃疾资料汇编》，中华书局，2005年，第13页。
[4] 同上。

上饶前曾特意去信约朱熹到紫溪与自己和辛弃疾相见一事。当时朱熹并未赴约，其理由从《宋史·朱熹传》中可见。早在赵昚登基的隆兴元年（1163），朱熹被召入对，有番慷慨之言："君父之仇不与共戴天。今日所当为者，非战无以复仇，非守无以制胜。"[1]可见彼时的朱熹是毫不含糊的主战派。

但"隆兴北伐"失败后，朱熹认为时机已然失去。到乾道五年（1169）时，朱熹的看法已转变为"天下之务莫大于恤民，而恤民之本，在人君正心术以立纪纲"[2]，尤其在经历仕途沉浮后看得更加明白，如今曾觌等奸佞"辟侧媚之态既足以蛊心志，其胥史狡狯之术又足以眩聪明。是以虽欲微抑此辈，而此辈之势日重，虽欲兼采公论，而士大夫之势日轻。重者既挟其重，以窃陛下之权，轻者又借力于所重，以为窃位固宠之计。日往月来，浸淫耗蚀，使陛下之德业日隳，纲纪日坏，邪佞充塞，货赂公行，兵愁民怨，盗贼间作，灾异数见，饥馑荐臻。群小相挺，人人皆得满其所欲，惟有陛下了无所得，而顾乃独受其弊"[3]。

朝事如此纷乱，哪里还能再启战端？是以再到淳熙十五年（1188）时，朱熹的观点更为明确，他还担心面奏赵昚会有遗漏而索性投匦进封事，明确写道："今天下大势，如人有重病，内自心腹，外达四支，无一毛一发不受病者。且以天下之大本与今日之急务，为陛下言之：大本者，陛下之心；急务则辅翼太子，选任大臣，振

---

[1]《宋史》，中华书局，1977年，第12753页。
[2]同上。
[3]同上书，第12755页。

举纲纪，变化风俗，爱养民力，修明军政，六者是也。"[1]

恰在这时，陈亮来信，邀其至紫溪相见。朱熹自然知道，陈亮相邀是希望举行所谓第二次"鹅湖之会"，第一次是自己与陆九渊兄弟的哲学之争，第二次则必为北伐之论。朱熹更知道，辛弃疾和陈亮都是激情如火的主战派，但这是他放弃已久的立场，若是赴约必然与辛、陈二人话不投机，便索性爽约不至。但这不等于朱熹对辛弃疾和陈亮的为人就持否定态度，譬如辛弃疾与陈亮互赠《贺新郎》，杜仲高和杜叔高兄弟来访等都是明证。杜叔高去上饶前曾给朱熹去过一信，回金华后即收到朱熹回函，其中写有"辛丈相会，想极款曲。今日如此人物，岂易可得"[2]句。可见，朱熹对辛弃疾曾经的南岩一见印象极深，内心赞赏，是以很盼辛弃疾赴任福州途中能取道武夷山与自己一见。

四

终于得以离开退居十年的上饶，辛弃疾自是感慨万千。离开泉湖之路时，回头再看十载光阴虚度之地和眼前送行的众友，辛弃疾一首《浣溪沙·泉湖道中，赴闽宪，别诸君》在笔下自然淌出：

> 细听春山杜宇啼。
> 一声声是送行诗。
> 朝来白鸟背人飞。

---

[1]《宋史》，中华书局，1977年，第12758页。
[2] 辛更儒编：《辛弃疾资料汇编》，中华书局，2005年，第12页。

对郑子真岩石卧，

趁陶元亮菊花期。

而今堪诵北山移。

该词的上阕写得清晰易懂，无须解释，而下阕的三行则一连使用了三个典故。其中，下阕第一行写到的"郑子真"是指西汉郑朴，扬雄对其有"谷口郑子真，不屈其志而耕乎岩石之下"的赞誉。事情是汉成帝时元舅大将军王凤以礼相聘，郑子真终不肯出山，举世都服其清高。辛弃疾以郑子真为喻，与第二行的"陶元亮"（陶渊明）为喻是同一个意思，自愧比不上那些一旦退隐就潜心修炼的先人，因此第三行"而今堪诵北山移"就自然而然地出现了。所谓"北山移"，指南朝齐孔稚珪所撰的《北山移文》，该文对假隐士周颙进行了辛辣的讥讽。辛弃疾以此为喻，不无反讽意味，意思是自己在上饶退居十年后再次出山，真还比不上郑子真和陶渊明那样的"隐居不仕之人"。辛弃疾能够反讽自己，表明他清楚自己对仕途仍抱有期待，也说明他对自我了解得异常深入，因而诚实地将内心袒露，也见出他能对自己进行剖析的勇气。

从上饶南向而行，进入与福建交界处的武夷山时，辛弃疾依约拜见了朱熹。对辛弃疾来说，见朱熹倒不是单纯为了应约，其重要原因从辛弃疾到武夷山后撰写的诗句可见，即为了"试从精舍先生问，定在包牺八卦前"。所谓"包牺八卦"，指伏羲画八卦之事。《易经·系辞下》解释了伏羲作八卦的缘由："古者包牺氏之王天下也，仰则观象于天，俯者观法于地，观鸟兽之文与地之宜，近取诸身，

第十三章　两任福建　321

远取诸物,于是始作八卦,以通神明之德,以类万物之情。"①从这里看就很清楚了,辛弃疾拜见朱熹的核心目的是询问"近取诸身,远取诸物"的为官之道。用朱熹的话说,即"问政"二字。

诗歌前一行中的"精舍"即朱熹在武夷山南麓所建的住宅,取名"竹林精舍"。前文提过,朱熹于淳熙八年(1181)三月被命为提举浙东常平茶盐公事。但履任后不久,朱熹就深感做官"无补公私,而精神困弊,学业荒废"②,便辞归至武夷山下结庐讲学,并于淳熙十年(1183)在溪北隐屏峰下卜筑建宅。第二年精舍落成后,朱熹特意给陈亮去信,言辞兴奋地说道:"武夷九曲之中,比缚得小屋三数间,可以游息……溪山回合,云烟开敛,旦暮万状,信非人境也。"③

如今,辛弃疾到了"竹林精舍"。在朱熹的两处斋室上,辛弃疾见上面分别题有"克己复礼"和"夙兴夜寐"的斋名,不由暗叹朱熹对学问的心无旁骛和孜孜以求。朱熹也正是在此兴教讲学、著书立说,完成了理学的最后体系,并在学术史上形成了具有重大影响的"考亭学派"。其学派名称源于后来宋理宗淳祐四年(1244)时下诏将"竹林精舍"改为"考亭书院",宋理宗还御笔亲书"考亭书院"的匾额。在今天来看,考亭书院自比不上有"四大书院"之称的白鹿洞书院、岳麓书院、睢阳书院和嵩阳书院,但就其在中国教育史上的影响而言,足以媲美上述任何一座书院。

对辛弃疾的"问政",朱熹的回答是"临民以宽,待士以礼,驭

---

① 《周易》,岳麓书社,2011年,第367页。
② 《朱熹集》,郭齐、尹波点校,四川教育出版社,1996年,第1516页。
③ 《陈亮集》,邓广铭点校,中华书局,1974年,第298页。

吏以严"①十二字，辛弃疾欣然受教。谈话间，还有一事令朱熹感到辛弃疾胸襟非比常人。辛、朱二人均天下之士，自必纵论时政，臧否人物。谈到陆九渊时，辛弃疾对其在荆门军任上的政绩大加赞赏，似乎不记得十一年前正是陆九渊来信指斥自己"巧为文书，转移出没，以欺上府"，乃至引发后来的弹劾之事而导致其解官十年。朱熹自然知晓此事，所以给出十二字"问政"答案也确为有的放矢之举。后来给陆九渊去信时，朱熹也特意写有"近辛幼安经由，及得湖南朋友书，乃知政教并流，士民化服，甚慰"②之言。

既至山中，辛、朱二人少不得携手同游。一说武夷山方圆百余里，绵延三十六峰，系道教中的第十六洞天，相传曾有神仙至此，自称武夷；另一说则是上古黄帝九世孙篯铿（彭祖）生有二子，长子名武，次子名夷，山遂以此为名。朱熹曾在《武夷图序》中写道："武夷之名，著自汉世。祀以乾鱼，不知果何神也。今建宁府崇安县南二十余里，有山名武夷，相传即神所宅。峰峦岩壑，秀拔奇伟，清溪九曲，流出其间。两崖绝壁，人迹所不到处，往往有枯查插石罅间，以庋舟船棺柩之属。柩中遗骸，外列陶器，尚皆未坏。颇疑前世道阻未通，川壅未决时，夷落所居，而汉祀者即其君长。盖亦避世之士，生为众所臣服，没而传以为仙也。今山之群峰，最高且正者，犹以'大王'为号。半顶有小丘焉，岂即君之居耶？"

朱熹的精舍即在"清溪九曲"中的第五曲。除在此讲学外，朱熹还留下《武夷棹歌》十首，如"九曲将穷眼豁然，桑麻雨露见平

---

① 《朱子语类》，岳麓书社，1997年，第2870页。
② 辛更儒编：《辛弃疾资料汇编》，中华书局，2005年，第14页。

川。渔郎更觅桃源路，除是人间别有天"的诗句，极尽对武夷风光的赞叹。辛弃疾与朱熹同游时，也回应般地写下《游武夷，作棹歌呈晦翁十首》，其中第九首颇有希望朱熹再行入世的劝诫意味。全诗如下：

> 山中有客帝王师，日日吟诗坐钓矶。
> 费尽烟霞供不足，几时西伯载将归？

细嚼能体会，辛弃疾经过十年退居终又出仕，内心感慨复杂；眼前朱熹大才如磐，够得上帝王之师，却寄身山水，不免心生可惜之感。不过，辛弃疾自然不知自己写下的"几时西伯载将归"句将很快成为现实。在两年后，朝廷诏令朱熹为知潭州、荆湖南路安抚，后又入朝，为一场政变后登基的新帝赵扩进讲《大学》，此事后文再叙。

辛弃疾在精舍所待时日不多，与朱熹告别后即乘舟往福州赴任。

五

朝廷任命辛弃疾为福建提点刑狱时，还任命了一个叫林枅的官员出任福建安抚使，后者于绍熙二年（1191）十二月上任时已年逾花甲。此处可见，因年初的"盗发所部"，朝廷将福建官场进行了一番从上至下的更换。《宋史》虽无林枅传，但杨万里那首千古流传的"毕竟西湖六月中，风光不与四时同。接天莲叶无穷碧，映日荷花别样红"的七绝诗题名为《晓出净慈寺送林子方》，而林子方即林枅。从《阙下林氏族谱》可知，林枅系福建莆田人，其父是宋徽宗宣和六年（1124）进士林孝泽。当林孝泽于乾道七年（1171）去世后，其墓志铭也是杨万里所撰。

秉承其父林孝泽"清介特甚，至不用官烛于私室"的林枅，为官"严毅有体"。素来理性为先的朱熹在给林枅的信中也直言赞道："窃闻开府以来，蠲除逋负以大万计，号令所下，至简而严，是以举措不苛而人自不犯。方地数千里，吏畏民安，近岁所未有也。"①可见，林枅上任后治理有方。就地方安抚使而言，能做到"吏畏民安"，可见其施政果断。不过，真正做到"吏畏"的应是辛弃疾的举措所致，毕竟其提点刑狱的职责既掌管刑讼，也监督官员且有举劾之权。以辛弃疾眼里不揉沙子的处事风格来看，福建官员必不敢有何异动，见其皆惧。

从想当然角度来判断的话，辛弃疾应与林枅相处甚洽，但事实是辛、林二人性格均强硬，乃至关系紧张。这点从朱熹门婿黄榦写给朱熹的信中可见："帅于同列多不相下，辛宪又非能下人者。一旦有隙，则祸有所归。"②

朱熹对辛、林二人所知均深，在一封给刘晦伯（刘爚）的信中称："林帅固贤，然近闻其与宪司不协，亦大有行不得处。"③意思是，双方发生龃龉，是林枅的处理方式有所不对。更何况，身为地方长官的林枅不止和辛弃疾一人关系紧张，而是"于同列多不相下"。不过，事情已无须朱熹出面调和辛、林二人的关系了。林枅到福建为

---

① 《朱熹集》，郭齐、尹波点校，四川教育出版社，1996年，第5242页。
② 邓广铭：《辛稼轩年谱》，载《辛弃疾传 辛稼轩年谱》，生活·读书·新知三联书店，2007年，第225页。
③ 《陆九渊集》，钟哲点校，中华书局，1980年，第511页。

安抚使九个月后，终究因年高逝世于任上。朱熹给刘晦伯去信，也就是告知林枅去世消息时顺便谈及。

福建帅位空出，朝廷下诏命辛弃疾代行安抚使之职，时间是绍熙三年（1192）九月。

因代帅时日只短短四个月，有史可查的辛弃疾的所做之事也就很少。从楼钥后来笔下"比居外台，谳议从厚，闽人户知之"的说法看，辛弃疾颇得百姓称誉。今能查到的是辛弃疾改盐法一事，尽管结果是其因此而遭到朝臣攻击。

事情略叙如下：

福建在宋时称福建路，就其行政划分来看分为上四州（建宁府、南剑州、汀州、邵武军）和下四州（漳州、泉州、兴化军、福州）。上四州实行的是"官运官销"盐法，下四州实行的则是"钞盐"之法。辛弃疾计划将八州统一为"钞盐"，其理由从《建炎以来朝野杂记》中的"福建盐"章节可见。一直以来，福建上四州均由"盐司悉贮盐于海仓……取而鬻之，以供岁用。其后吏缘为奸，盐恶不可售，即按籍而散，号口食盐。下里贫民无一免者，人甚苦之，民多私鬻以给食，而官亦不闻"[1]。这段话写得明白，上四州的食盐素来为官府把控，但官方的运盐船户为求利润，常将灰土夹入食盐，导致"盐恶不可售"。于是，私盐贩子趁机扰乱市场，官方不仅对私盐不闻不问，还强行按人口抑配官盐，称为"口食盐"。这就必然使百姓苦不堪言了。

辛弃疾眼见百姓苦于食盐，便决心将上四州的"官运官销"统

---

[1] 李心传：《建炎以来朝野杂记》，徐规点校，中华书局，2000年，第298页。

一为下四州的"钞盐"之法。所谓"钞盐",即由盐商认缴税款,政府允其销售部分食盐,并设置专门的售盐机构。若有此一举,自然将杜绝"盐恶"。这样,官盐有了质量,便可稳定市场,同时还可打击私盐。按辛弃疾的计划,拟从汀州开始实施新法。但想不到的是,辛弃疾此举竟引来朝臣"访闻福建安抚使措置出卖犒赏库回易盐,约束甚严,榷贩甚广,多差官吏,至坊场事体骤新,民旅非便,乞令福建帅司日下住罢,所置官吏坊场,今后置铺,不得出门"的奏议。

赵惇不做查询,便同意朝臣所奏。

对辛弃疾来说,改盐法失败是令其苦闷无比的打击,乃至上书称"官吏取以借口,破坏其法。今日之议,正欲行之汀之一州,奈何因噎而废食耶"。不料,朝廷的回答是于当年十二月时命起居舍人郑侨出任福建安抚使,同时命辛弃疾入朝见驾。

于是,在福建只待了一年的辛弃疾不得不再次动身入朝。

恰在此前后湖北发生一事,该事虽与辛弃疾无关,却是中国古代思想史上的重大之事,故顺提一笔。事情是一代心学宗师陆九渊于家中去世。《宋史·陆九渊传》对此记载得颇为神奇,十二月十一日那天,陆九渊忽对身旁亲友说道:"先教授兄有志天下,竟不得施以没。"然后,又对家人说道:"吾将死矣。"再转头,对身边僚属留一句"某将告终"[1]的同样之言。时当地百姓正祈祷下雪,第二天果然大雪纷飞。陆九渊沐浴更衣,端坐两天后,于十二月十四日正午安然辞世,时年五十四岁。

---

[1]《宋史》,中华书局,1977年,第12882页。

辛弃疾也正于彼时动身北上临安，他将第一次觐见新帝赵惇。

在风雪弥漫的旅途中，绍熙四年（1193）来临了。

六

辛弃疾的北上之途少不了与故人相聚，从其当时的一首《西江月·癸丑正月四日，自三山被召，经从建安，席上和陈安行舍人韵》可见。绍熙四年（1193）正月四日，辛弃疾已行至建宁府，时有知建宁府陈居仁、提举李兼济等官员设宴相迎。不过，与陈居仁等人饮酒唱和相比，辛弃疾和朱熹、陈亮的再次会面就重要得多了。

辛弃疾此次再见朱熹的主要目的是劝其应诏赴广西任职。事因是一个月前的绍熙三年（1192）十二月，朝廷诏命朱熹为静江府广南西路经略安抚使。不料，朱熹态度坚决，坚辞不受。到跨年正月，朝廷再次下诏命其赴任，朱熹再次不受。辛弃疾得知后深觉可惜，便在见面时劝朱熹受诏赴任。朱熹的回答在其后来给刘晦伯的信中可见："饶廷老归，闻诸公相许已有成说。而辛卿适至，以某尝扣其广右事宜，疑其可以强起，乃复宿留。然近又有书恳尤延之，计必从初议矣。万一不允，不敢惮远畏瘴，但恐伉拙无补于事，而徒失家居讲学、接引后来之益，岁月愈无多，愈可惜耳。"[①]

朱熹在信中的理由是"惮远畏瘴"，实觉光阴流逝，担心讲学半途而废，不敢荒废时日。另外，"乃复宿留"四字表明，辛弃疾在考亭书院住宿一夜，然后继续北行入浙。

---

① 辛更儒编：《辛弃疾资料汇编》，中华书局，2005年，第13页。

到浙东后，辛弃疾与分别四年的陈亮再次在婺州见面。辛、陈二人久别重逢，自然兴奋。陈亮还特意写信告知韩淲，后者的回复是写来一首《送陈同甫丈赴省》的七律相赠："平生四海几过从，晚向闽山访晦翁。又见稼轩趋召节，却随举子赴南宫。风云变态高情表，岁月侵寻醉眼中。可是龙川便真隐，乘时勋业尚须公。"①从其中的"又见稼轩趋召节，却随举子赴南宫"诗句可知，陈亮与辛弃疾见面后二人结伴同往临安。辛弃疾是奉诏面圣，陈亮是以举子身份参加礼部的进士试。

此次朝廷开科取士，陈亮的答卷触及了朝廷激变。

事情与登基四年的赵惇有关。赵昚为帝时对赵构极尽孝道，以王夫之的话说是"三代以下，帝王事其亲者之所未有"②，是以其薨逝后得"孝宗"谥号。赵惇登基后，原打算依赵昚之举每五日去重华宫问安太上皇一次，赵昚也依赵构生前之举令赵惇将五日一次改为每月四朝。但实际上赵惇竟绝少去重华宫请安，原因是他极惧皇后李氏。李氏之父李道本为盗贼出身，性格彪悍，而李氏性格酷似其父，连赵惇也对其"内不能制，惊忧致疾"。李氏为王妃时曾被赵昚训斥过，遂怀恨在心，如今当了皇后，则乘赵惇多病逐揽大权，竟不允赵惇入重华宫问安太上皇赵昚。事情传出，上至文武百官，下至黎民百姓，均以"过宫"为请，希望赵惇问安太上皇。赵惇多次答应，也多次准备动身，但无不被皇后李氏阻挠。

辛弃疾和陈亮到临安时，正是赵惇受制于李氏，宰辅百官苦求

---

① 辛更儒编：《辛弃疾资料汇编》，中华书局，2005年，第66页。
② 王夫之：《宋论》，刘韶军译注，中华书局，2013年，第748页。

赵惇朝谒重华宫未果的高潮时分。

陈亮以其才学，顺利通过初试和复试，到了殿试的最后一关。

宋朝殿试是由宋太祖赵匡胤亲自设立，以诗赋取士，但到宋神宗年间的王安石变法时将诗赋改为千字策定，再到赵构建炎南渡后最终改为廷对策问。

当陈亮拿到题目后，见开篇即写"朕以凉菲，承寿皇付托之重，夙夜祗翼，思所以遵慈谟、蹈明宪者，甚切至也"[1]句。其意是赵惇称自己为帝后，日夜所想便是如何对太上皇赵昚尽孝，以及如何继承太上皇留下的各种政策等。

类似这样的开篇之语，不过格式化行文。但在年过半百的陈亮那里，他已经历了人生的种种酸楚，不仅多次上书不被报，恢复大计也从未得到朝廷理睬，连监狱也蹲过数次。以前陈亮对仕途抱有"亮闻古人之于文也，犹其为仕也，仕将以行其道也，文将以载其道也，道不在于我，则虽仕何为"[2]的不屑，如今已看得清楚，自己要想摆脱命运的打击和对朝事置喙，非成为朝廷官员不可。对今日得殿试之机，陈亮深知是自己毕生的最后机会，若今番再不入仕，自己的毕生抱负就不可能有实现的一天。

于是，针对百官进谏圣上赵惇须问安太上皇赵昚无果而起的争议之事，陈亮提笔写道："臣窃叹陛下之于寿皇，莅政二十有八年之间，宁有一政一事之不在圣怀？而问安视寝之余，所以察辞而观色，因此而得彼者其端甚众，亦既得其机要而见诸施行矣，岂徒一月四

---

[1]《陈亮集》，邓广铭点校，中华书局，1974年，第112页。
[2] 同上书，第335页。

朝而以为京邑之美观也哉！"①意思是，赵惇现在为天子，天下无事不在考虑之列，对问候太上皇这样的事只需心怀孝念，至于太上皇有何见解，选其要点施行即可，非得按一月四次去机械问候不过是增加臣民美谈的表面文章罢了。言下之意，和天下事相比，问不问候太上皇并不重要。

当阅卷官上呈及第进士名次时，陈亮原本列为第三。但当赵惇读过陈亮的对策文章后心中大喜，即提御笔以"善处父子之间"为由，将陈亮改为第一名状元，并赐宅第说道："尔蚤以艺文首贤能之书，旋以论奏动慈宸之听。亲阅大对，嘉其渊源，擢置举首，殆天留以遗朕也。"②随后，赵惇授陈亮为签书建康府判官厅公事之职。

从赵惇"殆天留以遗朕也"句看，陈亮的仕途大门推开，异日必将出将入相。

可惜的是，陈亮落拓一生，在终于见到云开日出时，却走到了生命的终点。当陈亮受诏后荣归故里时，他对前来相迎的弟弟陈充说道："使吾他日而贵，泽首逮汝，死之日各以命服见先人于地下足矣。"③但陈亮也知道，以投圣上所好的方式得状元之尊难免引人非议，自己也"心实耻之"。临终前，陈亮托叶适作墓志铭时说了句"铭或不信，吾当虚空间与子辨"④。陈亮去世时尚未至建康上任，具体时间按韩淲《涧泉日记》所载是在绍熙五年（1194）正月。叶适后撰《陈同甫王道甫墓志铭》时，称陈亮死因是"忧患困折，精泽

---

① 《陈亮集》，邓广铭点校，中华书局，1974年，第113页。
② 《宋史》，中华书局，1977年，第12943页。
③ 同上。
④ 丁传靖：《宋人佚事汇编》，中华书局，1981年，第919页。

内耗，形体外离，未至官，病，一夕卒"①。

辛弃疾得知噩耗后悲痛至极，秉烛写下字字泣血的《祭陈同父文》："……今同父发策大廷，天子亲寘之第一，是不忧其不用。以同父之才与志，天下之事，孰不可为？所不能为者：天靳之年！……而今而后，欲与同父憩鹅湖之清阴，酌瓢泉而共饮，长歌相答，极论世事，可复得邪？千里寓辞，知悲之无益，而涕不能已。呜呼同父，尚或临监之否？"②

七

写此祭文时，辛弃疾又已到福州为帅。

事情是辛弃疾于绍熙四年（1193）到临安后即被赵惇殿前召见，并当廷进奏了一篇《论荆襄上流为东南重地疏》。此疏内文主要分为三点，其中第一是分析地势，称"自古南北之分，北兵南下，由两淮而绝江……故荆襄上流为东南重地……荆襄合二为一则上流重；荆襄分而为二则上流轻。上流轻重，此南北之所以为成败也……"③

第二是"假设虏以万骑由襄阳南下……大军在鄂，声援不及，臣欲力战，众寡不敌"之时，辛弃疾提出的对策是应提前"合荆南为一路，置一大帅以居之……合鄂州为一路，置一大帅而居之……

---

①《陈亮集》，邓广铭点校，中华书局，1974年，第446页。
②《辛弃疾集编年笺注》，辛更儒笺注，中华书局，2015年，第436页。
③《辛稼轩诗文笺注》，邓广铭辑校审订、辛更儒笺注，上海古籍出版社，1995年，第119页。

属任既专，守备自固。缓急之际，彼且无辞以逃责……"①

第三则从天下大势出发而言："天下之势有离合，合必离，离必合，岂亦天地消息之运乎？……厥今夷狄，物伙地大，德不足，力有余。过盛必衰，一失其御，必将豪杰并起，四分五裂。然后有英雄者出，鞭笞天下，号令海内，为之驱除……愿陛下居安思虑，任贤使能，修车马，备器械，使国家屹然有金汤万里之固，天下幸甚，社稷幸甚。"②

从辛弃疾这篇上疏看，是建议朝廷对金国采取备战之势。但对赵惇来说，宋、金两国和平已达三十年之久，他脑子里又哪有什么战争之念？因此，赵惇对辛弃疾的上疏自不予重视，只下诏擢辛弃疾为太府卿，加集英殿修撰、知福州兼福建安抚使。此举表面上是给辛弃疾升官，内在却显而易见，即赵惇对朝中有辛弃疾这样的主战派感到颇为不耐，便索性将其外任。于是，到临安半年不到，辛弃疾又于当年六七月间再往福州赴任。

每每吐露豪情，便每每受到抑制，是辛弃疾所历三朝的尖锐感受：每次新帝登基，自己总情不自禁地抱有指望，但指望总以苦涩收场。最荒谬的是，四年前赵惇即位时，辛弃疾已不作指望了，但赵惇偏生令其出山，结果还是失望。这一复杂心情在辛弃疾写给福建提刑卢彦德的和词中有所流露，其词为《满江红·和卢国华》。卢国华，即卢彦德，字国华。

词如下：

---

① 《辛稼轩诗文笺注》，邓广铭辑校审订、辛更儒笺注，上海古籍出版社，1995年，第119—120页。

② 同上书，第120页。

汉节东南，看驷马、光华周道。

须信是、七闽还有，福星来到。

庭草自生心意足，榕阴不动秋光好。

问不知，何处着君侯，蓬莱岛。

还自笑，人今老。空有恨，萦怀抱。

记江湖十载，厌持旌纛。

濩落我材无所用，易除殆类无根潦。

但欲搜、好语谢新词，羞琼报。

该词上阕是说辛弃疾自己到东南任职，管理福建"七闽"。词句虽有"福星来到"和视福建为"蓬莱岛"的正面描述，但下阕笔锋立转，以"还自笑，人今老。空有恨，萦怀抱"的自嘲来面对自己的此次出仕。尤其对"厌持旌纛"的感叹，能体会辛弃疾内心深处的万般无奈，甚至生出"濩落我材无所用，易除殆类无根潦"的沉郁之情。

到第二年，即绍熙五年（1194）来临后，首先是陈亮去世的噩耗带给辛弃疾的内心以极大打击，其次牙病缠绕令其不觉有"何况人生七十少，云胡不归留此耶"的退志萌生。但陈亮的去世和牙病只能算个人的心理打击，对为官一方的人来说，最感不堪的则是遭遇仕途打击。

《宋史·辛弃疾传》对辛弃疾为福建安抚使的这段时日有所交代。辛弃疾自然知道，在此次上任后，欲将上四州改盐法之事是不能推行了。一州事务，至为紧迫的也绝非盐法。就地理位置和当时形势看，"福州前枕大海，为贼之渊，上四郡民顽犷易乱，帅臣空竭，急缓奈何"①。这句话说得明白,福州临海,海盗不少,以前的数任安抚使皆为文人,很难平息海盗乱状。在这点上,辛弃疾经验颇丰,经过巡视后,即张榜召军。这也是辛弃疾以往在多地为帅时必然进行的举措。今番在福建,辛弃疾决定"造万铠,招强壮补军额"②。与以往不同的是,此次召军自不是为了无人再提的北伐,主要目的有二:一是打击海盗;二是当地民风犷悍,毕竟当年赖文政和陈峒的茶商军起事还历历在目,若不训练一支强旅,很难控制其他隐患。

建军自须钱粮。辛弃疾很幸运,一直"土狭民稠,岁俭则籴于广"的福建,在该年粮产丰收,不用去两广购米了。于是,辛弃疾便计划让"宗室及军人入仓请米,出即粜之,侯秋贾贱,以备安钱籴二万石,则有备无患矣"③。

就此可见,辛弃疾对建军之事雄心勃勃,对计划中涉及的"宗室"问题也未加回避。还是从《建炎以来朝野杂记》来看,赵氏皇族宗室原本都聚于京师开封。宋徽宗时,蔡京在洛阳"置西、南二敦宗院,设宗官主之"。也幸好这一设置,避免了宋宗室在"靖康之变"时被一网打尽的命运。到建炎南渡时,赵构先将南外宗正司迁至镇江,西外宗正司迁至扬州。到建炎三年(1129)冬,为避金军南下锋芒,西外宗室再移福州,南外宗室也移泉州,均至福建扎根。既为宗室,自须当地政府供养。按绍兴元年(1131)秋的统计,"两外宗子女妇合五百余人,岁费缗钱九万"④,到辛弃疾履任福建安抚使时宗室人口不止翻倍,费用也自然早不止缗钱九万了。

---

① 《宋史》,中华书局,1977年,第12164页。
②③ 同上。
④ 李心传:《建炎以来朝野杂记》,徐规点校,中华书局,2000年,第58页。

第十三章　两任福建　335

作为一州之长，辛弃疾为建军和供应宗室费用而殚精竭虑，于是他专门设置了一所"备安库"。按辛弃疾计划，"备安库"须达"钱籴二万石，则有备无患"。为达到目的，《宋史》称辛弃疾上任后"务为镇静"[1]，意思是对民间不扰，以避免发生意外之事。数月后，"备安库"经开源节流，已积蓄缗钱五十万。就在辛弃疾打算将这笔钱用来建军时，朝廷爆发了陈亮殿试题目中隐含的两宫纠葛。当然，不论陈亮当时的殿试回答是投天子所好也好，还是远见卓识也好，都无非个人之言。但赵惇不入重华宫，最终引来了一场朝廷巨变，也导致辛弃疾随着巨变的尘埃落定而再次遭到弹劾去职，不仅"造万铠"的计划不成，连当时已动工的福州郡学也尚未完工，便不得不回归上饶。

　　朝廷之变，事关天下，也直接关系到辛弃疾后来的命运。

---

[1]《宋史》，中华书局，1977年，第12164页。

第十四章 深宫激变

——只愁画角楼头起,急管哀弦次第催

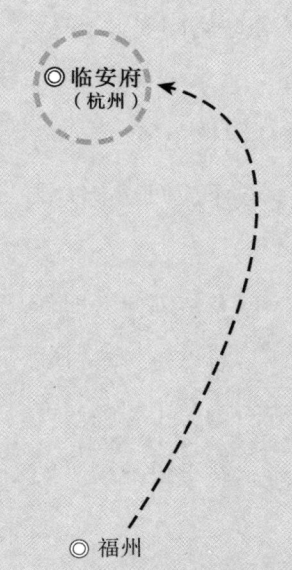

◎ 临安府
（杭州）

◎ 福州

一

赵惇登基五年以来，至重华宫请安的次数屈指可数。就绍熙五年（1194）来说，仅在正月受群臣朝贺后去过重华宫一次，就再也未去见过太上皇赵昚。到四月时，年已六十八岁的太上皇赵昚染病的消息传出，群臣屡次上奏请赵惇往重华宫问疾。赵惇次次嘴上答应，脚却不移。叶绍翁在《四朝闻见录》里写过一则逸闻，说群臣苦谏无效之下，有个叫谢岳甫的福建百姓伏阙奏书，上有"父子至亲，天理固在。自有感悟开明之日，何事群臣苦谏？徒以快近习离间之意。但太上春秋已高，太上之爱陛下，如陛下之爱嘉王。万一太上万岁之后，陛下何以见天下"[1]之言。

赵惇见到上书后颇为所动，降旨称明日将去重华宫问安太上皇。第二日，中书舍人陈傅良出班，奏请赵惇该去重华宫了，赵惇应允。不料，刚出御屏，皇后李氏走了过来，一把挽住赵惇说道："天色冷，官家且进一杯酒却上辇。"意思是，天冷了，陛下应回宫室饮酒御寒。于是，赵惇便与皇后李氏回宫了。

事情令尚在场的文武百官及一旁侍卫均措手不及。陈傅良即刻上前，伸手抓住赵惇龙袍后襟，请求不要回宫。皇后李氏转身对陈傅良恶狠狠地叱道："这里甚去处，你秀才们要斫了驴头！"陈傅良只得松手，然后看着赵惇和皇后李氏离开的背影，站于殿下恸哭失

---

[1] 叶绍翁：《四朝闻见录》，载《四朝闻见录　随隐漫录》，尚成、郭明道校点，上海古籍出版社，2012年，第17页。

声。皇后李氏得知后派人过来问陈傅良哭什么,陈傅良答道:"子谏父而不听,则号泣而随之。"[1]

皇后李氏闻报,更加恼怒。

如果《四朝闻见录》有野史之嫌,不足为凭的话,那么从正史《续资治通鉴》中也能看到类似之事。赵惇明知太上皇赵昚病重,非但不去看望,还下旨和皇后李氏及嫔妃游玉津园。兵部尚书罗点建议赵惇先去重华宫问疾,并说"今大臣同心辅政,百执事奉法循理,宗室戚里,三军百姓,皆无贰志,设有离间,诛之不疑。乃若深居不出,久亏子道,众口谤讟,祸患将作,不可以不虑"[2]。意思是,现在朝臣同心辅政、天下一心,谁若离间陛下和太上皇关系必将格杀勿论,但陛下若亏欠人子之道,天下人议论纷纷,只怕会惹出祸端。

赵惇闻言,随口答道:"卿等可为朕调护之。"在一旁的侍讲黄裳忍不住说道:"父子之亲,何俟调护?"罗点也建议说道:"陛下一出,即当释然。"赵惇被黄、罗二人所逼,言不由衷地说了句"朕心未尝不思寿皇"。罗点即刻追上一句:"陛下久阙定省,虽有此言,何以自白?"[3]

但无论怎样说,赵惇都坚持不去重华宫,径直带着皇后李氏及后宫游园去了。

翌日上朝时,起居舍人彭龟年离班伏地,叩头流血。赵惇惊讶地说道:"素知卿忠直,欲何言?"彭龟年说今日之事,最大的莫过

---

[1] 叶绍翁:《四朝闻见录》,载《四朝闻见录 随隐漫录》,尚成、郭明道校点,上海古籍出版社,2012年,第17页。

[2]《续资治通鉴》第三册,岳麓书社,1992年,第61页。

[3] 同上。

第十四章 深宫激变 339

于陛下去重华宫谒见太上皇了。旁边的同知枢密院事余端礼也说道："扣额龙墀，曲致忠恳，臣子至此，岂得已耶！"赵惇答了句"知之"①，却仍是不肯移驾。

事情终于激起朝愤，太学生陈肖说等人干脆移书大臣，指摘赵惇引起朝中议论。群臣逼迫赵惇定下去重华宫问疾的日子，赵惇无奈，被迫答应。到约定之日时，百官均在重华宫门外候驾，不料等来的却是赵惇称自己生病不能来的口谕。

就这样，君臣的对立一直拖到五月，身为太上皇的赵昚始终未见到皇上赵惇入宫，病势加重，表示临终前只愿再见儿子一面。陈傅良极感悲愤，以赵惇不往重华宫问疾为由，缴上告敕，出城待罪。罗点见状，又面圣说道："寿皇疾势已危，不及今一见，后悔何及！"②赵惇仍不为所动。

又过两天，宰相留正等再奏请赵惇入见重华宫，但赵惇索性起身便走。情急之下，留正如上次陈傅良一样将赵惇龙袍扯住，竟至龙袍撕裂。震怒之下，赵惇命知合门事韩侂胄传出"宰执并出"的旨令，竟是要留正等人停职待罪。罗点再次面圣，苦苦谏道："寿皇止有一子，既付神器，唯恐见之不速耳。"③彭龟年、黄裳和讲读官沈有开等人见赵惇无论如何也不肯去重华宫，便提出折中之议，建议让赵惇次子、嘉王赵扩代其前往重华宫问疾。如此，赵惇终于答应下来。

能见到皇孙赵扩，赵昚感动无比。在赵昚那里，万万想不到的

---

① 《续资治通鉴》第三册，岳麓书社，1992年，第62页。
②③ 同上。

是，自己为帝时对当时的太上皇赵构"极爱敬之忱，俾高宗安老以终寿考"①，如今到自己临终之际却连儿子一面也见不到，不由得老泪纵横。但赵扩只是皇孙，终究不是太上皇赵昚想见的儿子。朝臣不断催促赵惇亲自问疾，在重华宫的太上皇赵昚也强撑一口气等待着儿子的到来。终于，到六月九日时，当了二十七年皇帝、做了六年太上皇的赵昚怀着对儿子的无尽失望和悲苦驾崩于当夜。赵昚留下遗诰，将重华宫易名为慈福宫，建寿成皇后殿于宫后，并将重华宫钱银一百万缗赐内外军。

赵昚的抱憾而终，终于酿成一场政变。

二

赵昚驾崩当夜，重华宫内侍即往宰执、知枢密院事赵汝愚府邸告知。赵汝愚生怕赵惇对己起疑，不敢连夜上奏，等第二日上朝后才当廷禀奏，并请赵惇入重华宫主持太上皇赵昚的丧事。赵惇当即满口答应，却径直回寝宫福宁殿了。众臣以为赵惇会很快回转，却等到太阳西沉也未见赵惇现身。

大宗正丞李大性按捺不住，上疏说道："今日之事，颠倒舛逆。况金使祭奠，当引见于北宫素帷，不知是时忧可以不出乎？……若陛下必待使来然后执丧，则恐贻讥中外，岂特如成人而已哉！"②意思是，太上皇赵昚都已经驾崩了，陛下居然还是不肯去重华宫看一

---

① 王夫之：《宋论》，刘韶军译注，中华书局，2013年，第748页。
② 《续资治通鉴》第三册，岳麓书社，1992年，第63页。

下，连丧事也不肯主持。况且等到金国派来祭奠的使者，也必然入重华宫拜祭，不知到那时候陛下是不是还是不肯去呢？如果一定要等到金国来使吊唁时才肯执丧，那将贻笑中外了。

但上疏结果是，赵惇仍以自己患病为由，不肯主持太上皇赵昚的丧事。宰相留正只得率文武百官入重华宫听遗诰，并与赵汝愚、议介少傅吴琚一并商议，请寿圣皇太后（宋高宗赵构第二任皇后吴皇后，又尊宪圣慈烈皇后）垂帘听政，暂时主理丧事。

寿圣皇太后初时不允，留正说道："若皇帝不出，百官相与恸哭于宫门，恐人心骚动，为社稷忧，请依唐肃宗故事，群臣发丧太极殿，皇帝成服禁中。然丧不可以无主，祝文称孝子嗣皇帝，宰臣不敢代行。太皇太后，寿皇之母也，请代行祭奠礼。"[1]吴琚也说道："窃观今日事体，莫如早决大策，以安人心。垂帘之事，止可行之浃旬，久则不可。愿圣意察之。"寿圣皇太后闻言，这才答了句"是吾心也"[2]，算是同意了。

第二日，赵惇倒是见奏下诏，尊寿圣皇太后为太皇太后，寿成皇后（宋孝宗赵昚的第三任皇后谢皇后，又尊成肃皇后）为皇太后。

赵昚的丧事主持即寿圣太皇太后。

在朝廷紧锣密鼓地准备丧事时，叶适见赵惇连生父、太上皇赵昚的丧事也不肯主持，毫无人君之德，更悖人伦使整个朝廷人心动摇，于是心中涌上大胆之念，对留正咬耳朵说道："帝疾而不执丧，

---

[1]《续资治通鉴》第三册，岳麓书社，1992年，第63页。

[2] 叶绍翁：《四朝闻见录》，载《四朝闻见录　随隐漫录》，尚成、郭明道校点，上海古籍出版社，2012年，第91页。

将何辞以谢天下？今嘉王长，若预建参决，则疑谤释矣。"①意思是，赵惇病到连太上皇赵眘的丧事也不参与，天下自流言纷纷，不如立年纪已长的嘉王赵扩为帝，这样便可堵住天下之口了。

留正觉其有理，召众臣商议道："帝以疾未克主丧，宜立皇太子监国；若未倦勤，当复明辟，设议内禅，太子可即位。"②众臣早觉天子赵惇无德，一致同意立嘉王赵扩为新帝。留正便带同众宰执入奏说道："皇子嘉王，仁孝凤成，宜早正储位，以安人心。"③台谏官哪里敢报？过了六天，已无退路的留正再次入奏，这次上报后赵惇批了"甚好"二字作答。第二日，众宰执趁热打铁，命翰林拟好圣旨请赵惇亲批，再付学士院降诏。

当夜，尚未就寝的留正忽然收到赵惇派人送来的手诏，上书"历事岁久，念欲退闲"④八字。留正能登上宰相高位，自久历朝事，心机深沉，如何会只看天子的字面之意？在留正看来，如今众臣逼迫赵惇禅位实为政变之举，而他自己是提出"内禅"的始作俑者，若不成功，只怕满门将死无葬身之地。留正想到这里不禁冷汗淋漓，当即称病辞相，并在给赵惇的上奏里写下"愿陛下速回渊鉴，追悟前非，渐收人心，庶保国祚"⑤之句。奏疏送出后，留正发现自己等回复的勇气也没有了，竟趁五鼓天黑惊慌失措地遁出临安。

留正忽然辞相离城，朝中顿时人心动荡。面对忧危，赵汝愚方

---

① 《续资治通鉴》第三册，岳麓书社，1992年，第63页。
② 同上。
③ 《宋史》，中华书局，1977年，第714页。
④ 同上。
⑤ 同上书，第11975页。

寸大乱，不知如何是好。知临安府徐谊见事情已至千钧一发的地步，若赵汝愚也步留正后尘出走，朝事将不可想象，遂对赵汝愚手书说道："自古人臣，为忠则忠，为奸则奸，忠奸杂而能济者，未之有也。公内虽心惕，外欲坐观，非杂之谓欤？国家安危，在此一举！"[1]赵汝愚忙问徐谊有何计策。徐谊冷静说道："此大事，非宪圣太后（寿圣皇太后）命不可。而知合门事韩侂胄，宪圣之戚也，同里蔡必胜与侂胄同在合门，可因必胜招之。"[2]

赵汝愚恍然大悟，即遣韩侂胄去慈福宫请示寿圣太皇太后"内禅"之事。韩侂胄知事情非同小可，自己虽是寿圣太皇太后外甥，仍不敢直接面奏。左思右想之后，韩侂胄找来和自己关系甚密的慈福宫内侍张宗尹入奏，但寿圣太皇太后听张宗尹奏后，哪里肯依？韩侂胄无计可施，不敢复命，在慈福宫外徘徊时遇见了提举重华宫关礼，后者见韩侂胄神情有异，遂上前询问。韩侂胄便将赵汝愚建议内禅之事和盘相告。关礼听后，嘱韩侂胄宫外等候，自己入见寿圣太皇太后相谏。

关礼一见寿圣太皇太后就两眼流泪，太皇太后诧问其故。关礼说道："圣人读书万卷，亦尝见有如此时而保无乱者乎？"寿圣太皇太后淡淡说道："此非汝所知。"关礼说道："此事人人知之。今丞相已出，所赖者赵知院，旦夕亦去矣。"说罢痛哭流涕。寿圣太皇太后以为赵汝愚也有离朝之意，这才吃惊说道："知院同姓，事体与他人异，乃欲去乎？"关礼说道："知院未去，非但以同姓故，以太皇太

---

[1]《宋史》，中华书局，1977年，第12084页。
[2] 同上。

后为悖耳。今定大计而不获命，势不得不去。去，将如天下何？愿圣人三思。"①

事后证明，这是改变历史的一场对话。

寿圣太皇太后随即问韩侂胄何在，关礼答道："已留其俟命。"随后，寿圣太皇太后点头说道："事顺则可，命谕好为之。"②

关礼随即躬身退出，将寿圣太皇太后"好为之"的口谕告知韩侂胄，还补充说道："来早太皇太后于寿皇梓宫前垂帘引对。"③韩侂胄谢过关礼，回去向赵汝愚复命，此时却已到了太阳落山之际。

赵汝愚见寿圣太皇太后支持，心知大事多半已定，但他也知深宫无以藏秘，一旦走漏消息，赵惇发起反扑，群臣自得束手就擒。于是，赵汝愚便又紧急命殿前都指挥使郭杲趁夜分兵保卫南北大内，关礼则连夜命傅昌期秘制黄袍。

一场政变的酝酿前夜，知情者彻夜难眠，不知情者仍安然在梦。

三

第二日，嘉王赵扩谒见父皇赵惇，得到的回答不出意料，仍是不参与丧事。赵扩告知赵汝愚后，赵汝愚说道："禫祭重事，王不可不出。"④意思是，皇帝不参加太上皇丧事，作为皇孙的嘉王必须参加，后者自然应允。

第三日，丧事开始，嘉王赵扩果然前来。赵汝愚率群臣聚于太

---

①《续资治通鉴》第三册，岳麓书社，1992年，第64页。
②③④同上。

上皇赵昚灵柩之前，对垂帘的寿圣太皇太后说道："皇帝疾，未能执丧，臣等乞立皇子嘉王为太子，以系人心，皇帝批出'甚好'二字，继有'念欲退闲'之旨，取太皇太后处分。"

寿圣太皇太后答道："既有御笔，相公当奉行。"

赵汝愚又说道："兹事重大，播之天下，书之史册，序议一指挥。"

寿圣太皇太后允诺后，赵汝愚从袖内拿出拟好的奏折进呈太皇太后，并说出了当日的最重要之言："皇帝以疾，至今未能执丧，曾有御笔，欲自退闲。皇子嘉王扩，可即皇帝位。尊皇帝为太上皇帝，皇后为太上皇后，移御泰安宫。"

寿圣太皇太后览毕后，说了句"甚善"。

赵汝愚知此时的赵惇尚蒙在鼓里，生怕有变，说道："自今臣等有合奏事，当取嗣君处分。然恐两宫父子间有难处者，须太皇太后主张。"说到这里，见寿圣太皇太后未答，又继续说道："上皇疾未平，骤闻此事，不无惊疑，乞令都知杨舜卿提举本宫任其责。"[①]说罢，赵汝愚即将杨舜卿召至帘前。寿圣太皇太后自有一番面谕，随即命赵汝愚以旨谕皇子即位。

嘉王赵扩到此时方知，赵汝愚等人竟联合寿圣太皇太后发动了一场拥立自己为帝的政变。惊骇之下，赵扩认为此举会让自己"负不孝名"，拔腿想逃。寿圣太皇太后即令韩侂胄将赵扩掖持。

赵汝愚上前几步，对赵扩说道："天子当以安社稷、定国家为

---

① 《续资治通鉴》第三册，岳麓书社，1992年，第64页。

孝，今中外人心忧乱，万一生变，置太上皇何地？"①

话音一落，众臣即扶赵扩入素幄。

赵扩惊慌失措，挣扎连呼"臣做不得，做不得"。寿圣太皇太后见状，对韩侂胄怒道："取黄袍来，我自与他着！"韩侂胄即刻将连夜赶制的黄袍取来，披到赵扩身上。

寿圣太皇太后眼望身披黄袍的赵扩，内心如石头落地般说道："我见你公公，又见你大爹爹，见你爷，又今却见你。"②话一说完，竟是流下了两行泪水。

赵扩还未及坐下，赵汝愚已率群臣拜叩。

赵扩避无可避，就此为帝，是为宋宁宗。

当百官班谕宿内前诸军嘉王赵扩已即帝位时，欢声如雷，动荡近一月的人心到此终安。

尚在福宁宫的赵惇无论如何也想不到，自己一觉醒来已失去皇位，成为太上皇了。但此时尘埃已落定，不论赵惇真有病还是假有病，现在是真的病倒在床了。至于皇后李氏，或许到此时方知自己一味阻扰赵惇去重华宫拜见赵昚大违人伦，朝中尽读圣贤书的大臣们岂会心服？当韩侂胄奉命来取传国玉玺时，赵惇尚自不肯，一旁的李氏倒是清醒过来，确认新天子为赵扩后说了句"既是我儿子做了，我自取付之"③，便至赵惇卧室取来玉玺交韩侂胄回去复旨。

赵惇虽只做了短短五年皇帝，对后世的影响却不可低估。《宋史》

---

① 《续资治通鉴》第三册，岳麓书社，1992年，第65页。
② 叶绍翁：《四朝闻见录》，载《四朝闻见录 随隐漫录》，尚成、郭明道校点，上海古籍出版社，2012年，第16页。
③ 同上书，第91页。

第十四章 深宫激变 347

对赵惇的评价是"政治日昏，孝养日怠，而乾、淳之业衰焉"①。所谓"乾、淳之业"，指赵昚在乾道、淳熙年间所建立的二十余年休养生息的安定局面，这点能印证王夫之对赵昚"内不失身，上不误国，兴可兴之利而民亦不伤，辨可辨之奸而主亦不惑"②，尤其"在位二十七年，民心未失，国是未乱，自可保遗绪以俟后人之兴"③的评价。但王夫之对赵惇的评价则是毫不留情的"旷古弥今、人貌禽心之无偶者乎"，如果说该言尚有王夫之个人情绪在内的话，那么接下来的"使宁宗之立不正，韩侂胄之奸得逞，毒流士类，祸贻边疆，其害岂浅鲜哉"④之言则凸现出王夫之身为思想大家的锐利眼光。从事后看，南宋最后走向崩溃的导火索，正是在赵惇手上点燃的。

四

当赵扩登基为帝后，即依历朝惯例首先大赦天下，改次年为庆元元年（1195），随后下诏求直言。陈傅良门生、校书郎蔡幼学奏道："陛下欲尽为君之道，其要有三：事亲，任贤，宽民。而其本莫过于讲学。比年小人谋倾君子，为安静和平之说以排之，故大臣当兴治而以生事自疑，近臣当效忠而以忤旨摈弃，其极至于九重深拱而群臣尽废，多士盈廷而一筹不吐，自非圣学日新，求贤如不及，何以

---

① 《宋史》，中华书局，1977年，第710页。
② 王夫之：《宋论》，刘韶军译注，中华书局，2013年，第761页。
③ 同上书，第783页。
④ 同上书，第802页。

作天下之才！"①其核心之意便是劝谏赵扩应以学问为先，召天下大儒入宫。

赵扩准奏，下旨将自己慕名已久的朱熹召入宫中为焕章阁待制兼侍讲。

随后还有一事对日后宋室江山影响颇大，不能略过。

新帝登基，除对百官均进一秩，对立下定策之功的人自须进行格外嘉奖。出乎群臣意料的是，赵汝愚首先请赵扩下诏召留正还朝，复为左相。后世王夫之对此事不无叹息地说道："时艰则逃之江上，事定则复立廷端，其不足以规正宫闱、詟服群小也，久矣。正而可任也，亦何至倒行逆施，以致有今日哉？其复起也，聊以备员而已矣。"②是以留正虽归朝复相，自然不被重用。同时，赵扩诏令赵汝愚为右丞相，陈骙为知枢密院事，余端礼为参知政事。赵汝愚拜辞说道："同姓之卿，不幸处君臣之变，敢言功乎？"③赵扩感慨不已，改命赵汝愚为枢密使。另外，立功之人如殿前都指挥使郭杲被擢为武康军节度使，知合门事韩侂胄为宜州观察使。

韩侂胄对此大为不满。

在韩侂胄看来，自己立下定策大功，原本指望的是节度使之位，并对赵汝愚当面请求过。不料，赵汝愚答了句"吾宗臣，汝外戚也，何可以言功？惟爪牙之臣，则当推赏"④，只将韩侂胄改迁宜州观察使了事。韩侂胄自此对赵汝愚怀恨在心，当其两年后掌权，竟将赵汝

---

①《续资治通鉴》第三册，岳麓书社，1992年，第65页。
②王夫之：《宋论》，刘韶军译注，中华书局，2013年，第816页。
③《宋史》，中华书局，1977年，第11987页。
④《续资治通鉴》第三册，岳麓书社，1992年，第65页。

愚贬至永州。赵汝愚途经衡州（今湖南省衡阳市）时，就被折磨得暴疾而终。此为后话。

当时冷眼旁观的徐谊知韩侂胄不仅身份特殊还心怀异志，遂对赵汝愚进言道："侂胄异时必为国患，宜饱其欲而远之。"①意思是，最好满足韩侂胄的愿望，然后敬而远之，他以后也就不会生出什么事端了。

但自负立有定策首功的赵汝愚哪里听得进去？赵汝愚倒是认为第一个对留正提出拥赵扩为帝的叶适有功，想举荐于朝。叶适的回答是："国危效忠，职也，适何功之有？"这时叶适也听到韩侂胄的抱怨之言，便与知合门事刘弼一起对赵汝愚进言说道："侂胄所望，不过节钺，宜与之。"赵汝愚仍是不听。叶适叹息说了句："祸自此始矣。"②当即力求外任出朝，以避来日之祸。

从这里可见，即便赵扩初登皇位不缺奋发之志，却阻不住朝中暗涌的种种激流。封赏完有功之臣后，对外任之官也必有番洗牌之举。七月二十九日，赵扩登基尚未足一月，新晋为左司谏的黄艾就上奏弹劾知福州兼福建安抚使辛弃疾，理由是其"旦夕望端坐闽王殿"③。

所谓"闽王殿"，指五代十国时闽王王审知的宫室故居。《新五代史》写得清楚，王审知在唐末乱世占据福建，被唐昭宗封为福州威武将军；朱温灭唐建梁后，加封王审知为闽王，便是承认其割据势力。当王审知去世后，其次子王延钧杀兄夺位，改元称帝，国号

---

① 《续资治通鉴》第三册，岳麓书社，1992年，第65页。
② 同上书，1992年，第65—66页。
③ 《宋史》，中华书局，1977年，第12164页。

闽。十年后，王延钧又被长子王继鹏所杀。彼时占据中原的，是史上的著名儿皇帝、后晋高祖石敬瑭。为安抚东南，石敬瑭册封王继鹏为闽王。因王继鹏荒淫无道，其手下控鹤都将连重遇和拱宸都将朱文进议立王审知少子王延羲为王，击杀王继鹏。王延羲称王后，其弟王延政不服，举兵叛乱，并击败王延羲大军。第二年，受到猜忌的连重遇又杀王延羲，不料他自己却被福州裨将林仁翰所杀。就在林仁翰计划迎王延政到福州主政时，南唐国主李璟见福建发生内乱，乘机挥师入境，击败王延政，夺取建州。就这样，占据福建六十一年的王氏遂灭。因福州守将李仁达先降后叛，李璟勃然大怒再次发兵，李仁达慌忙求助于吴越。刚刚登上吴越国王位的钱佐时年只十三岁，正需以战树威，遂统大军三万亲征，击败李璟，取得福州。七年后，刚至二十岁的钱佐暴卒，其弟钱俶即位，时为吴越开运四年（947）。十一年后，有志一统天下的周世宗柴荣于显德五年（958）挥师南下，一举平定淮南十四州。当荆、楚诸国相继投降后，钱俶日益势孤，遂倾举国之力讨好周世宗。到赵匡胤代周立宋后，于太平兴国三年（978）诏钱俶来朝，吴越国遂亡，福建全境归宋。

当钱俶尚为君时，已知国土飘摇，为安抚民心而将王审知故居改建为庙，用以祭祀。欧阳修对王审知为君时的评价是"为人俭约，好礼下士"[1]，可见其具有身厕乱世而安定一方的政治才华。当时，福建确被王审知治理得井井有条，百姓安居乐业，人心归附。但彼时距南宋已有二百多年岁月，沧海桑田间哪里还有什么"闽王殿"？不

---

[1]《新五代史》，中华书局，1974年，第648页。

过，福州的治所位置，恰好在闽王殿的修建之处，这便给了黄艾弹劾之机。黄艾以"端坐闽王殿"为指控，即暗指辛弃疾趁朝廷未得安宁之际有为人君之志。黄艾上奏弹劾时，朱熹尚未到朝，哪里有人为辛弃疾辩护？何况黄艾的诬陷之言正是所有皇帝的软肋，即便有人想说公正之言，如至少福州治所建于闽王殿旧址并非辛弃疾所为，但其弹劾理由太过敏感，谁也不敢触碰虎须。于是，赵扩一纸诏令颁到福建，将辛弃疾解官去职。

赵扩不加查实便即刻下旨的原因大概有三点：一是黄艾为福建莆田人，旁人自容易产生他对福建了如指掌的本能认可；二是黄艾系赵扩为嘉王时的王府之臣，深得赵扩信任；三是赵扩刚刚登基，也自有惩一儆百的帝王权术作祟。赵扩擢黄艾为左司谏，便是要后者行弹劾之事。黄艾久随赵扩，自然心领神会。黄艾之所以将首选的弹劾对象锁定为辛弃疾，是因后者有天下之名，却又朝中无人，不会引来任何麻烦。是以黄艾一经上疏，赵扩立刻准奏，颁下罢黜辛弃疾而为自己立威的诏令。

辛弃疾一腔入世之情遭遇迎头冷水，心中的失望自难以言述。譬如，辛弃疾眼见自己两番入福建却前后只短短三年，诸事待兴间又遭弹劾，心中自一片苦涩。于是，辛弃疾笔下也一连出现好几首《鹧鸪天》词。这是一组从春写到夏的相连组词，其中第三首下阕所写的"催月上，唤风来，莫愁瓶罄耻金罍。只愁画角楼头起，急管哀弦次第催"句，既指自己无端遭受弹劾，也暗指猝不及防的朝廷变化，二者内在相连便如命运管弦，时刻不停地对自己弹奏。

辛弃疾不得不收拾行囊，再次踏上回归上饶的路途。时为八月秋天，闽水苍凉，远山枯黄，眼中所望无处不吻合辛弃疾此时心境。

当辛弃疾偶见舟外白鸥翻飞，不觉想起当年离开上饶告别诸友时自己填下的《浣溪沙》中即有"朝来白鸟背人飞"之句，此刻再见白鸥翩跹，一时感慨再也难抑，遂提笔写下《柳梢青·三山归途代白鸥见嘲》一词。词如下：

  白鸟相迎，相怜相笑，满面尘埃。
  华发苍颜，去时曾劝，闻早归来。

  而今岂是高怀，为千里、莼羹计哉？
  好把移文，从今日日，读取千回。

  从词的下阕来看，辛弃疾的自嘲算是达到了巅峰：自己千里赴福建，难道是因为那里有什么美食吗？现在既然归去，就应将孔稚珪的《北山移文》日日勤读，像陶渊明那样做一个无须再自嘲的真正隐士。

  上饶风光挽留了辛弃疾十年，此次归去就不要再出山了吧。

第十五章 重归林泉

——我见青山多妩媚，料青山见我应如是

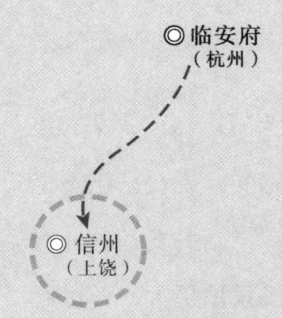

◎ 临安府（杭州）

◎ 信州（上饶）

一

　　令辛弃疾万万想不到的是，自嘲之意未退，途中又接到辛稹、辛秬二子来函，称田产尚未购置，希望父亲暂时勿归。辛弃疾接信后，胸中怒气上冲：此二子都已四十上下，始终未有功名不说，还日日游荡，哪里有自己的半分豪气？于是，辛弃疾当即写下一首《最高楼·吾拟乞归，犬子以田产未置止我，赋此骂之》。

　　词如下：

> 吾衰矣，须富贵何时？富贵是危机。
> 暂忘设醴抽身去，未曾得米弃官归。
> 穆先生，陶县令，是吾师。
>
> 待葺个园儿名佚老，更作个亭儿名亦好。
> 闲饮酒，醉吟诗。
> 千年田换八百主，一人口插几张匙？
> 咄豚奴，愁产业，岂佳儿！

　　辛弃疾说是"赋此骂之"，词中倒未见哪句为骂。相反，辛弃疾将自己归去后的打算写得分明。上阕直言内心感受，说自己已至老年。此言倒是不假，辛弃疾该年已满五十五岁，早已鬓发苍苍。对沉浮仕途的人来说，辛弃疾深知富贵带来的危机只怕更大，遂以此告知辛稹、辛秬二子其将以"穆先生"和"陶县令"为日后的效法之师了。"陶县令"自指"未曾得米弃官归"的陶渊明，"穆先生"

则来自前面那句"暂忘设醴抽身去"的穆生典故。事情说的是刘邦异母弟刘交少年时与穆生、申公、白生等为同窗密友,刘交每次请客时,哪怕穆生不喜喝酒,刘交也会在穆生桌前置酒相款。当刘邦夺取天下封刘交为楚元王后,刘交再请客时,穆生见自己的桌前没再置酒便当即称病退席,并对挽留他的申公和白生说道:"可以逝矣!醴酒不设,王之意怠,不去,楚人将钳我于市。"[①]意思是,我得离开刘交了,他现在不再为我"设醴",若我看到这样的信号还不走,日后必有杀身之祸。

辛弃疾借此为喻,实觉官场凶险,不如像穆生那样尽早退出。退归之后该如何呢?辛弃疾以下阕告诉辛稹、辛秬二子,回去后打算先修个园子,取名为"佚老",再在园内修个亭子,取名为"亦好",以后就坐在园亭内饮酒作诗。最后两行是辛弃疾给辛稹、辛秬二子的劝告,人生短暂,今天看到的田地始终都是田地,但俗话说"千年田,八百主",田地不会永远属于谁,再说人能一口吃两勺饭吗?你们为田产这样的眼前利益发愁,如何算得上我辛家子孙?

辛稹、辛秬接到辛弃疾这首词后,哪里还敢要父亲暂时不归?

福州距上饶只七百余里,路程不远。辛弃疾也归心似箭,且一路无事,当他回到离别三年的上饶旧居时尚未到深秋九月。

二

重归故居,辛弃疾最强烈的感受便是"物是人非":所有的风

[①]《汉书》,中华书局,1962年,第1923页。

景如故，铅山小楼未变，陈亮曾跃马不过的期思溪未变，峰峰相连的鹅湖山未变，南岩未变，雨岩未变，曾病宿过的博山寺未变，唯独自己又历三年仕途，华发苍颜，一年年变老。曾经感叹过的"一松一竹真朋友，山鸟山花好弟兄"再次涌上辛弃疾心头，深觉尘世间唯大自然才给人最真实的抚慰，也永远不会背叛人。

辛弃疾步入三年未入的铅山宅楼，再也难抑万千感慨，遂挥毫写下一首《沁园春·再到期思卜筑》：

一水西来，千丈晴虹，十里翠屏。
喜草堂经岁，重来杜老；斜川好景，不负渊明。
老鹤高飞，一枝投宿，长笑蜗牛戴屋行。
平章了，待十分佳处，着个茅亭。

青山意气峥嵘。似为我归来妩媚生。
解频教花鸟，前歌后舞；更催云水，暮送朝迎。
酒圣诗豪，可能无势，我乃而今驾驭卿。
清溪上，被山灵却笑，白发归耕。

这首词确是辛弃疾当时的内心所感，字字句句已不见他当时有被解官去职的忧愤。或许，不论经历还是年龄，都必然使辛弃疾懂得仕途颠簸实为正常之事，再说履任福建之前已在上饶隐修十年，人世沧桑早已看透。人既生于天地，便应与天地为伍，是以该词从"一水西来"开始。此时辛弃疾已笔锋坦荡，尽情描述了铅山给予自己的"千丈晴虹，十里翠屏"之美。上阕的收尾更明确辛弃疾将把《最高楼》词中"待葺个园儿名佚老，更作个亭儿名亦好"的想法付诸现实，看在哪里找个"十分佳处，着个茅亭"。下阕则表露此刻心迹，既然四面青山都在迎我归来，那么我一定"不负渊明"：以后的时日，就在这里和花鸟共舞、与云水送迎，更要如史上的"酒圣诗豪"一般，虽然无权无势，但应营造自己想要的生活；哪怕"山灵却笑，白发归耕"又有何妨，只要自己心甘情愿，生活仍足以期待。

辛弃疾要找的"佳处"已心中有数，那就是在与瓢泉相邻的隐湖山上修建新宅茅亭。前文多次提及的瓢泉在一叫奇师村的周姓村庄内，该村位于铅山县治东面二十五里之处。早在淳熙十四年（1187），亦即陈亮来访的前一年，辛弃疾就购得该泉，并易名为瓢泉。辛弃疾在《祭陈同父文》中就写有"酌瓢泉而共饮"句，即指辛、陈二人携手游瓢泉时曾一同捧水而饮。辛弃疾初得瓢泉时，还特意填过一首《洞仙歌》的词。从其中"飞流万壑，共千岩争秀"的句子可见，周氏村本身就风景绝美，后来辛弃疾替其改名为期思村。当地人又依照辛弃疾的改名灵感，索性将期思溪东北的山脉称为期思岭。可见，辛弃疾的人格魅力，早在上饶百姓那里有口皆碑。还是在那首《洞仙歌》中，辛弃疾最后写有"问如此青山，定重来否"的设问。冥冥中果然有授意，辛弃疾在四年后终于"重来"了。

用那首《沁园春·再到期思卜筑》的题记来说，辛弃疾还打算"再到期思卜筑"。

辛弃疾果然动手实施。选择隐湖山，自是此处景色宜人，与世无争的幽静也特别适合隐居。辛弃疾倒没真的给新宅取名为"佚老园"或"亦好亭"，而是直接将陶渊明《停云》诗的题目拿来，取名为"停云堂"。陶渊明在《停云》诗序言中就有"停云,思亲友也"[1]的解释。辛弃疾选用此名,或与怀念陈亮有关。在辛弃疾那里,已年过半百,履痕遍及塞北江南,堪为相识满天下,但真正知心的也不过陈亮、朱熹等寥寥数人。尤其陈亮,算自己最为肝胆相照的知己,如今却已不在人世了。辛弃疾眼望瓢泉,心思故友,如何会不感伤而生思念呢?

  令辛弃疾感伤的还不止追念故友,他无法料到自己已再次退居铅山,来自朝廷的政治打击却并未就此停止。首先是辛弃疾刚回上饶后的九月,御史中丞谢深甫就对辛弃疾再行弹劾之事,致使其朝散大夫集英殿修撰的虚职也被降为秘阁修撰。紧接着,曾在湖北任过提刑的马大同,如今也在江州(今江西省九江市)兴国宫任上被免官。

  弹劾马大同的还是谢深甫。其理由是,马大同与辛弃疾在湖北任上时就勾结一起,有贪污之事。前文说过,辛弃疾在湖北任上时,明明与马大同因重建"土丁刀弩手"一事"各具所见"而"议不合"。但很显然,朝廷对外任官员的弹劾从辛弃疾开始后,就未有停止之想。当陈傅良为辛弃疾当廷辩护时,谢深甫索性称陈傅良有包庇辛弃疾之嫌,因后者与朱熹交情甚密,陈傅良此举自是为了接近给天子每日进讲的朱熹。

  消息传到上饶时,时间已是数月后的庆元元年(1195)正月,辛弃疾心中倍感苦涩。这时正好有客人来访,二人结伴往瓢泉饮酒散心。辛弃疾当时喝得大醉,翌日酒醒后才知客人昨日饮酒时曾以

---

[1] 袁行霈:《陶渊明集笺注》,中华书局,2011年,第1页。

"泉声喧静"为问。此四字实是意味深长,喧哗与安静同在瓢泉,便似人在朝廷,卷入的风波似喧似静或时喧时静。

感慨之下,辛弃疾又填了首《祝英台近》,先以"水纵横,山远近,拄杖占千顷"的写实入手,然后以"试教水动山摇,吾生堪笑,似此个青山无定"来暗喻前途未卜的凶危之感。当青山在水中也不能镇定,便如人在仕途总被无常左右,该如何面对来日风雨呢?辛弃疾以"维摩方丈,待天女散花时问"句结束全词,但这根本算不上是回答,求佛老能避免吗?朝廷激流多得和"天女散花"无异,避无可避,挡无可挡。是以辛弃疾与客人饮至酣处时,索性再填了首《水龙吟》,以"大而流江海,覆舟如芥,君无助,狂涛些"来指喻此刻的无助险境。

千里之外的朝廷,也很快到了"君无助,狂涛些"的动荡时刻。朱熹的命运将随之改变,辛弃疾同样如此。

三

狂涛起自韩侂胄。

因赵扩登位,韩侂胄自认立有定策之功,满以为能当上节度使,但赵汝愚给他的只是宜州观察使之职,不久后又授其为枢密都承旨——事后表明,赵汝愚任其为宜州观察使还没什么——该职位毕竟是虚衔,无须驻州;赵扩将枢密都承旨之位授予韩侂胄,则是影响深远的一道诏令。《宋史·职官志》写得清清楚楚,枢密都承旨是"掌承宣旨命,通领院务。若便殿侍立,阅试禁卫兵校,则随事敷奏,承所得旨以授有司……检察主事以下功过及迁补之事"①，即下达天子之诏并掌管朝廷官员的上迁下贬之事，实为天子近臣。

韩侂胄因未得节度使之位而心中怀恨，竟将全部心思用在如何击垮赵汝愚上。韩侂胄知赵汝愚召回留正，是欲与其同掌朝政，若二人形成铁板一块，哪里还有下手之机？于是，韩侂胄趁赵汝愚、留正二人因议宋孝宗陵寝地有分歧时，在赵扩面前挑拨离间。此举果然奏效，七月刚刚复相的留正在八月即被罢相，出知建康府。令韩侂胄措手不及的是，赵扩又随即擢赵汝愚为右丞相。

此时朱熹已然到朝，他发现韩侂胄居心叵测后便上书说道："陛下嗣位之初，方将一新庶政，所宜爱惜名器，若使倖门一开，其弊不可复塞。至于博延儒臣，专意讲学，必求所以深得亲欢者，为建极导民之本，思所以大振朝纲者，为防微虑远之图。"②赵扩未能御览朱熹上书的原因是，身为枢密都承旨的韩侂胄非但压下不报，还对朱熹心生恨意。

朱熹见上奏未得回音，知是韩侂胄从中作祟，遂提出辞职之请。赵扩颇为惊讶，召来相问。朱熹如何不知朝廷为凶险之地，但也只能以旁敲侧击的方式劝谏道："乃者太皇太后躬定大策，陛下寅绍丕图，可谓处之以权而庶几不失其正。今三月矣，或反不能无疑于逆顺之际，窃为陛下忧之。犹有可诿者，亦曰陛下前日未尝有求位之计，今日未尝忘思亲之心，此则所以行权而不失其正之根本也。充未尝求位之心以尽负罪引慝之诚，充未尝忘亲之心以致温清定省之

---

①《宋史》，中华书局，1977年，第3801页。
②《续资治通鉴》第三册，岳麓书社，1992年，第66页。

理，始终不越乎此，而大伦可正，大本可立矣。"①

朱熹的君子之心自然敌不过韩侂胄的磨刀霍霍。不过，韩侂胄虽对朱熹暗中切齿，但眼下精力还暂时只能集中在如何扳倒赵汝愚上。韩侂胄自然知道，赵汝愚权势中天，自己单枪匹马肯定无以撼动，还须有助己之人。

机会很快来了。当赵扩打算将刑部尚书京镗任命为四川安抚制置使时，赵汝愚虽未上疏反对，却对旁人说了句："镗望轻资浅，岂可当此方面？"②该言传到京镗耳朵里后，自对赵汝愚大为愤恨。在一旁冷眼观察的韩侂胄，则立刻将京镗纳入打击赵汝愚的阵营。

另外，曾与叶适一同劝赵汝愚封韩侂胄为节度使的知合门事刘弼也自负对朝廷有功，但未得封赏，也恨上了赵汝愚。刘弼知对赵汝愚最怀怨毒之气的便是韩侂胄，便主动找上韩侂胄说道："赵相欲专大功，君岂惟不得节度，将恐不免岭海之行矣。"③意思是，赵汝愚想独占定策大功，连个节度使也不肯给你，只怕你难逃被他定罪而流放岭南的命运。

韩侂胄愕然之下倒吸一口冷气，忙问有何对策应付。

刘弼冷冷地说了句："唯有用台谏耳。"意思是，命台谏官出面弹劾赵汝愚。

韩侂胄深感棘手，毕竟天子正宠信赵汝愚，便问道："若何而可？"

刘弼答道："御笔批出是也。"④意思是，你有"迁补之事"的内

---

① 《续资治通鉴》第三册，岳麓书社，1992年，第67页。
② 同上。
③ 《宋史》，中华书局，1977年，第13772页。
④ 同上。

批权,更何况天子眼下正"宅忧"之时,可充分利用该权先将言路官员替换为自己亲信。韩侂胄顿时醒悟,索性一不做二不休,取御笔内批,擢谢深甫为御史中丞,刘德秀为监察御史,杨大法为殿中侍御史,将吴猎的监察御史罢免并换杨三杰代替,再将同样因向赵汝愚求升不得而怀恨在心的李沐擢为右正言。于是,台谏官们均为韩侂胄一党,但赵汝愚尚不知危机正步步向自己走近。

朱熹见台谏猝生变化,心知是韩侂胄背后搞鬼,便与吏部侍郎彭龟年相约一并劾奏韩侂胄。另外,右正言黄度早就打算上疏弹劾韩侂胄。听到风声后,韩侂胄又取出御笔,抢先将黄度贬为知平江府。朱熹见状,进言奏道:"陛下即位未能旬月,而进退宰臣,移易台谏,皆出陛下之独断,中外咸谓左右或窃其柄。臣恐主威下移,求治反乱矣。"[1]这段话直接质疑更换台谏官的御批是否出自天子之手,并称天下都在怀疑朝中大权是否旁落到了图谋窃权的左右之手。所谓"左右",自然指韩侂胄。

当奏疏先至韩侂胄手上后,韩侂胄顿时大怒,随即想出一条毒计:命几个戏子峨冠阔袖,打扮成大儒模样在赵扩面前表演。韩侂胄见赵扩心生鄙夷后,便趁机说朱熹就是这样的迂阔之人,不可大用。赵扩因"宅忧"正倚重韩侂胄,听其言后果然下了道御批,称"悯卿耆艾,恐难立讲,已除卿宫观"[2]。

赵汝愚闻讯大惊,赶紧进谏天子为朱熹求情。但赵扩已无留朱熹之意,根本不听赵汝愚谏言。两天后,韩侂胄命台谏官封内批给

---

[1]《续资治通鉴》第三册,岳麓书社,1992年,第68页。
[2] 同上。

朱熹。朱熹再无退路，只得离朝。中书舍人陈傅良、起居郎刘光祖、起居舍人邓驿、御史吴猎、吏部侍郎孙逢吉、知登闻鼓院游仲鸿均上疏谏留朱熹，但上奏无不被韩侂胄扣下不报。

眼见天子登基不过数月，朝中已然大变，游仲鸿愤而上疏说道："陛下宅忧之时，御批数出，不由中书。前日宰相留正，去之不以礼；谏官黄度，去之不以正；讲官朱熹，复去之不以道。自古未有舍宰相、谏官、讲官而能自为聪明者也。愿急还熹，毋使小人得志以养成祸乱。"①

吏部侍郎彭龟年则干脆上疏弹劾韩侂胄："进退大臣，更易言官，皆初政最关大体。今大臣或不能知，而侂胄知之，假托取势，窃弄威福。不去，必为后患！"②

韩侂胄异常狡猾，将彭龟年奏疏上呈。赵扩看后，吃惊地说道："侂胄，朕托以肺腑，信而不疑，不谓如此！"③彭龟年见天子终于有复，又趁热打铁地继续上疏说道："陛下逐朱熹太暴，故欲陛下亦亟去此小人，毋使天下谓陛下去君子易，去小人难。"④并请求辞去官职。韩侂胄见此，以退为进，也提出辞职。赵扩遂将彭龟年以"优异"之名，外任为郡守，将韩侂胄转而命为承宣使。此举看似将彭、韩二人各打五十大板，但毕竟将彭龟年逐出了朝廷，韩侂胄依然在朝掌权。给事中林大中和同中书舍人楼钥奏道："龟年既已决出，侂胄难于独留，宜畀外任或外祠，以慰公议。"⑤意思是，既然将彭龟年外任，那韩侂胄也应外任，方能体现朝廷公正。但是，赵扩哪里肯

---

①《续资治通鉴》第三册，岳麓书社，1992年，第68页。
②同上书，第70页。
③④⑤同上。

听呢？

韩侂胄有天子撑腰，自是有恃无恐，将群臣攻击挡开后立即反击。韩侂胄先命谢深甫弹劾陈傅良，又命刘德秀弹劾刘光祖，陈、刘二人遂被罢官。另外，受韩侂胄指令，工部尚书赵彦逾因自以为对朝廷有功，也曾向赵汝愚求节度使未得而被任四川制置使，向赵扩陛辞时称赵汝愚有结党之嫌。多疑自古为帝王通病，赵扩自此开始怀疑赵汝愚。

对韩侂胄来说，此时朝臣已多为亲信之人，赵汝愚日渐势孤，但如何给其致命一击仍颇感头痛。当韩侂胄问计京镗时，后者轻描淡写地说道："彼宗姓，诬以谋危社稷，则可一网打尽矣。"[1]意思是，当今天子姓赵，赵汝愚也姓赵，只要诬陷赵汝愚有谋反之心，便可将他及众党羽一网打尽。

韩侂胄大喜，便于庆元元年（1195）二月指使右正言李沐上疏，称赵汝愚与天子"同姓居相位，将不利于社稷，乞罢其政，以安天位，杜塞奸源"[2]。当天，赵汝愚便出浙江亭待罪。赵扩即刻颁下诏令，将赵汝愚以观文殿大学士身份出知福州。同时，谢深甫继续落井下石，上奏称赵汝愚"冒居相位，今既罢免，不当加以书殿隆名，帅藩重寄"[3]，于是第二道诏令跟着又来，将赵汝愚贬为提举洞霄宫。

赵汝愚被贬，朝中自有求情之人。兵部侍郎章颖趁一次御前讲席时，对赵扩直接进言说道："天地变迁，人情危疑，加以敌人嫚

---

[1]《续资治通鉴》第三册，岳麓书社，1992年，第73页。
[2]《宋史》，中华书局，1977年，第11988页。
[3]《续资治通鉴》第三册，岳麓书社，1992年，第73页。

侮，国势未安，未可轻退大臣。愿降诏宣谕汝愚，毋听其去。"一旁的国子祭酒李祥也说道："汝愚不畏灭族，决策立陛下，风尘不摇，天下复安，社稷之臣也。奈何无念功至意，使精臣使节，怫郁黯阁，何以示后世？"[1]紧接着，知临安府徐谊和国子博士杨简也先后上奏，请求召回赵汝愚。

韩侂胄见此，心下震怒，立即指使李沐上奏弹劾，称几人均为赵汝愚同党。于是，非但章颖等人一并被逐，赵汝愚还被再贬永州。因担心赵汝愚有朝一日东山再起，韩侂胄随即给知衡州钱鍪送去密令，导致赵汝愚路经衡州时竟不明不白地暴毙。

其时还发生一事，可见韩侂胄已专横到何等地步。当北宋名臣吕公著之孙、太府寺丞吕祖俭上奏称"朱熹，老儒也；彭龟年，旧学也，有所论列，则亟许之去。至于李祥，老成笃实，非有偏比，盖众听所共孚者，今又终于斥逐。臣恐自是天下有当言之事，必将相视以为戒，钳口结舌之风一成而未易反，是岂国家之利耶"[2]后，答复的诏令是将吕祖俭贬至韶州（今广东省韶关市）安置。

当中书舍人邓驿缴奏后，进言说道："如公著社稷臣，犹将十世宥之，祖俭乃其孙也，今投之岭外，万一即死，陛下有杀言官之名，臣窃惜之。"结果，赵扩竟诧言问了句"祖俭所言何事"。众人闻言才知，将吕祖俭流放岭南之事竟连天子也不知道，自是韩侂胄利用内批之权擅自下旨了。此等大罪，赵扩却不做追究。韩侂胄当即威胁群臣说道："复有救祖俭者，当处以新州。"[3]众臣哪里还敢再言。

---

[1]《续资治通鉴》第三册，岳麓书社，1992年，第73页。
[2] 同上书，第73—74页。
[3] 同上书，第74页。

未过几日，上奏的邓驿被贬为知泉州。事情唯一的好处是，韩侂胄为堵住议论之舌，将拟贬至岭外的吕祖俭改为贬吉州（今江西省吉安市）。

韩侂胄将赵汝愚置于死地并将求情之臣贬谪到各处后，终于腾出手来开始对已然离朝的朱熹进行打击。韩侂胄先从侧面入手，指斥道学为"伪学"，并称赵汝愚为伪学罪首。刘德秀又无中生有，指斥被贬出朝的留正也为"伪学"，使其罢职。事情也由此出现了"伪党"之称。

随后，陈贾率先发难，将攻击矛头指向朱熹，称理学也为"伪学"。刚刚被擢为台察的沈继祖心领神会，上告称朱熹犯有"资本回邪，加以忮忍，剽窃张载、程颐之余绪……私立品题收召四方无行义之徒，以益其党伍……或会徒于广信鹅湖之寺，或呈身于长沙敬简之堂，潜行匿迹，如鬼如魅。士大夫沽名嗜利，觊其为助者，又从而誉之荐之"等六条大罪，并直接称"熹为大奸大憝，请加少正卯之诛，以为欺君罔世、污行盗名戒。其徒蔡元定，佐熹为妖，亦请编管别州"[1]。

朝廷诏令立下，朱熹被落职罢祠，蔡元定被贬至道州。

这场被后世称为"庆元党禁"的恐怖序幕拉开后，堪称经典的《六经》《论语》《孟子》《中庸》《大学》等书均被列为禁书。台谏官刘三杰为迎合韩侂胄，又将"伪党"之说提升为"逆党"之称。韩侂胄大喜，即日将刘三杰擢为右正言。知绵州（今四川省绵阳市）王沇见状，也献言令省部籍记录伪学姓名，司农寺丞

---

[1]《续资治通鉴》第三册，岳麓书社，1992年，第83页。

姚愈则请降诏进行"伪学"之禁。刘三杰、王沇二人拍中马屁，果然立得升官。其他官员如施康年、陈谠、邓友龙、林采均以攻击"伪学"而久居言路，另张釜、张严、程松等人也因攻击"伪学"有功而秉政。

至此，赵扩登基不到三年，朝廷大权尽落韩侂胄之手，乃至群小阿附、言路陋塞，就连升黜将帅之事也由其"假作御笔"而尽安亲信。更有甚者，原为韩侂胄府中厮役的苏师旦、周筠等人也鸡犬升天，步入机要，预闻国政。

远在上饶的辛弃疾也时感这股凛冽寒气扑面而来。果然，先是庆元元年（1195）十月二十六日，御史中丞何澹上奏，以"弃疾酷虐裒敛，掩帑藏为私家之物，席卷福州，为之一空"①为由再行弹劾之事，朝廷随即罢免辛弃疾秘阁修撰一职；后是翌年九月，又有人上奏称辛弃疾"赃污恣横……今俾奉祠，使他时得刺一州，持一节，帅一路，必肆故态，为国家君民之害"②，遂被罢去武夷山冲佑观主管之位。

自此，辛弃疾成为不折不扣的布衣。

四

韩侂胄将辛弃疾只免官作罢，是因辛弃疾毕竟不是赵汝愚党羽。同时，辛弃疾为官数十年，真还未加入过某个阵营。对韩侂胄来说，

---

① 邓广铭：《辛稼轩年谱》，载《辛弃疾传　辛稼轩年谱》，生活·读书·新知三联书店，2007年，第240页。

② 同上。

辛弃疾无非与朱熹有点私交，未牵涉政治利益，况且辛弃疾历来是受排挤之人，也就没必要对他做赶尽杀绝之事。

辛弃疾无官一身轻，索性将全部心思投入与友人对饮吟诗和修建"停云堂"之上。从辛弃疾当时填的一首《行香子·归去来兮》中"而今老矣，识破关机。算不如闲，不如醉，不如痴"的句子可见，辛弃疾内心对朝廷动荡深感厌倦。历官场数十年，辛弃疾早知朝廷所争，无非你方唱罢我登台的权力之争，当认识此点后真还不如得闲、得醉、得痴。生活原本不须太过复杂，投身大自然才是最终能得内心安宁的方式。是以辛弃疾干脆以"一丘壑，老子风流占却"的自白来表明心迹，甚至还会"只因鱼鸟，天然自乐；非关风月，闲处偏多"而产生"问人间谁似，老子婆娑"的自得自傲。

辛弃疾将全身心投入上饶风光后，一边筑新居，一边打算筑堤——拟将从灵山两峰间"惊湍之下"的溪流挡住，形成堰塞湖。从辛弃疾后来填《沁园春·灵山齐庵赋，时筑偃湖未成》中的"新堤路，问偃湖何日，烟水蒙蒙"句看，最终修成的只有一条"新堤路"，毕竟堰塞湖终究工程太大。辛弃疾说溪水要有"叠嶂西驰，万马回旋，众山欲东"的气势，再说他修堤目的是为使到此的"车骑雍容"，原为造福一方之事，且不说需要付出巨大精力，还需无数的人力、物力、财力等。筑堤终究未能如愿。

或许直到此时，辛弃疾才终于发现能与疆场争锋的人，也难以与天地岁月争锋，尤其深有体会的是自己壮年时豪饮不醉，如今年高已经不起"一醉长三日"的折腾了，遂决心戒酒。从辛弃疾"使我长忘酒易，要君不作诗难"句子可见，酒喝得比以前少了，词却写得比以前多了。站在今天来看，辛弃疾在庆元年间的创作之丰超越以往，堪为一次连绵不断的高潮。辛弃疾似乎为了提醒自己好好戒酒，在一连好几首《卜算子》中写下的题记要么是"饮酒不写书"，要么是"饮酒成病"，要么是"饮酒败德"等，但故人来访时仍推辞不了，便又告诫自己"不须连日醉，且进两三杯"，终还是做不到与酒彻底绝缘。

至于新建居宅，其词作也相伴进度相契。庆元三年（1197）春时，新居逐渐成形。从辛弃疾当时所填《浣溪沙》中"新葺茅檐次第成，青山恰对小窗横"可知，从新居窗内即可见远处青山，不觉有"夜来依旧管弦声"的兴奋；当门前池塘开凿出来后，辛弃疾又填有"涓涓流水细侵阶。凿个池儿，唤个月儿来"的动人描写；当辛弃疾在停云堂前亲种杉松后，见其渐长又写下"停云高处，谁知老子，万事不关心眼"的词句，表示自己万事不萦怀的此刻内心；再过段时间当"停云竹径初成"后，辛弃疾又索性写下"一尊遐想，剩有渊明趣"的自白，令人体会其对陶渊明的仰慕。

到该年秋天时，新居终于落成。此时，辛弃疾几乎重复了当年在惠州白鹤峰建新居的苏东坡命运。苏东坡新居落成后，陪伴他二十三年的侍妾王朝云于前一年病逝；如今辛弃疾的新居落成了，与之相濡以沫二十多年的妻子范氏也于前一年即庆元二年（1196）病逝。另外，与范氏同年病逝的还有辛弃疾的妻舅范南伯。更祸不单行的是，辛弃疾最初在带湖所筑房屋也于该年遇到火灾，一夜间烧成灰烬。因此，辛弃疾不得不迁到期思溪附近的瓜山下暂居。

人在晚年遭遇的打击最难承受，也几乎是最致命的打击。不过，辛弃疾终于挺过来了，并有一首《鹧鸪天·和昌父》颇见他将悲伤埋葬后的心态：

万事纷纷一笑中,渊明把菊对秋风。
细看爽气今犹在,惟有南山一似翁。

情味好,语言工,三贤高会古来同。
谁知止酒停云老,独立斜阳数过鸿。

这首词看似无奈,却也表明辛弃疾连遭苦痛后终于明白了人对世事无须过多介怀,至少有陶渊明的步履在前,自己要做的就是追随。从这里看,辛弃疾也越来越与苏东坡的晚年心境接近。苏、辛二人都不约而同地选择了对陶渊明思想的继承,而且辛弃疾与苏东坡还有一相近之处,就是越到老年越体会到语言的妙处,也越来越对语言有种理解后的驾轻就熟。将创作与人生紧密相连的人都有可能走到这一境地,只是一路走来的过程并不容易,付出的代价绝非等闲创作者所能承受。将创作持续一生者虽大有人在,但罕有人能在晚年与苏、辛并驾齐驱,因为它需要当事人的内心不乏坚韧、坚持、坚定、坚强、坚决,还要有一往无前的生活勇毅,尤其要能承受晚年的生活打击,才能承受生活最无情的锤炼,也才能最终战胜他们既不同又相近的各自命运。

在后人那里,认识辛弃疾与苏东坡,既能从他们的生活轨迹中寻找事例,更多的则从他们的作品中深入体会他们的人生态度。不是谁都能成为苏东坡和辛弃疾,就因不是谁都能承受生活给予的风雨摧残。苏、辛二人词名并列,绝非后人将他们简单地归入"豪放派"行列所致,而是二人在对生活的认识上有着太多的相似之处。苏东坡一次次经历流放和辛弃疾屡次经历贬居,其本质上并无不同。若将辛弃疾那句"万事纷纷一笑中"与苏东坡的"一蓑烟雨任平生"

相比较的话，能见出他们共同的生活态度。比较苏、辛二人的创作孰高孰低并无意义，有意义的是他们都在困顿中通过陶渊明获得了相同的生活认知。苏东坡、辛弃疾创作的不同之处根源于他们强烈的个性和终究不同的人生轨迹，譬如辛弃疾阅读陶渊明后写下下面这首《鹧鸪天·读渊明诗不能去手，戏作小词以送》时，就与苏东坡毫不犹豫地自认的"只渊明，是前生"有所不同：

> 晚岁躬耕不怨贫，支鸡斗酒聚比邻。
> 都无晋宋之间事，自是羲皇以上人。
>
> 千载后，百篇存，更无一字不清真。
> 若教王谢诸郎在，未抵柴桑陌上尘。

很明显，辛弃疾并未自比为陶渊明，而是从体会陶渊明"晚岁躬耕不怨贫"的认知出发，使自己如何全身心地投入生活本身。另外，读过陶渊明归隐南山的创作后，辛弃疾发现"都无晋宋之间事"。辛弃疾能写下该句，表明其从陶渊明那里体会到了遗忘红尘和躬耕田园的价值，从而帮助自己将"更无一字不清真"的创作与生活态度视为人世间的最大真实。当然，不是苏东坡未能体会这一点，而是辛弃疾更能从自我出发在向陶渊明的接近中告诫自己，什么才是人应获得的生活真知。在辛弃疾与苏东坡那里，前者从陶渊明的外部走进，后者从陶渊明的内部重新走出，这也使他们最终在后人眼里成为如此相近且又具有如此不同性格的人。但辛弃疾与苏东坡的共同点是从陶渊明那里获得了世外真知，所以他们都成为挺过人生打击的人，也都不缺愿意向他们走近的人。

因此，辛弃疾虽一再免官成布衣，仍在上饶不缺友人，即使少也都能惺惺相惜，成为彼此生命中的重要部分。

五

前文那首《鹧鸪天·和昌父》是辛弃疾写给比自己小四岁的友人赵昌父的，赵昌父系章泉人。章泉位于上饶玉山县东南，毗邻永丰。赵昌父性格独特，曾被命为上饶浮梁尉和连江主簿，却都不赴任；后来终于答应任安仁赡军酒库后，还是不愿勉强自己，刚到安仁又转身回归上饶，从此奉祠家居达数十年之久。到赵扩登基后的庆元元年（1195），赵汝愚特意请旨封其为太社令，不料赵昌父三辞不拜；朝廷又改封其为奉议郎直秘阁，主管建昌军仙都观，但赵昌父仍不拜，只专心致志地吟诗填词。刘克庄曾称赵昌父"五言有陶、阮意"[1]，其中陶即陶渊明，阮即魏晋时"竹林七贤"中的阮籍。从中可判断，赵昌父的五言诗不无孤独之意和田园之风，这也无怪朱熹有"昌父较恳恻"[2]之评。从辛弃疾该词中的"三贤高会古来同"句能体会，辛弃疾将自己与赵昌父的唱和交往视为陶渊明与王徽之、杨恽的远隔时空的"三贤高会"。从辛弃疾后来又与之唱和的一首《满庭芳·和章泉赵昌父》中的"君知我，从来雅兴，未老已沧州"看，辛弃疾完全把赵昌父视为自己第二次退居后的心灵知己了。

---

[1] 厉鹗：《宋诗纪事》，上海古籍出版社，2013年，第1487页。
[2] 《朱子语类》，岳麓书社，1997年，第3008页。

除与赵昌父频繁互赠唱和外，上饶还有几个诗人也与辛弃疾时常相聚。其中有一个人叫傅岩叟，南宋学者陈文蔚在《克斋集》中称其"肆儒业，抱负不凡"①。辛弃疾退居前，曾有向朝廷举荐傅岩叟之意，但后者终究难舍"竹深荷净，暇时胜日，饮酒赋诗，自适其适"，乃至"不知有王公之贵"的山居生活。傅岩叟也果然是雅人，春天约辛弃疾外出登山踏青，又以瑞香相赠，引得辛弃疾又写下"赤脚未安芳斛稳，蛾眉早把橘枝来。报道锦薰笼底下，麝脐开"的词句回赠。当傅岩叟于庆元五年（1199）秋建成取自陶渊明诗句的"悠然阁"后邀辛弃疾登临时，辛弃疾写下"悠然君之见，不与凡见同。正似东篱下，山忽在眼中"等畅快之句。另从辛弃疾一首《送剑与傅岩叟》所写"镆铘三尺照人寒，试与挑灯子细看。且挂空斋作琴伴，未须携去斩楼兰"的七绝可见，辛弃疾将自己曾"挑灯看剑"的剑也送给了傅岩叟，足见他对傅岩叟诗书为伴的生活的认可。

　　还有一个叫徐斯远的诗人也与辛弃疾往来颇多，刘宰在《漫塘集》中称其"尚友好学，安贫守道，不愧古人"②。徐斯远曾在庆元元年（1195）秋领乡荐，第二年春赴省试时却落第，遂回归上饶。徐斯远诗文颇得时人赏识，朱熹将他与赵昌父和韩淲并列，刘宰也将三人称为"信上三君子"。叶适对徐斯远的评价是："斯远有物外不移之好，负山林沉痼之疾，而师友问学，小心抑畏，异方名闻之士，未尝不遐叹长想，千里而同席也。"③叶适与朱熹、刘宰的看法一

---

① 辛更儒编：《辛弃疾资料汇编》，中华书局，2005年，第62页。
② 《辛弃疾集编年笺注》，辛更儒笺注，中华书局，2015年，第1378页。
③ 同上书，第1379页。

致,也将徐斯远与赵昌父、韩浈并列,称徐、赵、韩三人"扶植遗绪,固穷一个节,难合而易忤,视荣利如土梗,以文达志,为后生法。凡此皆强于善者之所宜知也"①。辛弃疾对徐斯远的赞许则直接化为"我觉君非池中物,咫尺蛟龙云雨"的词句。

从辛弃疾的一些和词还见到,与其往来唱和的还有叶仲洽、赵国兴、吴广文、赵茂嘉、赵达夫、徐思等人,后来又有铅山县尉吴绍古(字子似)和主簿王德由加入唱和。吴绍古是陆九渊门人,《铅山县志》称其"有史才,纂《永平志》,条分类举,先民故实搜罗殆尽。建居养院以济穷民及旅处有疾陀者"②。这里强调一句,以辛弃疾屡遭朝廷罢职的排挤身份看,一众官员只怕对辛弃疾避之不及,但吴绍古不以为意,于庆元四年(1198)上任后很快来访辛弃疾,并填了一首《沁园春》相赠。辛弃疾颇为感动,随即在《沁园春·和吴子似县尉》词中发出"怅平生肝胆,都成楚越,只今胶漆,谁是陈雷?搔首踟蹰,爱而不见,要得诗来渴望梅"的感叹。

辛弃疾、吴绍古二人一见如故后,往来甚密。就辛弃疾随后数年的创作来看,他题赠给吴绍古的词是最多的。从辛弃疾某次与吴绍古游五堡洲秋水观时赠其《鹧鸪天》中写下的"羡君人物东西晋"可见,吴绍古为人行事颇有魏晋时期的豪侠之风,表明辛、吴二人性情极为相近。

是以当杜叔高、杜仲高兄弟和一个叫祝彦集的友人于庆元六年(1200)二月来上饶拜访辛弃疾时,几人还邀约吴绍古一并宿

---

① 《辛弃疾集编年笺注》,辛更儒笺注,中华书局,2015年,第1379页。
② 同上书,第1507页。

于山寺。对辛弃疾来说，杜氏兄弟再到上饶，自为兴奋之事。回想淳熙十六年（1189）正月，陈亮离开铅山后不久，杜氏兄弟便接踵来访，屈指一算已是整整十一年前的旧事了。如今故人相见，少不得旧地重游，于是几人结伴观天保庵瀑布，庵内主人将他们留饮两日，颇为尽兴。为此，辛弃疾还兴致勃勃地写下一首"竹杖芒鞋看瀑回，暮年筋力倦崔嵬。桃花落尽无春思，直待牡丹开后来"的七绝为念。

但没想到，杜氏兄弟三月刚回金华，辛弃疾就猝然接到朱熹去世的噩耗，而彼时朱熹的理学正被朝廷视为"伪学"而大加鞭笞。当朱熹将要下葬时，右正言施康年上奏说道："四方伪徒，欲送伪师朱熹之葬……会聚之间，非妄谈世人之短长，则谬议时政之得失。望令守臣约束。"①此话竟是建议朝廷下诏地方，严禁朱熹门生送葬。果然，到朱熹下葬之日，其门生故旧无一人敢来。为葬礼送去祭文的只有二人，除了辛弃疾，另一人为陆游。

辛弃疾在朱熹噩耗传来之日即填词为念，不无反讽意味地使用了《感皇恩》词牌。词如下：

>案上数编书，非庄即老。
>会说忘言始知道。
>万言千句，不自能忘堪笑。
>今朝梅雨霁，青青好。
>
>一壑一丘，轻衫短帽。

---

① 《宋史》，中华书局，1977年，第12768页。

白发多时故人少。

子云何在，应有玄经遗草。

江河流日夜，何时了。

这首词能见出辛弃疾的填词角度和语言功夫。辛弃疾当时悲愤异常，却句句无"悲"，字字无"愤"，只从案几上的《庄子》和《老子》入手。此老、庄二人之说，皆将个人生死置于时空之下，所以庄子有"天地虽大，其化均也；万物虽众，其治一也"[1]之言，老子也有"天长地久。天地所以能长且久者，以其不能生，故能长生"[2]之语。但辛弃疾此时体会的是个人伤痛，也就从个人角度出发，认为老、庄说得再多，但他们自己真的能忘记劝人忘记的俗世之物吗？如果不能忘，那他们也就有可笑之处了。诚然，老、庄思想非常人能及，辛弃疾虽为豪杰但也是常人，所以他再次从常人角度发出"白发多时故人少"的深度慨叹。辛弃疾也知道，朱熹虽辞世，但他留下的学说必定能像扬雄的传世之作一样成为世人的经典"玄经"，就像杜甫所说的"尔曹身与名俱灭，不废江河万古流"一样将永远地流传下去。

读这首词能令人体会，辛弃疾在第一次退居时对老、庄之说有接近之想，此时第二次退居且不说遭受的政治打击，经历陈亮、朱熹两位肝胆相照的知己之死后，已然使辛弃疾深觉老、庄之说安慰不了自己。如今，辛弃疾愿意的或者说想做的是什么呢？

答案在当年秋天给出了。

---

[1]《庄子》，中华书局，2015年，第177页。
[2]《老子》，中华书局，2014年，第27页。

六

前文谈及辛弃疾重归上饶后的友人中一直未提韩淲，其原因是他已至临安任职。在朱熹去世半年左右，韩淲于庆元六年（1200）秋天回到了信州。辛弃疾第一次退居上饶时交往最密切的便是韩淲的父亲韩元吉，二人连续数年互赠生日之词可谓情谊深厚，因而辛弃疾与韩淲也十分亲近。

当韩淲回到信州后，众人设宴相迎，辛弃疾即席为他写了一首《贺新郎·韩仲止判院山中见访，席上用前韵》词，落笔就是"听我三章约：有谈功、谈名者舞，谈经深酌"句。意思是，我们今日相聚，关于朝廷和功名之事就不要作为话题了，而他提出这点自是众人谈到了这些。很显然，韩淲跨入仕途，还能在激流汹涌的临安立足，自是接受了韩侂胄的政策。辛弃疾虽在词中明言，谈政事是"算枉把、精神费却"，但也发现对俗世人来说，想不谈政治是"苦无药"之事，而且也不可能阻止韩淲对韩侂胄的认可。所以，辛弃疾只能在词的下阕表达自己"吾有志，在丘壑"的想法，意思是自己日后便是在山水间度过了。

辛弃疾此时说的寄身山水，与庄子的怡然无关，与陶渊明的悠然无关，只与自己"自断此生天休问"的苦寂心境有关。当人走到"自断此生"的地步，会不知不觉地使自己进入狂想、狂痴、狂放、狂纵的境地。从史上有名的狂士如祢衡、李白、嵇康等人来看，他们走到狂的境地，其最核心之处是知道出将入相的政治理想已没有实现的可能，且又不愿屈身权贵，得到的就只能是政治失意了。

与他们相比，辛弃疾既有仕途失意，还有已至六十一岁之龄的悲怆：多少死去的友人都未活到六十岁，如今自己鬓发如雪，还能有多少来日？人到晚年的最大认知，就是知道年轻时未实现的梦想再也不可能实现了。年轻时无论遭遇多少打击，还有东山再起的时间和期望，到了这般年龄已很难还有什么东山再起了。

对辛弃疾来说，消解积郁的方式就是以填词为出口。在对明日彻底绝望而将目光锁定在自我身上后，辛弃疾某日在停云堂独坐，回思往事间写下了他毕生的最狂之作，这也是他全部作品中最有代表性的一首，词牌为其晚年至为钟爱的《贺新郎》。

全词如下：

邑中园亭，仆皆为赋此词。一日，独坐停云，水声山色，竞来相娱。意溪山欲援例者，遂作数语，庶几仿佛渊明思亲友之意云。

甚矣吾衰矣。
怅平生、交游零落，只今余几？
白发空垂三千丈，一笑人间万事。
问何物、能令公喜？
我见青山多妩媚，料青山见我应如是。
情与貌，略相似。

一尊搔首东窗里。
想渊明、停云诗就，此时风味。
江左沉酣求名者，岂识浊醪妙理。

回首叫、云飞风起。

不恨古人吾不见，恨古人不见吾狂耳。

知我者，二三子。

该词从叹息自己衰老开始，平生交往的友人到如今还剩几个呢？白发苍苍的晚年，还能有什么事令人喜悦呢？问题刚一提出，辛弃疾就笔锋突转，以"我见青山多妩媚，料青山见我应如是"的非凡之句为答。辛弃疾这行词的意思很明显，青山不老，人却不会不老，青山妩媚多姿是其经历了千秋万代的时光而沉淀了自己的内蕴，如今我自己也差不多走过一生，也积淀了属于自己的人生内蕴，料想青山若看我也能看到我被如此不平凡的一生所累积的丰富吧。这句词能成千古名句，是它本身就包含了辛弃疾的一生波折。当辛弃疾认为自己的"情与貌"能与永恒的青山"略相似"时，看起来很狂，却绝非一个"狂"字可以概括。毋宁说，这句词内含了辛弃疾太多的思绪翻滚，所以下阕中的"不恨古人吾不见，恨古人不见吾狂耳"句也不能单从字面理解。辛弃疾自认的"狂"，是辛酸的狂、苦痛的狂、不甘梦想失去的狂，这种百感丛生的"狂"有几人能理解呢？辛弃疾给出了答案——"知我者，二三子"。从前面"想渊明、停云诗就此时风味"也能理解，辛弃疾说的"二三子"无非是陈亮、朱熹等寥寥数人。但陈亮已去世多年，朱熹也病逝不久，辛弃疾此刻说的"知我者"已是人间空白，而他说的"恨古人不见吾狂耳"中的"古人"既包括远逝历史中的古人如陶渊明，也包括先于自己辞世的知己，他们都看不到此时此刻的自己是何等狂傲、何等寂寞了！

所以，辛弃疾的"狂"，是人到生命深处的孤傲之狂，是人到晚年的寂寞之狂。

但辛弃疾无法预料，自己的狂傲也好、寂寞也好，居然会有奇迹般结束的一天。

根源还是韩侂胄。

第十六章 白头帅浙

——吹不断斜阳依旧，茫茫禹迹都无

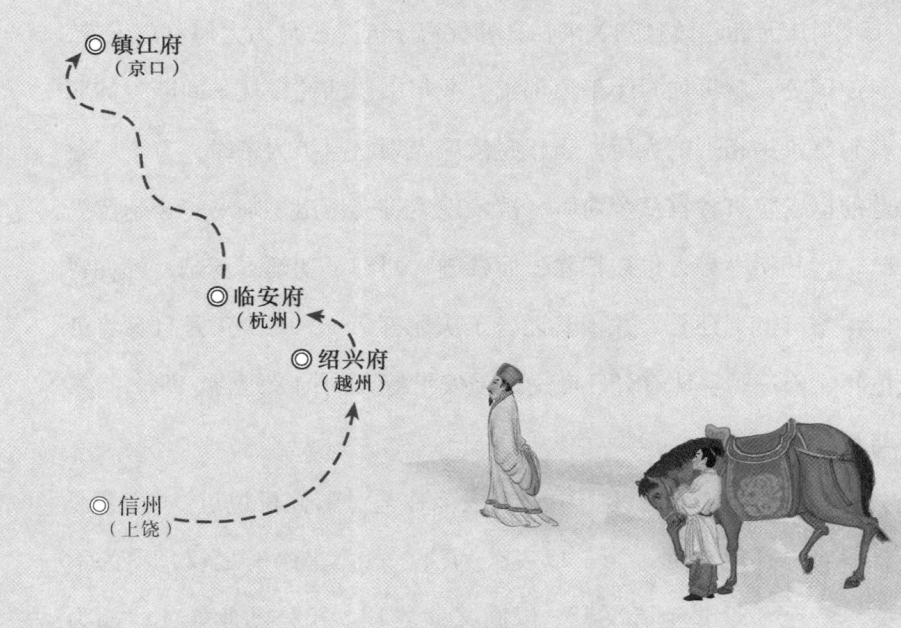

◎ 镇江府
（京口）

◎ 临安府
（杭州）

◎ 绍兴府
（越州）

◎ 信州
（上饶）

一

事情在两年前的庆元四年（1198）就有了苗头。

前文已叙，辛弃疾于绍熙五年（1194）秋回上饶后不久，"集英殿修撰"的职名便降为"秘阁修撰"；到庆元元年（1195）十月，因御史中丞谢深甫上奏弹劾，朝廷又罢免辛弃疾秘阁修撰一职；到庆元二年（1196）九月，何澹再次弹劾，使辛弃疾最后的武夷山冲佑观主管的职名也被罢免，真正成为布衣。这三年是辛弃疾连遭落职的三年，也是韩侂胄把持朝政、开始一手遮天的三年。韩侂胄于庆元元年（1195）如愿以偿地被拜为保宁军节度使、提举佑神观，到庆元三年（1197）又被拜为太师，权倾朝野。

当庆元四年（1198）来临，韩侂胄于五月被拜为太傅，赐玉带，封豫国公，后再加封为平原郡王。数年来，韩侂胄从未间断过问罪曾与赵汝愚相近的大臣。当年赵汝愚谋划立赵扩为帝时，有个叫蔡璉的枢密院直省官从旁窃听，被发现后将其逐出了临安。今赵汝愚已亡，其朝中势力也被扫除，而蔡璉又回到了朝廷。于是，韩侂胄即命蔡璉上奏诬告，并依其诬言于庆元五年（1199）正月打算将彭龟年、曾三聘、沈有开、叶适、项安世等人刑拘大理寺，罪名为参与赵汝愚异谋。

众人大祸临头之际，中书舍人范仲艺对韩侂胄说道："相公今日得君，凡所施为，当一以魏公为法。章惇、蔡确之权，不为不盛，然至今得罪于清议者，以同文狱故耳。相公勋业如此，胡为蹈之？"①

范仲艺这番话的意思很明显，说你今日得天子信任，应将前朝魏国公张浚视为榜样，成为一代良相。北宋时的宰相章惇、蔡确也曾权倾一时，却至今被士大夫阶层视为奸佞，无非他们当时大兴"文字狱"。你现在对朝廷立有大功，千万不要再做不经考虑的事了。

韩侂胄闻言，内心真还一震。章惇、蔡确都是北宋权倾朝野的宰相，最终都被流放，死于贬所，实为前车之鉴。韩侂胄当下答道："侂胄初无此心，以诸公见迫，不容但已。"②意思是，我自己一开始没有这样的心思，是京镗、刘德秀他们给我出的主意。韩侂胄此言倒是不假，在京镗、刘德秀等人那里，自须借助韩侂胄平步青云。尤其"禁学之祸"，虽是韩侂胄欲去异己而逞私心，却实为京镗谋划。后世王夫之也说得公允："以'道学'为名而杀士，刘德秀、京镗、何澹、胡纮等成之，韩侂胄尸之。"③现在听到范仲艺进言，韩侂胄恍然有悟，遂将彭龟年等人罢官了事，未作拘入大理寺处理。

大约终是害怕被口诛笔伐为章惇、蔡确那样的万世奸臣，到七月韩侂胄先将刘德秀罢出朝廷，出任知婺州。这对京镗等人也是提醒。京镗与曾弹劾辛弃疾的何澹一商量，命言官上疏称"向来伪徒，其大者已屏斥禁锢，用惩首恶，其次者亦投闲置散，使省愆咎。盖为天下后世计，使已往者得以悔过，方来者可以免罪融会党偏，咸归皇极也……"④意思是，"伪学"首领如朱熹等人已经受到惩罚，追

---

①《续资治通鉴》第三册，岳麓书社，1992年，第93页。
②同上。
③王夫之：《宋论》，刘韶军译注，中华书局，2013年，第818页。
④《续资治通鉴》第三册，岳麓书社，1992年，第97页。

随他们的人也都逐出官场了,现在到了为天下后世作想的时候了,只要他们悔过便可免罪,以示皇恩浩荡。

此时韩侂胄对自己这几年行事已颇多反省,心有厌憎之感,闻言当即同意。到翌年,即庆元六年(1200)八月,创党禁的始作俑者京镗病故后,党禁渐开。当月还发生一事,被流放吉州的吕祖俭亡故,其从弟吕祖泰至临安登闻鼓院上书,称"道与学,自古所恃,以为国者也……立伪学之禁,逐汝愚之党,是将空陛下之国,而陛下不知悟耶?……愿亟诛侂胄……故大臣在者,独周必大可用,宜以代之。不然,事将不测"①。韩侂胄虽然震怒,却终不杀吕祖泰,将其施杖刑后发配广西钦州。这大概也是韩淲该年回上饶时赞同韩侂胄政策的核心原因。

韩淲到上饶后不久,一道诏令也到了上饶,恢复辛弃疾的"集英殿修撰"职名,重为武夷山冲佑观主管。职虽是虚职,却可从朝廷领取干禄了。

接到诏令的辛弃疾百感交集,写了一首《鹧鸪天·戊午拜复职奉祠之命》,从中可见其复杂心态:

老退何曾说着官,今朝放罪上恩宽。
便支香火真祠俸,更缀文书旧殿班。

扶病脚,洗衰颜,快从老病借衣冠。
此身忘世浑容易,使世相忘却自难。

该词字字句句都见出辛弃疾被朝廷罢官复用的一丝喜悦,同时

---

①《续资治通鉴》第三册,岳麓书社,1992年,第101—102页。

也反映了辛弃疾最终受到的儒家影响。在出世与入世之间，儒家教诲的不就是入世？所以，辛弃疾不免有"此身忘世浑容易，使世相忘却自难"的感叹。

韩侂胄将仕途久困之人如辛弃疾、薛叔似、陈谦等人起废复用的目的，不仅仅想重新挽回士大夫阶层对自己的支持，还有一个重要原因即韩侂胄深知自己若不想死后身负章惇、蔡确那样的千载骂名，唯有建立不世之功方可青史流芳。当党禁解除后，死气沉沉的朝廷有了活跃之象。从《齐东野语》所载可见，当时监察御史邓友龙听闻"金人方困于北兵，且其国岁荐饥"[1]后便献计于韩侂胄，劝其北伐，立盖世之功。韩侂胄大喜，当即将北伐之议列为重心。

朝廷是何气象，天下自必是何气象。北伐之议一开，天下人心渐拢。到嘉泰二年（1202）二月时，华文阁学士、知镇江府张孝伯揣摩到韩侂胄心思，上言说道："不弛党禁，恐后不免报复之祸。"[2]籍田令陈景思也对韩侂胄有"当勿为已甚"[3]五字相劝。

韩侂胄此时已知，将士大夫阶层全部得罪对自己身后或子孙真还没什么好处，于是便追复赵汝愚资政殿学士职名，其他被流放各地的徐谊、刘光祖、陈傅良、章颖、薛叔似、叶适、曾三聘、项安世、范仲黼、黄颢、詹体仁、游仲鸿等人先后复官原职。韩侂胄又将荐牍中"不系伪学"[4]一节削去，到十月时终于追复朱熹焕章阁待制职名。

---

[1] 周密：《齐东野语》，黄益元校点，上海古籍出版社，2012年，第115页。
[2] 《宋史》，中华书局，1977年，第13774页。
[3] 《续资治通鉴》第三册，岳麓书社，1992年，第110页。
[4] 同上。

决心北伐后，韩侂胄开始擢用秉持"恢复论"的知名人士。于是，在嘉泰三年（1203）五六月间，朝廷的又一道诏令传到上饶，命辛弃疾出任知绍兴府兼浙东安抚使。是年，辛弃疾已经六十四岁了。

很难描述当时辛弃疾的心理，对他来说，根本想不到还会有复出为帅的一天：一是韩侂胄掌朝，谁能想到他竟有北伐之想？二是自己年岁已高，还能上阵杀敌吗？半年前，辛弃疾还在一首《西江月·示儿曹以家事付之》中写有"万事云烟忽过，百年蒲柳先衰。而今何事最相宜，宜醉宜游宜睡"的不问世事之句，另在前一年生日时也写有"六十三年无限事，从头悔恨难追"的自我否定之句。但从韩侂胄这方面看，不思北伐则已，一旦欲兴开边之事，便发现辛弃疾已是仅幸存于世的最孚众望、天下尽知的主战派，如果有辛弃疾出山，对竖起北伐大旗必将产生鼓舞人心的力量。

辛弃疾奉诏抵达绍兴府上任的日期有明确记载，即嘉泰三年（1203）六月十一日。

二

绍兴府原名为越州，是赵构建炎南渡后所改，并将建炎五年（1131）改元为绍兴元年。这已是七十二年前的事了。当年赵构被金兵一路追赶至此，发下"绍奕世之宏休，兴百年之丕绪"的宏愿，但宏愿归宏愿，在金兵的连番打击下，仍不得不走上求和之路。是以绍兴不仅是两宋间的政治转折之地，其本身历史也至为丰厚，如司马迁在《史记》中称"帝禹东巡狩，至于会稽而崩"[1]，《读史方舆纪要》也称大禹治水时"曾会诸侯计功于此，命为会稽"[2]。春秋时属越国，秦、汉时设此为会稽郡，晋朝时为会稽国，隋开国时为吴州，其越州之名系隋炀帝所改，唐玄宗于天宝年间又再改回会稽郡，五代时属吴越国，归宋后再改为越州，直到赵构南渡后改为绍兴。另就地理位置而言，绍兴东至宁波二百二十里，东南至台州三百里，西南至金华四百五十里，西北至临安一百三十八里，北至海口三十里，实为兵家要地。

韩侂胄既决意北伐，便必有军事调度。于是，韩侂胄以"防备金兵启衅"为由，命辛弃疾为浙东安抚使，参知政事张岩为淮东安抚使，同知枢密院事程松为淮西安抚使，还命侍郎丘崈守明州，李奕为荆、鄂副都统兼知襄阳，并于七月出封桩库钱十万缗，命殿前司造战舰，八月又增置襄阳骑军等。

至于金国，从当时金帝完颜璟颁发的"千户谋克受随处备盗官公移，盗急，不即以众应之者，罪有差"[3]诏令可见，金国因征调频繁，再加上风俗侈靡，纪纲大坏，且北方边境又受到鞑靼等部所扰，不得不年年兴师，导致府仓空匮、赋敛日多、民不堪命，国内盗贼成风。这也表明邓友龙曾对韩侂胄说的"金人方困于北兵，且其国岁荐饥"之言非虚，此时的形势确有利于宋。当时，金国为解除内忧外患之困，金宰相还向完颜璟屡次推荐一个叫杜时升的星象学者，

---

[1]《史记》，中华书局，1959年，第83页。
[2]顾祖禹：《读史方舆纪要》，贺次君、施和金点校，中华书局，2005年，第4205页。
[3]《金史》，中华书局，1975年，第261页。

第十六章 白头帅浙　389

称其博学，可为大用。杜时升夜观天象后，对家人说道："吾观正北赤气如血，东西亘天，天下当大乱，乱而南北当合为一。消息盈虚，循环无端，察往考来，孰能讳之？"①杜时升遂不入金廷，携家南渡到嵩、洛山中隐居。

从辛弃疾第二年入朝后"宁宗召见，言盐法"②来看，他上任之后对盐法有所调整。这也是辛弃疾在福州所行之事，毕竟盐法事关财政关系重大。至于其具体做法，因史料阙如，无以展开详叙。从辛弃疾在绍兴时的作品来看，倒能见出其对来日北伐抱有颇深忧虑。辛弃疾毕生之愿便是北伐，此时终于到了能实现夙愿之时，内心却陡然复杂起来。下面这首《汉宫春·会稽蓬莱阁观雨》就反映了辛弃疾心底的不安之感：

秦望山头，看乱云急雨，倒立江湖。

不知云者为雨，雨者云乎？

长空万里，被西风变灭须臾。

回首听月明天籁，人间万窍号呼。

谁向若耶溪上，倩美人西去，麋鹿姑苏？

至今故国人望，一舸归欤。

岁云暮矣，问何不鼓瑟吹竽？

君不见王亭谢馆，冷烟寒树啼乌。

会稽的蓬莱阁位于绍兴府治西北处的卧龙山中，山因盘绕如龙

---

① 《金史》，中华书局，1975年，第2749页。
② 《宋史》，中华书局，1977年，第12164—12165页。

而得名，也是春秋越国大夫文种的葬地。蓬莱阁则系唐代诗人元稹任越州刺史时所建。宋仁宗朝时的秘书丞张伯玉写过一首《蓬莱阁闲望写怀》的五言排律，因其身在太平治世，其诗歌自脱不了"行歌齐击壤，坐啸比啼猨"的悠闲。但辛弃疾的词句则大不相同了，上阕中的"乱云急雨，倒立江湖"和"长空万里，被西风变灭须臾"等句看似写实，却充满当时天下汹汹的欲变之感。辛弃疾如何不知宋、金两国若战端一启，天下面对的必是"人间万窍号呼"。是以下阕就流露了辛弃疾内心的复杂之因，前两句的"谁向若耶溪上，倩美人西去，麋鹿姑苏"和"至今故国人望，一舸归欤"以西施为喻，明确了今日可效勾践灭吴复仇之事恢复中原。但勾践毕竟卧薪尝胆十余年方一举功成，现在的朝廷与当年的越国相比，不仅早已无建炎时期的同仇敌忾，而且宋、金两国结盟守约数十年，天下安定。对比历史来看，如今朝廷处处是"君不见王亭谢馆，冷烟寒树啼乌"之意，难说北伐已到了成熟之机。

辛弃疾的复杂心态在另一首《汉宫春·会稽秋风亭怀古》中有了进一步彰显：

亭上秋风，记去年袅袅，曾到吾庐。
山河举目虽异，风景非殊。
功成者去，觉团扇、便与人疏。
吹不断斜阳依旧，茫茫禹迹都无。

千古茂陵词在，甚风流章句，解拟相如？
只今木落江冷，眇眇愁余。
故人书报，莫因循、忘却莼鲈。

谁念我，新凉灯火，一编太史公书。

该词一经问世就被口传笔录、播于海内，堪称脍炙人口。须交代一句的是，秋风亭并非古亭，而是辛弃疾上任后所建。词的题记称"怀古"，全词本身也的确处处怀古。从上阕首句想起秋风曾吹至"停云堂"后，辛弃疾立刻思接千载，其中第二行的"山河举目虽异，风景非殊"指晋人衣冠南渡后，左仆射周𫖮某次邀众人亭间饮宴时眼望江北，叹息说道："风景不殊，正自有山河之异。"众人均感伤流泪之际，丞相王导愀然变色说道："当共勠力王室，克复神州，何至作楚囚相对？"①

辛弃疾用此典故，自是表明个人心迹。但从上阕结句"吹不断斜阳依旧，茫茫禹迹都无"来看，辛弃疾又深觉历史不过转瞬之事，所谓千秋万代之功最终也如大禹一般连痕迹都难留下，人世间能够永存的只有此刻所见的万古斜阳。

人对茫茫旷古遥望得越远，越易有世事虚无之感，那么建功立业的意义又究竟何在？辛弃疾的思绪继续在历史中展开。下阕起句"千古茂陵词在"，是指汉武帝曾在汾河楼船上吟有不朽之作《秋风辞》。从《秋风辞》的诗句可见，纵是雄才大略的汉武帝，面对光阴流逝，也难免发出"欢乐极兮哀情多。少壮几时兮奈老何"的人生悲叹，但他没有因悲叹就放弃北伐匈奴的壮举。所谓"怀古之幽情"，自是为激励此刻的自我。那么，辛弃疾是否就对北伐有了如沸激情呢？从下阕收笔所写的"谁念我，新凉灯火，一编太史公书"可知，司马迁《史记》内的种种教训，不可能不令辛弃疾产生难以

---

① 刘义庆：《世说新语》，王根林标点，上海古籍出版社，2012年，第19页。

言说的渴望、犹疑、衡量得失等矛盾心理。

写完这首词后，辛弃疾把它寄给了几位朋友。很快，在明州的丘崈和在临安的张镃、姜夔，分别寄来了各自填就的《汉宫春》和词。丘崈是辛弃疾乾道四年（1168）任建康府添差通判时就交往的好友，至此已有三十五年深谊。所以，丘崈的和词不乏"旁边吹台燕榭，人境清殊。犹疑未足，称主人胸次恢疏"的好友之言。姜夔在当时就颇负词名，虽无功名，却得无数名流士人争相结交，连朱熹也钦服其才。从姜夔给辛弃疾的和词中"扬州十年一梦，俯仰差殊。秦碑越殿，悔旧游作计全疏"等句可见，其才情不凡。但对此时的辛弃疾来说，能打动他的恐怕已非才情，而是叩动心扉的知音之言。辛弃疾于绍熙四年（1193）在临安结识的司农寺丞张镃寄达的和词，就令辛弃疾有知音之感。

张镃的《汉宫春》和词如下：

> 稼轩帅浙东，作秋风亭成，以长短句寄余。欲和久之，偶霜晴，小楼登眺，因次来韵，代书奉酬。
>
> 城畔芙蓉，爱吹晴映水，光照园庐。
> 清霜乍凋岸柳，风景偏殊。
> 登楼念远，望越山、青补林疏。
> 人正在，秋风亭上，高情远解知无。
>
> 江南久无豪气，看规恢意概，当代谁如？
> 乾坤尽归妙用，何处非予？
> 骑鲸浪海，更那须、采菊思鲈。

> 应会得，文章事业，从来不在诗书。

张镃的词名虽远远不如姜夔，但这首和词见出的是其身为南渡名将张俊后代的慷慨之志，尤其"江南久无豪气，看规恢意概，当代谁如"句更是豪士风采扑面而来，同时也见出他对辛弃疾统帅浙东的期待。辛弃疾本为豪杰，自对豪杰之作会格外偏爱。不过，张镃虽获得其心，毕竟不在绍兴，辛弃疾无以交往。

但很快就有豪杰登门，令辛弃疾刮目相看。

三

元代蒋正子的《山房随笔》开篇就讲述了一个辛弃疾在绍兴的故事，原文摘录如下：

> 辛稼轩帅浙东时，晦庵、南轩任仓宪使。刘改之欲见辛，不纳。二公为之地，云："某日公燕至后筵便坐，君可来。门者不纳，但喧争之，必可入。"既而，改之如所教，门外果喧哗。辛问故，门者以告，辛怒甚。二公因言改之豪杰也，善赋诗，可试纳之。改之至，长揖。公问："能诗乎？"曰："能。"时方进羊腰肾羹，辛命赋之。改之对："寒甚，愿乞卮酒。"酒罢，乞韵。时饮酒手颤，余沥流于怀，因以"流"字为韵。即吟云："拔毫已付管城子，烂首曾封关内侯。死后不知身外物，也随樽酒伴风流。"辛大喜，命共尝此羹，终席而去，厚馈焉……又云：稼轩守京口时，大雪，帅僚佐登多景楼。改之敝衣曳履而前，辛令赋雪，以"难"字为韵。即吟云："功名有分平吴易，贫贱

无交访戴难。"自此莫逆云。①

特意摘录该段文字,是因其文字精彩、故事生动,但错误也惊人。第一句中的"晦庵、南轩任仓宪使"就令人不解。晦庵即朱熹,南轩即张栻,但此二人在辛弃疾任浙东安抚使时已去世多年,而且也从未在辛弃疾手下任过职。不知蒋正子如何会出如此差错?不过,蒋正之笔下的逸事倒写得清楚,说某日一个叫刘过(字改之)的人想拜见辛弃疾,未被允许。辛弃疾手下有二人(自非朱熹和张栻)大概与刘过相熟,就给他出了个主意,说辛弃疾某日处理完公事后将到后院就餐,你那时再来,如果门人不让你进去,就大声喧哗,必定能进。

果然,刘过按其二人所教,再登门时自然与门人发生争执。辛弃疾得知缘由后,颇为生气。但辛弃疾手下那二人说刘过是当世豪杰,文采不凡,不妨一见。当刘过进来对辛弃疾施过礼后,辛弃疾就问他会不会作诗,回答是能。这时,桌上刚刚端上一碗羊腰肾羹,辛弃疾就要他以此为诗。刘过要过一杯酒喝下后,又问以何为韵?辛弃疾见刘过喝酒时有些酒水流至身上,便说以"流"字为韵。刘过不假思索,随即吟道:"拔毫已付管城子,烂首曾封关内侯。死后不知身外物,也随樽酒伴风流。"辛弃疾见其诗才敏捷惊喜异常,便邀其入席同饮,散席后厚赠刘过。后来,辛弃疾守京口时某日大雪,率僚属登多景楼赏雪。刘过衣衫褴褛地过来,辛弃疾又命其赋雪并以"难"字为韵。刘过随口就吟:"功名有分平吴易,贫贱无交访戴难。"自此,辛弃疾、刘过二人成为莫逆之交。

---

① 蒋正子:《山房随笔》,中华书局,1991年,第1页。

不过，辛弃疾命刘过赋雪之事绝无可能。从岳飞之孙岳珂笔下更为缜密且也更有说服力的《桯史》可见，刘过至京口时间为开禧元年（1205）的春夏之交，而辛弃疾已于该年秋回返铅山，自不可能有冬天之事发生。可见，元代蒋正子记录此事无非以此呈现辛弃疾与刘过的一些性格而已。但按岳珂的说法，辛弃疾于嘉泰三年（1203）六月至绍兴上任后，就听得刘过负有豪杰之名，遂"遣介招之"[1]。刘过当时正在临安韩侂胄府上为门客，无法应招，便托来人带回复函，并效辛体《沁园春》一词相赠。岳珂称刘过该词"下笔便逼真"[2]。后来，宋理宗年间的学者黄叔旸也在《花庵词选》中称刘过为"稼轩之客……词多壮语，盖学稼轩者也"[3]，元末明初的史学家陶宗仪更是直接说刘过的"《沁园春》二首，犹纤丽可爱"[4]。"明代三才子"之首的杨慎说法却又不同，认为"刘改之所作《沁园春》，虽颇似其豪，而未免于粗"[5]。

不妨看看刘过这首《沁园春·寄辛承旨，时承旨招，不赴》：

斗酒彘肩，风雨渡江，岂不快哉！

被香山居士，约林和靖，与东坡老，驾勒吾回。

坡谓"西湖，正如西子，浓抹淡妆临镜台"。

二公者，皆掉头不顾，只管衔杯。

---

[1] 岳珂：《桯史》，吴企明点校，中华书局，1981年，第23页。
[2] 同上。
[3] 黄昇：《花庵词选》，杨万里点校、集评，上海古籍出版社，2019年，第360页。
[4] 陶宗仪：《南村辍耕录》，王雪玲校点，辽宁教育出版社，1998年，第181页。
[5] 杨慎：《升庵词品笺证》，王大厚笺证，中华书局，2018年，第358页。

白云"天竺飞来。图画里、峥嵘楼观开。

爱东西双涧，纵横水绕；两峰南北，高下云堆"。

遍曰"不然，暗香浮动，争似孤山先探梅"？

须晴去，访稼轩未晚，且此徘徊。

  该词不仅语气、韵脚都以辛弃疾庆元二年（1196）所填的一首《沁园春·将止酒戒酒杯使勿近》为范本，就连以说话入词的手法也将辛弃疾那首《西江月·遣兴》中"问松'我醉何如'？只疑松动要来扶，以手推松曰'去'"的表现方式都仿写得惟妙惟肖。刘过在末句也明确表示，等暖风晴日之时，必当前来拜访。

  收读该词后，辛弃疾大喜，随即又赠刘过数百千钱，并再次相邀。今读该词，唯一令人诧异的是，词的题记为"寄辛承旨，时承旨招，不赴"[①]。当时辛弃疾是为知绍兴府兼浙东安抚使，但其被朝廷命为"枢密都承旨"是四年后的开禧三年（1207）九月，辛弃疾已至弥留之际。因此，刘过自不可能提前数年称辛弃疾为"辛承旨"。此误缘由已不可考，该题记或是后人添加也未可知。

  按岳珂记载，刘过终于到京口时，已是两年后的开禧元年（1205）。刘过与岳珂等一众友人登多景楼时，均有诗作。岳珂在《桯史》中"独录改之《多景楼》一篇"[②]，其中有"一朝放迹金陵去，凤凰台上望长安。我今四海游将遍，东历苏杭西汉沔。第一江山最上头，天地无人独登览。楼高意远愁绪多，楼乎楼乎奈尔何！安得李白与王勃，名与此楼长突兀"等吟今诵古的慷慨之句。如此情怀，

[①] 刘过：《龙洲集》，上海古籍出版社，1978年，第88页。
[②] 岳珂：《桯史》，吴企明点校，中华书局，1981年，第22页。

自为辛弃疾所喜。

刘过到京口后,岳珂说辛弃疾与其"馆燕弥月,酬倡亹亹,皆似之,逾喜"①。可见,辛弃疾对刘过确是一见如故。辞别时,刘过以"求田资"为由,辛弃疾又馈赠其千缗。但刘过并未购田,而是将这笔钱全部用来喝酒。某日,岳珂再访刘过,与众宾客同饮西园时,刘过谈起此事竟"掀髯有得色"。岳珂终是年轻气盛,便说刘过那首《沁园春》"词句固佳,然恨无刀圭药,疗君白日见弃疾鬼症耳"②,当时座中哄堂大笑。

刘过任情随性是一面,另一面确负英雄之气,虽终身布衣、落拓江湖,却始终怀有北伐之志。这点与陈亮极为相似。是以在刘过身上,辛弃疾也必然多多少少看到一些陈亮的影子。从事实看,刘过早在见辛弃疾十余年前就与陈亮相识。在绍熙四年(1193)殿试夺魁的前一年,陈亮尚落魄不振,某日在一个叫"澹然子"的酒楼与刘过对饮。陈亮大醉间作《赠刘改之》诗,其中有"黄金挥尽唯空囊,男儿虎变那能量!会须斫取契丹首,金印牙旗归故乡"句,能见陈、刘二人俱为酒增豪性之人。陈亮去世后,刘过"每诵此诗"时都涌上"幽明之间,负此良友"③的伤痛感叹。

与辛弃疾结识后,刘过为其写有五首《呈稼轩》的绝句,其中第一首写道:"精神此老健于虎,红颊白须双眼青。未可瓢泉便归去,要将九鼎重朝廷。"④从诗歌后两句来看,刘过对辛弃疾帅浙东一

---

① 岳珂:《桯史》,吴企明点校,中华书局,1981年,第23页。
② 同上。
③ 刘过:《龙洲集》,上海古籍出版社,1978年,第132—133页。
④ 同上书,第68页。

事，如张镃一样充满期待，希望辛弃疾不要再回铅山，而应建功立业，完成"要将九鼎重朝廷"的丈夫之志。有此知己之言，辛弃疾即便是知道刘过将自己的馈赠拿去换酒，料想也只会微微一笑，不会如岳珂般愤愤不平。

四

从蒋正子与岳珂的不同记载看，辛弃疾结识刘过是在绍兴还是在京口自可存疑，但此事并不重要，重要的是辛弃疾在绍兴终于结识一慕名已久的诗人，即南宋赫赫有名的诗人陆游。

陆游年长辛弃疾十五岁，二人在绍兴结识时陆游已七十九岁，正近耄耋之年。

除了没有抗金的亲历生活外，陆游与辛弃疾相似之处太多。"靖康之变"发生时，陆游尚在襁褓，南宋初期的动荡伴随其童年，也使其自幼立下恢复之志。但朝廷秉持议和决心，这就决定了陆游仕途坎坷。宋高宗朝时，陆游为大理寺司直兼宗正簿；到宋孝宗朝时，陆游因得罪权臣龙大渊和曾觌，被贬为通判建康府。乾道七年（1171），王炎为川陕宣抚使后，陆游任其幕僚，并撰有《平戎策》一文。可惜却又正常的是，陆游在《平戎策》中提出"经略中原必自长安始，取长安必自陇右始"[①]的谋划终被朝廷否决。第二年，陆游"细雨骑驴入剑门"，在蜀地躬耕达六年之久。到淳熙五年（1178），陆游终至福州和江西为官，却又在第二年得罪赵汝愚而辞

[①]《宋史》，中华书局，1977年，第12058页。

官归里，直到五年后才被重新起用为知严州（今浙江省桐庐县、淳安县、建德市）。到宋光宗朝时，因陆游"喜论恢复"，终被再次削职。在家闲居十二年后已至宋宁宗嘉泰二年（1202），朝廷诏命陆游为权同修国史兼秘书监，编撰宋孝宗、光宗朝的《两朝实录》及《三朝史》。第二年，亦即辛弃疾至绍兴任浙东安抚使时，陆游完成《两朝实录》《三朝史》二书，以宝章阁待制之职致仕，再回绍兴山阴县（今浙江省绍兴市越城区）鉴湖草堂家中。

另再补充一句，陆游与辛弃疾相识虽晚，与刘过却很早就已相识。早在绍熙四年（1193）春，陆游与刘过便有词来诗往，并给刘过写有《赠刘改之秀才》一诗。从其中"放翁七十病欲死，相逢尚能刮眼看。李广不生楚汉间，封侯万户宜其难"的句子可见，陆游对刘过的才情与抱负极为欣赏，将其与李广相比。

作为南宋最知名的词人和诗人，辛弃疾与陆游竟到垂垂老矣的暮年才终于相识，确有为时已晚之憾。这里没必要夸大和想象两位饱经沧桑的老者在见面时还会如何如何激动，也没资料显示辛、陆二人交往密切。就辛弃疾在绍兴半年间所填的词作来看，只有屈指可数的五首，除上文谈到的两首外，另外三首的题记都写得清楚，分别是《汉宫春·答李兼善提举和章》《汉宫春·答吴绍古总干和章》《上西平·会稽秋风亭观雪》，均与陆游无关。陆游是几乎每日都写诗之人，也未见哪首是写他和辛弃疾之间的日常往来。有论者喜从陆游一些诗句中搜寻辛、陆二人往来亲密的证据，未免有削足适履和想当然之嫌。当时已近八十高龄的陆游并非遮遮掩掩之人，他后来在开禧元年（1205）春所作的一首《草堂》自注中就明确写有"辛幼安每欲为筑舍，予辞之，遂止"①之句，可知当时辛弃疾见陆游所居草堂简陋，曾提出自己出资为其筑新舍之议。陆游婉谢后，辛弃疾也就作罢。从该事可见，辛弃疾对陆游不失尊敬，陆游对此"辞之"，应是在他那里对辛弃疾的声望和才华固然认可，但就私人关系而言未必觉得到了能接受如此馈赠的地步。

陆游给辛弃疾所写的完整诗作只有一首。该诗写于嘉泰三年（1203）十二月二十八日，辛弃疾因奉诏将赴临安见驾，遂再登鉴湖草堂向陆游辞行，后者赠《送辛幼安殿撰造朝》一诗。从诗歌内容可见，辛、陆二人除了相互告别，还围绕北伐之事做了一些谈论。

诗不短，值得全录如下：

> 稼轩落笔凌鲍谢，退避声名称学稼。
> 十年高卧不出门，参透南宗牧牛话。
> 功名固是券内事，且葺园庐了婚嫁。
> 千篇昌谷诗满囊，万卷邺侯书插架。
> 忽然起冠东诸侯，黄旗皂纛从天下。
> 圣朝仄席意未快，尺一东来烦促驾。
> 大材小用古所叹，管仲萧何实流亚。
> 天山挂旆或少须，先挽银河洗嵩华。
> 中原麟凤争自奋，残房犬羊何足吓。
> 但令小试出绪余，青史英豪可雄跨。
> 古来立事戒轻发，往往谗夫出乘罅。
> 深仇积愤在逆胡，不用追思灞亭夜。

---

① 《剑南诗稿校注》，钱仲联校注，上海古籍出版社，2005年，第3488页。

该诗也是陆游对辛弃疾的认识和评价。诗的前八句对辛弃疾的退居生涯做了一番描述，第九句的"忽然起冠东诸侯，黄旗皂纛从天下"句指辛弃疾被重起为知绍兴兼浙东安抚使，接下来的"圣朝仄席意未快，尺一东来烦促驾"句指辛弃疾将奉诏面圣。陆游随即感慨辛弃疾之才，不低于管仲和萧何。对辛弃疾的见驾缘由，陆游后面的诗句也写得明白，是为北伐之事。这也是陆游毕生之愿，其勉励之情字字可见。因陆游离开朝廷尚只半年，深知朝廷乃凶险之地，最后四句便是对辛弃疾有番殷殷劝诫，告知"古来立事戒轻发，往往谗夫出乘罅"，意思是除北伐大事外，你还得注意在朝廷的一言一行；尤其末两句"深仇积愤在逆胡，不用追思灞亭夜"，更是嘱咐辛弃疾无须介意小人作祟，以北伐大事为重，并以李广闲置时被灞亭尉禁止入门的典故暗喻朝中小人不少。

辛弃疾得陆游此诗，拜辞而去，收拾动身后于嘉泰四年（1204）正月抵达临安。

五

入临安后，辛弃疾即被天子召见，被加封宝谟阁待制，提举佑神殿，便是终于可"列侍清班"奏事了。南宋末期的谢枋得对此颇为不平地说道："五十年间，身事四朝，仅得老从官。"[①] 意思是，辛弃疾为四朝老臣，早应有资格列殿中议事。但撇开谢枋得的不平，

---

① 谢枋得：《谢叠山全集校注》，熊飞、漆身起、黄顺强校注，华东师范大学出版社，1994年，第48页。

始终受排挤的辛弃疾是因韩侂胄而得以参与朝政，这也就导致韩侂胄死后朝臣将辛弃疾视为其党羽而被"鞭尸"，竟使辛弃疾身后被追削爵秩并沉冤二十多年。此为后话。

此时，韩侂胄已将北伐视为唯一的重大之事，除聚财募卒外，还从封桩库中拨出一万两黄金作为对日后立功之人的赏赐，又命吴曦于西蜀练兵。吴曦的祖父，即前文谈过的四川宣抚使吴璘。早在建炎年间，吴璘即随兄吴玠一并抵御金军，立下赫赫战功。随后，吴氏子孙遂在四川占据显赫地位。当年陆游入蜀为四川宣抚使王炎幕僚时，四川兵权在吴璘之子吴挺手上。《宋史》对吴挺有"颇骄恣，倾财结士，屡以过误杀人"[1]的记载，王炎对其也束手无策。当陆游建议用吴玠之子吴拱取代吴挺时，王炎颇为无奈地答道："拱怯而寡谋，遇敌必败。"陆游说道："使挺遇敌，安保其不败？就令有功，愈不可驾驭。"[2]意思是，吴挺这样的人，即使遇到敌人也不一定就会取胜，一旦得胜就更难以服从命令了。这是陆游对吴挺为人的判断。《宋史》接下来有"及挺子曦败，游言始验"[3]之句，意思是吴挺之子吴曦也继承了父亲的骄恣性格，果然在北伐开始后即叛宋降金。这倒是验证了陆游当时的预言。

即便撇开事后眼光，从韩侂胄仍命吴曦练兵西蜀一事可见，吴氏在四川根深蒂固，连韩侂胄也难以动摇，不得不将练兵之事交给吴曦，这也为北伐埋下了用人不当的隐患。

就当时来看，韩侂胄虽有北伐之意，终还是不敢轻举妄动，驱

---

[1]《宋史》，中华书局，1977年，第12058页。
[2][3] 同上。

使其下定挥师决心的是因耳闻三事。一是江苏安丰守臣厉仲方对韩侂胄称已打探到消息，一旦朝廷兴兵，"淮北流民咸愿归附"[1]。二是辛弃疾入见后，也有"金国必乱亡，愿属元老大臣备兵，为仓卒应变之计"[2]一说。三是最初进言韩侂胄北伐的邓友龙刚刚出使金国回朝，上书韩侂胄说道："金有赂驿使夜半求见者，具言金国困弱，王师若来，势如拉朽。"[3]意思是，邓友龙出使金国时，有金人贿赂半夜求见，说金国已内忧外困，宋军一到必可摧枯拉朽，取得胜利。

韩侂胄闻言大喜，北伐之意更为坚决。

就三人所言来看，厉仲方和邓友龙的话明白无误，便是挥师北伐；但细嚼辛弃疾之言，倒不似厉仲方和邓友龙那样急不可待。辛弃疾的话是以"备兵"和"应变"为核心，尤其"备兵"，议由"元老大臣"主持，而"应变"则是等金国生变后做出应对之策。这就表明，对于是否主动北伐，辛弃疾还是有所保留。但在韩侂胄那里，既然"备兵"，那便是兴师了。是以辛弃疾一言方罢，不仅韩侂胄大喜，在旁的邓友龙和忠州团练使郑挺也附和其说。

在朝廷待得两个月后，诏令颁下，令辛弃疾为知镇江府，并赐金带。

辛弃疾于嘉泰四年（1204）三月离朝至京口上任后，朝廷又激起了一轮关于北伐的争议。

为激励将士，也为进一步缓和与士大夫阶层的矛盾，韩侂胄开始追封前朝抗金名将，将岳飞追封为鄂王、刘光世追封为鄜王，然

---

[1]《宋史纪事本末》，中华书局，2015年，第925页。
[2] 同上。
[3] 罗大经：《鹤林玉露》，孙雪霄校点，上海古籍出版社，2012年，第39页。

后将诸军帐前雄校以去世军官子孙为补。

韩侂胄的手段虽得部分人心，毕竟打仗乃危及性命之事，不比当太平之官，因而暗中分析北伐是否可行的官员大有人在。譬如户部员外郎吴猎因总领湖广、江西、京西财赋，知兵事一开襄阳必为重镇，便在动身去襄阳，途经石门（今浙江省嘉兴市桐乡市石门镇）时见到朱熹门婿、监石门酒库黄榦后问对方对北伐有何建议。黄榦叹息说道："闻议者谓天下欲为大举深入之谋。果尔，必败。此何时，而可进取哉？"①这句话的意思是，我听到朝廷有大举北伐的谋划，如果真是这样，必然以失败收场；现在是什么时候，居然想兴兵北伐？

如果说黄榦的想法还只是对吴猎说说而已，其他大臣则终于对韩侂胄直接进谏了。监察御史娄机率先对韩侂胄进言说道："恢复之名非不美。今士卒骄逸，遽驱于锋镝之下，人才难得，财用未裕，万一兵连祸结，久而不解，奈何？"②韩侂胄闻言，极为不悦，索性只召集心腹密议，但此举更惹外廷揣测。娄机又上疏谏道："密谋虽人莫得知，而羽书一驰，中外惶惑。"③时已升为侍御史的邓友龙是主张用兵的头号人物，他还没来得及反驳娄机，就被娄机厉声诘问道："今日孰可为大将？孰可为计臣？正使以殿岩当之，能保其可用乎？"④邓友龙被问得张口结舌，无以为答。

但娄机的问题能否到韩侂胄耳内并不重要，即使到了韩侂胄的

---

① 《宋史》，中华书局，1977年，第12778页。
② 《续资治通鉴》第三册，岳麓书社，1992年，第123页。
③ 同上。
④ 同上书，第124页。

耳内，他也不会放弃运筹已久的谋划。面对韩侂胄的一意孤行，户部尚书李大性按捺不住了，也对韩侂胄条陈利害，称不宜轻易动兵。韩侂胄大怒，立贬李大性为知平江府，同时令宰相陈自强兼国用使，参知政事费士寅、张岩同知国用事，并加紧搜敛民财。这样，在日复一日的紧张气氛下，四方州郡处处有了骚动之象。转眼之间，时间已到了嘉泰四年（1204）十二月。

在新年将临之际，朝廷再下诏令，改次年为开禧元年。

此时距辛弃疾上任京口已过去了九个月。

辛弃疾毕生都被命运拨弄，他又将再次遭遇命运的打击。

第十七章 北固山头

——凭谁问,廉颇老矣,尚能饭否

◎ 镇江府
（京口）

◎ 铅山

一

辛弃疾于嘉泰四年（1204）三月到京口上任时，自必思绪万千。或许，辛弃疾想起了自己南归后即到江阴任职，又于京口娶妻范氏，而数十年人生转瞬即逝，如今范氏也去世多年，再回首往事不觉恍如一梦。

但不论辛弃疾的人生如何跌宕，京口始终是京口，内控江、湖，北拒淮、泗，乃兵家要冲之地。唐代宰相杜佑曾言："京口因山为垒，缘江为境，建业之有京口，犹洛阳之有孟津。"该言包含无数历史。自三国孙吴以来，东南有变，必以京口为襟要，此处防范一旦松懈，都城建业立危。六朝时，京口为台城门户，堪为锁钥。晋成帝咸和年间，苏峻举兵叛乱，郗鉴于京口据要害立营，以遏叛军东下之锋，贼势果然遭阻；到晋安帝元兴末年，桓玄又作乱，刘裕举兵京口，使晋室复定。当刘裕代晋立宋后，为防危机，下令非宗室近亲不得居京口。隋灭陈时，京口为决定全局的一战之地。唐"安史之乱"爆发后，当时的浙西安危取决于京口。到宋室南渡后，赵构驻重兵于此，以控江口。显谟阁直学士刘宁止就称"京口控扼大江，是为浙西门户"[①]。生前曾特意至东南考察地形的陈亮也在《戊申再上孝宗皇帝书》中说道："京口连岗三面，大江横陈于前，江旁极目千里，势如虎之出穴。昔人以为京口酒可饮，兵可用，而北府之兵为天下雄，盖地势当然。采石之于京口，股肱建业，实有据险临

---

① 《宋史》，中华书局，1977年，第11676页。

前之势，而非止于靳靳自守者。"①

从上述可见，对南宋而言，江岸之防，重心便在京口。

朝廷令辛弃疾出任于京口，有委以重任之象。

抵京口后，辛弃疾除命人潜入金国，收集对方兵骑数量、屯戍之地、将帅姓名、帑廪位置等军情外，有史可载的几件事中还包括辛弃疾读到赵构绍兴三十一年（1161）十二月未颁布的一份《绍兴辛巳亲征诏草》。当读罢这份早已褪色的诏书，辛弃疾内心波翻浪涌，因为该年正是辛弃疾在北方揭竿以图恢复的举义之年。彼时辛弃疾只二十二岁，聚众两千后，投奔耿京义军，攻城克地，斩杀叛将义端，如此轰轰烈烈的沙场记忆自然毕生难忘。也就在该年，金主完颜亮举兵南侵，一路杀至长江北岸，却不料被后方的完颜雍乘机称帝，完颜亮也死于部将耶律元宜等人之手。当时宋宰相陈康伯见金兵困守扬州，遂奏议赵构御驾亲征，并动手代拟了前述这份诏书。不论当时还是事后来看，金国内乱，完颜亮被杀，南下金军群龙无首，正是南宋军全歼金军主力，进而恢复中原的千载难逢之机。但赵构未采纳陈康伯之议，反将南下金军放归北方，并与完颜雍签订和议，两国息兵。

读罢诏书，辛弃疾悲愤不已，提笔写下《读亲征诏草跋》②一文，文虽只寥寥数十字，却字字力透纸背：

> 使此诏出于绍兴之初，可以无事仇之大耻；使此诏行于隆

---

① 《陈亮集》，邓广铭点校，中华书局，1974年，第16页。
② 邓广铭：《辛稼轩年谱》，载《辛弃疾传 辛稼轩年谱》，生活·读书·新知三联书店，2007年，第257—258页。

兴之后，可以辛不世之大功。今此诏与此房犹俱存也，悲夫！

嘉泰四年三月，门生弃疾拜手谨书。

令辛弃疾感叹和悲愤的是，如果这份诏书在绍兴初年发布并实施，当时怀抱同仇敌忾的宋室臣民很可能将在赵构的亲征下恢复中原，不用承受对金先称"臣"、后称"侄"的奇耻大辱；如果诏书发布于隆兴北伐之时，也可使赵昚建立收疆复土的不世之功。在辛弃疾看来，绍兴初年和隆兴初年都是北伐的最好时机，如果当时天子御驾亲征，对士气的鼓舞将产生无比重要的影响。可惜，朝廷并未把握时机，乃至数十年后的今日，辛弃疾见到先帝诏书犹存，北方金国犹存，如何不令辛弃疾发出"悲夫"之叹？

第二件事是辛弃疾上任后，接到刘宰《贺辛待制弃疾知镇江》的贺信。该信以"奉上密旨，守国要冲。三辅汉官仪，今百年矣；诸公第效楚囚泣，谁一洗之？敢因画戟之来，遂贺舆图之复"为起笔，对辛弃疾镇守京口一事抱以"执舍人之役，虽阻见于曹参；勒燕然之铭，或尚须于班固"[1]的期待。

刘宰将辛弃疾比作曹参和班固，辛弃疾有无回复，史料未载。但辛弃疾深知京口位置重要，更须对形势有全盘认识，恰好当时建康府教授程珌在京口，辛弃疾与其有番推心置腹的面谈。数年后，程珌在上《丙子轮对札子》中将辛弃疾的当时之言全部写入奏疏，可见辛弃疾的视野和韬略给程珌留下了难以磨灭的印象。

辛弃疾所谈的主要内容如下：

在辛弃疾看来，宋军自"符离之败"后就有了不战而溃的恶习，

---

[1] 辛更儒编：《辛弃疾资料汇编》，中华书局，2005年，第71—72页。

现在要做的就是将禁旅列屯于江上以壮国威，一旦渡淮迎敌，征召的军士非用沿边本地土丁不可。基于此，辛弃疾下令赶制一万件红色战袍，拟先征万名士卒。为什么一定要用沿江土丁呢？原因是辛弃疾发现，沿边之人，少年人已能骑射，青壮年人则多在江上为盗，其彪悍之风根本没把金人放在眼里，这股气势为其他地方所不具备。所谓沿边，是指通州、泰州、真州、扬州、舒州、蕲州、濡须等地。征召沿边地方的青壮为卒，除了他们已然具备的武力，还另有"招之得其地矣，又当各分其屯，无杂官军"的好处。从以往事例看，军队来源过杂，弊处繁多：若打了败仗，就互相推脱，指责对方不是；若打了胜仗，则彼此争功，乃至反戈自戕，哪里有心思御敌。士卒皆为土丁，则可同心协力护卫家园，无相互推诿弊端。按辛弃疾的计划，新征军士将分屯淮西和淮东两地。淮西为安丰，淮东为山阳，地点均选在依山阻水之处，并把军士家人也接入山中，使其无后顾之忧，最后选拔将领严格训练军卒，以此打造一支强旅。

在程珌的上奏中，深觉可惜的是，因辛弃疾在京口任上的时日太短，又于翌年被罢职归家，当北伐终于开始时又到了开禧二年（1206）四月，导致这支新组建的军队根本没遵循辛弃疾的规划训练，结果就造成"百年教养之兵，一日而溃；百年葺治之器，一日而散；百年公私之盖藏，一日而空；百年中原之人心，一日而失"[①]的局面。

当时，在辛弃疾那里，不仅着手实施自己的军事部署，还完成

[①] 辛更儒编：《辛弃疾资料汇编》，中华书局，2005年，第79页。

第十七章　北固山头

了为后人称颂为"于剪红刻翠之外，屹然别立一宗"的两首代表性词作，且都与京口的北固山有关。

二

顾祖禹在《读史方舆纪要》中写得清楚，北固山"在城北一里府治后，下临长江。自晋以来，郡治皆据其上。三面临水，回岭斗绝，势最险固，因名。盖郡之主山也"[①]。就历史而言，北固山堪称风云激荡之地。东晋蔡谟在山上建楼，用以囤积军需，后来谢安将其修葺建营。南朝宋元嘉二十七年（450），宋文帝刘义隆北伐兵败后，北魏太武帝拓跋焘兵抵瓜步并扬言渡江，刘义隆紧急分兵于北固山、蒜山、西津、谏壁、焦山防守，以防进犯。南朝梁武帝于大同十年（544）登山望远，感叹一句"此岭下足须固守，然京口实乃壮观"[②]，遂将蔡谟、谢安留下的残存楼宇命为"北顾楼"。四年后，梁武帝手下大将朱异登楼叹道："陛下昔登北顾亭以望，谓江右有反气，骨肉为戎首，即此时也。"[③]朱异说的便是当时改变中国历史的"侯景之乱"，梁武帝当时察觉的"反气"果然应验。唐肃宗上元元年（760），其时"安史之乱"未平，原本未经兵燹的淮南爆发了刘展之乱，江淮都统李峘屯兵京口，将北固山辟为战场，并插木以塞江口，但仍被刘展击败。另外，北固山上还有座有名的建筑，那便是三国时孙吴所建的甘露寺，当时刘备从荆州过江娶亲即于此处拜见吴太后。

[①] 顾祖禹：《读史方舆纪要》，贺次君、施和金点校，中华书局，2005年，第1251页。

[②][③] 同上。

到南宋时，岁月风霜，早将北顾楼摧毁得只剩一亭。宋孝宗乾道五年（1169）时，后随辛弃疾于江西平定赖文政茶商军的当时守臣陈天麟重建北顾楼。不知何时，北顾楼已改"顾"为"固"，名为"北固楼"和"北固亭"了。

如今，历尽岁月沧桑的北固山迎来了"词中之龙"辛弃疾。

对饱读诗书的辛弃疾来说，如何会不知那些前朝旧事？当辛弃疾步入北固亭时，眼望滚滚长江，思绪如潮。辛弃疾想起少年时，祖父辛赞带自己登高望远，指点山河的情景仍历历在目。不同的是，随祖父登高时，辛弃疾年纪尚幼，对恢复中原只有单纯的激愤和献身其中的渴望；如今数十年过去，中原依然未复，辛弃疾已垂垂老矣。此刻的北固山和辛弃疾少年时登上的北方之山，实在是大不相同。北方之山雄峻，易唤起人的慷慨之情，而现在登高北固山所望，眼底是一望无际的东去长江，江水阔远，茫茫无际。一股苍凉的悲愤之感不禁涌上心头，辛弃疾遂挥毫写下了一首《南乡子·登京口北固亭有怀》：

何处望神州？满眼风光北固楼。

千古兴亡多少事？悠悠。不尽长江滚滚流。

年少万兜鍪，坐断东南战未休。

天下英雄谁敌手？曹刘。生子当如孙仲谋。

辛弃疾该词首先点明他是站在北固楼上眺望神州，山下奔腾而去的长江见识过多少天下风云，却只滚滚东逝，令人在凝望中涌起无穷无尽的历史沧桑之感。对辛弃疾来说，此刻面对此景此情，不禁想起的必然是十八岁接掌江东大权的孙权。汉末乱世，孙权甫一登位，面对的就是诸侯争雄，但除了曹操与刘备，天下再也无人是孙权的对手。所以，当年曹操感叹的"生子当如孙仲谋"，自然也成为辛弃疾的此时感叹。但内在不同的是，曹操该言是将刘表的儿子刘琮与孙权对比，在辛弃疾这里却不无将孙权与宋太祖赵匡胤、宋太宗赵光义的后代子孙进行对比之意。如果南宋天子能真正继承宋太祖、宋太宗的血脉，哪里还会只一味偏安一隅呢？所以，该词真正的隐喻是，如果今日天子具备孙权那样的雄才大略，中原不可能不被收复，大宋不可能不恢复昔日的全部江山。

但今日的南宋天子，真的继承了宋太祖的血脉吗？从血统上说，赵扩自是不折不扣的宋太祖之后，但从血性上来看，相差已不止用道里可计。从朝廷大权落在韩侂胄之手就能发现，仓促登基的赵扩实缺天子之气，甚至比不上辛弃疾的豪杰之气。

此时辛弃疾毕竟已到六十五岁的衰龄，到京口后殚精竭虑，身体多病。岳珂在《桯史》中写道："辛稼轩守南徐，已多病谢客，予来筮仕委吏，实隶总所，例于州家殊参辰，旦望赞谒刺而已。余时以乙丑南宫试，岁前苴事仅两旬，即谒告去。稼轩偶读余《通名启》而喜，又颇阶父兄旧，特与其洽。余试既不利，归官下，时一招去。"①

这段话中的"南徐"即京口，"乙丑"即开禧元年（1205），说明辛弃疾已上任至少九个月了。岳珂到京口是因考试未过，恰好辛弃疾偶然读到他的《通名启》而颇为喜爱，遂将其邀至京口。岳珂

---

① 岳珂：《桯史》，吴企明点校，中华书局，1981年，第38页。

称辛弃疾当时"多病谢客",从辛弃疾自己的一首《瑞鹧鸪》题记中"京口病中起登连沧观"也见,已到风烛残年的辛弃疾身体确已虚弱不堪。但辛弃疾身体虽病,精神却健,乃至在再一次登上北固亭时,面对长江上的料峭寒风和未酬之志,终于发出了令青史震动的千秋一问。

该问就出现在被明代杨慎誉为"稼轩词中第一"的《永遇乐·京口北固亭怀古》之中。

全词如下:

> 千古江山,英雄无觅,孙仲谋处。
> 舞榭歌台,风流总被,雨打风吹去。
> 斜阳草树,寻常巷陌,人道寄奴曾住。
> 想当年,金戈铁马,气吞万里如虎。
>
> 元嘉草草,封狼居胥,赢得仓皇北顾。
> 四十三年,望中犹记,烽火扬州路。
> 可堪回首,佛狸祠下,一片神鸦社鼓。
> 凭谁问:廉颇老矣,尚能饭否?

该词起笔就见出辛弃疾的雄浑笔力。"千古江山"便是有数千年历史的中国大地,能与之匹配的英雄此时却难见,乃至大宋建立的"舞榭歌台"总被"雨打风吹去"。辛弃疾抚今追昔,想起了南北朝时期的刘裕,其出身卑微,是"寻常巷陌"之人,但他胸怀恢复中原之志,乃至日后除异己、领朝纲,终于统一南方;又先后发动两次北伐,第一次平鲜卑南燕,擒燕主慕容超,而第二次则破洛阳,复长安，灭后秦，擒秦主姚泓，天下震动。辛弃疾一句"气吞万里如虎"，勾勒了刘裕的历史雄姿。可惜的是，刘裕代晋自立后不久驾崩，其子宋文帝刘义隆却因好大喜功而仓促北伐，被北魏太武帝拓跋焘击败。

　　辛弃疾用此典故，自有将七百多年前的"元嘉北伐"与四十二年前的"隆兴北伐"进行对比之意。同样仓促起兵，同样被对方击溃，如此痛苦的记忆不免使辛弃疾想起自己于绍兴三十二年（1162）春擒张安国南归之时，当时自己正青春勃发，对南归后的明日抱有万丈期待，屈指算来距今日正好四十三年。此时，当年的旧事记忆犹新，远去的历史也记忆犹新。辛弃疾继续展开刘义隆北伐失败后，拓跋焘兵锋直抵长江北岸，于瓜步山建立行宫即佛狸祠之事，虽然佛狸祠后来成为百姓的祭祀之地，甚至随时光流逝以致今日十之八九的百姓都不知那里曾是拓跋焘的行宫。这就是岁月的无情，它会令人遗忘过去。

　　像辛弃疾这样的饱读诗书之人，不仅不会忘记历史，还时时会将今日与历史进行对比。在辛弃疾看来，当年拓跋焘驱师南下，与自己经历的金兵南下又有何区别？今日的大宋子民可以忘记刘义隆和拓跋焘的历史旧事，但七十余年前的"靖康之耻"也忘记了吗？遗忘是可怕的，好在朝廷终究没有完全忘记，但就算没完全忘记，能等于今日厉兵秣马的北伐会成功吗？《汉书》中有句话说得好，"天下安，注意相；天下危，注意将"[①]。如今，为相的韩侂胄带来了天下之安吗？恰好相反，韩侂胄眼下正将大宋带往一个前程未卜的

---

① 《汉书》，中华书局，1962年，第2115页。

危局。面对明日兵事，有谁能真正扛起统军北伐的重任呢？辛弃疾用自己责无旁贷的反问给出了答案，"凭谁问：廉颇老矣，尚能饭否"。

该词已经表明，辛弃疾虽至六十六岁的衰龄，但愿为国效力的赤胆忠心从未改变。今北伐呼声四起，韩侂胄将辛弃疾置于京口，看起来是委以重任，但从所授诏书中"盖一旦缓急之可赖"[①]能见，辛弃疾的任务只是充作预备后援，并无将其用于疆场之意。不知是否有嫌辛弃疾年岁已高之意？但年岁高不高，和北伐的关系真的不大，北伐需要的不正是有过和金军交过手的将领吗？如今环视当朝，除了辛弃疾，有谁具有与金兵交战的沙场经验？从此处可见，辛弃疾的词句并非盲目自信，而是渴盼自己的毕生之志有个如愿以偿的结局。"金戈铁马，气吞万里如虎"写的是刘裕，不也恰恰是辛弃疾自己当年的行事和形象吗？

当辛弃疾再想起战国时廉颇被赵孝成王弃用，他真的很怕这也是自己将面临的现实。所以，辛弃疾发出异常痛苦的反问，当年廉颇是老了，但他并非无用，此刻的自己不也同样如此吗？如今，这一腔报国的热血，正等待朝廷的一声召唤，希望朝廷千万不要如赵孝成王弃用廉颇一样将自己也弃用啊——这一腔热血未冷，依旧能上阵杀敌，依旧愿为恢复中原而马革裹尸。

辛弃疾用一首词将自己的内心展露无遗，令天下人震动，也令千秋万代的后人震动。在辛弃疾看来，唯有将自己一生之愿凝结，

[①] 邓广铭：《辛稼轩年谱》，载《辛弃疾传 辛稼轩年谱》，生活·读书·新知三联书店，2007年，第261页。

方可做到字字惊人。结果是,《永遇乐》这一词牌便如为辛弃疾量身定做,不仅使该词牌下出现的所有作品黯然失色,还使它如苏东坡因"赤壁怀古"而填《念奴娇》、柳永面对"东南形胜"而填《望海潮》、秦观因七夕而填《鹊桥仙》、李清照因国破家亡而填《声声慢》一样,正因为有了他们登峰造极的创作,方使这些词牌本身也有了一种可傲视古今、不可超越的存在价值。

辛弃疾似乎知道自己这首词做到的究竟是什么,也因此有了一段值得叙述的逸事。

三

当淋漓酣畅地填完该词,辛弃疾预感自己的一生之作恐怕再没哪首能出其右了。为求其完美,辛弃疾特地置酒召来数人同饮,同时命艺妓反复吟唱,自己按拍击节。吟唱完后,辛弃疾请在座之人指出词句瑕疵。当时在座的尚有年仅二十二岁的岳珂,按其日后在《桯史》中的记载,辛弃疾对众人再三询问后,"客或措一二辞,不契其意",而岳珂因"余时年少,勇于言",便坦率说道:"待制词句,脱去今古轸辙,每见集中有'解道此句,真宰上诉,天应嗔耳'之序,尝以为其言不诬。童子何知,而敢有议?然必欲如范文正以千金求《严陵祠记》一字之易,则晚进尚窃有疑也。"[1]

这句话的意思是,我对这首尚未定稿的作品斗胆说几句,以前我常常见到一些书的序言在解释某个句子时,就像仓颉造字时有

---

[1] 岳珂:《桯史》,吴企明点校,中华书局,1981年,第38页。

"天雨粟、鬼夜哭"一样令人惊心动魄的效果；我还年轻，不敢评议，但还是觉得这些词句已达到完美的地步，哪怕要像范仲淹为他的《严陵祠记》求改一字而付千金的话也很难做到，但我心里对它还是有些疑虑的。

辛弃疾听到岳珂之言很是振奋，便要他把话说完。于是，岳珂继续说道："前篇豪视一世，犹首尾二腔，警语差相似。新作微觉用事多耳。"岳珂果然率性，称该词上阕可傲视古今，但到下阕最后，与全词的起句似有不协之感，另外词中典故是不是多了一点呢。辛弃疾听到直言，大喜举酒，对众人说道："夫君实中予痼。"① 意思是，岳珂说中了要害。无独有偶的是，后世杨慎虽称此词"慷慨壮怀，如闻其声"，也仍有"谓此词用人名多者，当是不解词味"之憾。

随后数月，辛弃疾将该词反复修改，每天达到数十遍之多，堪为千锤百炼了。从罗大经在《鹤林玉露》中的转录来看，能见出辛弃疾的一些修改痕迹，譬如"望中犹记"的原稿为"望中灯火"，"烽火扬州路"原为"犹记扬州路"，最后一句"尚能饭否"的原稿为"尚能饭不"。② 这些字字修改之痕，确见辛弃疾对词句的精益求精，这也是其性格的体现。但辛弃疾没料到的是，伴随该词的问世，竟又引来朝廷的一轮纷议。

古人填词，与今人自不相同。就宋时风俗而言，文人填词是为吟唱，吟唱者多为当时艺妓。辛弃疾不论在地方为官，还是在上饶

---

① 岳珂：《桯史》，吴企明点校，中华书局，1981年，第38—39页。
② 罗大经：《鹤林玉露》，孙雪霄校点，上海古籍出版社，2012年，第11页。

退居，每每填词后都会请来艺妓吟唱，并问一同听闻吟唱的友人看法。是以岳珂记录的艺妓吟唱之事，并非仅此一例，更非辛弃疾的个人独创。但在一些朝臣那里，平时与辛弃疾原本关系不近，顿将其视为把柄纷议。于是，朝廷到处都见有关于辛弃疾"好色贪财，淫刑聚敛"[①]的交头接耳。从这八字能体会，始终有不少朝臣对重起辛弃疾一事颇不以为然，称其"好色"自是牵强，称其"贪财"却是将辛弃疾前两次罢官的缘由进行老调重弹了。

早在开禧元年（1205）三月二日，朝廷就因一个叫张谡的通直郎犯有不法之事而免官，因其人系辛弃疾举荐，辛弃疾也受牵连而降为朝散大夫。事情刚刚过去三个月，关于辛弃疾"好色贪财"的议论又传满临安，朝廷遂于六月十九日再次下诏，将辛弃疾改为知隆兴府。隆兴府，即南昌。京口虽非前线，起码还是北伐的重要基地，南昌则是不折不扣的北伐后方了。

在朝廷或在韩侂胄那里，是否有怕一病遽已归荒墟的辛弃疾耽于填词而废军务之事，不得而知。能看到的是，恰在辛弃疾改知隆兴府的六月，也正是朝廷"诏内外诸军，密为行军之计"之时。紧接着的七月五日，辛弃疾又被授以宫观。按《宋史·职官志》的说法，宫观即"祠禄之官，以佚老优贤……患疲老不任事者废职，欲悉罢之，乃使任宫观，以食其禄"[②]。释名非常清楚，当官员老得什么事都做不了时，若不罢免的话，就给这么一个职名让其做祭祀之类的杂事以便继续领取俸禄，以示朝廷的优待和恩典。是以宫观也即

[①]《辛弃疾集编年笺注》，辛更儒笺注，中华书局，2015年，第1826页。
[②]《宋史》，中华书局，1977年，第4080页。

420　挑灯看剑：辛弃疾的悲旅人生

手无实权的闲职官员，辛弃疾自然也未去隆兴府上任。

从《续资治通鉴》来看，辛弃疾遭非议与宫观，与当年的种种形势不无关系。

开禧元年（1205）三月，金国在唐州（今河南省唐河县）抓获一宋方间谍，他将韩侂胄屯兵鄂州、岳州意欲北伐之事交代了出来。四月时，金国边臣上报金廷，称宋兵进入秦州（今甘肃省天水市）和巩州（今甘肃陇西、通渭、漳县、武山、定西等县地）界内，金主完颜璟命枢密院移书宋廷，希望宋方遵守盟约，撤回入界之兵，不要再入金境。

宋廷刚刚接到金国移书，又有武学生华岳上书，谏言朝廷不宜动兵启衅，并请求斩韩侂胄、苏师旦、周筠三人以谢天下。韩侂胄大怒，下令将华岳捕入大理寺，发配建宁（今福建省三明市下辖县）。

发生这一连串事后，恰逢朝廷于五月赐礼部进士毛自知以下四百三十三人及第和出身之事。到策对时，毛自知的名字果然取得好，知道什么话可说、什么话不可说，便乘机殿前进言，称朝廷可兴师恢复中原。韩侂胄大喜，将毛自知擢为第一。

自此，朝廷主战之声日高。

不论韩侂胄如何宣称调兵遣将是为防守，朝廷言论还是流出甚广。当南宋意欲北伐的消息终于传到金廷后，完颜璟难判真假，遂召集大臣相询。在金国大臣看来，说宋廷有北伐之欲简直是不可思议之事。大臣承晖、孟铸及太常卿赵之杰都说道："宋败衂之余，自救不暇，恐不敢叛盟。"唯独枢密副使完颜匡说道："彼置忠义保捷军，取先世开宝、天禧纪元，岂忘中国哉？"①这句话的意思是，我听说宋廷将军队取名为"忠义保捷军"，便是有兴师之意；另宋帝将年号改为"开禧"，自是将宋太祖的第一个年号"开宝"和宋真宗的后期年号"天禧"结合而来，这说明南宋始终没忘统一中国。言下之意，南宋将对金国开战是可信之事。

完颜璟听过完颜匡之言，也感到兵事将起，便命平章政事仆散揆为河南宣抚使统一指挥各路兵马，以防备宋军。时为开禧元年（1205）五月，正是辛弃疾数易《永遇乐》词稿之时。

接下来发生的事，能见出宋、金双方对一触即发的战事态度。

四

仆散揆虽奉旨至开封着手军事准备，但他内心和赵之杰等人一样，不太相信宋廷真有北伐之想。于是，仆散揆先作试探，移书指责宋廷败盟坏约，结果很快接到宋廷枢密院复函，称所谓败盟是"边臣生事，已行贬黜，所置兵亦已抽去"②。对此复函，仆散揆果然深信不疑。随后，宋殿前副都指挥使郭倪和濠州守将田俊迈为进一步麻痹对方，又命一个叫苏贵的虹县人给仆散揆去函说道："宋之增戍，本虞他盗。及闻行台之建，益畏詟，不敢轻去备。以其皆白丁，自裹粮糒，穷蹙饥疾，死者甚众。"③意思是，宋军增加一些士卒，本来是为了防备盗贼，现在听说你们以为宋军会发起战事，宋军就更

---

① 《续资治通鉴》第三册，岳麓书社，1992年，第125页。
② 同上书，第126页。
③ 同上。

加害怕而不敢取缔防守了，但宋军用的都不是正规军，只是一些老百姓，并让他们自己准备粮食，结果他们都是贫病的穷人，很多人都死了。

仆散揆接到信后，更加没把军事放在心上，并将宋枢密院的复函上呈完颜璟。

见宋军为老弱病残的百姓，便有金臣建议不如索性挥师南下，一举灭宋。完颜璟断然答道："南北和好四十余年，民不知兵，不可。"①

很巧，派去出使宋朝的纥石烈子仁恰在这时还朝，上奏说宋帝对金廷很敬仰，并无非分之想。完颜璟告知完颜匡后，后者说道："子仁言是。"完颜璟笑道："汝变议耶？"完颜匡答道："子仁守疆圉，不妄生事。然有备无患，在陛下宸断耳。"②完颜璟遂将仆散揆的河南宣抚使一职免去，只在临洮（今甘肃省定西市临洮县）、德顺（今宁夏隆德县）、秦州、巩州等地安排一些弓箭手了事。

完颜璟得以疑虑尽去的事情还有一件。那就是五月时，镇江都统戚拱派遣一个叫朱裕的忠义之士和一个外号叫"李铁枪"的弓手潜入金国境内的涟水县（今江苏省淮安市辖县）做了些杀人放火的事，金国极为震怒。到完颜璟七月生日时，宋廷派权吏部侍郎李壁北上祝贺生辰，而李壁即曾于辛弃疾扫灭茶商军时的部下李焘之子。到扬州时，李壁接到诏令，内容是金人要求将朱裕枭首边境。宋廷被迫答允。当李壁抵金都后，先将朱裕被斩一事告知，还称朝廷已

---

① 《续资治通鉴》第三册，岳麓书社，1992年，第126页。
② 同上。

命殿前副都指挥使郭倪接替戚拱为镇江都统，兼知扬州。自此，完颜璟对南宋再无疑心。

从上述事件来看，金国的确无意与南宋交手：一是双方盟约已签，宋为侄，金为叔，金所掠宋土已然不少；二是北方的蒙古诸部落已被乞颜部可汗铁木真统一，金国对蒙古的崛起忧虑日甚，重心自用在防守北方，哪里还愿与宋廷开战。韩侂胄为探知金国虚实，又于九月命大理少卿陈景俊为贺金正旦使，出使金国。

与此同时，辛弃疾因遭朝臣论劾，被罢去知隆兴府的新职，"奉祠归"。所谓"奉祠"，是指官员连祭祀这样的事也做不了时，即可按照"致仕例，从便居住"[①]，也就是退职还乡。换言之，天下哪里都可以让你居住，无人来管了。对很多年纪已高的官员来说，能得"宫观"和"奉祠"是求之不得的事。陆游在写《秋晚岁登戏作》一诗时，就有"时方谋祠禄"的自注，可见其为了"奉祠归"还动过一番脑筋。

但辛弃疾毕竟是辛弃疾，他年龄虽到六十六岁，仍怀抱"凭谁问：廉颇老矣，尚能饭否"的不灭壮志，因而得"奉祠"时内心不无悲愤。辛弃疾在京口既已无职，天下虽大却仍只有铅山可归。于是，在七月入秋之时，辛弃疾离开京口，取道回铅山。

当辛弃疾舟发京口，溯江而上，自南康军入鄱阳湖，再出湖口入上饶境内的余干县时，面对江上的扑面秋风思绪万千，遂挥毫填了一首《瑞鹧鸪·乙丑奉祠，舟次余干赋》词。词如下：

　　江头日日打头风，憔悴归来邴曼容。

[①]《宋史》，中华书局，1977年，第4081页。

郑贾正应求死鼠，叶公岂是好真龙。

孰居无事陪犀首，未办求封遇万松。
却笑千年曹孟德，梦中相对也龙钟。

　　辛弃疾的晚年词作都写得颇为老辣，不仅在语言上已炉火纯青，还能对史上掌故信手拈来，以表达自己此时的心境。该词首句在如实交代过"江头日日打头风"后，第二句就钩沉历史，句中的"邴曼容"是西汉晚年的太中大夫邴汉内侄。邴曼容秉志自修，哪怕俸禄也坚持不肯过六百石，一旦超过则自行免去，因而其人品为他带来极高声誉。辛弃疾以邴曼容为喻，便是对朝中诬陷自己"贪财"之论的反驳。接下来的"郑贾正应求死鼠"取自《战国策·秦策三》典故，说的是范雎为秦相时曾讲过一事：郑人将未打磨的玉称为璞，周人则将未腊过的老鼠称璞。有次周人问郑贾买不买璞？郑贾说正打算买，但须先看看璞，结果一看是老鼠，自然不买了。

　　辛弃疾在这里反用其典，讥讽朝廷需要的不是玉，而是鼠辈一样的庸才，借此对自己的"奉祠"表示极大的愤慨。后面的"叶公岂是好真龙"就很容易理解了，辛弃疾进一步认为朝廷北伐用人，终究不会用真正有抱负和有实力的人。还令辛弃疾至为感叹的是，汉末曹操未能扫平天下，或许自己年轻时曾笑过他，今日终于发现自己也鬓发如雪，却连北伐的战场也上不了，还有什么理由嘲笑曹操呢？如果能与曹操梦里相对，恐怕也会同时感慨岁月如流，不给人实现老骥伏枥的人生抱负。

　　在遭受这番打击归至铅山后，辛弃疾除了饮酒赋词，几乎再无他事可做。回想一生之路，辛弃疾时有忧愤，时有不甘，时有不能完成夙愿的自我怀疑。这些复杂心态从辛弃疾归铅山后填的一首《瑞鹧鸪》中可见：

> 期思溪上日千回，樟木桥边酒数杯。
> 人影不随流水去，醉颜重带少年来。
>
> 疏蝉响涩林逾静，冷蝶飞轻菊半开。
> 不是长卿终慢世，只缘多病又非才。

该词从头至尾，处处流露出辛弃疾不无自怜的心态。从上阕来看，辛弃疾孤寂的退居生涯充满落寞，日日在期思溪边徘徊，在樟木桥边饮酒。对此时的辛弃疾来说，自己的毕生之志已不可完成，南归四十三年结交的友人已差不多凋零殆尽。岁月如流，自己临桥见到水中身影，不由感慨"人影不随流水去"。光阴太快了，转眼就人近古稀，唯在醉乡，方有重回少年的自欺欺人之感。下阕则充满自伤自怜，想起如今落到如此地步，或许是自己"多病又非才"吧。这一自嘲之句令人读来很难不起悲悯之感。

无论辛弃疾重回铅山后的生活如何，韩侂胄意在百世流芳的北伐终于在开禧二年（1206）四月拉开了进军序幕。辛弃疾在铅山看着满山树叶又长出新绿，他的人生却再也不可回到纵马疆场的青春。"廉颇老矣，尚能饭否"，是辛弃疾的一腔忠愤体现，也是他的命运和时代的体现。

第十八章 秋风落幕

——明月入江依旧好,青山埋骨至今香

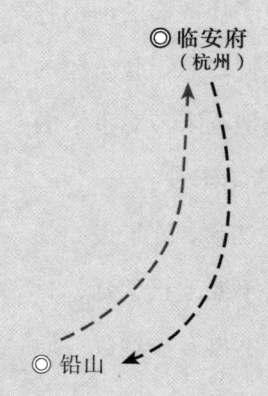

◎临安府(杭州)

◎铅山

一

前文已叙，韩侂胄为探明金国虚实，曾命大理少卿陈景俊为贺明年正旦使，北上入金。明年正旦，即新正元旦。使命完成后便到了开禧二年（1206）正月，陈景俊自然请求辞还。令陈景俊意外的是，动身前金臣孟铸奉完颜璟旨令登门入馆，对其转述了完颜璟的临别之言："大定初，世宗许宋世为侄国，朕遵守至今。岂意尔国屡犯我边，以此遣大臣宣抚河南。及得尔国公移，朕即罢司，而尔国侵扰益甚。朕惟和好岁久，委曲含容，恐侄宋皇帝或未详知。卿归国，当具言之。"①

完颜璟这段话说得清楚，意思是我一直遵守金世宗完颜雍与宋廷签署的两国盟约，即宋世世代代为侄国，但没想到宋军屡次入侵我边境，我不得不命令仆散揆为河南宣抚使筹备军事；当得到宋枢密院的国书，得知宋无意兴兵后，我又即刻罢免了仆散揆的河南宣抚使之职，但宋近来对金国边境有愈演愈烈的入侵之意。我盼望的是与宋延续和平，所以一些委屈也就忍了，但我担心宋帝对事情的来龙去脉了解不够，所以请你回国后将我的话转告给宋帝。

从完颜璟的所言所行来看，都表明其无动兵之意。陈景俊归朝后，将这番话先告知宰相陈自强，后者立刻要其不要上报朝廷，只告知韩侂胄即可。韩侂胄得报后，知金国无备，不再有一丝犹豫地下定了兴兵决心。

---

① 《续资治通鉴》第三册，岳麓书社，1992年，第128页。

决心一定，自须调兵遣将。早在前一年，即开禧元年（1205），韩侂胄就命心腹苏师旦为安远军节度使。当时彭龟年闻讯，震惊地说道："此韩氏之阳虎，其祸韩氏必矣！"①意思是，苏师旦是韩侂胄豢养的一只老虎，最后必将祸及韩侂胄本人。秘书监陈岘接到草制苏师旦为节度使的命令后，也愤然说道："节钺以待将臣之功高者，师旦何人，可辱斯授？以此见命，吾有去而已。"②竟是不肯奉令。韩侂胄当即将陈岘降官处理，改令他人草制。

到三月时，北伐之议已定，韩侂胄又命薛叔似为京湖宣谕使，邓友龙为两淮宣谕使，程松为四川宣抚使，吴曦为四川宣抚副使。程松接令后，当即移司兴元（今陕西省汉中市）东，统军三万，而吴曦则进屯河池西，统军六万。前文提过，吴曦是久居四川官场的吴挺之子，但吴挺素来飞扬跋扈，吴曦也承袭父风。当程松打算以执政礼见吴曦并责备其未有下级之礼时，吴曦的反应是"及境而还"，根本不与程松见面。程松虽感不快，并未心生警惕。倒是知大安军（今陕西省宁强县大安镇）安丙曾在吴挺手下任过职，深知吴曦为人，便当面对程松说，朝廷今番北伐，有"十可忧"须防。安丙说的"十可忧"，最核心的就是"曦必误国"③。但程松对安丙之言不以为意，认为吴曦只是性格傲慢，"误国"还谈不上。

眼见北伐箭在弦上，参知政事钱象祖终于站了出来，力言北伐

---

① 《续资治通鉴》第三册，岳麓书社，1992年，第133页。
② 叶绍翁：《四朝闻见录》，载《四朝闻见录　随隐漫录》，尚成、郭明道校点，上海古籍出版社，2012年，第120页。
③ 《续资治通鉴》第三册，岳麓书社，1992年，第129页。

不可。韩侂胄遂以"怀奸避事"①为由,将钱象祖夺二官,贬至信州居住。另有自处州(今浙江省丽水市)被召见的徐邦宪也以弭兵为言,忤逆了韩侂胄之意,被立削二秩。于是,左司谏易袚、大理少卿陈景俊、太学博士钱廷玉都大谈恢复之计,以逢迎韩侂胄。

四月时,宋军正式拉开北伐序幕。大军兵分几路,分别扑向河南的唐州、邓州及安徽的寿春等地。

宋军挥师的消息很快传至金廷。完颜璟震怒非常,立召大臣商议。左丞相宗浩和参知政事贾铉还不太相信,说道:"宋边卒狗盗鼠窃,非举兵也。"右丞相布萨端一眼看穿战事已起,立即说道:"小寇当昼伏夜出,岂敢白日列阵,犯灵璧、入涡口、攻寿春耶?此宋人欲多方误我。不早为之所,一旦大举,将堕其计中。"河南统军使纥石烈子仁也说道:"谍知皇甫斌遣兵四万规取唐,三万人规取邓,故不敢无备。"②

完颜璟即命仆散揆再入开封为河南宣抚使,许其见机行事,同时诏令各处兵马分守要害。

在韩侂胄这里,自知战事牵涉全国,必须得民心支持。于是,权吏部侍郎李壁在韩侂胄指令下上奏说道:"秦桧首倡和议,使父兄百世之仇不复开于臣子之口,宜亟贬桧以示天下。"韩侂胄深知贬秦桧乃得人心之事,当即削去秦桧王爵,改谥缪丑。朝廷也颁下诏书,称"兵于五材,谁能去之!首弛边疆之备;臣无二心,天之道也,忍忘君父之仇?……一日纵敌,遂贻数世之忧;百年为墟,谁任诸

---

① 《续资治通鉴》第三册,岳麓书社,1992年,第129页。
② 同上书,第130页。

人之责？"①

诏令一下，果然民心振奋。

宋军挥师后，受命为山东、京、洛招抚使的郭倪命武义大夫毕再遇与镇江都统陈孝庆联手攻泗州（今江苏省泗洪县），克日兴兵。金兵立刻闭榷场、塞城门，以为防备。毕再遇知军情已泄，遂对陈孝庆说道："敌已知吾济师之日矣。兵以奇胜，当先一日，出其不意。"②陈孝庆颇赞其议。接着，毕、陈二人果然提前一日进攻泗州。

泗州分东、西二城。毕再遇下令摆开进攻西城的架势，自己则亲提一旅精锐从东城南角的陡山上奇袭而入，金军果然猝不及防，败出北门。毕再遇随即再转至西城，见金军犹自坚守，便将大将旗号立于城下，厉声道："我，大宋毕将军也，中原遗民可速降。"③此语果然奏效，城上的淮平知县缒城乞降。泗州两城遂定。郭倪大喜，前来犒赏，将一块御宝刺史牙牌授予毕再遇。毕再遇慨然答道："国家河南八十一州，今下泗州两城，即得一刺史，继此何以赏之？"④故而坚辞不受。

在临安韩侂胄那里，接到的捷报不止泗州收复，还有江州统制许进收复河南新息县，光州忠义之士孙成收复河南褒信县，以及刚入五月时陈孝庆又收复安徽虹县。韩侂胄见宋军旗开得胜，大喜过望，即请赵扩下旨命直学院士李壁草制，正式下达伐金诏。

李壁笔力恢宏地写道："天道好还，中国有必伸之理；人心效顺，匹夫无不报之仇。蠢兹丑虏，犹托要盟，朘生灵之资，奉溪壑

---

①《续资治通鉴》第三册，岳麓书社，1992年，第130页。
②③④同上。

之欲，此非出于得已，彼乃谓之当然。军入塞而公肆创残，使来庭而敢为桀骜，洎行李之继遣，复嫚词之见加。含垢纳污，在人情而已极；声罪致讨，属胡运之将倾。兵出有名，师直为壮。言乎远，言乎近，孰无忠义之心？为人子，为人臣，当念祖宗之愤！"①

诏书写得字字凛然，气势非凡，令天下宋人同仇敌忾。但宋、金两国交战，从来不是看哪方的诏书写得好。

五月未过，战争形势就发生了对宋军不利的猝然逆转。

二

金国迅速做出应对之策。完颜璟见宋军果然兴师北上，当即命河南宣抚使仆散揆兼左副元帅，又命陕西兵马都统使完颜充为右监军，知真定府事乌库哩谊为右都监。完颜璟深知，宋军士气正涨，仅靠河南之兵，不可能应对宋军攻势，命河北、大名、北京、天山之兵一万五千人屯于真定、河间、清县等地以为接应，并诏令尚书省说道："今国家多故，凡言军国利害，五品以上官，以次奏陈，朕将亲问之，六品以下，具帖子以进。"②再命枢密副使完颜匡为右副元帅。

至开封上任后，仆散揆迅速调兵遣将。仆散揆知安徽符离和江苏彭城（今江苏省徐州市）是山东屏障，符离若失，彭城也守不住，一旦彭城陷落，将危及山东全境。是以仆散揆一到开封，便命悍将

---

① 《宋史纪事本末》，中华书局，2015年，第927—928页。
② 《续资治通鉴》第三册，岳麓书社，1992年，第131页。

纳兰邦烈和穆延斯赍塔率三千精骑驰守宿州，以保山东。这时，宋马军司统制田俊迈已攻取蕲县（今安徽省巢湖市），其下一步果然便是渡淮，进袭宿州。此时，纳兰邦烈、穆延斯赍塔已率军入城固守。

得知田俊迈攻城失败，宋池州副都统郭倬及主管军马行司公事李汝翼先后共率五万大军增援，却被城中金军乱箭射退。宋军被迫扎营围城，不料营寨刚扎好就迎来连日淫雨，加上粮草不济，宋军疲态显露。纳兰邦烈见状，先率两百精骑突袭宋营。宋军猝不及防，顿时大乱。穆延斯赍塔又率骑兵出城作第二番突袭，杀伤宋军数千人。宋军再无士气，趁夜逃至蕲县。纳兰邦烈和穆延斯赍塔驱师追至蕲县。郭倬眼见有全军覆没之虞，竟答应纳兰邦烈将田俊迈绑缚金营，换取自己与李汝翼的生路之议。郭、李二人率残兵逃至虹县时，与毕再遇大军相逢，后者于灵璧击退追兵还师泗州。

在其他战场上，宋军也连吃败仗。建康都统李爽进攻寿州（今安徽省淮南市寿县），金刺史图克坦羲固守。李爽攻城逾月，未能攻克。金亳州同知防御使圣贤努仅率步骑六百人驰援，李爽竟一战而败。

另外，统军四万的皇甫斌进攻唐州，江州都统王大节进攻蔡州，均不克而溃。

见各条战线均遭败绩，韩侂胄急怒攻心，将两淮宣抚使邓友龙罢免，换丘崈代领。丘崈至扬州后，立即部署诸将分守江、淮要害。当韩侂胄又命人前来招收溃卒时，丘崈对来人明确说道，应追究苏师旦、周筠等人的偾师之奸和李汝翼、郭倬的丧师之罪，并托其带回奏疏，称"泗州孤立淮北，所屯精兵几二万。万一金人南出清河

第十八章　秋风落幕　433

口及侵入天长等城，则首尾中断，莫若弃之，还军盱眙"①。韩侂胄接奏疏后，同意放弃泗州，命大军还驻盱眙，并听从丘崈之议将王大节、李汝翼、皇甫斌、李爽拘入大理寺问罪后流放岭南，另将绑缚田俊迈送往金营的郭倬斩于京口。

但不论韩侂胄亡羊补牢也好，丘崈殚精竭虑也好，都挡不住又一件将震动朝野的事情发生。那就是被委以重任的吴曦不出陆游预言，也不出安丙忧虑，与金国已然暗通款曲。北伐开始后，吴曦即与从弟吴晛、徐景望、赵富、朱胜之、董镇等人密计，派人求金国封官。

完颜璟得吴曦降书后大喜，即发密诏至四川，令吴曦"按兵闭境，不为异同，使我师并立巢穴，而无西顾之虞，则全蜀之地，卿所素有，当加封册，一依皇统册构故事。更能顺流东下，助为掎角，则旌麾所指，尽以相付。天日在上，朕不食言。今送金宝一钮，至可领也"。②

当有了完颜璟"全蜀之地，卿所素有"的承诺后，吴曦果然按兵不动，淮西军未能得到四川呼应，遂成孤掌难鸣之势。

从五月到七月仅仅两个月，宋军便从攻城复地到了兵败如山倒的境地。韩侂胄终于体会到自己被苏师旦所误，遂于某日召李壁饮酒解闷。话题言及苏师旦时，李壁察言观色，先稍微指摘几句苏师旦的不是，见韩侂胄未加反驳遂极言说道："师旦怙势招权，使明公负谤，非窜谪此人，不足以谢天下。"③

---

①《续资治通鉴》第三册，岳麓书社，1992年，第133页。
②同上书，第132—133页。
③同上书，第133页。

第二日，韩侂胄果然下令，罢免苏师旦之职，并抄家充公。按明代田汝成辑撰《西湖游览志余》所载，从苏师旦家中竟抄出"金箔金二万九千二百五十片、金钱六十辫、马蹄金一万五千七百二十两、瓜子金五斗、生金罗汉五百尊，各长二尺五寸、金酒器六千七百三十两、钗钏金一百四十三片、金束带十二条"①。韩侂胄闻之震怒，立将苏师旦除名，贬往韶州安置。

贬黜苏师旦，不等于能扭转战场形势。韩侂胄此时方觉朝中人才匮乏，叹息道："今从官中，薛象先（薛叔似）沉毅有谋，然失之把持；邓伯允（邓友龙）忠义激烈，然失之轻；李季章（李壁）通今知古，然失之弱。"②韩侂胄在朝中左看右看，猛然想起了辛弃疾，于是请赵扩紧急下诏，擢辛弃疾为知绍兴府兼浙东安抚使。辛弃疾的回答是呈上一首名为《丙寅九月二十八日作来年将告老》的七律，如下：

　　渐识空虚不二门，扫除诸幻绝根尘。
　　此心自拟终成佛，许事从今只任真。
　　有我故应还起灭，无求何自别冤亲？
　　西山病叟支离甚，欲向君王乞此身。

诗歌起句就意味深长，其典故系有人问文殊师利，何谓不二法门？文殊师利答道："如我意者，于一切法，无言无说，无示无识，离诸问答，是为入不二法门。"说罢，文殊师利又问维摩诘："我等

---

① 田汝成：《西湖游览志余》，上海古籍出版社，1998年，第65—66页。
② 《续资治通鉴》第三册，岳麓书社，1992年，第134页。

各自说己,仁者当说何等是菩萨不二法门?"①维摩诘默然不答,文殊师利叹道:"善哉善哉,乃至无有文字语言,是真入不二法门。"辛弃疾这首诗说得明白,自己退居铅山已逐渐身近佛法,何况又老又病,希望朝廷能让自己自生自灭。这便是对新任之职辞免了。

若认真深究的话,辛弃疾不可能"欲向君王乞此身",理由是韩侂胄不久前将王大节、李汝翼、皇甫斌、李爽等人拘入大理寺时,他还写有一首《丙寅岁山间竞传诸将有下棘寺者》的七律,题意是山间到处在说那些将领被拘入大理寺一事。辛弃疾当时的诗句是:

> 去年骑鹤上扬州,意气平吞万户侯。
> 谁使匈奴来塞上,却从廷尉望山头。
> 荣华大抵有时歇,祸福无非自己求。
> 记取山西千古恨,李陵门下至今羞。

将两首诗做一比较后会令人惊讶地发现,辛弃疾对诸将入狱之事冷眼旁观,内心激起的仍是"山西千古恨",而且诗中的"意气平吞万户侯"才是其最真实的渴望。辛弃疾倒不是想当官,而是面对"谁使匈奴来塞上"的现实,悲愤于"却从廷尉望山头"。这两行诗同样有典故,事情是汉武帝元光二年(前133)六月,大行王恢献计,令一个叫聂壹的雁门人引诱匈奴军前来马邑,而汉军则事先埋伏,可一举歼灭匈奴。汉武帝遂命韩安国、李广、公孙贺、李息四人率三十万大军埋伏马邑,结果匈奴军臣单于亲领十万骑兵前来后发现情况不对,将一边防小亭的尉史抓获后获悉汉军谋划,遂引兵撤还。

---

① 《辛弃疾集编年笺注》,辛更儒笺注,中华书局,2015年,第192页。

韩安国等四将无一人进行追击,三十万大军长途设伏,竟一无所获地回来。汉武帝大怒,将王恢当廷下狱。辛弃疾引此典故,即喻自己若为当时之人,必引兵追击。

就此来看,辛弃疾实壮心不已。但辛弃疾对朝廷封官,以"西山病叟支离甚"为由拒绝,自是对韩侂胄的用兵用人失望至极,真若奉诏未必有自主兵权,掣肘繁多,便不如不去。从辛弃疾辞免后再写的一首《江郎山和韵》中"正直相扶无依傍,撑持天地与人看"的句子来看,是知眼下朝廷风气,正直之人无可依傍,哪怕自己的人格可昂首于天地之间,在朝廷却没有立足之地。

对辛弃疾的辞免,当时只有刘宰对其有番知音之言:"上方为克复神州之图,公雅有誓清中原之志……上还印绶,归卧林园,既乖曲突之谋,屡见俗疱之折。旋悔雁门之失计,轻用王恢;欲使淮南之寝谋,莫如汲黯。"[①]文中的王恢前文已谈及,汲黯则是汉武帝朝中的九卿之一,力求无为而治。是以刘宰的话看似劝诫辛弃疾应诏,实则对其辞免抱以相当深切的理解。

三

完颜璟见宋军不堪一击,遂将仆散揆召入京都密授其计。仆散揆返开封后,即于十月分兵九路,转守为攻。九路大军分别是,仆散揆亲提大军三万出颖、寿,右元帅完颜匡率二万五千人出唐、邓,河南路统军使纥石烈子仁率军三万出涡口,左监军纥石烈胡沙虎率

[①] 辛更儒编:《辛弃疾资料汇编》,中华书局,2005年,第70页。

军二万出清河口，左监军完颜充率军一万出陈仓，右都监蒲察贞率军一万出成纪，蜀汉路安抚使完颜纲率步骑军一万出临潭，临洮路兵马都总管石抹温以五千军出盐川，陇州防御使完颜璘以五千军出来远。

在九路军中，唯有纥石烈胡沙虎一军在先围楚州再入盱眙后被知盱眙军毕再遇火烧粮草击败外，其他八路金军几无对手。十一月初，完颜匡破宋枣阳军；仆散揆涉过淮河八叠滩后，夺颍口、下安丰、陷霍邱，兵锋直趋合肥；蒲察贞攻克湫池堡后，随即破天水，肆掠关外四州。甘肃与四川相连，吴曦本应挥师接应，但他已得完颜璟封"蜀王"的许诺，自然按兵不动，结果蒲察贞再破西河州。纥石烈子仁率军三万出涡口后，以雷霆之势攻陷滁州。再看宋军那边，处处遭击，损兵折将过万，又连续再丢信阳和随州，樊城、邓城溃不成军，重镇襄阳府也被金军包围。

金军方动之时，韩侂胄已命丘崈为签书枢密院事，督视江、淮军马。此时，金军攻淮南日急，有人劝丘崈放弃庐州与和州，据守长江。丘崈答道："弃淮则与敌共长江之险。吾当与淮南俱存亡。"①下令继续增兵防守。

但完颜匡一路已连克光华、枣阳、江陵三地，宋招抚使赵淳被迫焚樊城，金军遂破信阳、襄阳、随州，进围德安府（今湖北省安陆县）。仆散揆在攻陷和州后再趋六合，将一万五千骑宋军斩首八千。此役大胜后，仆散揆随即进屯瓦梁河，扼住真州和扬州等诸路要冲，沿江上下遍张金旗，江表大震。

---

①《续资治通鉴》第三册，岳麓书社，1992年，第135页。

吴曦见状，自焚河池退屯清野原，金军再无顾虑。

仆散揆命纥石烈子仁急攻真州，河桥一役下来，宋军又被斩首二万，骑将刘挺、常思敬、萧从德、莫子容均被金军俘虏，真州陷落，十余万百姓奔逃渡江。

前方吃紧，宋太皇太后赐钱一百万缗犒赏军士，并诏诸路招募禁军，以待调遣。韩侂胄此时方悔用兵，也出家财二十万以助军，但钱财出得再多，已挽不回战场颓势。

也就在这时，仆散揆接到完颜璟诏令，其核心之言是："昔尝书三事付卿，以今事势计之，径度长江，亦其时矣。淮南既为我有，际江为界，理所宜然。如使赵扩奉表称臣，岁增贡币，缚送贼魁，还所俘掠，亦可罢兵。"①

完颜璟说得异常清晰，如果南宋奉表称臣，划长江为界，增加岁币，将北伐主谋绑缚金国，并释放金国俘虏，则可立即罢兵。

仆散揆接诏后，便遣人渡淮去见丘崈。使者姓韩，名元靓，自称是配享英宗庙庭、被宋神宗亲撰"两朝顾命定策元勋"之碑的一代名臣韩琦五世孙。丘崈问其所来何故，韩元靓说道："两主交兵，北朝皆谓韩太师意。今相州坟墓、宗族皆不可保，故来依太师耳。"②意思是，宋、金两国交兵，金国上下都知是韩侂胄之意，现在我韩氏宗族在相州（今河南省安阳市）的祖坟将要不保，所以特地渡江来投韩侂胄。丘崈知是反语，任其言说，发现对方说到最后竟有谈和之意。于是，丘崈一边派人护送韩元靓回江北，一边紧急上奏朝

---

①《续资治通鉴》第三册，岳麓书社，1992年，第136页。
②《宋史纪事本末》，中华书局，2015年，第930页。

廷。韩侂胄接到上书，即密谕丘崈赴金营求和。丘崈便命一个叫陈璧的人为使者，持书渡江往见仆散揆，表示愿意双方罢兵和解。

仆散揆当即开出条件："称臣、割地、献首谋之臣，乃可。"①

陈璧回来禀报后，丘崈又遣一个叫王文的过江答复道："用兵乃苏师旦、邓友龙、皇甫斌所为，非朝廷意。今三人皆已贬黜。"仆散揆闻言冷笑，说道："侂胄若无意用兵，师旦等岂敢专擅？"②王文听得张口结舌，只得回来禀报。丘崈后又反复遣使求和，金国非得要宋缚送"首谋之臣"韩侂胄不可。丘崈无奈，答应归还从金国流亡至宋的人口并当年岁币。仆散揆眼见春来土地泥湿，不可久居，且也想休养兵马，便暂时答应自和州退屯下蔡（今安徽省淮南市凤台县），留下一军守濠州。

完颜璟明明占据军事上风却仍有求和之想的核心原因是，北方蒙古诸部落已于该年春立铁木真为汗，后者于斡难河源即汗位，诸王和群臣为其上尊号"成吉思汗"。铁木真命木华黎和博尔术为左、右万户，对他们说道："国内平定，汝等之力居多。我与汝，犹车之有辕，身之有臂也。汝等切宜体此，勿替初心。"③在宋、金交战正酣时，铁木真以"先弱后强"为战略，挥师攻西夏，破力吉里寨（今宁夏中卫市），掳掠了大量人口和牲畜。

成吉思汗的崛起，令完颜璟如芒在背。完颜璟深知金国眼下国力大不如前，无以承受两线作战的压力。于是，完颜璟两害相权取其轻，决定以防备成吉思汗为军事重心，便欲与宋议和，但他绝不

---

① 《续资治通鉴》第三册，岳麓书社，1992年，第138页。
② 同上。
③ 《元史》，中华书局，1976年，第2930页。

想放过韩侂胄，此并非私怨而是欲以此再立金国之威，用以震宋慑蒙。

仆散揆虽退，不表示金兵全退。完颜绰哈继续进攻凤州（今陕西省宝鸡市凤县）。丘崈上奏朝廷，建议与金国达成和议。另，丘崈还特别强调一点，金国既指认韩侂胄为北伐主谋，可暂时免去韩侂胄官衔。韩侂胄大怒，当即罢免丘崈，命知枢密院张岩替丘崈之位，督视江、淮人马。李壁当时力争，称丘崈有人望。韩侂胄勃然色变，喝道："今天下独有一丘崈耶？"①遂命张岩急速上任。此时已至开禧三年（1207）正月。

对韩侂胄来说，他轻率发动北伐，将自己陷入被动，深以为悔。当吴曦反叛的噩讯终于传至临安时，满朝震动，韩侂胄也大惊失色。韩侂胄知四川若不保，大宋的半壁江山也自难保，遂急召知镇江府宇文绍节问计。宇文绍节说道："安丙必能讨贼。"②韩侂胄即以密帛谕安丙说道："若能图曦报国，以明本心，即当不次推赏。"③

令韩侂胄意外的是，密谕尚未送达，吴曦的首级已送至朝廷。原来，安丙与监兴州合江仓益昌杨巨源联合兴州中军正将李好义，以及军士李贵、进士杨君玉、李坤辰、李彪等数十忠义之士突袭吴曦居所，将其斩杀。

见四川意外平定，韩侂胄自然大喜。随后，金左副元帅仆散揆病逝下蔡的消息传来，令韩侂胄再松一口气。但金国早已以左丞相宗浩兼都元帅，又以纥石烈子仁为右副元帅，这便是不肯退兵之意。

---

① 《续资治通鉴》第三册，岳麓书社，1992年，第140页。
② 同上书，第143页。
③ 同上。

韩侂胄自知宋军远非金军对手，求和方为唯一出路，便依近臣之荐从萧山召来萧山丞方信孺，命其为国信所参议官，出使金国。

入朝见韩侂胄受命时，方信孺问了句："开衅自我，金人设问首谋，当以何词答之？"①

韩侂胄被问得矍然一怔，无以作答。

方信孺倒是不求答案，辞别韩侂胄至张岩那里领得文书后北上入金，拉开了接连三使金国的序幕。方信孺此行对朝廷、对韩侂胄的结局和辛弃疾的命运都产生了影响，更见出以其为代表的士大夫气节。

四

方信孺入金的第一站为濠州。时镇守濠州的纥石烈子仁竟将方信孺立时下狱，命人"露刃环守"②。纥石烈子仁对方信孺提出，宋若想罢兵求和，必须依金五件事，分别为返送金军俘虏、增加岁币、缚送首谋、宋为金藩国、割地。

方信孺不卑不亢地答道："反俘、归币，可也；缚送首谋，自古无之；称藩、割地，则非臣子所敢言。"纥石烈子仁大怒，说道："若不望生还耶？"意思是，你不怕丧命于此吗？方信孺答道："吾将命出国门时，已置生死度外矣。"③

纥石烈子仁无计可施，将方信孺送至开封见左丞相兼都元帅

---

① 《续资治通鉴》第三册，岳麓书社，1992年，第143页。
② 同上书，第145页。
③ 同上。

宗浩。

宗浩先命一官员去见方信孺，坚持纥石烈子仁所说的五事，并称大宋对金称藩、割地不是从今天开始。方信孺从容答道："昔靖康仓卒割三镇，绍兴以太母故暂屈，今日可用为故事耶？请面见丞相决之。"①意思是，靖康年间割三镇是事发突然，绍兴年间称藩是因赵构母后在金受辱，迫不得已，不能作为今日依据，我还是见你们丞相再说。

宗浩听闻回报，遂端坐军帐，令武士环列，命方信孺来见。

方信孺入帐后，宗浩威胁说道："五事不从，兵即南下矣。"方信孺仍以前言作答。宗浩厉声说道："前日兴兵，今日求和，何也？"方信孺坦然答道："前日兴兵复仇，为社稷也；今日屈己求和，为生灵也。"宗浩被方信孺一言所震，琢磨片刻后写下一书，命方信孺带回宋廷，说道："和与战，俟再至决之。"②意思是，等你回宋廷后再来时决定。

方信孺返回临安上奏，赵扩即诏令侍从、两省、台谏官商议该如何回复。众人做出的决议是送还俘虏，降罪韩侂胄，增加岁币五万，即将金国提出的五事减为三事，不称藩割地，也不缚送韩侂胄。于是，方信孺遂第二次出使金国。

再见宗浩时，方信孺说道："本朝谓增币以为卑屈，况名分、地界哉！且以曲直校之，本朝兴兵在去年四月，若移书诱吴曦，则去年三月也，其曲固有在矣。如以强弱言之，若得滁、濠，我亦得泗、

---

① 《续资治通鉴》第三册，岳麓书社，1992年，第145页。
② 同上。

第十八章 秋风落幕 443

涟水；若夸胥浦桥之胜，我亦有凤凰山之捷；若谓我不能下宿、寿，若围庐、和、楚，果能下乎？五事今已从三，而犹不听我，不过再校兵耳！"①意思是，我方愿意增加岁币，已经在委曲求全，名分和地界之事绝不可答应，若要论证是非，我方去年四月兴兵，但你方在三月就开始蛊惑吴曦反叛，你方有胥浦桥之胜，我方也有凤凰山之捷，你说我方不能攻取宿州和寿州，但你们包围了庐州、和州、楚州不也一样未能攻下？现在你方提出的五件事，我方已答应了三件事，如果不愿意接受，那就只能再兵戎相见了。

方信孺这番话说得凛然不迫，宗浩想了想答道："割地之议姑寝，但称藩不从，当以叔为伯，岁币外别犒师可也。"②意思是，割地之议就免了，宋帝不愿称藩，那就将以前盟约中对金称叔改为对金称伯，另岁币增加五万外还得给金军一些犒师银两。方信孺坚持不肯，宗浩又再付密约，随后方信孺回朝复命。

听闻方信孺禀报后，赵扩令林拱辰为通谢使，与方信孺执国书誓草再入金国。

又再至开封见宗浩后，宗浩勃然大怒：一是觉双方和议尚未达成一致，宋廷竟然以国书上呈，那便是没得商量了；二是此次林拱辰为通谢使，许金国一百万缗代替所增岁币，也即岁币不增，将一百万缗算为一次性增币和犒师之银。盛怒之下的宗浩以斩首相威胁，方信孺说道："岁币不可再增，故代以通谢钱。今得此求彼，吾有陨首而已。"③双方僵持间，宗浩得蜀兵入大散关的军情，当即写下

---

① 《续资治通鉴》第三册，岳麓书社，1992年，第145页。
②③ 同上。

一信命方信孺带回宋廷，里面措辞既杀气腾腾，又简单明确地说道："若能称臣，即以江、淮之间取中为界，欲世为子国，即尽割大江为界，且斩元谋奸臣，函首以献，及添岁币五万两匹，犒师银一千万两，方可议和好。"①

方信孺第三次使金还朝，韩侂胄自不可不问。方信孺便说道："敌所欲者五事：一、割江、淮；二、增岁币；三、索归正人；四、犒军银；五、不敢言。"韩侂胄自知第五事必与自己有关，厉声催问。方信孺答道："欲得太师头耳。"②

韩侂胄闻言又惊又怒，不意北伐失利，金人竟提出以自己的人头为息兵条件。对韩侂胄来说，此条件自然不可接受。这也就意味着，被逼到绝境的韩侂胄欲保住自己的性命，和议必将不成，战事必将复起。但此时有谁能扛起北伐大任呢？韩侂胄眼见自己信任的苏师旦、周筠、邓友龙、薛叔似、郭倬、皇甫斌、李汝翼、李爽、王大节等人无不丢城失地，郭倬甚至还干出了出卖田俊迈的污龊之事。

束手无策间，韩侂胄又一次想起了辛弃疾。

对开禧年间的辛弃疾来说，已与朱熹的思想日益接近。朱熹早年积极鼓动北伐，到晚年已有"用兵当在数十年后"一说；辛弃疾同样如此，南归时慷慨献策，到开禧年时也终于发出"更须二十年"③之叹。这是辛弃疾与朱熹对宋、金两国形势的判断，更是其阅历凝结成的思想。韩侂胄发动北伐失败，也印证了程珌在《丙子轮

---

① 《续资治通鉴》第三册，岳麓书社，1992年，第145—146页。
② 同上书，第146页。
③ 辛更儒编：《辛弃疾资料汇编》，中华书局，2005年，第152页。

第十八章　秋风落幕　445

对札子》中的话:"臣从丘崟至于淮甸,目击横溃,无一而非弃疾预言于二年之先者。"[1]这也是前文曾提过的,辛弃疾于京口招募新军,却终因被贬而未能亲自训练。但辛弃疾如何不知,即便自己未被贬而在京口练成一支劲旅,也不过是杯水车薪,无可挽回大局,是以他的"更须二十年"之说实际是说到了核心。

与之对应的是,辛弃疾的江湖友人刘过则对韩侂胄的北伐充满激情。当时,刘过还写下一首意气飞扬的《西江月》上呈:"堂上谋臣尊俎,边头将士干戈。天时地利与人和,燕可伐与曰可。此日楼台鼎鼐,明年带砺山河。大家齐唱《大风歌》,不日四方来贺。"[2]

必须说明的是,这首词至今仍被不少人冠在辛弃疾名下,此为大误。刘过的《龙洲集》即收该词,元代学者吴师道撰《吴礼部诗话》时也认定该词为刘过所作。另从事实看,刘过于韩侂胄谋议北伐的嘉泰三年(1203)正在临安,以一腔热血投在以为真心要收复河山的韩侂胄门下,填词作赋,以作鼓吹。刘过投献给韩侂胄的诗词达十二首之多,就包括这首《西江月》。再就内容看,辛弃疾断不可能为韩侂胄吹捧,更不可能以为北伐时机已至。刘过为江湖豪客,不缺热血和壮气,却看不到所谓军事时机并不在宋一方。因刘过词风豪迈,尤其这首《西江月》在用典与表现手法的酣畅淋漓上,与辛弃疾的风格极其类似,是以有此之误。

当韩侂胄一想到辛弃疾,便如溺水之人抓到草绳,立即请赵扩颁下诏书,命枢密院遣使前往铅山。时间是开禧三年(1207)

---

[1] 辛更儒编:《辛弃疾资料汇编》,中华书局,2005年,第152页。
[2] 刘过:《龙洲集》,上海古籍出版社,1978年,第109页。

九月。除将辛弃疾进为枢密都承旨外，诏书还写得明白："疾速赴行在奏事。"①

五

没必要判断的是，韩侂胄是否对自己未能重用辛弃疾感到后悔。从事实看，自该年初起，辛弃疾在朝半年有余，并未见韩侂胄对其有何倚重。

这里对辛弃疾来朝一事稍作追叙。

当辛弃疾于开禧元年（1205）秋回归铅山后，他在翌年九月拒绝了朝廷命其知绍兴府兼浙东安抚使的诏令。随着吴曦的叛降和各路兵马的溃败，朝廷又于开禧二年（1206）年底擢辛弃疾为龙图阁待制，知江陵府。当时诏令明确，此次任命不得辞免。赴江陵之前，辛弃疾必得先至临安奏事。

因此，也就在丘崈被罢以及张岩继任督视江、淮人马的开禧三年（1207）正月，六十八岁的辛弃疾从铅山又到了临安。至于辛弃疾入朝所奏何事，已无史料可查，能确知的是他始终未赴江陵。倒不是朝廷又将辛弃疾免官，相反的是又将其擢为试兵部侍郎，该职务是执掌兵卫、仪仗、武举、民兵、厢军、土军、舆马、器械等政事，并非疆场将领。在辛弃疾力辞后，赵扩索性下了道《辛弃疾辞免除兵部侍郎不允诏》："敕具悉，朕念国事之方殷，慨人才之难得，

---

① 邓广铭：《辛稼轩年谱》，载《辛弃疾传 辛稼轩年谱》，生活·读书·新知三联书店，2007年，第269页。

外而镇临方面，欲藉于威望；内而论思禁列，将赖于訏谟。熟计重轻之所关，莫若挽留而自近。卿精忠自许，白首不衰，扬历累朝，亶为旧德。周旋剧任，居有茂庸。建大纛以于蕃，趣介圭而入觐。虽戎阃正资于谋帅，而武部尤急于需贤。勉图厌难之勋，宜略好谦之牍，所辞宜不允。"[1]

辛弃疾虽为兵部侍郎，其具体行事可从吴曦首级被献至朝廷时的一事可见。当时辛弃疾与吏部尚书兼给事中陆峻和兵部尚书宇文绍节上"逆曦就戮，族属悉当连坐"[2]的奏疏时，辛弃疾的头衔为"龙图阁待制、在京宫观"，而"宫观"是做祭祀等事的闲职。另外，"在京宫观"与"在外宫观"不同，在京不允许"从便居住"，非在临安不可。

此时，辛弃疾毕竟年岁已高、体弱多病，在临安这段时日的所做之事史料阙如，只知在三月末其被叙复朝请大夫，到七月时又被叙复朝议大夫，便是恢复其官阶了。在此期间，朝廷发生的大事便是前文讲过的方信孺三使金国。从辛弃疾后来的词作可见，应是七月叙复为朝议大夫后，因病重遂请归铅山。

再回铅山后，辛弃疾给参知政事李壁寄去一首《归朝欢·丁卯岁寄题眉山李参政石林》的词作。词如下：

> 见说岷峨千古雪，都作岷峨山上石。
> 君家右史老泉公，千金未尽勤收拾。

---

[1] 邓广铭：《辛稼轩年谱》，载《辛弃疾传 辛稼轩年谱》，生活·读书·新知三联书店，2007年，第266—267页。

[2] 同上书，第268页。

> 一堂真石室,空庭更与添突兀。
> 记当时,长编笔砚,日日云烟湿。
>
> 野老时逢山鬼泣,谁夜持山去难觅。
> 有人依样入明光,玉阶之下岩岩立。
> 琅玕无数碧。风流不数平泉物。
> 欲重吟,青葱玉树,须倩子云笔。

辛弃疾之所以给李壁寄词,不仅因辛、李二人于年初同殿称臣,还因其与李壁相识自不免想起故人李焘。尚在三十二年前的淳熙二年(1175)六月,辛弃疾出任江西提点刑狱进剿赖文政的茶商军,当时在其手下任江西转运副使李焘便是李壁之父。李焘虽去世多年,但辛弃疾不可能忘记,当时李焘在军务倥偬之余仍笔墨不停,撰写了最后多达九百七十八卷的《续资治通鉴长编》一书。辛弃疾在词中写到的"君家右史老泉公,千金未尽勤收拾"和"记当时,长编笔砚,日日云烟湿"句,便是对李焘的回忆。在仕途上,李壁虽也登上了其父李焘做过的参知政事高位,但就个人成就而言,李焘以"岷峨千古雪"的姿态步入不朽的史学家行列更令后人钦敬。辛弃疾对李壁"有人依样入明光,玉阶之下岩岩立"的赞扬,自是对李壁的仕途充满期待;从最后的"欲重吟,青葱玉树,须倩子云笔"句来看,有寄望李壁继承父志,为后人留下彼时历史之意。

殷殷寄托后人,是因辛弃疾不仅病体缠身,还自知已近油尽灯枯。八月秋风渐烈,辛弃疾抱病写下《洞仙歌·丁卯八月病中作》一词,成为其全部传世词作中的最后绝笔:

第十八章 秋风落幕 449

贤愚相去，算其间能几？差以毫厘缪千里。

细思量义利，舜跖之分，孳孳者，等是鸡鸣而起。

味甘终易坏，岁晚还知，君子之交淡如水。

一饷聚飞蚊，其响如雷，深自觉、昨非今是。

美安乐窝中泰和汤，更剧饮无过，半醺而已。

　　读辛弃疾这首最后绝笔，不禁令人心生感慨。每个诗人和词人的最后之作，都自觉不自觉地有总结的意味。在这首词中，辛弃疾落笔而下的"贤愚相去，算其间能几"，便是回应时人王楙在《野客丛书》所说的"士大夫晚年不问家事，自适其适，非其胸中能摆脱世累，未易及此"[①]之言。是以辛弃疾接下来所写的"差以毫厘缪千里"句，不得不令人浩叹横生。该句说明辛弃疾已看得清楚，即使士大夫的胸中之事，也在"思量义利"。所谓"舜跖之分"，就是孟子所说的"鸡鸣而起，孳孳为善者，舜之徒也；鸡鸣而起，孳孳为利者，跖之徒也。欲知舜与跖之分，无他，利与善之间也"[②]。

　　辛弃疾以此入词，自非要重复孟子所言，而是深入回顾自己的一生，也回顾先后逝去的形形色色的敌友一生，他们究竟是舜徒还是跖徒，真还须后人评说。说人认识自己不易，是因人真正地面对自己实在很难。另外，辛弃疾笔下的"深自觉、昨非今是"句虽来自陶渊明的"实迷途之未远，觉今是而昨非"句，但绝非模仿或拿

[①] 王楙：《野客丛书》，王文锦点校，中华书局，1987年，第93页。
[②] 《孟子》，中华书局，2010年，第270页。

来，而是辛弃疾终于发现自己与陶渊明有了同一思想。当自己起落沉浮的一生在眼前闪过时，辛弃疾只觉平生如饮酒，此时方至"半醺"，说明其内心终是有意难平之处。

九月秋风萧瑟，六十八岁的辛弃疾已病入膏肓。当枢密官将九月六日的诏书快马送至铅山后，辛弃疾再也无力应诏，只上奏乞致仕。数日后的九月十日，辛弃疾在秋风肆虐的铅山家中闭上了双眼。临终前，辛弃疾对前来送诏的枢密官说："侂胄岂能用稼轩以立功名者乎？稼轩岂肯依侂胄以求富贵者乎？"[1]这句话说明，与其说韩侂胄一直不肯重用辛弃疾，不如说辛弃疾从来不肯倚权附贵以求个人荣华。

去世之后，"家无余财，仅遗诗词、奏议、杂著书集"[2]的辛弃疾被葬于铅山州南十五里处的阳原山中。

查询史料，除必然在场的家人外，未见还有何人为辛弃疾送葬，而且"阳原山"也不见志乘，甚至郑骞先生在撰《辛稼轩年谱》时还拿不定"阳原山"的"原"字有无偏旁三点水。元代诗人张埜在此地填《水龙吟》时，题记中有"酹辛稼轩墓，在分水岭下"句；明代学者李濂在《嵩渚文集》中也写有"今铅山县南二里许，有稼轩书院，而分水岭下，厥墓在焉"一说；《广信志》则有"辛弃疾墓在铅山七都虎都门"之语。——我未去过铅山，不知分水岭和虎都门是否属阳原山支脉，此事且留待异日去寻访求证了。

---

[1] 谢枋得：《谢叠山全集校注》，熊飞、漆身起、黄顺强校注，华东师范大学出版社，1994年，第48页。

[2] 邓广铭：《辛稼轩年谱》，载《辛弃疾传 辛稼轩年谱》，生活·读书·新知三联书店，2007年，第270页。

另外，可补充的是，后世为辛弃疾填词赋诗的不少，但与其交往的众人中，未见何人在辛弃疾去世后撰诗词为念。唯有陆游在《寄赵昌甫》的十六行诗中有两句提到辛弃疾之死，是为"君看幼安气如虎，一病遽已归荒墟"[1]，但该诗并非特意为辛弃疾而作，算不得挽诗。在给辛弃疾的祭文中，也只有项安世的《祭辛幼安》[2]一文传世。

该祭文如下：

> 人之生也，能致天下之憎；则其死也，必享天下之名。岂天之所生，必死而后美，盖人之所憎，必死而后正。呜呼哀哉！死者人之所恶，公乃以此而为荣。予者公之所爱，必当与我而皆行。苟旦暮而相从，固予心之所爱。尚眠食以偷生，恨公行之不待。

刘克庄将该文收入《后村诗话续集》时对其评价道："自昔哀诔，未有悲于此者。"[3]

我倒是觉得，当年朱熹去世时，辛弃疾为其写下"所不朽者，垂万世名。孰谓公死，凛凛犹生"[4]的祭文，更像后世对辛弃疾的历史评价。另外，我还想起辛弃疾于淳熙五年（1178）秋从临安赴任湖北转运副使时，途经太平州东青山北面的李白墓时，拜祭后曾写有一首《忆李白》的七律，颔联为"明月入江依旧好，青山埋骨至

---

[1]《剑南诗稿校注》，钱仲联校注，上海古籍出版社，2005年，第4328页。
[2] 刘克庄：《后村诗话》，王秀梅点校，中华书局，1983年，第139页。
[3] 同上。
[4]《宋史》，中华书局，1977年，第12165—12167页。

今香"①,也更像后世对辛弃疾的赞语和追念。料想后世不论何人至铅山悼念辛弃疾时,眼望连绵青山与瓢泉明月,必觉青山有幸、明月永恒!

---

① 《辛稼轩诗文笺注》,邓广铭辑校审订、辛更儒笺注,上海古籍出版社,1995年,第139页。

尾 声

辛弃疾去世不足两个月,即开禧三年(1207)十一月来临时,韩侂胄为保性命已决意用兵,其一意孤行导致朝廷生变。当时礼部侍郎史弥远得杨皇后支持,伪造"韩侂胄久任国柄,轻启兵端,使南北生灵枉罹凶害,可罢平章军国事,与在外宫观。陈自强阿附充位,不恤国事,可罢右丞相,日下出国门"[1]的诏令,再联手权主管殿前司公事夏震,安排三百名武士,趁韩侂胄十一月三日入朝时将其拥至玉津园斩杀。

韩侂胄身亡,宋、金两国自然息兵。

第二年,即嘉定元年(1208)三月,金人来书,索要韩侂胄首级。朝廷遂开棺割下韩侂胄头颅,送至金国。九月,宋、金双方签下"嘉定和议",宋对金称伯,增岁币为三十万,犒军钱三百万贯,后改为银三百万两。南宋从赵构的"绍兴和议"到赵昚的"隆兴和议",再到赵扩的"嘉定和议",一次比一次屈辱。

赵扩对众臣叹息说道:"恢复岂非美事,但不量力尔。"[2]

---

[1]《宋史》,中华书局,1977年,第13776页。
[2] 同上书,第13777页。

权臣韩侂胄既去，朝廷也就有了新一轮的权力洗牌。陈自强被贬永州居住；苏师旦被斩首于韶州，其首级与韩侂胄的头颅被一并送至金国；周筠被杖脊，刺配岭外。此外，邓友龙被贬循州、郭倪被贬梅州、李壁被贬抚州、张岩被贬徽州。

韩侂胄势力被清除后，权兵部尚书倪思对赵扩说道："大权方归，所当防微，一有干预端倪，必且仍蹈覆辙。今侂胄既诛，而国人之言犹有未靖者，盖以枢臣犹兼宫宾，不时宣召。宰执当同班同对，枢臣亦当远权，以息外议。"①

倪思所说的"枢臣"即史弥远。这句话是劝谏赵扩，前车之鉴不远，自不能使朝廷出现第二个韩侂胄，因此史弥远"当远权"。但在赵扩那里，史弥远是与金议和成功的功臣，不仅未使其"远权"，反擢其为礼部尚书，翌年又拜其为相。对南宋来说，势倾朝野十四年的韩侂胄被诛，赵扩却没有从中汲取任何教训，导致紧随其后的是史弥远一手遮天的时代。

回到倪思求对之时，他还认为辛弃疾有迎合韩侂胄开边之举，并将刘过一首庆贺韩侂胄的生日寿词《清平乐》冠于辛弃疾头上，认为词中"看取黄金假钺，归来异姓真王"②句乃用司马昭假黄钺、异姓真王故事，可见辛弃疾必有异图。赵扩览毕大怒，遂从倪思所奏，将辛弃疾追削爵秩，夺从官恤典。是以在嘉定年间到后来宋理宗宝庆及绍定年前期，辛弃疾身后背负的始终是投靠韩侂胄的污名。

当赵扩于嘉定十七年（1224）闰八月三日驾崩后，被史弥远一

---

① 《续资治通鉴》第三册，岳麓书社，1992年，第149页。
② 刘过：《龙洲集》，上海古籍出版社，1978年，第113页。

手扶植的赵昀即位,是为宋理宗。苦等十七年的辛门终于见到转机,辛弃疾第六子辛穮上书朝廷,为将父亲辛弃疾被定性为迎合开边事的污名进行辩护。到绍定三年(1230),朝廷终于恢复辛弃疾名誉。是年,新任铅山县宰章谦亨在铅山西湖旁建一"群贤堂",祭祀当地的十六位乡贤,其中便有辛弃疾,此时距辛弃疾去世已二十三年了。又过三年后的绍定六年(1233),朝廷赠辛弃疾光禄大夫。下一年是宋理宗改元后的端平元年(1234),朝廷召辛弃疾女婿范炎赴都堂审察,范炎因疾未赴,后又特地授其为承议郎,与宫观。

辛弃疾被朝廷加赠的最高位是太师,谥忠敏,其时已到宋恭帝德祐元年(1275)。受此加赠,尚有一掌故,当时史馆校勘谢枋得某日路过辛弃疾墓旁僧舍时,听见有辛弃疾呼声响于祠堂上,似鸣不平。该呼声从黄昏到三鼓时不绝,寺内数十人都惊以为神。谢枋得大为震动,秉烛撰下《辛稼轩先生墓记》一文,称"公有英雄之才,忠义之心,刚之大气,所学皆圣贤之事……使公生于艺祖、太宗时,必旬日取宰相。入仕五十年,在朝不过老从官,在外不过江南一连帅。公没,西北忠义始绝望,大仇必不复,大耻必不雪,国势远在东晋下。五十年为宰相者,皆不明君臣之大义,无责焉耳"[①]。天亮时,谢枋得以该文祭拜辛弃疾墓,堂上呼声方息。谢枋得后来上请于朝,方有此加赠。此时,距辛弃疾去世已六十八年,苟延残喘的南宋王朝距最后的灭亡也只有短短四年了。

从上述可见,辛弃疾在南宋一朝并非始终享有令名,其生前仕

---

① 谢枋得:《谢叠山全集校注》,熊飞、漆身起、黄顺强校注,华东师范大学出版社,1994年,第49—50页。

途起落，身后沉冤二十余载，令人思之扼腕。自赵构建炎南渡，恢复中原始终是千百万宋人的梦想，辛弃疾堪称这一梦想的化身。但支持梦想与打压梦想又是南宋最无常和最摇摆的现实，所以辛弃疾的一生注定悲多欣少。回顾那个时代，辛弃疾以矢志不渝的气节，垒起了令后世代代瞻仰的一座不朽丰碑；而辛弃疾终得英雄定论，表明历史是无情的，也是公正的。

     2023年10月至2024年4月初稿于黄江；
  2024年5月至2025年1月九稿于海口—深圳

附录

辛弃疾年表

宋高宗绍兴十年（1140），五月十一日，辛弃疾出生于山东济南历城县，字坦夫，后改幼安。父，辛文郁；母，孙氏。

绍兴三十一年（1161），辛弃疾二十二岁。金主完颜亮南侵。辛弃疾聚众二千抗金，后投奔耿京义军，任掌书记。

绍兴三十二年（1162），辛弃疾二十三岁。奉耿京命南下。宋高宗召见于建康，授承务郎。闰二月，率五十骑于济州擒张安国南归。改差江阴军签判，往建康拜见张浚，面提取山东之策。

宋孝宗隆兴元年（1163），辛弃疾二十四岁。江阴军签判任上，"隆兴北伐"失败。

乾道元年（1165），辛弃疾二十六岁。进献《美芹十论》，去职。

乾道四年（1168），辛弃疾二十九岁。辟建康府通判。

乾道六年（1170），辛弃疾三十一岁。召对延和殿，迁司农寺簿，作《九议》上虞允文。

乾道八年（1172），辛弃疾三十三岁。出知滁州，建繁雄馆和奠枕楼。

淳熙元年（1174），辛弃疾三十五岁。二月，辟江东安抚参议官，至建康。约六七月赴临安，迁仓部郎中。

淳熙二年（1175），辛弃疾三十六岁。六月，任江西提点刑狱。九月，平茶商军。进秘阁修撰，迁京西转运判官。

淳熙四年（1177），辛弃疾三十八岁。差知江陵府兼湖北安抚使。十一月，徙知隆兴府，兼江西安抚使。

淳熙五年（1178），辛弃疾三十九岁。二月，奏劾知兴国军黄茂材。三月，被召，授大理少卿。秋，出为湖北转运副使。

淳熙六年（1179），辛弃疾四十岁。三月，改湖南转运副使。八月，改知潭州兼湖南安抚使，后于上饶建新居。

淳熙七年（1180），辛弃疾四十一岁。湖南安抚使任上，兴修水利，整顿乡社，赈灾办学，创建湖南飞虎军。十一月，加右文殿修撰，差知隆兴府，兼江西安抚使。

淳熙八年（1181），辛弃疾四十二岁。春，抵南昌，救灾。七月，转奉议郎。十一月，改除两浙西路提点刑狱公事，未赴任，遭弹劾。十二月落职，举家迁上饶。

淳熙九年（1182），辛弃疾四十三岁。居上饶。九月，与朱熹于南岩见面。

淳熙十年（1183），辛弃疾四十四岁。春，陈亮来信，约秋后来访，未至。

淳熙十五年（1188），辛弃疾四十九岁。正月，门人范开编成《稼轩词甲集》。冬，陈亮来访，约朱熹见面，未果。陈亮居十日，东归。

淳熙十六年（1189），辛弃疾五十岁。铅山家居。二月，宋孝宗禅位宋光宗。

宋光宗绍熙三年（1192），辛弃疾五十三岁。春，任福建提点刑狱，于武夷山与朱熹相会。九月，代福建安抚使。十二月，召赴临安。

绍熙四年（1193），辛弃疾五十四岁。赴临安途中再访朱熹，浙东见陈亮并同赴临安，迁太府卿。秋，加集英殿修撰。任知福州，兼福建安抚使，返福州。陈亮举进士第一。

绍熙五年（1194），辛弃疾五十五岁。福建安抚使任。陈亮病逝，撰《祭陈同父文》。七月，宋光宗禅位宋宁宗。辛弃疾遭弹劾，罢福建安抚使。八月，回归铅山。

宋宁宗庆元元年（1195），辛弃疾五十六岁。韩侂胄掌权。十月，辛弃疾再遭弹劾，罢秘阁修撰。

庆元二年（1196），辛弃疾五十七岁。九月，罢宫观。

庆元四年（1198），辛弃疾五十九岁。复集英殿修撰，复主管武夷山冲佑观。

嘉泰三年（1203），辛弃疾六十四岁。起知绍兴府，兼浙东安抚使，并结识刘过、陆游。十二月，召赴临安，陆游赠诗。

嘉泰四年（1204），辛弃疾六十五岁。正月，抵临安，加宝谟阁待制，提举佑神殿，奉朝请。议北伐。三月，迁知镇江府，抵京口，招募土丁。撰《南乡子·登京口北固亭有怀》。

开禧元年（1205），辛弃疾六十六岁。春，撰《永遇乐·京口北固亭怀古》。三月，坐缪举，降两官。六月，改知隆兴府，未赴。七月，遭弹劾。秋，回归铅山。

开禧二年（1206），辛弃疾六十七岁。差知绍兴府、两浙东路安抚使，辞免。朝廷北伐兵败。十二月，进龙图阁待制，知江陵府，令赴临安奏事。

附录　辛弃疾年表　461

开禧三年（1207），辛弃疾六十八岁。试兵部侍郎。三月，叙复朝请大夫。七月，叙复朝议大夫。秋，回归铅山。九月，进枢密都承旨。九月十日，卒于铅山家中。

参 考 文 献

［1］《靖康传信录》，上海中华书局，民国影印本，出版时间不详。
［2］《续资治通鉴》，岳麓书社，1992年版。
［3］《宋史》，中华书局，1977年版。
［4］《金史》，中华书局，1975年版。
［5］《宋史纪事本末》，中华书局，2015年版。
［6］《宋论》，中华书局，2013年版。
［7］《宋史全文》，中华书局，2016年版。
［8］《辛弃疾集编年笺注》，中华书局，2015年版。
［9］《辛稼轩诗文笺注》，上海古籍出版社，1995年版。
［10］《稼轩词编年笺注》，上海古籍出版社，1978年版。
［11］《美芹十论》，中山大学出版社，2012年版。
［12］《稼轩词注》，岳麓书社，2005年版。
［13］《弇州山人四部稿》，上海古籍出版社，2021年版。
［14］《止堂集》，中华书局，1985年版。
［15］《玉堂嘉话》，中华书局，2006年版。
［16］《玉堂杂记校笺》，陕西人民出版社，2018年版。
［17］《平园续稿》，民国影印本，出版时间不详。

［18］《齐东野语》，上海古籍出版社，2012年版。

［19］《浩然斋雅谈》，中华书局，2010年版。

［20］《黄氏日抄古今纪要逸编》，中华书局，1985年版。

［21］《景定建康志》，南京出版社，2009年版。

［22］《嘉靖江阴县志》，上海古籍出版社，2011年版。

［23］《至正重修琴川志》，方志出版社，2013年版。

［24］《鹤林玉露》，上海古籍出版社，2012年版。

［25］《四朝闻见录　随隐漫录》，上海古籍出版社，2012年版。

［26］《朝野类要》，中华书局，2007年版。

［27］《揽辔录　江汉丛谈》，商务印书馆，1936年版。

［28］《吴船录》（外三种），浙江人民美术出版社，2016年版。

［29］《鸡肋编　贵耳集》，上海古籍出版社，2012年版。

［30］《谢叠山全集校注》，华东师范大学出版社，1994年版。

［31］《朱子语类》，岳麓书社，1997年版。

［32］《诚斋集》，北京大学出版社，2024年版。

［33］《陆游集》，中华书局，1976年版。

［34］《陆九渊集》，中华书局，1980年版。

［35］《龙洲集》，上海古籍出版社，1978年版。

［36］《陈亮集》，中华书局，1974年版。

［37］《陈亮龙川词笺注》，人民文学出版社，1980年版。

［38］《中州集校注》，中华书局，2018年版。

［39］《后村诗话》，中华书局，1983年版。

［40］《中兴遗史辑校》，中华书局，2014年版。

［41］《山房随笔》，中华书局，1991年版。

[42]《容斋随笔》，上海古籍出版社，2015年版。

[43]《养疴漫笔　随隐漫录　西畬琐录》，中华书局，1991年版。

[44]《清波杂志》，中华书局，1985年版。

[45]《桯史》，中华书局，1981年版。

[46]《涧泉日记》，上海古籍出版社，1993年版。

[47]《野客丛书》，中华书局，1987年版。

[48]《建炎以来朝野杂记》，中华书局，2000年版。

[49]《看山阁闲笔》，上海古籍出版社，2013年版。

[50]《宋诗纪事》，上海古籍出版社，2008年版。

[51]《读史方舆纪要》，中华书局，2005年版。

[52]《太平寰宇记》，中华书局，2007年版。

[53]《孟子》，中华书局，2010年版。

[54]《庄子》，中华书局，2015年版。

[55]《老子》，中华书局，2014年版。

[56]《辛稼轩先生年谱》，梁启超，中华书局，1936年版。

[57]《辛稼轩先生年谱》，郑骞，协和印书局，1938年版。

[58]《辛弃疾传　辛稼轩年谱》，邓广铭，生活·读书·新知三联书店，2007年版。

[59]《陈龙川传》，邓广铭，生活·读书·新知三联书店，2007年版。

[60]《辛弃疾资料汇编》，辛更儒，中华书局，2005年版。

[61]《宋人轶事汇编》，丁传靖，中华书局，1981年版。

后　记

　　我少年时就迷恋宋词，最初喜爱的是李煜词和柳永词，然后是易安词和东坡词，后来不知不觉发现辛词对我有更强的吸引力，于是我开始关注辛弃疾的生平。

　　我阅读的第一部《辛稼轩年谱》是邓广铭先生所撰，后又访得郑骞先生撰写的《辛稼轩先生年谱》。一目了然的是，邓、郑两位先生都下了极大的考证功夫来呈现辛弃疾生平。在郑氏《辛稼轩先生年谱》后记中，郑骞先生颇有风度地写道："欲了解稼轩'立身之大节，谋国之大计，以及亲宾往来，燕居游处'，知其人，论其世，以求进而了解其词之写作背景，自须合读两谱，而未可偏废其一。"

　　我没有"偏废其一"。多年来，我将两部年谱进行了无数次比读，后又加上了梁启超先生撰写的《辛稼轩先生年谱》。三部年谱的不同之处，读来如挠痒处。我很想知道当时的历史细节究竟如何，遂将阅读延伸到从宋至清的各朝笔记，从中挖掘一些辛弃疾的资料。

　　我没有另撰年谱之想，但很想写一部辛弃疾的传记。

　　早在1956年，邓广铭先生就有《辛弃疾（稼轩）传》一书行世，可惜该书不厚，读来未觉过瘾。我自己动手后才深有体会，因缺乏辛弃疾的碑铭、墓志、行状等当时文字，所见史料远不如苏东坡丰富，但写辛弃疾比写苏东坡更令我有激情的是，在辛弃疾身上体现了两宋间巨大的历史转折，同时也是中国历史的巨大转折，而贯穿辛弃疾一生的就是这一转折带来的历史震荡。对当时的士大夫阶层而言，收疆复土是最为推崇的气节。辛弃疾一生都体现了这一气节，它塑造了辛弃疾的血肉，也构成了辛弃疾的创作渊源。是以辛弃疾的词作读来更令人情感澎湃，他与时代紧密相连的人生也值得后人阅读和书写。

写这部书时，我叙述了不少南宋前四帝的历史事件，他们的统治政策和辛弃疾的人生勾连得太紧，因而在辛弃疾身上能见出当时历史的厚重。

记得还是在第一次读完邓广铭先生的《辛稼轩年谱》后，我填了一首《浪淘沙》词：

> 目送大江流，东去春秋。
>
> 风霜白了少年头。
>
> 多少男儿天下志，到死方休。
>
> 醉里数沉浮，灯下吴钩。
>
> 关山寒月入双眸。
>
> 却是云多遮抱负，徒望神州。

除了现在这本传记，辛弃疾给我的感受都写在这首词里。

2023年，我出版了苏东坡的传记——《应是飞鸿：苏东坡的诗旅人生》，并获得了良好的评价。之后，责编谢惠女士知道我有为辛弃疾作传的想法，于是在其大力支持下便有了现在这本辛弃疾的传记——《挑灯看剑：辛弃疾的悲旅人生》。

在中国历史上有太多的人物值得一写，我会尽全力写好笔下的每一个人物，也更期待能在今后一直和读者朋友再见。

远 人

2024年6月29日夜于黄江